登山口情報322

中国5県

ひろしま　おかやま　やまぐち　しまね　とっとり

全国登山口調査会 編

南々社

はじめに

「登山口の駐車場は台数に限りがあって休日には朝早くから満車になる…なんてことはないのかな？」「アクセス道路は未舗装の林道のようだが、車高の低い自分の車でも支障なく通行できるだろうか？」「登山口にトイレはあるらしい。でも汚いトイレだったら使いたくないが、どんなトイレなんだろうか？」

登山計画を練るときに、そんな不安を感じたことはありませんか。登山ガイドブックでもインターネットでも、これらの疑問にすべて答えてくれるものはありません。そこで実際に中国地方５県の登山口に足を運んで現地の状況を調べ上げ、簡単に登山口情報を得られる本にまとめました。

本書は登山ガイドブックの一種ですが、実は肝心の登山コース情報はまったく入っていません。登山道に一歩足を踏み入れる手前の登山口情報に特化したガイドブックです。でもその分、中国地方５県の登山口を可能な限り調べ上げ、登山者なら誰しも知りたい情報を満載しています。登山口ばかりではなく、有名な滝や湿原、自然探勝路などの入口も取り上げましたので、その数は322か所（P223未掲載登山口一覧含む）になりました。

お手元の登山ガイドブックと併せてご利用いただければ、今度の週末計画に早速役立つことは間違いありません。

本書の使い方

1 登山口の掲載順

本書では、基本的に山名のあいうえお順になっていますが、比婆山連峰、三瓶山、出雲北山、蒜山、秋吉台のように複数の山から構成される山塊の場合は、山系としての登山口名のあいうえお順で並べてあります(大山も複数の山から構成されるが、山系として取り上げるほどの複数のルートや登山口がない)。これらの山系では、山と山を結んで歩くことも多いため、山系としての登山口で並べておく方がわかりやすくて便利と考えたためです。ただ、西中国山地では、部分的に縦走することはあっても一つひとつの山に単独で登ることの方が多いと思われますので、それぞれの山ごとの登山口として掲載しています。

山系単位で掲載しているのは、下図の緑字エリアです。

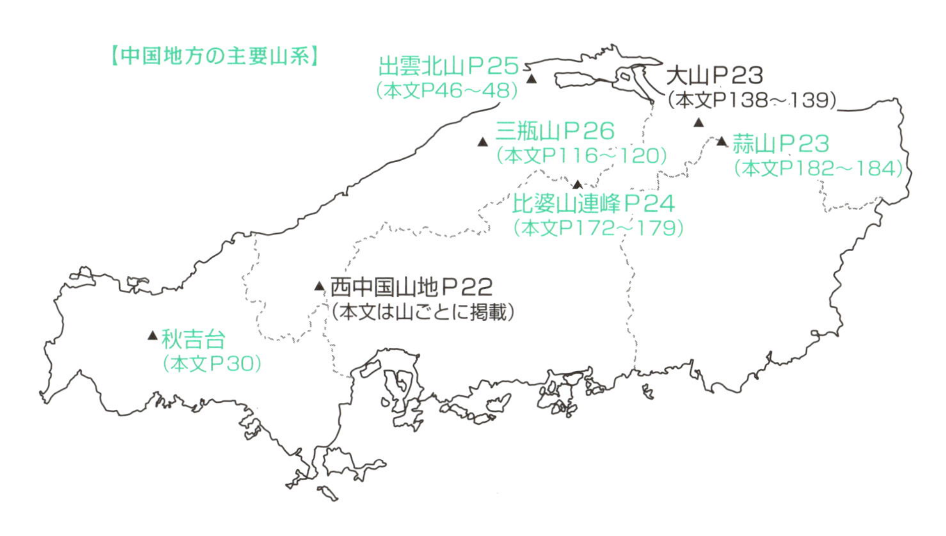

黒字は、山系単位で分類はしていないが、全域図を掲載した山系です。
山系の全域図はP22～26にあります。

2 登山口の調べ方

前述した山系の登山口でも、山ごとの登山口でも、辞書を使うような感覚で、本文から山系名、もしくは山名のあいうえお順で探すことができます。山系の登山口では、山系全域図から目的の登山口を見つけることも可能です。山ごとの登山口では、P12～の各全県図から、まず目的の山の掲載ページを確認し、その中から該当登山口を探してください。

具体例として「安蔵寺山・奥谷駐車場」と「比婆山・ひろしま県民の森」を調べる場合で説明しておきましょう。「安蔵寺山・奥谷駐車場」を調べたいときは、本文の「あ」の中から安蔵寺山のページを開き、あいうえお順で並んでいる安蔵寺山の複数の登山口から「奥谷駐車場」を見つけるのが一番簡単です。ほかにP18島根県全県図から安蔵寺山の掲載ページを確認し、その中から「奥谷駐車場」を探す方法もあります。

次に「比婆山・ひろしま県民の森」を調べたい場合ですが、「ひろしま県民の森」は比婆山連峰にある登山口ですから、比婆山連峰の全域図、もしくは本文の「ひ」の中から比婆山連峰のページを開き、その中から「ひろしま県民の森」を探してください。

3 情報要素

●山域名、山名、登山口名

山名やコース名、登山口名のような山の地名というのは、法的根拠を伴った正式な名称ではなく、基本的に通称であり、複数存在することも割とあります。従って本書では、国土地理院地形図や『日本山名事典』(三省堂)、あるいは地元行政が使用する表記なども参考にしながら、登山者の間に広く定着していると思われる表記をなるべく採用するように努めました。特に登山口名は、呼び方が複数ある「○○登山口」という名称よりも、登山口にある寺社や公共施設名、あるいは林道名などの方が、読者のみなさんがわかりやすい場合もあるので、その名称を便宜上、登山口名として採用したり、カッコで併記しました。

●地籍と標高

どちらも山頂のものではなく、登山口の地籍と標高です。標高は国土地理院地図から読み取ったものなので、正確な数値ではありません。

●登山口概要

例えば「○○岳の北東側」というように山と登山口との大雑把な位置関係を示しました。方位は北、北東、東、南東、南、南西、西、北西の８方向だけにしましたので、北東側といっても、実際には北北東～東北東の誤差を含んでいます。山頂と登山口の位置関係とともに「△△コースを経由する□□山の起点」といった説明を読んで、調べたい登山口かどうか、確認してください。

●緯度経度

登山口の緯度・経度です。これにより地図上の位置をピンポイントで特定したり、カーナビに目的地として設定することができます(未対応のカーナビもあります)。国土地理院の地理院地図 https://maps.gsi.go.jp/ のサイトで、緯度と経度を入力すると、地図上に表示されます。

なお本書の緯度・経度は、世界測地系の60進数「dd°mm'ss"」形状で表示してあります。前記のサイトも同形式を採用していますので、変換作業は必要ありません。フリーソフトのカシミール3Dをご利用の際は、「地図表示」の「表示測地系」を「WGS84」に変更してから［ジャンプ］→［緯度・経度へ］で数値を入力してください。

●マップコード

数値化した緯度経度情報です。マップコードに対応したカーナビであれば、その6～12桁の数値をカーナビに入力することで、簡単に目指す登山口を目的地設定できます。カーナビの目的地設定画面からマップコードを選択。入力画面で半角スペースは無視し、マップコードの数値と＊をそのまま続けて入力すればOKです（詳しくはカーナビの説明書をご確認ください)。

ただし、カーナビによっては、*高精度マップコード（＊以下の数値）に対応していない機種もあります。対応していても目的地の位置にわずかなズレが生じたり（ほとんどは支障ないレベルです)、山間の林道や農道等が、最短ルートとして採用されないことがありますので、入力ミスも含めて注意が必要です。

【カーナビで設定】

入力後、正しい場所が目的地として設定されているか、アクセスルートが適切か、必ずご確認ください。

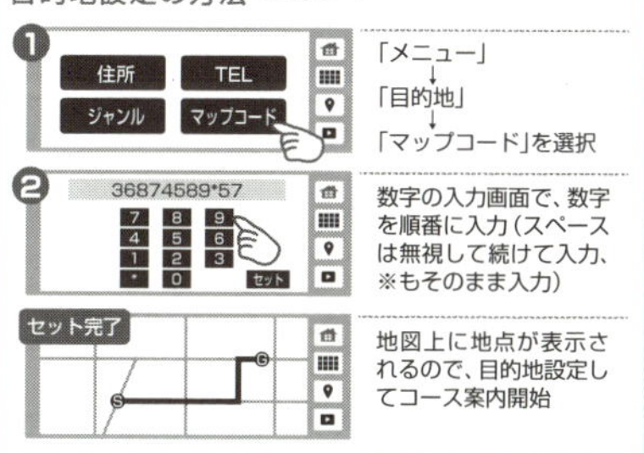

＊「マップコード」および「MAPCODE」は（株）デンソーの登録商標です。

【スマートフォンアプリ「NaviCon」で検索】

スマホで目的地を確認

検索窓をタップし、地点検索が表示されたらマップコードを入力して検索すると地図上に目的地と現在地が点線で結ばれ、直線距離が表示されます。

下部の地点リストのピンアイコンをタップすればON/OFFも可能です。ONにしておくと、新たな検索をしても消えずに残ります。念のため、正しいポイントが選択されているか、マップを拡大して確かめましょう。

※なおNaviConでは、いくつかの目的地をブックマークに保存もできます。またカーナビがなくてもNaviConの地図表示により簡易ナビが可能です。ただし、GPS衛星の電波が届かないところや届きにくいところでは、正確な現在地が表示されない場合があります。

カーナビに目的地を送信

NaviConで検索した目的地は、一度に最大5地点までカーナビに送信して目的地として設定できます。

※NaviConは、目的地を友達にメールやSNSで伝えることができます。カーナビの対応や送信方法などはカーナビの説明書、もしくはNaviConのユーザーサポートをご覧ください。
https://navicon.com/user/support
※「NaviCon」は、㈱デンソーの登録商標です。

●アクセス

最寄りのIC（インターチェンジ）からのアクセス（必要に応じて複数ルートを併記）ですが、今後、高速道路網が整備されていく中で、最寄りのICが変わる可能性もあります。所要時間は、実走調査の折に計測した数値と、地図上の距離から算出したものが混じっています。どちらも実際の時間とは差が生じることもありますので、参考情報とお考えください。また国道と県道以外の道路は、現地に標識がなければ市町村道、舗装林道、舗装農道、その他の道路の区別は困難です。従って便宜上、仮に市町村道や舗装道路にした場合もあります（後述、「道路の名称」もご参照ください）。実際には舗装されていても林道だったり、未舗装であるにも関わらず市道や町道だったこともありました。また未舗装道路では、路面評価も掲載しました。実際に走ってみた取材者の感想で、４段階評価になっています。

★★★★＝揺れも少なく快適な道。
★★★＝ある程度の凹凸があって揺れるが、普通車でも支障なく走れる道。
★★＝四輪駆動車なら支障はないが、普通車の走行は注意を要する。
★＝ひどい悪路。四輪駆動車でも注意を要する。

「注意を要する」とは主に車体底部が路面の石に接触する危険を感じた場合ですが、それ以外の要素（道幅や落石など）も含めて評価しています。また取材者は四輪駆動車で実走調査をしましたが、路面状態は雪解けや豪雨などで悪化することもありますので、どんな路面評価でも慎重な運転をお願いします。★★★〜★★とあるのは、★★★評価の区間と★★評価の区間が混在しているという意味です。

●駐車場

有料の場合はその旨記載し、料金を示しました。記載がなければ無料です。公共施設や民間施設の駐車場については、すべて登山者の利用が可能であることを確認してありますが、「利用の際にひとこと声をかける」といった条件付きの場所もあります。駐車場の大きさは、簡単な計測機器で測って○×○m（正確な数値ではありません）と表示しましたが、その形状は長方形とは限らず半円形や三角形ということもあります。区画がない駐車場における駐車可能台数は、車の置き方によっても違ってきますので、あくまで概算です（一部、公表されている駐車可能台数に従ったものもあります）。

また駐車スペースは、安全面も含めて厳密な確認まで行っているわけではありません。その前提で各自の責任のもとで止めるか止めないかご判断ください。ただし、林道ゲート前に駐車したり、車両通行の邪魔になる置き方はNGです。行政の判断で駐車禁止になることもありますのでご注意ください。

●駐車場混雑情報

地元の役所・役場、観光協会などから得た情報をもとに、特定の時期に駐車場が混雑する、満車になるなどの情報を記載しました。

●トイレ

水洗、簡易水洗、非水洗（汲み取り式）、バイオ式の区別。さらに水道とTP（トイレットペーパー）の有無、トイレの評価をまとめました。トイレットペーパーは、取材時になければ「なし」としましたが、普段は常備されているのに、たまたま切れていた場合もあるかもしれません。評価はトイレに入ってみた時に取材者が感じた印象で、これもあくまで取材時の状態をもとにしていますから、普段とは違う可能性もあります。

評価は次の３段階です。

☆☆☆＝掃除も行き届き、新しくきれいな印象。快適に利用できるトイレ。

☆☆＝登山口のトイレとしては普通。快適でもなければ不快でもない。

☆＝管理されておらず不快。できれば使いたくないトイレ。

簡易トイレは、その旨記載し、☆☆＝簡易トイレとして普通に使える。☆＝管理が悪く使いたくない、の２段階評価としました。☆☆☆～☆☆というのは、両者の中間という意味です。取材時に閉鎖されるなどして確認できなかったトイレもあります。

●携帯電話

ドコモ、au、ソフトバンクの各携帯電話（スマホ）を現地で実際にかけて通話ができるかどうか調査した結果です（数字は画面に表示されたアンテナ数）。携帯電話の通話状況は、天候など、さまざまな要因に影響されるので、通話可とあっても通話を保証するものではありません。あくまで参考情報とお考えください。ただ登山口は、山麓に近い分、山頂や稜線上と比べると、通話状況にムラは少ないようです。通話できない場合は、駐車場の反対側などに移動してみると通話できることがあります。交通不便な下山口でタクシーを呼ぶなど、万一通話ができなかったときに問題が生じるようなことには情報として利用しないでください。

●公衆電話

カード・コイン式、コイン式、ISDNの区別も含めて、公衆電話があれば記載しましたが、今回、カード・コイン式公衆電話以外のタイプは一件もありませんでした。

●ドリンク自販機

山行用のドリンクを登山口で調達する人はいないと思いますが、追加で購入したい場合、下山後に購入したい場合を考えて調べておきました。特にペットボトルは登山にもそのまま持参できるので、（PBも）としました。今回､確認した自動販売機では、すべて500mlペットボトル飲料が販売されていました。

●水場・水道設備

トイレの手洗い場とは別に水道や水場があれば記載しました。

●登山届入れ

登山口に登山届入れがあれば記載しました｡登山届入れといっても登山者名簿など、その形態はいろいろですが、特に区別はしていません。ポスト形式の登山届入れの場合は、登山届は自宅で作成しておく方が確実、かつ時間の節約にもなるのでお勧めです。念のため控えを留守番する家族にも渡しておきましょう。

●その他

案内板やバス停(バス会社)、熊出没注意看板、車上荒らし注意看板など、上記以外のものがあれば、ここにまとめました。施設の入館料は記載がなければ無料です。

●立ち寄り湯

最寄りの立ち寄り湯です。定休日や営業時間、入浴料などのデータは、2019年7月現在のものです。変更されることもありますので、ご注意ください。また営業終了時間よりも受付終了時間が30分程度早めに設定してある施設や無休でも年末年始は休みという施設もあります。電話番号の前にあるMCは、マップコードです。登山口のマップコードと同様にカーナビに入力することで、立ち寄り湯も簡単に目的地設定ができます。おおまかな位置は全県図でもご確認いただけますが、マップコードのご利用で立ち寄り湯アクセスは断然便利になるかと思います。温泉までのアクセスは、登山のあとに立ち寄ることを前提に記載した場合もあります。

●取材メモ

花や紅葉の見ごろなど、上記以外のお役立ち情報やプチ情報、あるいは取材時に入手した情報、気づいた点などをまとめました。開花時期で取り上げた花は、該当登山コースでは見られない場合もあります。

●問合先

各市町村役場の観光担当課、観光協会等の連絡先ですが、いくら地元に詳しい関係機関であっても、山や登山口に関するあらゆる情報に精通しているわけではありません。登山者からの問い合わせ内容は多岐にわたり、すべて対応できるようにしておくのも無理な話です。中には一般的な観光情報しか答えられないところや、登山口までのアクセス方法については答えられるが、登山道の状況まではわからない…ということもよくあります。市町村役場だからといって登山口や登山道の管理者であるとは限りません。県立自然公園で管理者は県だったり、民有林のために管理する公的機関が存在しなかったり…。事情は市町村ごと登山口ごとに異なります。

本書に問合先として記載するにあたって、すべての登山口について各市町村役場や観光協会が管理者に該当するかどうかや、各機関の情報把握状況を事前に確認するのも不可能です。そのため電話してみると、そこでは回答できず、別の部署や支所へ聞くようにいわれる可能性もあります。またかけ直したとしても、知りたい情報が必ず得られるとは限りません。職員によっても把握している情報に個人差があるのは当然です。昨今は、こうした事情に思慮が働かない登山初心者からの非常識な問い合わせや、過度な要求も増えているようです。このようなことは厳に慎みたいものです。

●登山口詳細図

施設や道路・遊歩道の配置がわかりにくい登山口では、詳細図も掲載しました。また必要に応じて広域図も入れています。

4 ご注意いただきたいこと

●登山口と登山道入口の違い

本書では、登山道が始まる始点を「登山道入口」とし、登山道入口も含め、周辺にある駐車場やトイレなどの諸施設がある一帯を「登山口」として使い分けています。

●登山口の選定

過去に発売された中国５県の登山ガイドブックなどを参考に選定し、さらに各市町村の行政サイトや観光協会サイト、その他の資料からも広く拾い上げました。ただ、登山口は膨大な数があるため、ある程度取捨選択せざるを得ませんでした。また鳥取・岡山両県に接する兵庫県側の県境沿いの主な登山口も調べてあります。掲載候補としていたものの、災害や工事による通行止、その他の理由により取材や掲載ができなかった登山口は、本文未掲載です。その理由については、P223の「未掲載登山口」をご覧ください。

●道路の名称

現地に道路や林道の標識がない場合、主要なものは、なるべく調べておきました。ただ、すべてを確認するのは困難です。行政に聞いても「市道でも林道でもなく、こちらでもわからない」といわれたこともあり、「舗装道路」「未舗装道路」とせざるを得なかった例もあります。

●林道走行に対する注意

未舗装林道の走行には、舗装道路にはないさまざまなリスクがあります。従って林道の情報提供はしますが、当日の天候や路面状況などを総合的に考慮して、通行するか否か各自ご判断の上、通行する場合は、自己責任のもとで通行してください。これは自然の中を歩く登山道の歩行についても同じことがいえます。万一、何らかの問題が生じても本書は一切責任をもちません。

●地元住民に対する配慮を

本書で紹介する駐車場の中には、別の目的がある駐車場を管理する方々のご好意によって登山者の駐車を認めていただいている場合があります。当然、本来の目的があるわけですから邪魔にならないように駐車には十分配慮してください。グループで何台もの車でやってきて駐車場を占拠したり、早朝や夜間のアイドリングはNGです。一部のマナー欠如によって「登山者の駐車禁止」ともなれば、多くの登山者の不便につながることを考えましょう。

●ペット連れ込み禁止看板について

ペット（犬）連れ込み禁止看板が設置された登山口や遊歩道入口もありましたが、「その他」の欄で記載はしませんでした。記載することによって逆にそれ以外の山は連れ込んでも構わないと認識されるのは好ましくないと判断したのが理由です。ワクチンは特定の病気が発症しないように犬を守ることはできますが、野生動物への感染を完全に防ぐことはできません。加えて病原体の感受性は動物によって異なるため、犬では問題なくても野生動物では死に至る可能性もあります。そのため野生動物の感染症の専門家からは、健康管理されていても犬が潜在的に保有する病原体により野生動物の大量死や希少野生動物が絶滅に至るほどの重大な結果におよぶ可能性や、逆に野生動物から犬に危険な病原体が感染する可能性も指摘されています。

最も懸念されるジステンパーウィルスは、人間には感染しないので人間が野生動物のリスクを高める可能性はゼロですが、犬の場合はワクチンを接種していても潜在的に保有している場合があり、しかも飛沫接触感染するので糞を処理したとしても感染の危険性が消えるわけではありません。

またペット連れ込み禁止看板がない山であっても、地元行政が調査検討した上で問題ないとして設置していないのではなく、実は行政もジステンパーウィルスのリスクを理解していないことも多く、ほとんどの山は未調査・未検討のグレーゾーンということでしかないのです。野生動物と犬の双方にとってリスクがある行為を続けることは、自然愛好家を名乗る資格もなければ、愛犬家を名乗る資格もありません。本当に自然を大切にしたいと思っているのであれば禁止看板がなくても自粛をお願いします。

●本書の調査期間

2019年６～７月です。一部、それ以前に撮影した写真も使用しています。時間が経つにつれ現地状況は変わりますし、自然災害による登山道や林道の通行止、ロープウェイ等の営業時間や運賃の変更、立ち寄り湯の営業時間や入浴料の変更等もあり得ます。地元役場・役所や各関係先にご確認の上、お出かけください。

地図から探そう
登山口

全県図

- 広島県
- 岡山県
- 山口県
- 島根県
- 鳥取県

全域図

- 西中国山地
- 大山・蒜山
- 比婆山連峰
- 出雲北山
- 三瓶山

広島県　全県図

日本海
島根県
浜田市
浜田自動車道
西中国山地 P22
犬伏山 P50
湯の森
大狩山 P65
熊城山 P94～95
オークガーデン
広島県
安芸高田市
北広島町
温井
どんぐり
可部冠山 P83～84
安芸太田町
南原峡 P84
中国自動車道
グリーンスパ
白木山 P125
虚空蔵山 P102
クヴェーレ
潮原
小室井山 P107
東郷山 P155
二ヶ城山 P189
湯来
窓ヶ山 P193
水神
大峯山 P69～70
武田山 P141
曽場ヶ城山 P223
ゆらゆら
呉娑々宇山 P223
スパ羅漢
小瀬川
極楽寺山 P103～104
広島市
府中町
ほの湯
小田山 P105
大野権現山 P68
廿日市市
雲母の里
三倉岳 P197～199
絵下山 P223
河平連山 P101～102
錦水館ほか
経小屋山 P93
弥山 P204～205
宮浜
宮島
古鷹山 P56
呉市
大和
野呂山 P162～164
大竹市
江田島市
上蒲刈島
山口県
倉橋島
七国見山 P85
岩国市
倉橋火山 P96
桂浜

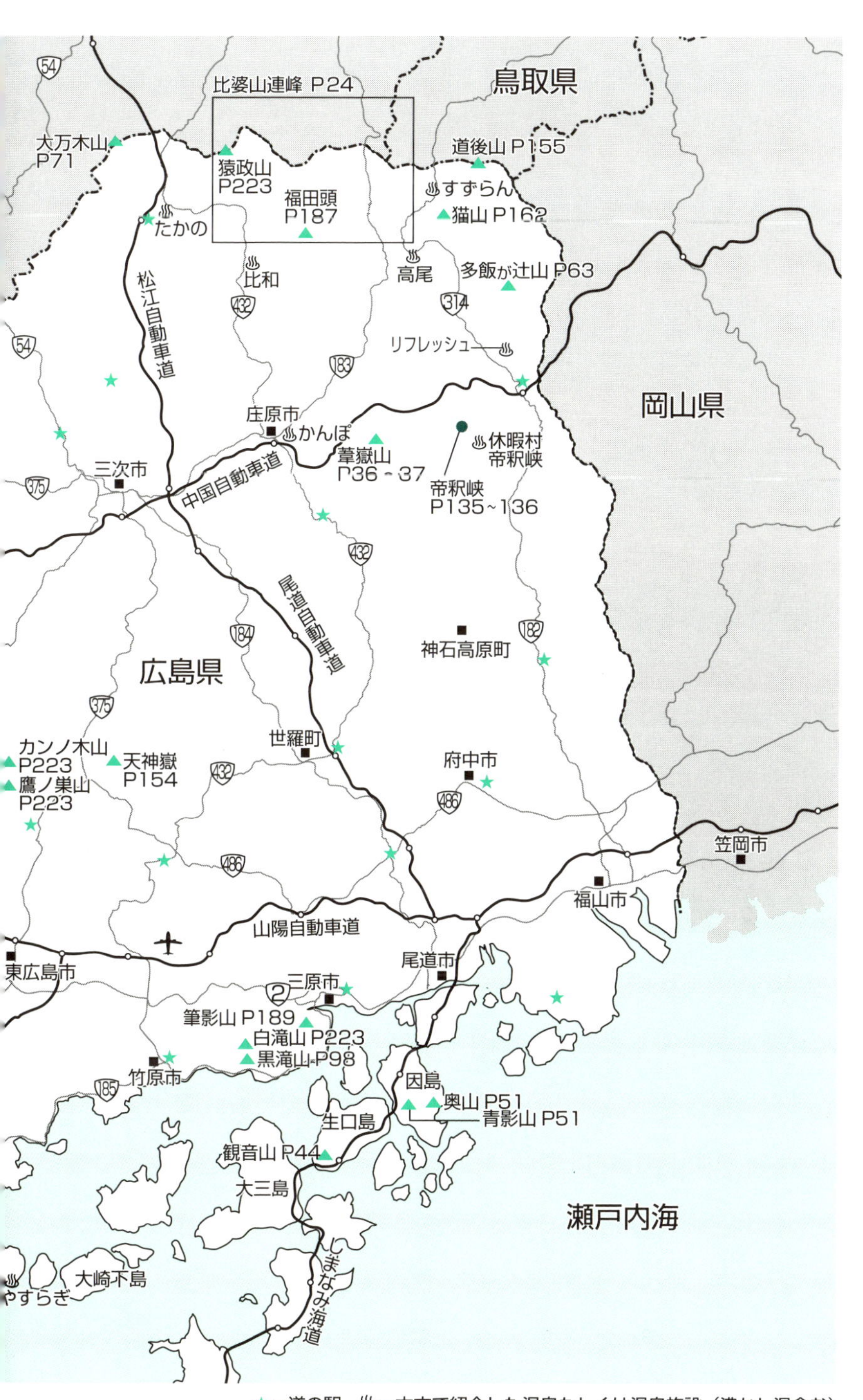

★＝道の駅。♨＝本文で紹介した温泉もしくは温泉施設（沸かし湯含む）

岡山県　全県図

大山・蒜山P23
皆ヶ山
蒜山
休暇村蒜山高原
快湯館
三平山 P203
朝鍋鷲ヶ山 P34~35
津黒山 P150
津黒
毛無山 P98
金ヶ谷山 P83
米子自動車道
津黒高原 P149~150
富栄山 P186
のとろ
大空山 P186
鳥取県
いぶき
花見山 P167
櫃ヶ山 P171
星山 P191
足
真賀
雄山 P78
大佐山 P66
風の湯
神郷
天銀山 P152
三国山 P197
真庭市
熊谷
中国自動車道
新見市
岡山県
鯉が窪湿原 P100
湯の瀬
天神山 P155
木野山 P91
ふれあい
高梁市
広島県
鬼ノ城山 P90
総社市
吉備路
矢掛町
福山 P187~188
阿部山 P42
遥照山 P42
竹林寺山 P42
遥照山
倉敷市
瀬戸中央自動車道
笠岡市
山陽自動車道
福山市
風籠

★＝道の駅。♨＝本文で紹介した温泉もしくは温泉施設（沸かし湯含む）

山口県　全県図

日本海
阿武町
青海島
萩本陣
萩市
田床山 P144
角島
長門市
湯ノ瀬
長門峡
P148
桂木山 P82
一位ヶ岳 P48
白滝山
P126
俵山
トロン
花尾山
P166
秋吉台
P30～33
一の俣
おふく
秋芳館
東鳳翩山
P169
山口
山口市
美祢市
天宿
荒滝山
P43
湯田
蕎麦ヶ岳
P134
中国自動車道
鬼ヶ城 P77
吉見
竜王山
P218
山口県
右田ヶ岳
P194～196
防府市
響灘
桑の山
山陽自動車道
下関市
宇部市
周防灘
北九州市

★＝道の駅。♨＝本文で紹介した温泉もしくは温泉施設（沸かし湯含む）

島根県　全県図

日本海
仙ノ山
P131~132
矢滝城山 P208
温泉津
大江高山
P63~64
江津市
山陰道
江の川
浜田市
浜田自動車道
邑南町
きんた
いわみ
金木山 P83
雲城山
P95
山陰道
漁山 P44
9
島根県
美都
186
益田市
191
春日山
P223
奥匹見峡 P42
日晩山
P170
天杉山 P42
488
広見山 P185
中国自動車道
津和野町
やすらぎ
(休業中)
三子山P201
安蔵寺山
P38~41
大神ヶ嶽・赤谷山 P137
地倉沼 P147
青野山 P28
柿木
山口県
願成就
松乃湯
広島
ゆらら
盛太ヶ岳
P207
吉賀町

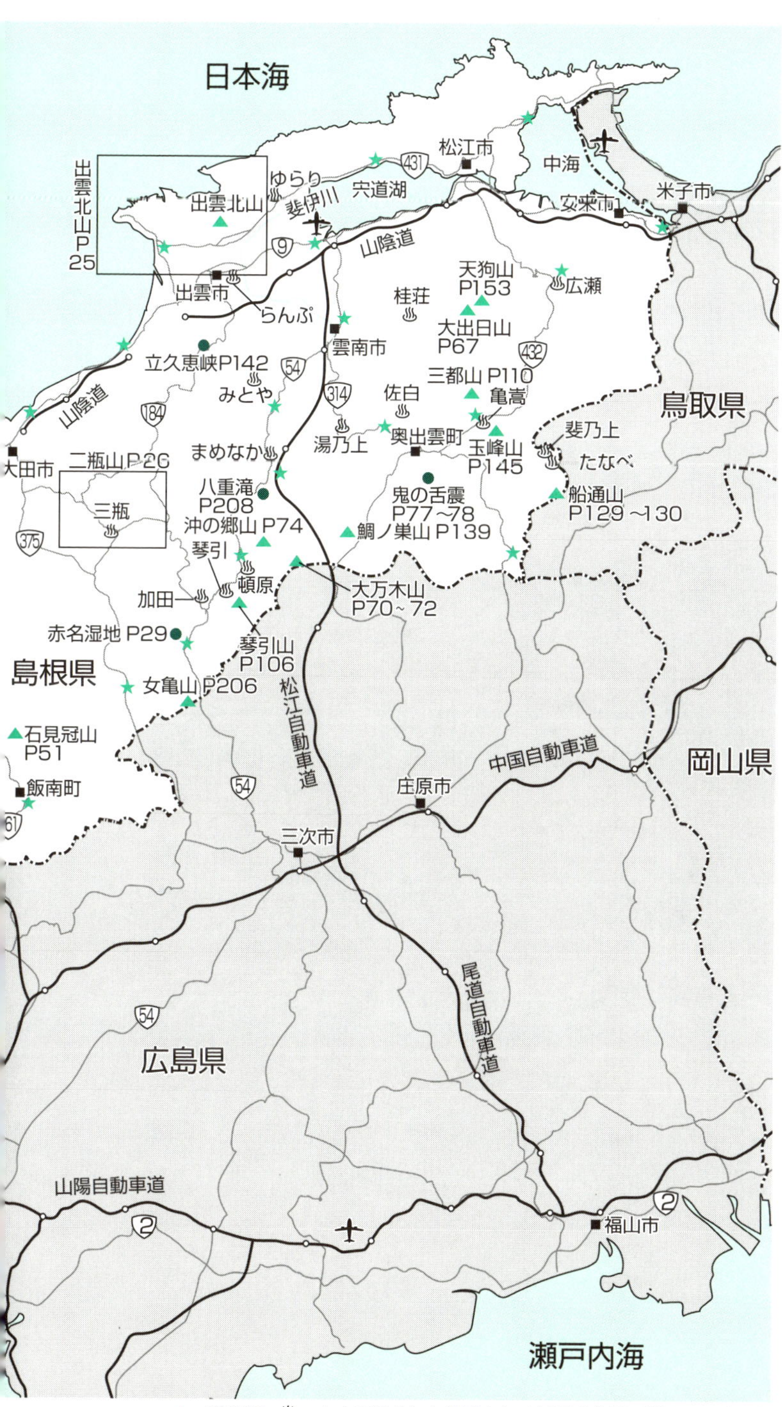

★＝道の駅。♨＝本文で紹介した温泉もしくは温泉施設（沸かし湯含む）

鳥取県　全県図

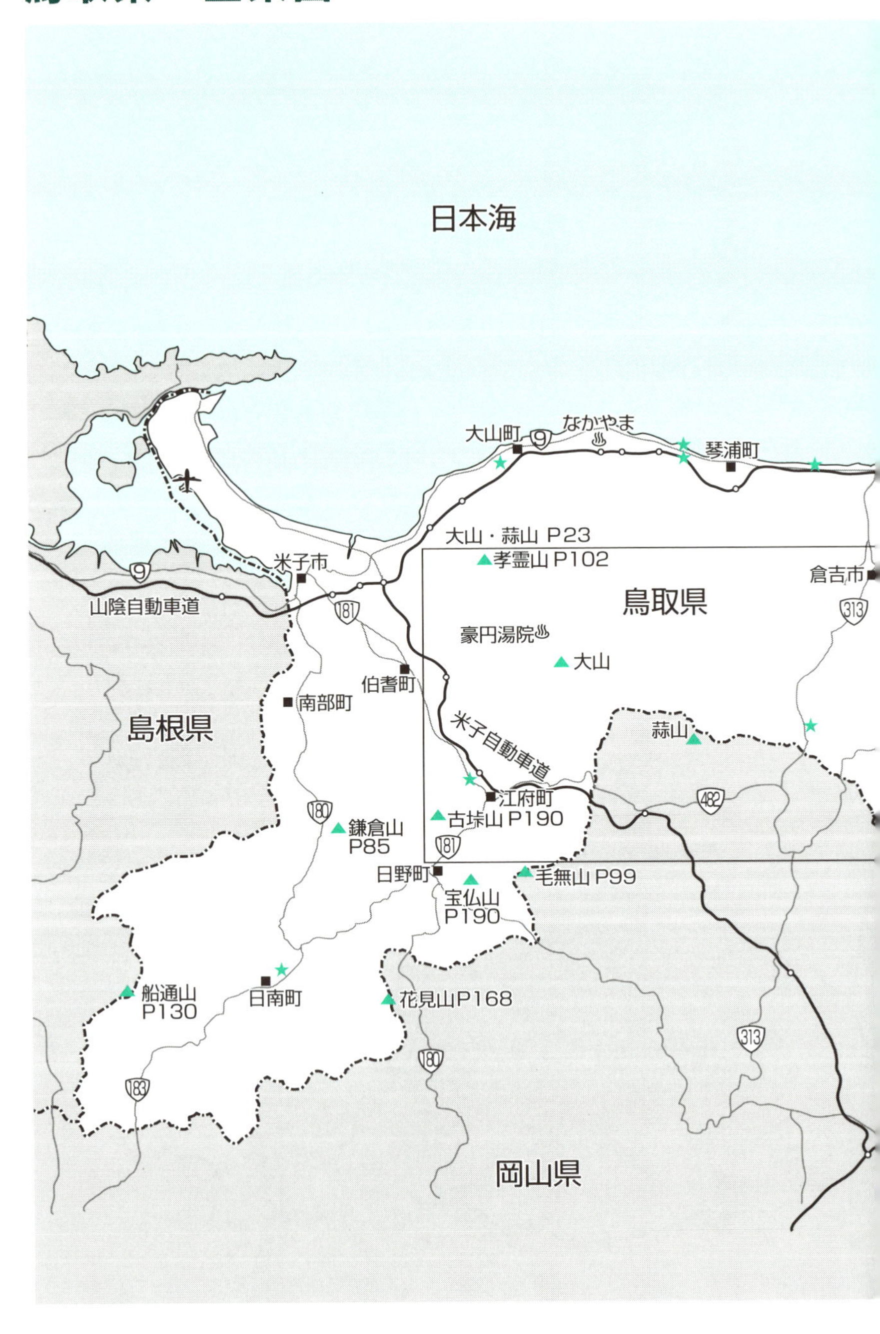

日本海
大山町
なかやま
琴浦町
大山・蒜山 P23
孝霊山 P102
米子市
倉吉市
山陰自動車道
鳥取県
豪円湯院
大山
伯耆町
南部町
島根県
蒜山
米子自動車道
江府町
古垰山 P190
鎌倉山
P85
日野町
毛無山 P99
宝仏山
P190
船通山
P130
日南町
花見山P168
岡山県

★＝道の駅。♨＝本文で紹介した温泉もしくは温泉施設（沸かし湯含む）

西中国山地　全域図

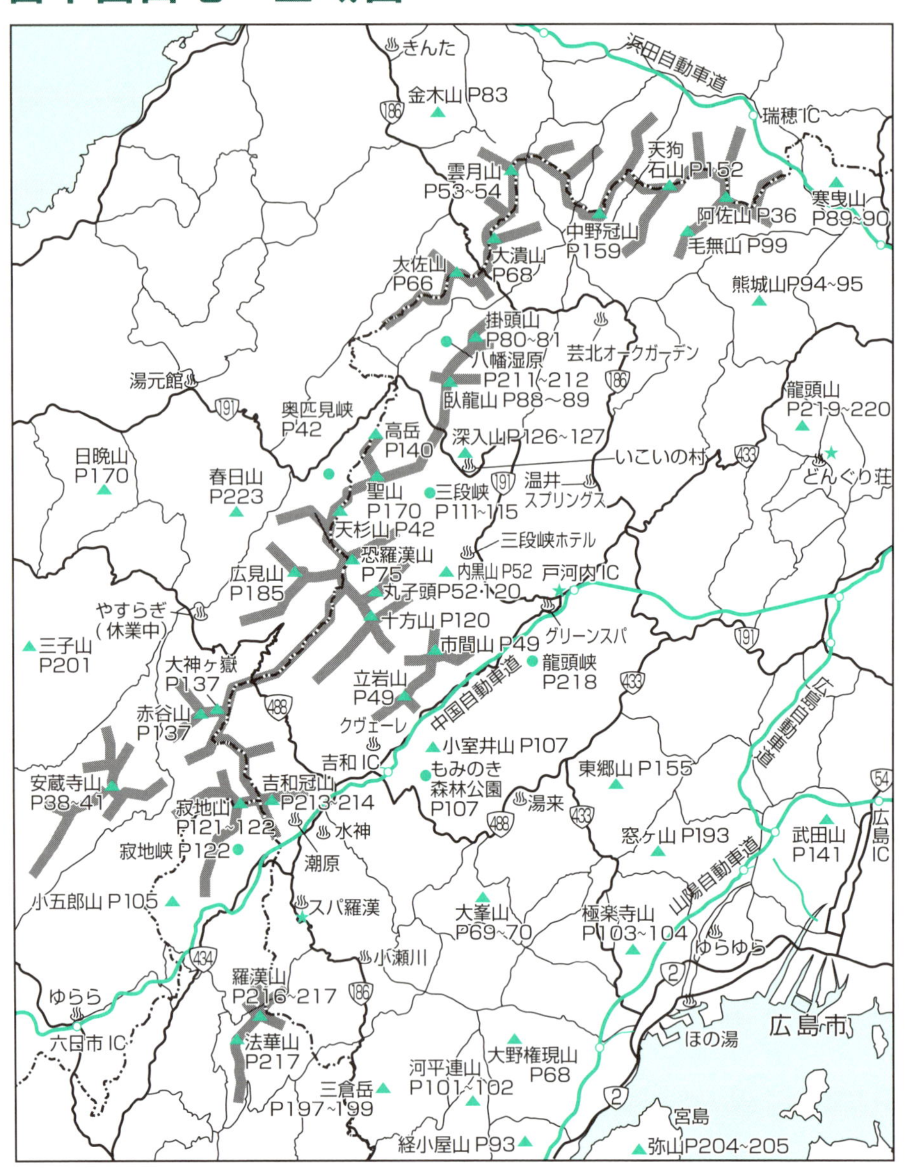

きんた
浜田自動車道
金木山 P83
瑞穂IC
天狗石山 P152
雲月山 P53~54
寒曳山 P89~90
阿佐山 P36
中野冠山 P159
毛無山 P99
大潰山 P68
大佐山 P66
熊城山 P94~95
掛頭山 P80~81
八幡湿原 P211~212
芸北オークガーデン
湯元館
臥龍山 P88~89
龍頭山 P219~220
奥匹見峡 P42
高岳 P140
深入山 P126~127
いこいの村
日晩山 P170
春日山 P223
聖山 P170
三段峡 P111~115
温井スプリングス
どんぐり荘
天杉山 P42
三段峡ホテル
恐羅漢山 P75
内黒山 P52
広見山 P185
戸河内IC
丸子頭 P52·120
やすらぎ（休業中）
十方山 P120
グリーンスパ
三子山 P201
市間山 P49
大神ヶ嶽 P137
龍頭峡 P218
中国自動車道
立岩山 P49
赤谷山 P137
クヴェーレ
小室井山 P107
吉和IC
安蔵寺山 P38~41
もみのき森林公園 P107
東郷山 P155
吉和冠山 P213~214
湯来
寂地山 P121~122
水神
潮原
窓ヶ山 P193
武田山 P141
広島IC
寂地峡 P122
山陽自動車道
広島自動車道
小五郎山 P105
スパ羅漢
大峯山 P69~70
極楽寺山 P103~104
ゆらゆら
小瀬川
羅漢山 P216~217
ゆらら
六日市IC
ほの湯
広島市
法華山 P217
大野権現山 P68
河平連山 P101~102
三倉岳 P197~199
宮島
経小屋山 P93
弥山 P204~205

大山・蒜山　全域図

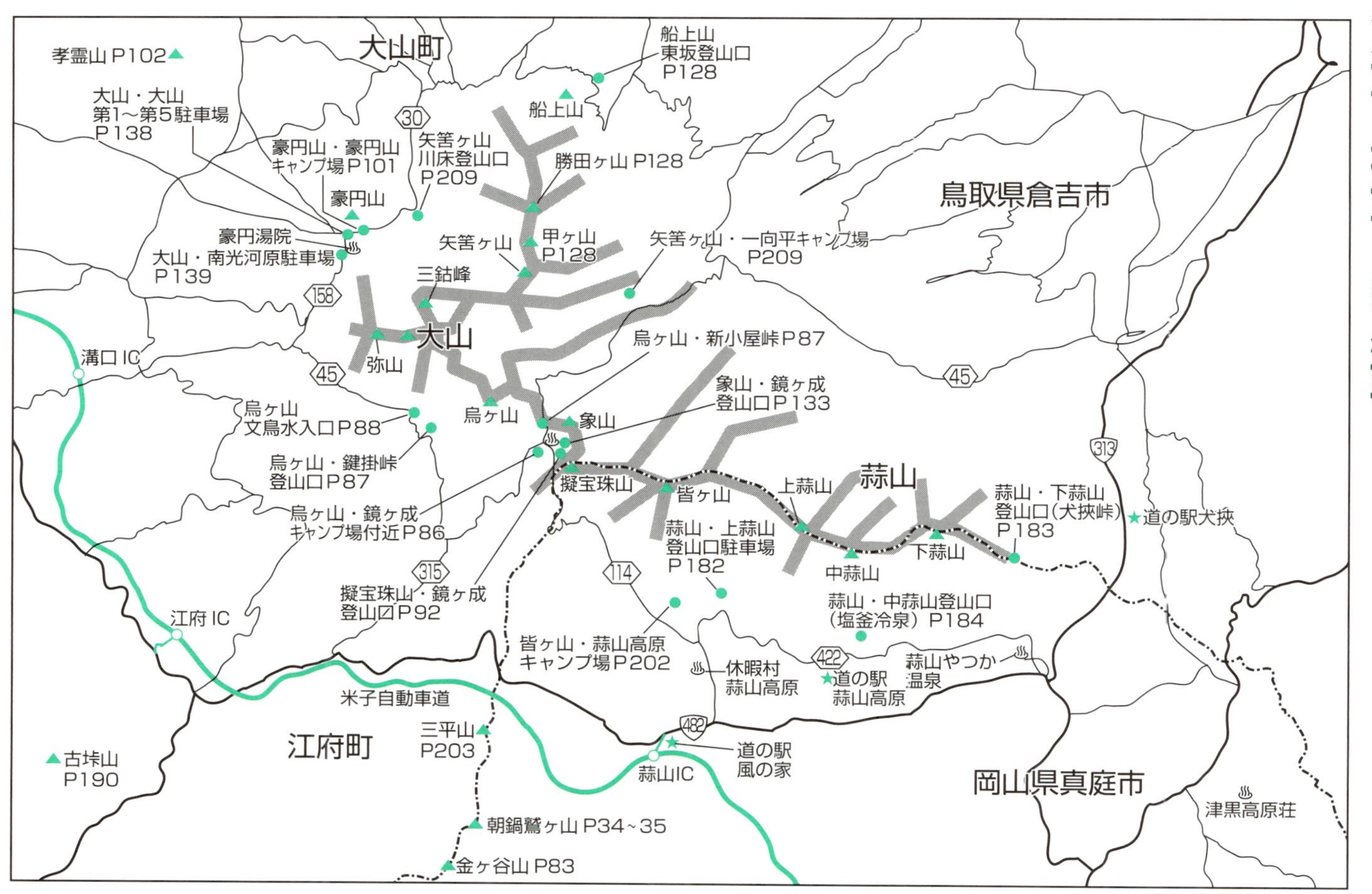

孝霊山 P102
大山町
船上山 東坂登山口 P128
船上山
大山・大山第1〜第5駐車場 P138
豪円山・豪円山キャンプ場 P101
矢筈ヶ山 川床登山口 P209
勝田ヶ山 P128
豪円山
鳥取県倉吉市
豪円湯院
大山・南光河原駐車場 P139
矢筈ヶ山
甲ヶ山 P128
矢筈ヶ山・一向平キャンプ場 P209
三鈷峰
大山
弥山
溝口IC
鳥ヶ山・新小屋峠 P87
象山・鏡ヶ成登山口 P133
鳥ヶ山 文鳥水入口 P88
鳥ヶ山
象山
鳥ヶ山・鍵掛峠登山口 P87
蒜山
上蒜山
擬宝珠山
皆ヶ山
蒜山・下蒜山登山口(犬挟峠) P183
道の駅犬挟
鳥ヶ山・鏡ヶ成キャンプ場付近 P86
蒜山・上蒜山登山口駐車場 P182
下蒜山
中蒜山
擬宝珠山・鏡ヶ成登山口 P92
蒜山・中蒜山登山口（塩釜冷泉）P184
江府IC
皆ヶ山・蒜山高原キャンプ場 P202
休暇村 蒜山高原
道の駅 蒜山高原
蒜山やつか温泉
米子自動車道
三平山 P203
江府町
古垰山 P190
道の駅 風の家
蒜山IC
岡山県真庭市
津黒高原荘
朝鍋鷲ヶ山 P34〜35
金ヶ谷山 P83
30
158
45
313
315
114
422
482

比婆山連峰　全域図

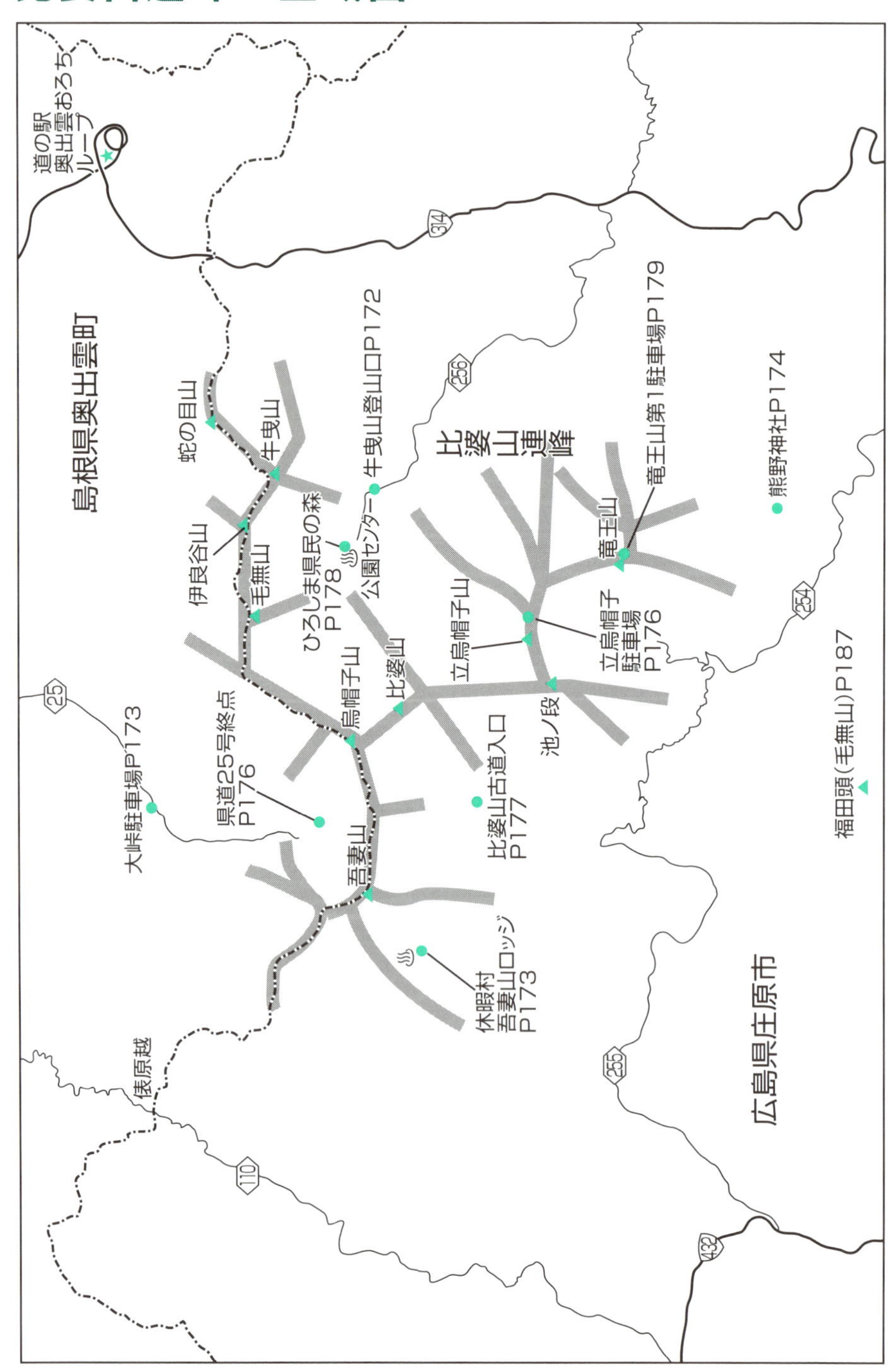

道の駅
奥出雲おろち
ループ
314
島根県奥出雲町
蛇の目山
牛曳山
伊良谷山
毛無山
ひろしま県民の森
P178
公園センター
牛曳山登山口P172
256
比婆山連峰
竜王山第1駐車場P179
熊野神社P174
竜王山
立烏帽子
駐車場
P176
立烏帽子山
254
比婆山
烏帽子山
県道25号終点
P176
25
大峠駐車場P173
池ノ段
比婆山古道入口
P177
福田頭（毛無山）P187
吾妻山
休暇村
吾妻山ロッジ
P173
俵原越
110
255
広島県庄原市
432

出雲北山　全域図

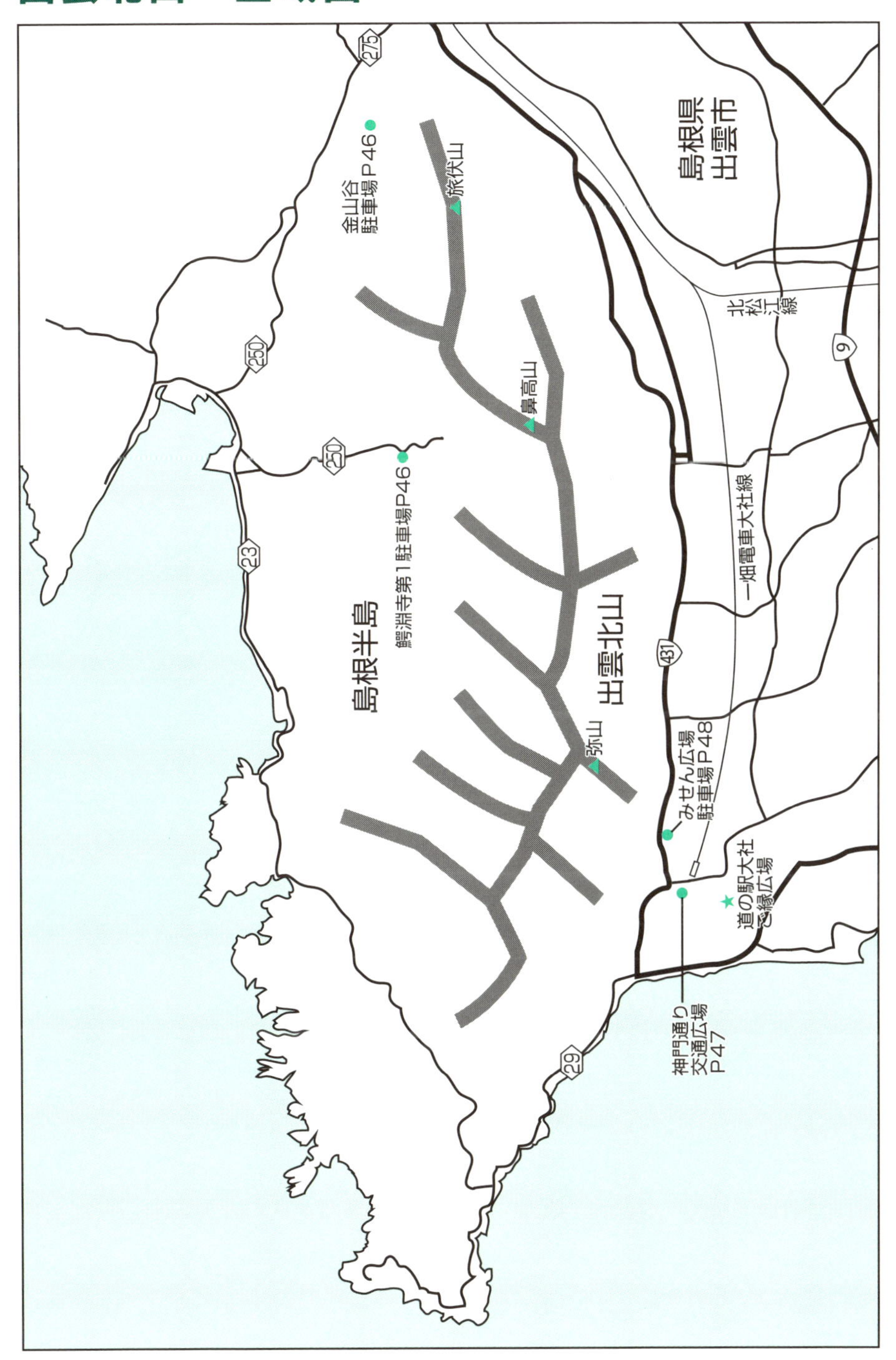

島根県
出雲市
旅伏山
鼻高山
弥山
出雲北山
島根半島
金山谷
駐車場P46
鰐淵寺第1駐車場P46
みせん広場
駐車場P48
道の駅大社
ご縁広場
神門通り
交通広場
P47
北松江線
一畑電車大社線
275
250
250
23
9
431
29

三瓶山　全域図

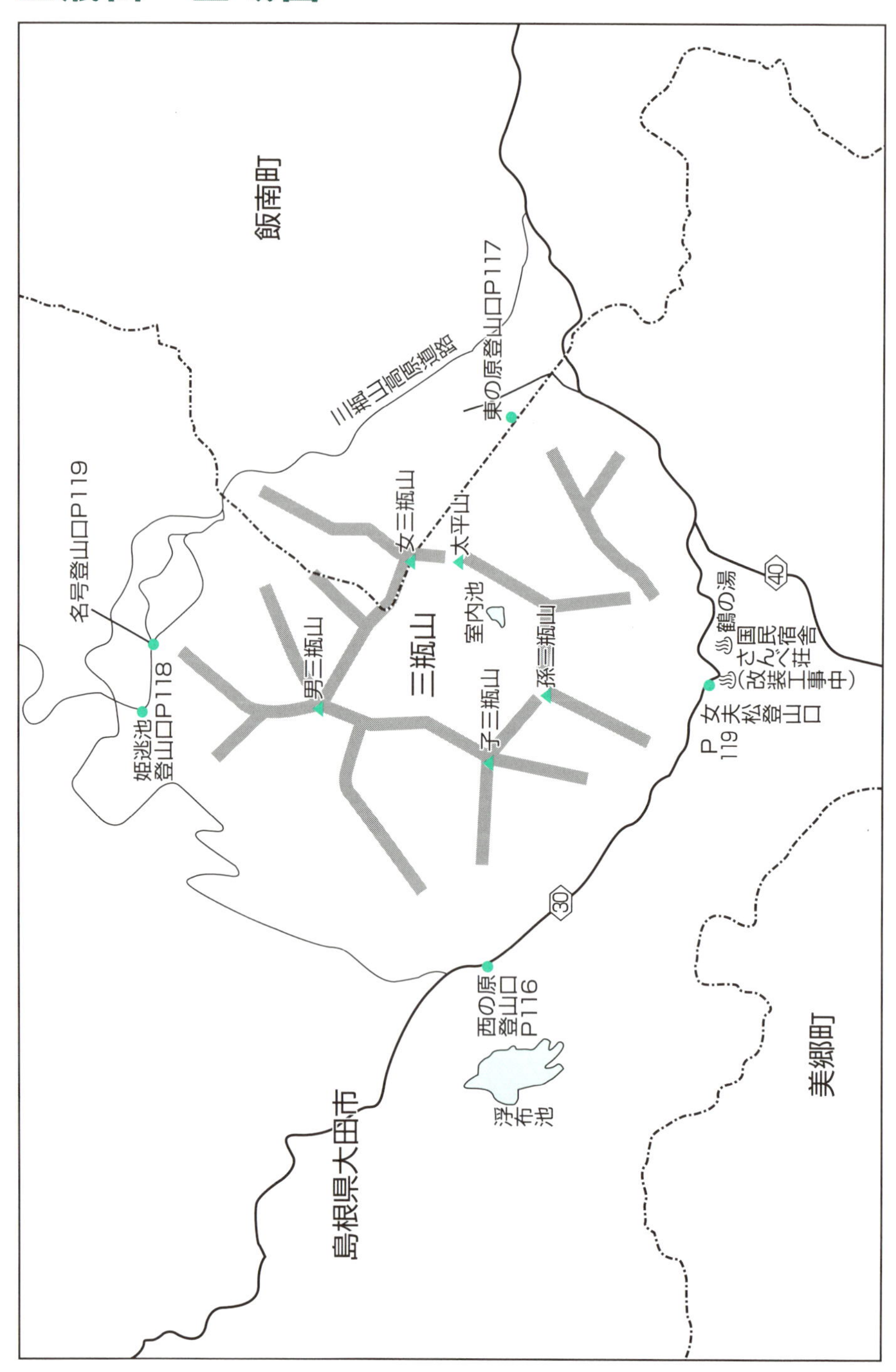
飯南町
東の原登山口P117
三瓶山高原道路
名号登山口P119
姫逃池登山口P118
女三瓶山
太平山
男三瓶山
室内池
三瓶山
子三瓶山
孫三瓶山
鶴の湯
国民宿舎さんべ荘（改装工事中）
40
女夫松登山口
P119
30
西の原登山口P116
浮布池
美郷町
島根県大田市

登山口情報

すべて現地に行って
調べました

青影山

→P51 因島・奥山　椋浦峠

青野山・青野磧（青野河原）駐車場

あおのやま・
あおのがわらちゅうしゃじょう
島根県津和野町
標高432m 

登山口概要／青野山の北西側、林道笹山山入線沿い。青野山自然観察路を経由する青野山の起点。
緯度経度／［34°28′09″］［131°47′24″］
マップコード／ 513 155 812*11
アクセス／中国道六日市ICから国道187号、県道3、226号、林道笹山山入線（舗装）経由で31km、約48分。県道から1.7km、約3分。
駐車場／ 26台・32×26m・舗装・区画あり。
トイレ／青野磧（青野河原）駐車場にある。センサーライト付き。水洗。水道（飲用不可）・TPあり。評価☆☆☆。
携帯電話／ドコモ3通話可・au3通話可・SB3通話可。
その他／青野山県立自然公園区域図、ベンチ。
立ち寄り湯／①国道9号を8km南下すると、「道の駅 願成就温泉」で可能。第3水曜休・9～21時・入浴料510円・MC 513 032 650*11・☎083-957-0118。②一方、中国道六日町IC方面に戻ると、「柿木温泉・はとの湯荘」がある。水曜休・11～20時（季節により変動あり）・入浴料510円・MC 513 044 878*11・☎0856-79-2150。③その先には「木部谷温泉・松乃湯」もある。毎月6、16、26日休・7時30分～19時30分・入浴料450円・MC 513 047 079*11・☎0856-79-2617。④さらに六日町ICそばの「道の駅むいかいち温泉」には、「むいかいち温泉ゆ・ら・ら」も。第2水曜休・10～22時・入浴料580円・MC 354 638 885*11・☎0856-77-3001。
問合先／津和野町商工観光課☎0856-72-0652、津和野町観光協会☎0856-72-1771、島根県自然保護課☎0852-22-6172

青野山・笹山登山口

あおのやま・ささやまとざんぐち
島根県津和野町
標高440m 

登山口概要／青野山の南西側、県

青野磧／林道笹山山入線

青野磧／青野磧（青野河原）駐車場

青野磧／同駐車場のトイレ

青野磧／同トイレ内部

青野磧／青野山自然観察路入口

道226号沿い。青野山の起点。
緯度経度／ [34°27′23″] [131°47′29″]
マップコード／ 513 125 337*11
アクセス／中国道六日市ICから国道187号、県道3、226号経由で29.5km、約45分。
駐車場／登山道入口と林道笹山山入線入口西側の県道路肩に広い駐車スペースがある。20～30台・138×16m・舗装・区画なし。
トイレ／林道笹山山入線を1.7km入ると、青野磧（青野河原）駐車場（前項）にある。センサーライト付き。水洗。水道（飲用不可）・TPあり。評価☆☆☆。
携帯電話／ドコモ3通話可・au圏外・SB3通話可。
その他／青野山と青野山王権現解説板、ベンチ、水道施設。
立ち寄り湯／①国道9号に出て3km南下すると、「道の駅 願成就温泉」で可能。第3水曜休・9～21時・入浴料510円・MC 513 032 650*11・☎083-957-0118。②一方、中国道六日町IC方面に戻ると、「柿木温泉・はとの湯荘」がある。水曜休・11～20時（季節により変動あり）・入浴料510円・MC 513 044 878*11・☎0856-79-2150。③その先には「木部谷温泉・松乃湯」もある。毎月6、16、26日休・7時30分～19時30分・入浴料450円・MC 513 047 079*11・☎0856-79-2617。④さらに六日町ICそばの「道の駅むいかいち温泉」には、「むいかいち温泉ゆ・ら・ら」も。第2水曜休・10～22時・入浴料580円・MC 354 638 885*11・☎0856-77-3001。
問合先／津和野町商工観光課☎0856-72-0652、津和野町観光協会☎0856-72-1771、島根県自然保護課☎0852-22-6172

赤谷山登山口

→P137 大神ヶ嶽登山口
（林道三坂八郎線）

赤名湿地入口

あかなしっちいりぐち
島根県飯南町
標高438m MAP 002

登山口概要／赤名湿地の東側、町道沿い。赤名湿地の起点。
緯度経度／ [35°00′55″] [132°42′32″]
マップコード／ 430 355 401*27
アクセス／中国道三次ICから国道375、54号、町道経由で35km、約54分。または松江道雲南吉田ICから県道38、273号、国道54号、町道経由で30km、約46分。
駐車場／手前の町道交差点に湿地散策者用の駐車場がある。12台・26×18m・舗装・区画あり。
駐車場混雑情報／混雑することは

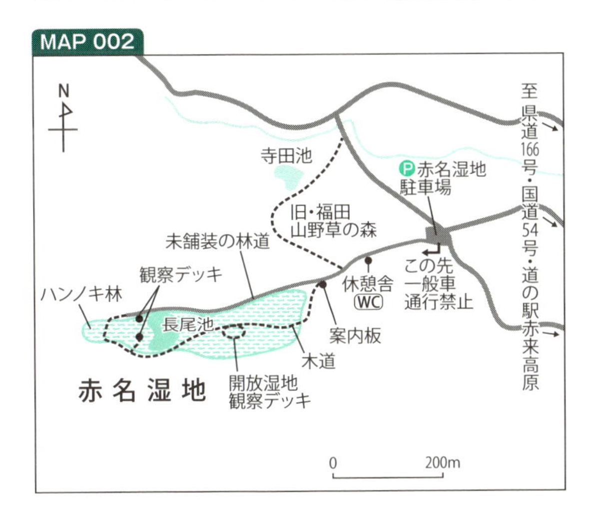

笹山／県道路肩の駐車スペース

笹山／笹山登山口

笹山／道の駅 願成就温泉・露天風呂

赤名／赤名湿地の案内看板

赤名／赤名湿地散策者用の駐車場

ない。
トイレ／駐車場から湿地に向けて徒歩3分ほどのところにトイレ付き休憩舎がある。非水洗。水道・TPあり。評価☆☆。
携帯電話／ドコモ3通話可・au3通話可・SB2通話可。
その他／休憩舎、島根県自然環境保全地域解説板、赤名湿地性植物群落案内板。
取材メモ／赤名湿地は、県内最大級のハンノキ林と湿生植物群落を有し、県の自然保全地域に指定。本項駐車場を起点に遊歩道や木道で一巡約30分。ミツガシワやリュウキンカは4月中旬～5月中旬、サワオグルマは5月中旬～下旬、サワキギョウは8月中旬～9月下旬が見ごろ。ハッチョウトンボは6月中旬～7月中旬に観察可能。
立ち寄り湯／①飯南町市街地から国道184号に左折すると「加田の湯(かだのゆ)」がある。第2、第4火曜休・10～20時・入浴料400円・MC 430 478 525*27・☎0854-76-3357。②国道54号を10km北上し、頓原交差点を県道273号に右折すると「頓原天然炭酸温泉」がある。木曜休・11～20時・入浴料500円・MC 543 275 312*27・☎0854-72-0880。③また近くの琴引フォレストパークスキー場の「琴引ビレッジ山荘」でも人工温泉だが立ち寄り湯が可能。水曜休(繁忙期は営業することもある)・15～21時(土・日曜、祝日は13時～)・入浴料500円・MC 543 182 608*27・☎0854-72-1035。
問合先／飯南町産業振興課☎0854-76-2214、飯南町観光協会☎0854-76-9050

秋吉台・秋吉台エコミュージアム

あきよしだい・えこみゅーじあむ
山口県美祢市
標高230m MAP 003

登山口概要／秋吉台・真名ヶ岳(まながたけ)の北東側、県道32号沿い。真名ヶ岳の起点。
緯度経度／[34°16′36″][131°19′26″]
マップコード／243 369 724*18
アクセス／小郡萩道路絵堂ICから県道28、32号経由で3.5km、約5分。
駐車場／秋吉台エコミュージアム入口に公共駐車場がある。130台・120×50m・舗装・区画あり。
駐車場混雑情報／GWに混雑する程度。
秋吉台エコミュージアム／秋吉台の自然を紹介するビジターセンター。火曜休(祝日の場合は翌日)・9時～16時30分・入館協力金200円・☎08396-2-2622。
大正洞／秋芳洞と同じく、秋吉台

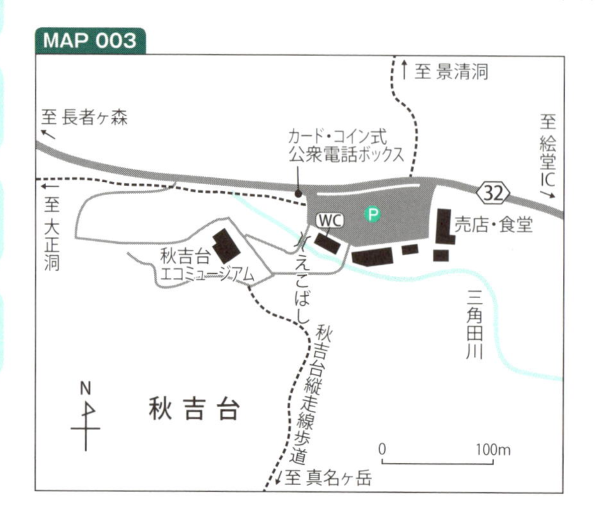

赤名／トイレ付き休憩舎

赤名／赤名湿地

赤名／加田の湯

エコ／駐車場入口に立つ案内看板

エコ／公共駐車場

の鍾乳洞のひとつ。無休・8時30分～17時15分・入洞料1000円・所要約40分・☎08396-2-0605。
トイレ／駐車場にあるが、取材時は閉まっていた。詳細不明。
携帯電話／ドコモ3通話可・au3通話可・SB3通話可。
公衆電話／駐車場西端にカード・コイン式公衆電話ボックスがある。
ドリンク自販機／駐車場の食堂前にある(PBも)。
その他／秋吉台エコミュージアム整備事業案内板、売店、食堂、カフェ、秋吉台縦走線歩道案内板。
取材メモ／秋吉台エコミュージアムのサイトから、秋吉台トレッキングおすすめコースの地図をダウンロードできる。地形図にコースタイムも入っており、わかりやすい。
立ち寄り湯／①天然温泉ではないが、近くの景清洞（かげきよどう）向かい「秋吉台リフレッシュパーク」内に「景清洞トロン温泉」がある。第1、3月曜休（11～3月は毎週月曜休）・10～21時・入浴料600円・MC 243 429 189*18・☎08396-2-2177。②同じく天然温泉ではないが、県道を南下すると「秋芳ロイヤルホテル秋芳館」がある。無休・12～20時・入浴料500円・MC 243 216 561*18・☎0837-62-0311。③秋吉台の西側、国道316号沿い「道の駅おふく」内の「於福温泉」でも可能。第2水曜休(1・8月は除く。祝日の場合は翌日)・11～21時(土・日曜、祝日は10時～)・入浴料500円・MC 327 265 128*18・☎0837-56-5005。
問合先／秋吉台エコミュージアム☎08396-2-2622、美祢市観光協会☎0837-62-0115

秋吉台・秋吉台家族旅行村

あきよしだい・
あきよしだいかぞくりょこうむら
山口県美祢市
標高216m MAP 004

登山口概要／秋吉台・龍護峰（りゅうごはう）の東側、市道終点。龍護峰やおはち山、西の西山などの起点。中国自然歩道の起点。
緯度経度／[34°13′58″] [131°17′42″]
マップコード／ 243 215 500*18
アクセス／中国道美祢東JCT・小郡萩道路十文字ICから国道490号、県道31、32号、市道経由で9.5km、約14分。
秋吉台家族旅行村／キャンプ場やログハウス等がある。通年・無休・8時30分～17時・☎0837-62-1110。
駐車場／秋吉台家族旅行村の駐車場は、ハイカー利用可だが、駐車場の利用可能時間は8時30分～

MAP 004
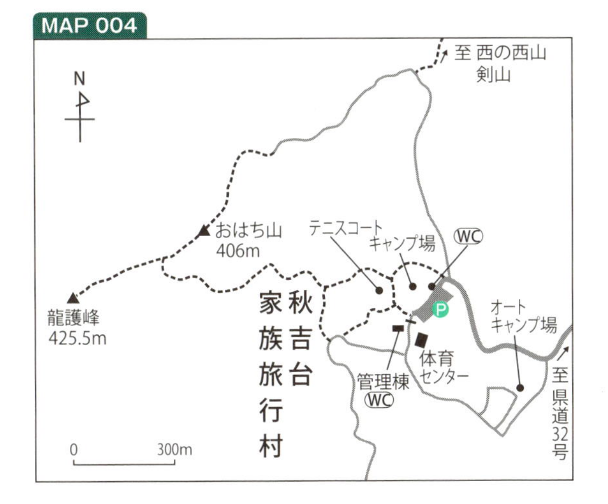

エコ／同駐車場のトイレ

エコ／秋吉台エコミュージアム

旅行村／家族旅行村の駐車場

旅行村／家族旅行村管理棟

旅行村／同管理棟内のトイレ

17時30分のみ。時間外は施錠される。244台＋大型・160×70m・舗装・区画あり。
駐車場混雑情報／団体利用やイベントがある時は、満車になることもある。
トイレ／管理棟にあり、ハイカーの利用可。水洗。水道・TPあり。評価☆☆☆。
携帯電話／ドコモ3通話可・au3通話可・SB3通話可。
公衆電話／駐車場にカード・コイン式公衆電話ボックスがある。
ドリンク自販機／管理棟にある（PBも）。
その他／中国自然歩道案内板、秋吉台家族旅行村利用案内板。
取材メモ／龍護峰は、秋吉台の最高峰。山頂からは360°のパノラマが広がる。本項駐車場から徒歩約45分。秋吉台エコミュージアムのサイトから、秋吉台トレッキングおすすめコースの地図をダウンロードできる。地形図にコースタイムも入っており、わかりやすい。
立ち寄り湯／①秋吉台家族旅行村管理棟にコインシャワーがある。8時30分 ～ 17時・5分100円・☎0837-62-1110。②天然温泉ではないが、すぐ近く（カルスト展望台に向かう途中）に「秋芳ロイヤルホテル秋芳館」がある。無休・12～20時・入浴料500円・MC 243 216 561*18・☎0837-62-0311。③同じく天然温泉ではないが、秋吉台の北側、景清洞（かげきよどう）向かい「秋吉台リフレッシュパーク」内に「景清洞トロン温泉」がある。第1、3月曜休（11～3月は毎週月曜休）・10～21時・入浴料600円・MC 243 429 189*18・☎08396-2-2177。④秋吉台の西側、国道316号沿い「道の駅おふく」内の「於福温泉」でも可能。第2水曜休（1・8月は除く。祝日の場合は翌日）・11～21時（土・日曜、祝日は10時～）・入浴料500円・MC 327 265 128*18・☎0837-56-5005。
問合先／秋吉台家族旅行村☎0837-62-1110、秋吉台エコミュージアム☎08396-2-2622、美祢市観光協会☎0837-62-0115

秋吉台・エコミュージアム

→（前々頁）秋吉台・秋吉台エコミュージアム

秋吉台・カルスト展望台

あきよしだい・かるすとてんぼうだい
山口県美祢市
標高230m MAP 005

登山口概要／秋吉台・若竹山（わかたけやま）の南側、市道沿い。若竹山や剣山、長者ヶ森などの起点。

MAP 005

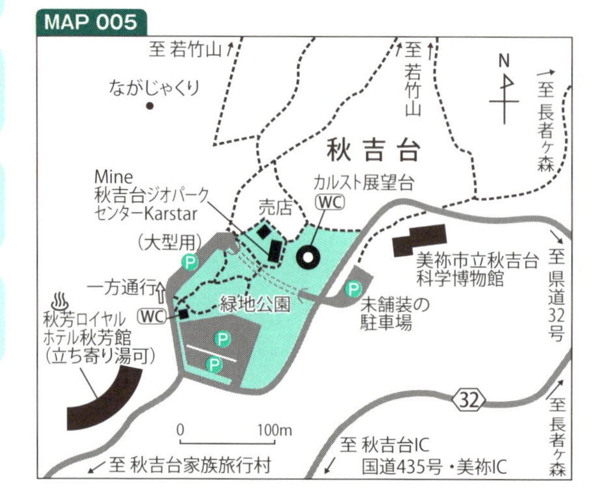

旅行村／中国自然歩道案内板

旅行村／秋芳館の大浴場

展望台／緑地公園駐車場

展望台／未舗装の駐車場

展望台／緑地公園のトイレ

緯度経度／[34°14′02″][131°18′17″]
マップコード／243 216 625*18
アクセス／中国道美祢東JCT・小郡萩道路十文字ICから国道490号、県道31、32号、市道経由で9km、約14分。
駐車場／カルスト展望台がある緑地公園に駐車場がある。46台＋大型・58×40mなど2面・舗装・区画あり。またカルスト展望台と秋吉台科学博物館の間にも未舗装の駐車場がある。約25台・54×26m・砂利＋小石・区画なし。
駐車場混雑情報／GWと秋の連休中、緑地公園駐車場は入場制限されるほどに混雑する。お盆休みはそこまで混雑しない。
美祢市立秋吉台科学博物館／秋吉台と秋芳洞の自然と歴史に関する展示施設。専用駐車場はないので、前述の駐車場を利用する。月曜休（祝日の場合は翌日）・9～17時・☎0837-62-0640。
Mine秋吉台ジオパークセンターKarstar／ジオパークの観光案内と無料休憩所。コーヒースタンドも。専用駐車場はないので、前述の駐車場を利用する。無休・9～17時・☎0837-63-0040。
トイレ／緑地公園とカルスト展望台にある。どちらも水洗。水道・TPあり。評価☆☆☆。
携帯電話／ドコモ3通話可・au3通話可・SB3通話可。
ドリンク自販機／売店前にある(PBも)。
その他／カルスト展望台、売店、秋吉台国定公園案内板、東屋、動く大地の上に暮らす私たち、展望台停留所(かるすとタクシー)。
取材メモ／カルスト展望台からは、秋吉台のカルスト台地を一望できる。なお秋吉台エコミュージアムのサイトから、秋吉台トレッキングおすすめコースの地図をダウンロードできる。地形図にコースタイムも入っており、わかりやすい。
立ち寄り湯／①天然温泉ではないが、すぐ近くに「秋芳ロイヤルホテル秋芳館」がある。無休・12～20時・入浴料500円・MC 243 216 561*18・☎0837-62-0311。②同じく天然温泉ではないが、秋吉台の北側、景清洞（かげきよどう）向かい「秋吉台リフレッシュパーク」内に「景清洞トロン温泉」がある。第1、3月曜休(11～3月は毎週月曜休)・10～21時・入浴料600円・MC 243 429 189*18・☎08396-2-2177。③秋吉台の西側、国道316号沿い「道の駅おふく」内の「於福温泉」でも可能。第2水曜休（1・8月は除く。祝日の場合は翌日）・11～21時(土・日曜、祝日は10時～)・入浴料500円・MC 327 265 128*18・☎0837-56-5005。
問合先／秋吉台エコミュージアム☎08396-2-2622、美祢市観光協会☎0837-62-0115

秋吉台・長者ヶ森駐車場

あきよしだい・ちょうじゃがもりちゅうしゃじょう
山口県美祢市
標高295m **MAP 006**

登山口概要／秋吉台・冠山の東側、県道32号沿い。冠山や地獄台、真名ヶ岳（まながたけ）、北山などの起点。
緯度経度／[34°15′22″][131°19′01″]
マップコード／243 308 309*18
アクセス／中国道美祢東JCT・小郡萩道路十文字ICから国道490号、県道31、32号経由で12.5km、約20分。または小郡萩道路絵堂ICから県道29、32号経由で9km、約14分。
駐車場／104台＋大型・96×50m・舗装・区画あり。
駐車場混雑情報／GWや秋の連休中は、混雑する。
トイレ／駐車場にある。水洗。水道・TPあり。評価☆☆☆。
携帯電話／ドコモ3通話可・au3通話可・SB3通話可。
その他／秋吉台ジオパークへようこそ案内板、秋吉台国定公園解説板、秋吉台利用上の注意事項、秋吉台国定公園「人工の森」解説板、東屋、テーブル・ベンチ、長者ヶ森停留所(かるすとタクシー)。

展望台／同トイレ内部

展望台／ジオパークセンターKarstar

展望台／秋吉台科学博物館

展望台／カルスト展望台

長者／長者ヶ森駐車場

取材メモ／秋吉台エコミュージアムのサイトから、秋吉台トレッキングおすすめコースの地図をダウンロードできる。地形図にコースタイムも入っており、わかりやすい。なお長者ヶ森は、広大な秋吉台のカルスト台地の中にあって、ぽつんと墨を落としたように木が生い茂り、秋吉台唯一の原生林とされる。駐車場に隣接する森は、長者ヶ森ではなく植林されたもの。

立ち寄り湯／①天然温泉ではないが、県道を南下すると「秋芳ロイヤルホテル秋芳館」がある。無休・12～20時・入浴料500円・MC 243 216 561*18・☎0837-62-0311。②同じく天然温泉ではないが、県道を北上すると景清洞（かげきよどう）向かい「秋吉台リフレッシュパーク」内に「景清洞トロン温泉」がある。第1、3月曜休（11～3月は毎週月曜休）・10～21時・入浴料600円・MC 243 429 189*18・☎08396-2-2177。③秋吉台の西側、国道316号沿い「道の駅おふく」内の「於福温泉」でも可能。第2水曜休（1・8月は除く。祝日の場合は翌日）・11～21時（土・日曜、祝日は10時～）・入浴料500円・MC 327 265 128*18・☎0837-56-5005。

問合先／秋吉台エコミュージアム☎08396-2-2622、美祢市観光協会☎0837-62-0115

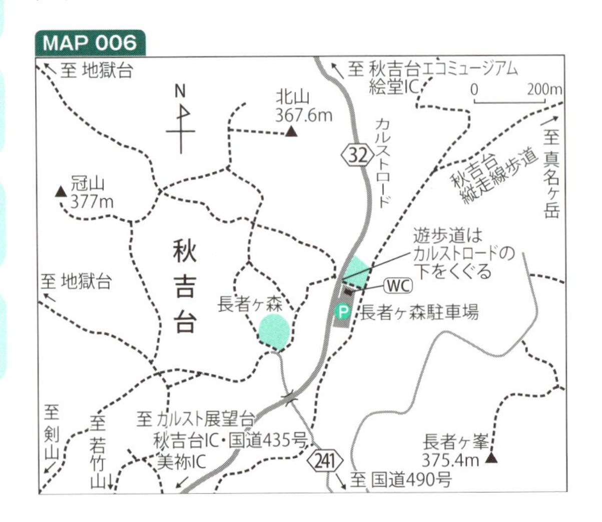

朝鍋鷲ヶ山・川上2号林道

→（次々頁）朝鍋鷲ヶ山・林道川上2号線

朝鍋鷲ヶ山・野土路乢入口

あさなべわしがせん・のとろだわいりぐち

岡山県真庭市

標高642m

登山口概要／朝鍋鷲ヶ山の東側、県道58号から少し入った市道沿い（林道川上2号線入口のすぐ手前）。野土路乢を経由する朝鍋鷲ヶ山の起点。

緯度経度／［35°15′21″］［133°35′20″］

マップコード／ 252 025 299*37

アクセス／米子道蒜山ICから国道482号、県道58号、市道経由で4km、約6分。

駐車場／林道川上2号線の大きな案内看板の手前路肩に5～6台は駐車可。

携帯電話／ドコモ3通話可・au2通話可・SB3通話可。

水場／路肩にパイプで沢水が引いてあり、取材時には豊富な水量の水が出ていたが、「飲用に適していない」との看板が立っていた。

立ち寄り湯／蒜山高原に行くと「蒜山ラドン温泉・休暇村蒜山高原」で可能。無休・11～15時+18時

長者／同駐車場のトイレ

長者／同トイレ内部

長者／長者ヶ森

野土路／路肩の駐車スペース

野土路／野土路乢に続く道入口

30分～21時・入浴料500円・MC 189 121 781*37・☎0867-66-2501。
問合先／真庭市蒜山振興局地域振興課☎0867-66-2511、蒜山観光協会☎0867-66-3220

朝鍋鷲ヶ山・山の駅「あじわいの宿新庄」

→P83 金ヶ谷山　山の駅「あじわいの宿新庄」

朝鍋鷲ヶ山・林道川上2号線

あさなべわしがせん・りんどうかわかみにごうせん
岡山県真庭市
標高730m

登山口概要／朝鍋鷲ヶ山の北東側、林道川上2号線沿い。朝鍋鷲ヶ山の起点。
緯度経度／［35°15′43″］［133°34′41″］
マップコード／ 252 054 050*37
アクセス／米子道蒜山ICから国道482号、県道58号、林道川上2号線（舗装）経由で6km、約10分。
駐車場／登山道入口の向かいに1台分、カーブミラーの西側路肩に2～3台は駐車可。
トイレ／林道川上2号線を3km北上して三平山登山口に向かうとある。簡易水洗。水道･TPあり。評価☆☆。
携帯電話／ドコモ3通話可・au3通話可・SB3通話可。
立ち寄り湯／蒜山高原に行くと「蒜山ラドン温泉・休暇村蒜山高原」で可能。無休・11～15時＋18時30分～21時・入浴料500円・MC 189 121 781*37・☎0867-66-2501。
問合先／真庭市蒜山振興局地域振興課☎0867-66-2511、蒜山観光協会☎0867-66-3220

莇ヶ岳・弟見山駐車場

→P76 弟見山・弟見山駐車場

莇ヶ岳登山口（林道小河内支線終点）

あざみがだけとざんぐち（りんどうこがわちしせんしゅうてん）
山口県周南市
標高598m MAP 007

登山口概要／莇ヶ岳の南側、林道小河内支線終点。正面道や松の木尾根（第1新道）、ブナ尾根（第2新道）を経由する莇ヶ岳の起点。
緯度経度／［34°19′28″］［131°46′54″］
マップコード／ 358 559 482*11
アクセス／中国道鹿野ICから国道315号、市道、林道小河内支線（舗装。現地に林道名を示す標識なし）経由で13km、約20分。国道から「莇ヶ岳登山口」の案内看板に従っ

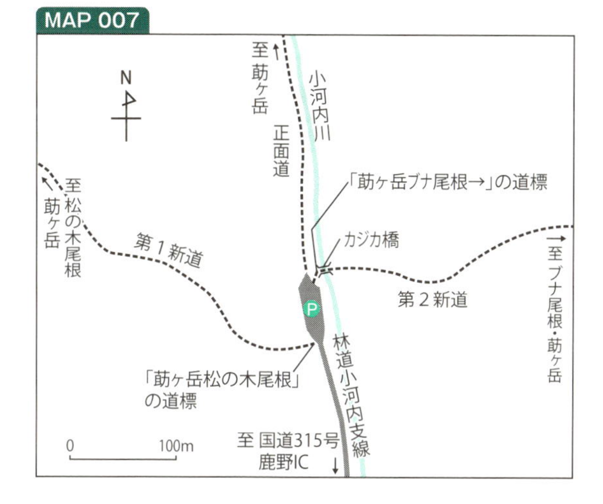

林道／駐車スペース

林道／登山道入口

莇ヶ岳／林道小河内支線

莇ヶ岳／林道終点の駐車スペース

莇ヶ岳／カジカ橋

て市道へ。ここから4.4km、約9分。

駐車場／林道終点左右に駐車スペースがある。計14～15台・40×6mなど2面・砂利・区画なし。

携帯電話／ドコモ0～圏外つながらず・au3通話可・SB圏外。

その他／熊出没注意看板。

立ち寄り湯／国道315号を9km北上すると「柚木慈生温泉（ゆのきじしょうおんせん）」がある。毎月5日と18日休・10～20時・入浴料500円・MC 358 612 610*88・☎0835-58-0430。

問合先／周南市鹿野総合支所鹿野地域政策課地域政策担当 ☎0834-68-2331

阿佐山・林道細見大塚線

あさやま・りんどうほそみおおつかせん
広島県北広島町
標高772m MAP 008

登山口概要／阿佐山の西側、林道細見大塚線沿い。横吹峠や阿佐山橋を経由する阿佐山の起点。

緯度経度／［34°46′47″］［132°21′17″］

マップコード／ 636 402 176*83

アクセス／浜田道大朝ICから県道5、79、40号、町道、林道細見大塚線（舗装）経由で32.5km、約53分。県道から7.6km、約14分。

駐車場／深山大橋から林道細見大塚線を500m進んだ両側路肩に駐車スペースがある。計6～7台・48×5mなど2面・舗装・区画なし。深山大橋付近に駐車スペースはない。

携帯電話／ドコモ圏外・au圏外・SB圏外。

取材メモ／深山大橋は、MAP008のように立体交差しており、一度大きく左カーブしてから橋を渡ることになる。

立ち寄り湯／①国道186号に出た近くの「芸北オークガーデン」で可能。第1・3火曜休・10～21時・入浴料600円・MC 636 186 211*82・☎0826-35-1230。②国道186号を加計方面に南下すると、温井ダム（龍姫湖）湖畔の「温井スプリングス」でも可能。不定休・12～20時・入浴料550円・MC 363 800 074*88・☎0826-22-1200。

問合先／北広島町観光協会芸北支部（北広島町芸北支所）☎0826-35-0888

葦嶽山・野谷登山口

あしたけやま・のたにとざんぐち
広島県庄原市
標高474m

登山口概要／葦嶽山の北西側、舗装道路終点。野谷コースを経由す

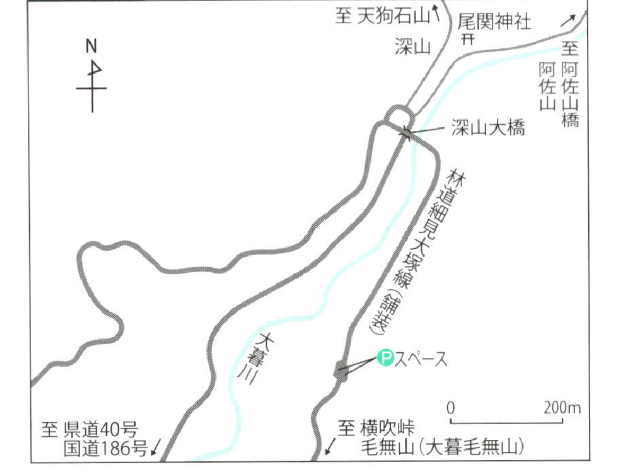

阿佐山／立体交差する深山大橋

阿佐山／林道路肩の駐車スペース

野谷／県道422号から舗装道路へ

野谷／登山口に続く舗装道路

野谷／野谷登山口の駐車場

る葦嶽山や鬼叫山（ききょうざん）の起点。
緯度経度／[34°51′11″][133°06′58″]
マップコード／267 659 877*02
アクセス／中国道庄原ICから国道432号、県道23、422号、舗装道路経由で13km、約21分。または中国道東城ICから国道182号、県道23、422号、舗装道路経由で25km、約40分。県道から500m、約2分。付近の県道に「日本ピラミッド」の案内標識あり。
駐車場／約10台・22×12m・細砂利＋落ち葉＋草・区画なし。
駐車場混雑情報／満車になることはない。
トイレ／駐車場にある。非水洗。水道なし。TPあり。評価☆☆。
携帯電話／ドコモ圏外・au圏外・SB圏外。
その他／日本ピラミッド案内板、ベンチ、熊出没注意看板。
取材メモ／戦前に「葦嶽山こそ、世界最古のピラミッド」とする説が唱えられたことで有名になった山。にわかには信じがたいが、一方で山中には人工的に加工したとしか思えない岩もあり、確かに不可解な山であることは間違いない。
立ち寄り湯／中国道庄原IC近く「かんぽの郷・庄原」で可能。不定休・11～20時（GWとお盆休み等は～18時）・入浴料650円・MC 267 649 754*02・☎0824-73-1800。
問合先／庄原市観光協会☎0824-75-0173、庄原市観光振興課☎0824-73-1179

葦嶽山・灰原登山口

あしたけやま・はいばらとざんぐち
広島県庄原市
標高665m MAP 009

登山口概要／葦嶽山の南西側、林道葦嶽線終点付近。灰原コースを経由する葦嶽山や鬼叫山（ききょうざん）の起点。
緯度経度／[34°50′31″][133°07′18″]
マップコード／267 629 597*02
アクセス／中国道庄原ICから国道432号、県道23、422号、林道葦嶽線（舗装。現地に林道名を示す標識なし）経由で16km、約27分。または中国道東城ICから国道182号、県道23、422号、林道葦嶽線（舗装。現地に林道名を示す標識なし）経由で27km、約44分。県道から1.2km、約5分。県道に「日本ピラミッド」の案内標識あり。
駐車場／林道葦嶽線終点付近に駐車場がある。約5台・18×14m・舗装＋砂・区画なし。また登山道入口や少し手前左側、さらに休憩小屋前にも計約15台の駐車スペースがある。

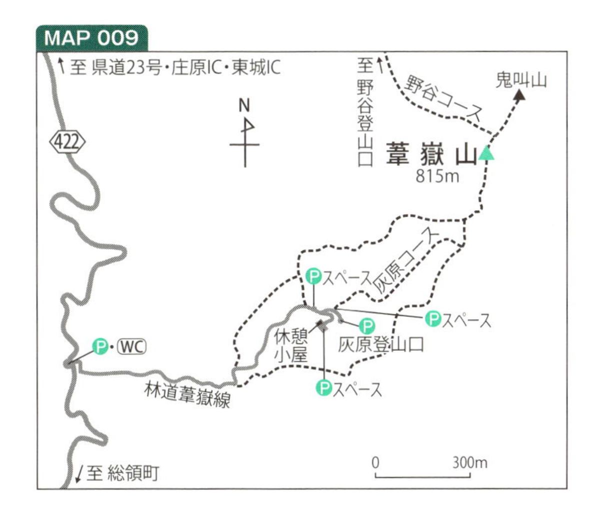

野谷／同駐車場のトイレ

灰原／林道葦嶽線入口

灰原／同入口向かいのトイレ

灰原／林道葦嶽線

灰原／林道終点の駐車場

駐車場混雑情報／満車になることはない。

トイレ／急坂の道路で少し下ったところの休憩小屋内にある。水洗。水道（飲用不可）・TPあり。評価☆☆。また林道葦嶽線入口の県道沿い駐車スペースにもある。非水洗。水道なし。TPあり。評価☆☆。

携帯電話／ドコモ3通話可・au3通話可・SB3通話可。

水道設備／休憩小屋内にある。

その他／日本ピラミッド葦嶽山案内板、葦嶽山生活環境保全林整備事業解説板、石碑、休憩小屋。

取材メモ／戦前に「葦嶽山こそ、世界最古のピラミッド」とする説が唱えられたことで有名になった山。にわかには信じがたいが、一方で山中には人工的に加工したとしか思えない岩もあり、確かに不可解な山であることは間違いない。

立ち寄り湯／中国道庄原IC近く「かんぽの郷・庄原」で可能。不定休・11～20時（GWとお盆休み等は～18時）・入浴料650円・MC 267 649 754*02・☎0824-73-1800。

問合先／庄原市観光協会☎0824-75-0173、庄原市観光振興課☎0824-73-1179

芦津渓谷・芦津渓谷駐車場

あしづけいこく・
あしづけいこくちゅうしゃじょう
鳥取県智頭町
標高630m

登山口概要／芦津渓谷の西側～南西側（下流側）、町道沿い。芦津渓谷セラピーロードの起点。中国自然歩道の起点。

緯度経度／［35°16′16″］［134°19′14″］

マップコード／ 390 683 143*13

アクセス／鳥取道智頭ICから国道53、373号、県道6号、町道経由で18km、約28分。途中に「森林セラピーロード・芦津渓谷駐車場○km」の大きな案内看板が立っている。県道から4.8km、約8分。

駐車場／芦津渓谷入口に芦津渓谷駐車場がある。約20台・44×22m・砂利＋草・区画なし。

駐車場混雑情報／毎年10月下旬～11月上旬に開催される「芦津渓谷ふれあいトレッキング大会」の時は満車になる。

トイレ／駐車場にある。センサーライト付き。水洗。水道あり。TPなし。評価☆☆。

携帯電話／ドコモ圏外・au圏外・SB圏外。

その他／芦津渓谷・中国自然歩道ルートマップ、森林セラピーステアリングコミッティ認定看板。

取材メモ／芦津渓谷の紅葉は、10月下旬～11月上旬が見ごろ。

立ち寄り湯／智頭町市街地へ戻る途中の芦津地区に「ももんがの湯」がある。4～11月の第2と第4土曜のみ営業・17時～閉館時間は不定（おおよそ21時）・入浴料500円・MC 390 741 237*46・ ※10人以上であれば、上記以外でも予約すれば入浴が可能。料金など詳しいことは芦津共同販売所☎0858-75-0218へ。

問合先／智頭町観光協会☎0858-76-1111、智頭町企画課☎0858-75-4112

安蔵寺山・安蔵寺トンネル南口

あぞうじやま・
あぞうじとんねるみなみぐち
島根県津和野町
標高1010m MAP 010

登山口概要／安蔵寺山の北側、広域基幹林道波佐・阿武線（はさ・あぶせん）沿い。安蔵寺山の大ミズナラ（ナラ太郎）を経由する安蔵寺山の起点。

緯度経度／［34°29′41″］［131°57′50″］

マップコード／ 513 265 898*11

アクセス／中国道吉和ICから国道186、488号、林道三坂八郎線（みさかはちろうせん。舗装）、県道42、189号、広域基幹林道波佐・阿武線（舗装・幅員広い。現地に林道名を示す標識なし）経由で42.5km、約1時間10分。※国道

灰原／休憩小屋

灰原／同小屋内のトイレ

芦津／途中に立つ案内看板

芦津／芦津渓谷駐車場

芦津／同駐車場のトイレ

488号は、長らく通行止が続いているが、県境・三坂峠3km手前で林道三坂八郎線へ左折すれば、島根県側へ抜けられる。または中国道六日市ICから国道187号、町道、広域基幹林道波佐・阿武線（舗装・幅員広い。現地に林道名を示す標識なし）経由で31km、約51分。
トイレ／吉和ICからアクセスする場合は、国道488号との交差点付近に公衆トイレがある。センサーライト付き。水洗。水道・TPあり。評価☆☆☆。
駐車場／登山道入口がある林道両側に駐車スペースがある。計8～9台・草＋細砂利・区画なし。林道三坂八郎線の開通期間は、3月中旬～12月中旬（冬期は手前の国道488号も通行止になる）、広域基幹林道波佐・阿武線の開通期間は4月上旬～11月下旬（積雪・融雪次第なので年により変動）。
携帯電話／ドコモ1～0だが通話可・au3～0つながらず・SB圏外。
その他／水源かん養保安林解説板、高嶺芦谷国有林解説板。
取材メモ／安蔵寺山に向かう登山道の途中に林野庁「森の巨人たち100選」と津和野町の天然記念物に指定されている「安蔵寺山の大ミズナラ（ナラ太郎）」がある。本項登山口から徒歩約15分。幹廻りは4.9m、推定樹齢600年以上の巨木だ。なお、安蔵寺山の新緑は5月上旬～下旬、紅葉は10月下旬～11月上旬が見ごろ。
立ち寄り湯／①吉和ICに戻る場合は、国道186号沿いの「潮原温泉（うしおばらおんせん）・松かわ」で可能だが、立ち寄り湯不可の日があったり営業時間が変動したりするので、あらかじめ公式サイトで確認のこと。月曜休（祝日の場合は営業）・時間不定・入浴料650円・MC 696 164 661*77・☎0829-77-2224。②その近くの「吉和魅惑の里」に「水神の湯」もある。木曜休・11～21時・入浴料600円・MC 696 133 747*88・☎0829-77-2110。③中国道吉和IC手前で県道296号に入ると「女鹿平温泉・クヴェーレ吉和」もある。月曜休（祝日の場合は営業）・10～21時・入浴料700円・MC 363 272 349*88・☎0829-77-2277。④中国道六日町IC方面では、ICそばの「道の駅むいかいち温泉」内にある「むいかいち温泉ゆ・ら・ら」で可能。第2水曜休・10～22時・入浴料580円・MC 354 638 885*11・☎0856-77-3001。⑤匹見総合支所近くの国道488号沿いに「匹見峡温泉・やすらぎの湯」があるが、現在休業中。
問合先／津和野町商工観光課☎0856-72-0652、津和野町観光協会☎0856-72-1771

安蔵寺山・奥谷駐車場

めぞうじやま・おくたにちゅうしゃじょう
島根県津和野町
標高735m **MAP 010**

登山口概要／安蔵寺山の北側、舗装道路終点。打原峠（うちはらとうげ）を経由する安蔵寺山の起点。
緯度経度／［34°30′28″］［131°57′26″］
マップコード／ 513 325 484*11
アクセス／中国道六日市ICから国道187号、県道189号、舗装道路、未舗装道路（途中、1.5kmほど未舗装。路面評価★★★）、舗装道路経由で38km、約1時間10分。県道189号以降、すれ違い困難な狭い道となるが、所々に「安蔵寺山」を示す標識が立っている。中国道吉和ICから林道三坂八郎線等を経由して行けなくもないが、かなり複雑な経路をとらざるを得ない上に約2時間もかかり、お勧めではない。
駐車場／ 24台・52×18m・舗装・区画消えかけ。ほかに区画がないスペースに+3台駐車可。
駐車場混雑情報／満車になることはない。
トイレ／駐車場にある。水洗。水道（飲用不可）・TPあり。評価☆☆☆。
携帯電話／ドコモ圏外・au圏外・SB圏外。
その他／安蔵寺山解説板、安蔵寺山登山道案内板、東屋、安蔵寺観音像。

芦津／同トイレ内部

トンネル／駐車スペース

トンネル／その向かい側の駐車スペースと登山道入口

奥谷／登山口に続く舗装道路

奥谷／奥谷駐車場

取材メモ／安蔵寺山に向かう登山道の途中に林野庁「森の巨人たち100選」と津和野町の天然記念物に指定されている「安蔵寺山の大ミズナラ（ナラ太郎）」がある。本項登山口から徒歩約1時間。幹廻りは4.9m、推定樹齢600年以上の巨木だ。安蔵寺山の新緑は5月上旬～下旬、紅葉は10月下旬～11月上旬が見ごろ。
立ち寄り湯／①中国道六日町ICそばの「道の駅むいかいち温泉」内にある「むいかいち温泉ゆ・ら・ら」で可能。第2水曜休・10～22時・入浴料580円・MC 354 638 885*11・☎0856-77-3001。②匹見総合支所近くの国道488号沿いに「匹見峡温泉・やすらぎの湯」があるが、現在休業中。
問合先／津和野町商工観光課☎0856-72-0652、津和野町観光協会☎0856-72-1771

安蔵寺山・小石谷口

あぞうじやま・こいしだにぐち
島根県津和野町
標高750m MAP 010

登山口概要／安蔵寺山の西側、広域基幹林道波佐・阿武線（はさ・あぶせん）沿い。安蔵寺山の最短起点。
緯度経度／［34°28′36″］［131°57′08″］
マップコード／ 513 204 736*11
アクセス／中国道吉和ICから国道186、488号、林道三坂八郎線（みさかはちろうせん。舗装）、県道42、189号、広域基幹林道波佐・阿武線（舗装・幅員広い。現地に林道名を示す標識なし）経由で47.5km、約1時間18分。※国道488号は、長らく通行止が続いているが、県境・三坂峠3km手前で林道三坂八郎線へ左折すれば、島根県側へ抜けられる。または中国道六日市ICから国道187号、町道、広域基幹林道波佐・阿武線（舗装・幅員広い。現地に林道名を示す標識なし）経由で26km、約44分。林道三坂八郎線の開通期間は、3月中旬～12月中旬（冬期は手前の国道488号も通行止になる）、広域基幹林道波佐・阿武線の開通期間は4月上旬～11月下旬（積雪・融雪次第なので年により変動）。
トイレ／吉和ICからアクセスする場合は、国道488号との交差点付近に公衆トイレがある。センサーライト付き。水洗。水道・TPあり。評価☆☆☆。
駐車場／登山道入口の50m南西側に駐車帯がある。3～6台・36×2m・舗装・区画なし。
携帯電話／ドコモ圏外・au2～圏外つながらず・SB圏外。
取材メモ／登山道入口には「小石谷口」の標識が立っている。安蔵寺山

奥谷／同駐車場のトイレ

奥谷／同トイレ内部

奥谷／安蔵寺山登山道案内板

小石谷／50m南西側の駐車帯

小石谷／登山道入口

MAP 010

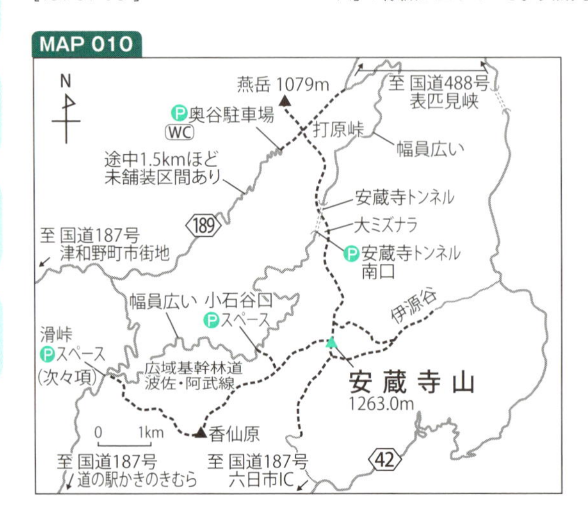

の新緑は5月上旬～下旬、紅葉は10月下旬～11月上旬が見ごろ。
その他／スズメバチ注意看板。
立ち寄り湯／①吉和ICに戻る場合は、国道186号沿いの「潮原温泉（うしおばらおんせん）・松かわ」で可能だが、立ち寄り湯不可の日があったり営業時間が変動したりするので、あらかじめ公式サイトで確認のこと。月曜休（祝日の場合は営業）・時間不定・入浴料650円・MC 696 164 661*77・☎0829-77-2224。②その近くの「吉和魅惑の里」に「水神の湯」もある。木曜休・11～21時・入浴料600円・MC 696 133 747*88・☎0829-77-2110。③中国道吉和IC手前で県道296号に入ると「女鹿平温泉・クヴェーレ吉和」もある。月曜休（祝日の場合は営業）・10～21時・入浴料700円・MC 363 272 349*88・☎0829-77-2277。④中国道六日町IC方面では、ICそばの「道の駅むいかいち温泉」内にある「むいかいち温泉ゆ・ら・ら」で可能。第2水曜休・10～22時・入浴料580円・MC 354 638 885*11・☎0856-77-3001。⑤匹見総合支所近くの国道488号沿いに「匹見峡温泉・やすらぎの湯」があるが、現在休業中。
問合先／津和野町商工観光課☎0856-72-0652、津和野町観光協会☎0856-72-1771

安蔵寺山・滑峠（香仙原ルート登山口）

あぞうじやま・ぬめっとう（こうせんばらるーととざんぐち）
島根県津和野町・吉賀町
標高615m MAP 010・011

登山口概要／安蔵寺山の西側、広域基幹林道波佐・阿武線（はさ・あぶせん）沿い。香仙原ルートを経由する安蔵寺山の起点。
緯度経度／［34°28′19″］［131°55′20″］
マップコード／ 513 200 238*11
アクセス／中国道吉和ICから国道186、488号、林道三坂八郎線（みさかはちろうせん。舗装）、県道42、189号、広域基幹林道波佐・阿武線（舗装・幅員広い。現地に林道名を示す標識なし）経由で52.5km、約1時間27分。※国道488号は、長らく通行止が続いているが、県境・三坂峠3km手前で林道三坂八郎線へ左折すれば、島根県側へ抜けられる。または中国道六日市ICから国道187号、町道、広域基幹林道波佐・阿武線（舗装・幅員広い。現地に林道名を示す標識なし）経由で21km、約34分。林道三坂八郎線の開通期間は、3月中旬～12月中旬（冬期は手前の国道488号も通行止になる）、広域基幹林道波佐・阿武線の開通期間は4月上旬～11月下旬（積雪・融雪

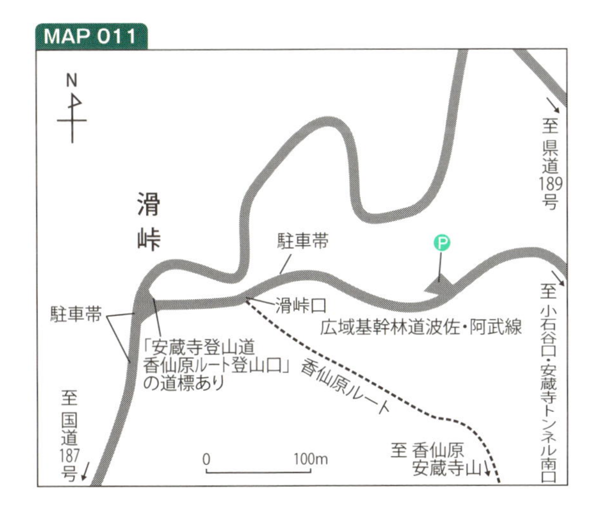

滑峠／広域基幹林道波佐・阿武線

滑峠／滑峠三差路に立つ案内標識

滑峠／滑峠口（登山道入口）

滑峠／滑峠路肩の駐車帯

滑峠／潮原温泉・松かわ

次第なので年により変動)。
トイレ／吉和ICからアクセスする場合は、国道488号との交差点付近に公衆トイレがある。センサーライト付き。水洗。水道・TPあり。評価☆☆☆。
駐車場／滑峠付近の林道三差路や登山道入口の30m東側路肩に駐車帯があり、それぞれ4〜5台は駐車可。また登山道入口の180m東側に駐車場もある。
携帯電話／ドコモ3通話可・au圏外・SB圏外。
取材メモ／安蔵寺山の新緑は5月上旬〜下旬、紅葉は10月下旬〜11月上旬が見ごろ。
立ち寄り湯／①吉和ICに戻る場合は、国道186号沿いの「潮原温泉(うしおばらおんせん)・松かわ」で可能だが、立ち寄り湯不可の日があったり営業時間が変動したりするので、あらかじめ公式サイトで確認のこと。月曜休(祝日の場合は営業)・時間不定・入浴料650円・MC 696 164 661*77・☎0829-77-2224。②その近くの「吉和魅惑の里」に「水神の湯」もある。木曜休・11〜21時・入浴料600円・MC 696 133 747*88・☎0829-77-2110。③中国道吉和IC手前で県道296号に入ると「女鹿平温泉・クヴェーレ吉和」もある。月曜休(祝日の場合は営業)・10〜21時・入浴料700円・MC 363 272 349*88・☎0829-77-2277。④中国道六日町IC方面では、ICそばの「道の駅むいかいち温泉」内にある「むいかいち温泉ゆ・ら・ら」で可能。第2水曜休・10〜22時・入浴料580円・MC 354 638 885*11・☎0856-77-3001。⑤匹見総合支所近くの国道488号沿いに「匹見峡温泉・やすらぎの湯」があるが、現在休業中。
問合先／津和野町商工観光課☎0856-72-0652、津和野町観光協会☎0856-72-1771

吾妻山

→P173 比婆山連峰・大峠駐車場
→P176 比婆山連峰・県道25号終点

阿部山・岡山天文博物館駐車場

→P223

阿部山・ヤッホー広場

あべさん・やっほーひろば
岡山県矢掛町
標高238m

登山口概要／阿部山の南東側、林道竜王線終点。阿部山や竹林寺山(ちくりんじさん)、遙照山(ようしょうざん)の起点。
緯度経度／[34°34′53″][133°35′35″]
マップコード／ 111 281 344*06
アクセス／山陽道鴨方ICから県道64号、町道、林道竜王線(舗装)経由で6.5km、約12分。林道竜王線の入口には「地蔵岩ヤッホー広場」や「町指定重要文化財・地蔵岩」の案内看板が立っている。
駐車場／終点とその300m手前に駐車スペースがある。終点の駐車スペース=15〜20台・30×15m・舗装・区画なし。300m手前の駐車スペース=約20台・60×15m・舗装・区画なし。
トイレ／手前の駐車スペースに東屋付きトイレがある。非水洗。水道・TPあり。評価☆☆。
携帯電話／ドコモ3通話可・au3通話可・SB3通話可。
立ち寄り湯／県道64号の遙照山トンネルを抜け、県道382号で遙照山に向かうと「遙照山温泉・遙照山霊泉宿坊瀬戸川」がある。月・火曜休(祝日の場合は営業)・9〜16時・入浴料400円・MC 111 253 232*06・☎0865-42-6611。
問合先／矢掛町産業観光課☎0866-82-1016

天杉山・奥匹見峡駐車場

あますぎやま・おくひきみきょうちゅうしゃじょう
島根県益田市
標高535m

登山口概要／天杉山の北西側、市道終点。天杉山や高岳などの起点。

阿部山／300m手前の駐車スペース

阿部山／同駐車スペースにある東屋付きトイレ

阿部山／同トイレ内部

天杉山／国道に立つ案内看板

天杉山／奥匹見峡駐車場

奥匹見峡遊歩道の起点。
緯度経度／[34°38′35″][132°06′33″]
マップコード／520 193 702*82
アクセス／中国道戸河内ICから国道191号、市道経由で36.5km、約56分。または山陰道（浜田・三隅道路）相生ICから国道186号、県道307号、国道191号、市道経由で43km、約1時間5分。国道に大きな「奥匹見峡駐車場0.5km」の案内看板あり。
駐車場／奥匹見峡入口に奥匹見峡駐車場がある。24台・30×18m・舗装・区画あり。
駐車場混雑情報／紅葉シーズンは混雑するが、満車になることはほとんどない。
トイレ／駐車場から少し遊歩道に入った場所にある。非水洗。水道・TPあり。評価☆☆。
携帯電話／ドコモ2～0通話可・au圏外・SB圏外。
水道設備／トイレの前にも蛇口付きパイプが飛び出している。
その他／奥匹見峡案内板、熊出没注意看板。
取材メモ／奥匹見峡は、1Kmほどの間に桂滝、小竜頭、姫滝、鎧滝、二段滝などがあり、中でも最奥に懸かる落差53mの大竜頭（だいりゅうず）は必見。駐車場から徒歩約45分。奥匹見峡の紅葉は、10月下旬～11月中旬が見ごろ。
立ち寄り湯／①国道191号を益田市街地方面に向かうと「美都温泉・湯元館」がある。水曜休（祝日の場合は営業）・8～21時・入浴料500円・MC 520 363 157*82・☎0856-52-2100。②匹見総合支所近くの国道488号沿いに「匹見峡温泉・やすらぎの湯」があるが、現在休業中。
問合先／匹見町観光協会☎0856-56-0310、益田市匹見総合支所地域振興課☎0856-56-0300

荒滝山・犬ヶ迫登山口

あらたきざん・いぬがさことざんぐち
山口県宇部市
標高174m

登山口概要／荒滝山の南西側、市道沿い。吉部稲荷社（きべいなりしゃ）を経由する荒滝山（荒滝山城跡）や日ノ岳（ひのだけ）の起点。
緯度経度／[34°08′58″][131°17′29″]
マップコード／95 830 487*15
アクセス／中国道美祢東JCT・小郡萩道路十文字ICから国道490号、県道30、231号、市道経由で10km、約17分。または中国道美祢ICから国道435号、県道231号、市道経由で9.5km、約16分。付近の県道交差点に「荒滝山城跡」の大きな案内看板あり。その先で「荒滝山登山口」の案内看板に従って市道へ。
駐車場／登山者用駐車場がある。10台・36×32m・舗装・区画あり。
トイレ／駐車場にある。水洗。水道（飲用不可）・TPあり。評価☆☆☆。
携帯電話／ドコモ1だが通話可・au2通話可・SB圏外。
その他／荒滝山案内板、貸し出し杖。
取材メモ／荒滝山城は、連郭式の山城としては山口県内最大級の遺構。戦国時代に内藤隆春が築いた。山口県の史跡。宇部市指定文化財。
立ち寄り湯／十文字ICに戻り、県道31号を東進すると、湯の口温泉の「天宿の杜 桂月（てんじゅくのもり けいげつ）」で立ち寄り湯ができる。不定休・12～20時・入浴料1000円・MC 95 866 710*15・☎08396-5-0088。
問合先／宇部市北部地域振興課地域振興係☎0836-67-2812

怒塚山(いかづかやま)
登山口
→P94 金甲山登山口

天杉山／駐車場の先にあるトイレ

荒滝山／県道交差点の案内看板

荒滝山／登山者用駐車場とトイレ

荒滝山／同トイレ内部

荒滝山／荒滝山案内板

生口島　観音山登山口

いくちじま　かんのんやま
(かんのんさん) とざんぐち
広島県尾道市
標高228m

登山口概要／観音山の北側、市道沿い。火滝観音堂(ひたきかんのんどう) を経由する観音山の起点。
緯度経度／ [34°16′22″] [133°04′52″](登山道入口)
マップコード／ 154 385 301*87 (登山道入口)
アクセス／西瀬戸道(瀬戸内しまなみ海道) 生口島南ICから国道317号、市道経由で8km、約14分。登山道入口は、「観音山・山頂まで1.5km」の案内看板が目印。
駐車場／登山道入口の前後、市道路肩に寄せれば駐車可。約10台・舗装・区画なし。さらに200m先の市道終点にも広い駐車場がある。15～20台・32×30m・舗装・区画なし。
携帯電話／ドコモ3通話可・au3通話可・SB3通話可。
その他／登山道入口＝観音山案内板、貸し出し杖。市道終点＝観音山の展望と歴史の解説板、成就観音堂。
問合先／尾道市瀬戸田支所しまおこし課しまおこし係☎0845-27-2210、瀬戸田観光案内所☎0845-27-0051

池ノ段・立烏帽子駐車場

→P176 比婆山連峰・立烏帽子駐車場

漁山(浅間山)・野坂峠

いさりやま(せんげんさん)・
のさかとうげ
島根県浜田市
標高445m

登山口概要／漁山 (浅間山) の西側、県道34号旧道沿い。漁山の起点。
緯度経度／ [34°47′48″] [132°04′16″]
マップコード／ 520 758 205*82
アクセス／山陰道浜田ICから浜田バイパス (国道9号)、県道34号、旧道経由で14.5km、約25分。県道から1.6km、約4分。
駐車場／登山道入口そばに駐車スペースが2面ある。計7～8台・草・区画なし。
携帯電話／ドコモ3通話可・au3通話可・SB3通話可。
その他／携帯電話基地局。
取材メモ／登山道入口に「漁山」の標識はない。
問合先／浜田市弥栄支所産業建設課☎0855-48-2112

泉山・笠菅峠

いずみがせん(いずみやま)・
かさすげとうげ
岡山県鏡野町
標高845m

登山口概要／泉山の北側、大規模林道粟倉木屋原線 (大幹線林道美作北線) 沿い。笠菅峠コースを経由する泉山の起点。
緯度経度／ [35°13′03″] [133°58′01″]
マップコード／ 544 161 640*12
アクセス／中国道院庄ICから国道179号、県道392、75号、大規模林道粟倉木屋原線 (舗装・2車線) 経由で26km、約40分。
駐車場／笠菅峠の東側、登山道入口に続く林道との交差点に駐車スペースがある。4～5台・18×5m・砂利+砂+草・区画なし。
携帯電話／ドコモ圏外・au0だが通話可・SB3～0通話可。
その他／泉山登山コース案内板。
取材メモ／取材時は、「中林の滝 (ちゅうりのたき) 方面には登山道の崩落のため下山できません」との注意看板が立っていた。
立ち寄り湯／①国道179号へ戻ると奥津温泉に「花美人の里」がある。第2木曜休 (祝日の場合は前日)・10～19時 (土・日曜、祝日は～20時)・入浴料720円・MC 544 185 170*45・☎0868-52-0788。②また1kmほど南には「大釣温泉」もある。火曜休 (祝日の場合は翌日)・10～19時 (冬期は～18時)・入浴料540円・MC

生口島／市道路肩に寄せれば駐車可

生口島／登山道入口

漁山／駐車スペース

漁山／登山道入口

笠菅峠／駐車スペース

544 155 244*45・☎0868-52-0700。③ほかに院庄IC手前やその近くに「鏡野温泉」「瀬戸川温泉・湯の里」「えびす乃ゆ院庄店」もある。
問合先／鏡野町奥津振興センター☎0868-52-2211、鏡野町産業観光課商工観光係☎0868-54-2987

泉山・大神宮原コース登山口

いずみがせん（いずみやま）・だいじんぐうばらこーすとざんぐち
岡山県鏡野町
標高650m MAP 012

登山口概要／泉山の北西側、大規模林道粟倉木屋原線（大幹線林道美作北線）沿い。大神宮原コースを経由する泉山の起点。
緯度経度／［35°12′48″］［133°56′37″］
マップコード／ 544 158 196*12
アクセス／中国道院庄ICから国道179号、町道、大規模林道粟倉木屋原線（大幹線林道美作北線。舗装・幅員広い）経由で24.5km、約38分。
駐車場／登山道入口に続く林道泉山線交差点の100m北側に空き地がある。利用可否は不明だが、向かいにはトイレも。約10台・40×10m・砂利＋草・区画なし。
トイレ／空き地の向かいにある。水洗。水道・TPあり。評価☆☆。
携帯電話／ドコモ3通話可・au3通話可・SB3通話可。
取材メモ／林道泉山線交差点には「泉山登山口」の標柱が立っている。
立ち寄り湯／①近くの奥津温泉に行くと「花美人の里」がある。第2木曜休（祝日の場合は前日）・10～19時（土・日曜、祝日は～20時）・入浴料720円・MC 544 185 170*45・☎0868-52-0788。②また1kmほど南には「大釣温泉」もある。火曜休（祝日の場合は翌日）・10～19時（冬期は～18時）・入浴料540円・MC 544 155 244*45・☎0868-52-0700。③ほかに院庄IC手前やその近くに「鏡野温泉」「瀬戸川温泉・湯の里」「えびす乃ゆ院庄店」もある。
問合先／鏡野町奥津振興センター☎0868-52-2211、鏡野町産業観光課商工観光係☎0868-54-2987

泉山・福ヶ乢コース登山口

いずみがせん（いずみやま）・ふくがたわこーすとざんぐち
岡山県鏡野町
標高440m

登山口概要／泉山の南西側、県道75号沿い。福ヶ乢コースを経由する泉山の起点。

笠菅峠／登山道入口に続く林道

大神宮原／100m北側の空き地

大神宮原／同空き地向かいのトイレ

大神宮原／同トイレ内部

福ヶ乢／泉嵓神社駐車場

MAP 012

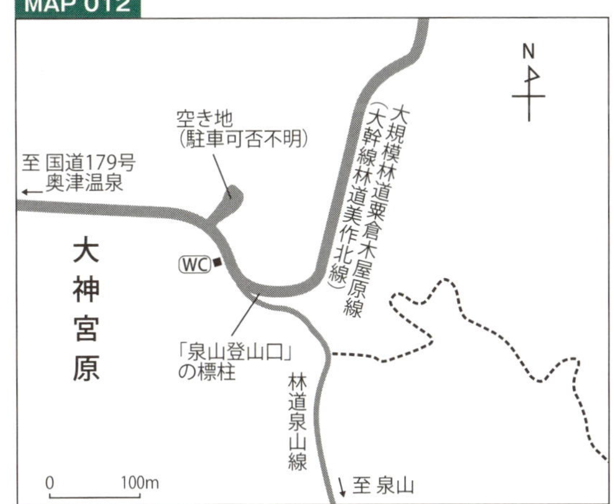

緯度経度／［35°11′15″］［133°55′33″］
マップコード／ 544 066 102*12
アクセス／中国道院庄ICから国道179号、町道、県道75号経由で18km、約28分。
駐車場／泉嵓神社（いずみいわじんじゃ）に駐車場がある。約12台・36×22m・舗装・区画なし。
トイレ／駐車場にある。水洗。水道なし。TPあり。評価☆☆☆〜☆☆。
携帯電話／ドコモ3通話可・au3通話可・SB3通話可。
取材メモ／取材時は、「中林の滝（ちゅうりのたき）方面には登山道の崩落のため下山できません」との注意看板が立っていた。
立ち寄り湯／①近くの奥津温泉に行くと「花美人の里」がある。第2木曜休（祝日の場合は前日）・10〜19時（土・日曜、祝日は〜20時）・入浴料720円・MC 544 185 170*45・☎0868-52-0788。②また1kmほど南には「大釣温泉」もある。火曜休（祝日の場合は翌日）・10〜19時（冬期は〜18時）・入浴料540円・MC 544 155 244*45・☎0868-52-0700。③ほかに院庄IC手前やその近くに「鏡野温泉」「瀬戸川温泉・湯の里」「えびす乃ゆ院庄店」もある。
問合先／鏡野町奥津振興センター☎0868-52-2211、鏡野町産業観光課商工観光係☎0868-54-2987

出雲北山・鰐淵寺第1駐車場

いずもきたやま・がくえんじだいいちちゅうしゃじょう
島根県出雲市
標高80m

登山口概要／鼻高山（はなたかせん）の北側、市道終点付近。伊努谷峠（いぬだにとうげ）を経由する鼻高山や旅伏山（たぶしさん）など、出雲北山の起点。
緯度経度／［35°25′40″］［132°44′57″］
マップコード／ 134 600 846*38
アクセス／山陰道斐川ICから県道183号、国道9号、県道275、250、23、250号、市道経由で17.5km、約28分。
駐車場／鰐淵寺に駐車場があり、手前の第1駐車場は登山者の利用可。第1駐車場＝15台＋大型・42×30m・舗装・区画あり。
駐車場混雑情報／ 11月中旬に開催される「鰐淵寺紅葉まつり」の期間は、臨時駐車場まで満車になり、河下港から無料シャトルバスが運行されるほど混雑する。
トイレ／第1駐車場にある。センサーライト付き。水洗。水道・TPあり。評価☆☆☆。
携帯電話／ドコモ3通話可・au3通話可・SB3通話可。
その他／鰐淵寺（無休・参拝時間8〜17時・入山料500円・☎0853-66-0250）、鰐淵寺全山案内板。
立ち寄り湯／宍道湖方面に向かうと、平田スポーツ公園の近くに「いずも縁結び温泉・ゆらり」がある。無休（メンテナンス休あり）・10時30分〜22時・入浴料600円（土・日曜、祝日は700円）・MC 134 669 452*38・☎0853-62-1234。
問合先／出雲観光協会☎0853-53-2112、出雲市観光課☎0853-21-6588

出雲北山・金山谷駐車場

いずもきたやま・かなやまだにちゅうしゃじょう
島根県出雲市
標高17m

登山口概要／旅伏山（たぶしさん）の北東側、市道沿い。一本松を経由する旅伏山など、出雲北山の起点。中国自然歩道の起点。
緯度経度／［35°25′54″］［132°47′46″］
マップコード／ 134 635 385*38
アクセス／山陰道斐川ICから県道183号、国道9号、県道275号、市道経由で10km、約17分。
駐車場／ 16台・32×18m・舗装・区画あり。

福ヶ乢／同駐車場のトイレ

福ヶ乢／同トイレ内部

鰐淵寺／鰐淵寺第1駐車場

鰐淵寺／同駐車場のトイレ

金山谷／金山谷駐車場に立つ看板

駐車場混雑情報／満車になることはない。
トイレ／駐車場にある。水洗。水道・TPあり。評価☆☆☆。
携帯電話／ドコモ3通話可・au3通話可・SB3通話可。
水道設備／トイレ前にある。
その他／東屋、中国自然歩道案内板。
立ち寄り湯／平田スポーツ公園の近くに「いずも縁結び温泉・ゆらり」がある。無休（メンテナンス休あり）・10時30分～22時・入浴料600円（土・日曜、祝日は700円）・MC 134 669 452*38・☎0853-62-1234。
問合先／出雲観光協会☎0853-53-2112、出雲市観光課☎0853-21-6588

出雲北山・神門通り交通広場

いずもきたやま・しんもんどおりこうつうひろば
島根県出雲市
標高3m MAP 013

登山口概要／弥山（みせん）の南西側、出雲大社前駅がある神門通り（県道161号）から少し入った場所。猪目峠（いのめとうげ）を経由する弥山など、出雲北山の起点。
緯度経度／[35°23′41″][132°41′08″]
マップコード／ 258 802 887*21
アクセス／山陰道出雲ICから県道337号、国道431号、市道、県道161号経由で9.5km、14分。
駐車場／神門通り交通広場は、イベント用のスペースだが、イベントがない時は駐車場として利用できる。96台・88×28m・舗装・区画あり。
駐車場混雑情報／ GWは満車になる。お盆休みや紅葉シーズン休日は、満車になることもあるくらい。神門通り交通広場でのイベントは年に何度かあり、その時は駐車不可。
トイレ／駐車場入口のロータリーにある。水洗。水道・TPあり。評価☆☆☆。
携帯電話／ドコモ3通話可・au3通話可・SB3通話可。
ドリンク自販機／駐車場にある（PBも）。
その他／出雲大社バス停（オリオンバス）、神門通り周辺案内板、タクシー乗り場ほか。
立ち寄り湯／宍道湖方面に向かうと平田スポーツ公園の近くに「いずも縁結び温泉・ゆらり」もある。無休（メンテナンス休あり）・10時30分～22時・入浴料600円（土・日曜、祝日は700円）・MC 134 669 452*38・☎0853-62-1234。
問合先／出雲観光協会☎0853-53-2112、出雲市観光課☎0853-21-6588

MAP 013

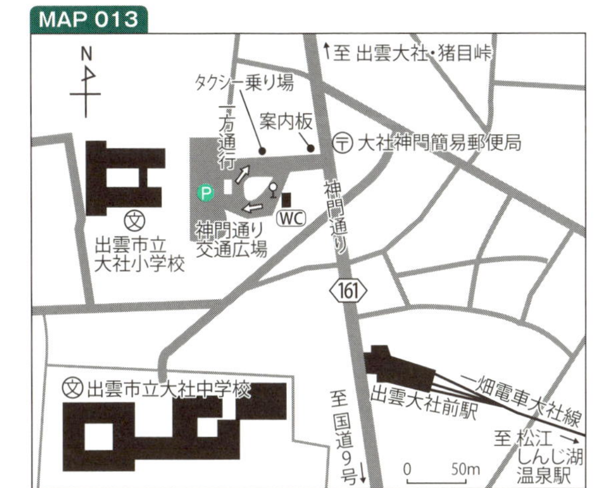

金山谷／金山谷駐車場

金山谷／同駐車場のトイレ

交通広場／神門通り

交通広場／神門通り交通広場

交通広場／ロータリーにあるトイレ

出雲北山・みせん広場駐車場

いずもきたやま・みせんひろばちゅうしゃじょう
島根県出雲市
標高3m

登山口概要／弥山（みせん）の南西側、国道431号沿い。子安寺や坊床峠（ぼうとことうげ）を経由する弥山など、出雲北山の起点。
緯度経度／[35°23′50″][132°41′35″]
マップコード／ 258 833 254*21
アクセス／山陰道出雲ICから県道337号、国道431号経由で12.5km、約20分。
駐車場／109台＋大型・124×40m・舗装・区画あり。
トイレ／駐車場西側に簡易トイレが3基ある。TPあり。評価☆☆。
携帯電話／ドコモ3通話可・au3通話可・SB3通話可。
公衆電話／駐車場にカード・コイン式公衆電話ボックスがある。
ドリンク自販機／駐車場にある（PBも)。
立ち寄り湯／宍道湖方面に向かうと平田スポーツ公園の近くに「いずも縁結び温泉・ゆらり」もある。無休（メンテナンス休あり）・10時30分～22時・入浴料600円（土・日曜、祝日は700円）・MC 134 669 452*38・☎0853-62-1234。
問合先／出雲観光協会☎0853-53-2112、出雲市観光課☎0853-21-6588

一位ヶ岳・河内神社（椎ノ木地区）

いちいがだけ・こうちじんじゃ（しいのきちく）
山口県長門市
標高202m MAP 014

登山口概要／一位ヶ岳の北東側、県道38号の旧道沿い。椎ノ木ルートを経由する一位ヶ岳の起点。
緯度経度／[34°18′12″][131°04′43″]
マップコード／ 268 804 021*01
アクセス／中国道美祢ICから国道435号、県道38、34、38号、旧道経由で34.5km、約53分。
駐車場／河内神社前に駐車スペースがある。2～3台・舗装＋草・区画なし。また付近の路肩に寄せれば3台は駐車可。
携帯電話／ドコモ2～1通話可・au圏外・SB1～0通話可だが、少し途切れる。
その他／俵山一位ヶ岳登山案内板。
立ち寄り湯／県道38号を南下すると、近くの俵山温泉で可能。①「町の湯（まちのゆ）」＝無休・6～22時・入浴料480円・MC 268 747 524*62・☎0837-29-0001。②「白

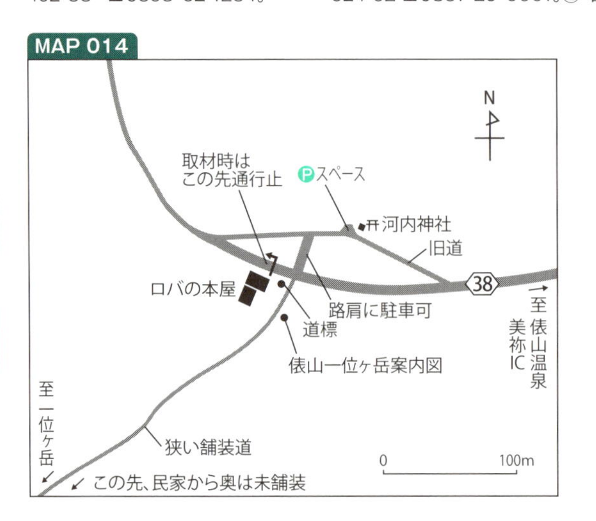

みせん／みせん広場の標識

みせん／みせん広場駐車場

一位／河内神社

一位／同神社前の駐車スペース

一位／県道に立つ道標

猿の湯（はくえんのゆ）」＝不定休・7～21時・入浴料850円・MC 268 747 557*58・☎0837-29-0036。

問合先／長門市観光課観光振興係☎0837-23-1137

一兵山家山
(いちべえさんかやま)・
来尾峠

→P152 天狗石山・来尾峠

市間山・林業専用道上田吹西平線

いちまやま・りんぎょうせんようどうかみたぶきにしびらせん
広島県安芸太田町
標高782m MAP 015

登山口概要／市間山の東側、林業専用道上田吹西平線沿い。市間山や立岩山の起点。

緯度経度／［34°32′52″］［132°12′01″］

マップコード／ 363 459 310*88

アクセス／中国道戸河内ICから国道191号、町道、林道臼谷線（舗装）、林業専用道上田吹西平線（未舗装。路面評価★★★★）経由で10.5km、約24分。安芸太田町役場の先で左折。町道を奥へ入る。3.5km先の突き当たりは変則四差路になっているが、ここは右折。すぐ先に防獣用電気ワイヤーが林道に張られている（ピンクテープと赤いコーンが目印）ので、左側のグリップを持ってフックを取り外し、通過後はまたフックを掛けておくこと。さらに1.9km先で右に分かれる林業専用道上田吹西平線へ。ここには「市間山登山口0.6㎞↑」の案内看板あり。未舗装の林業専用道上田吹西平線を500m進むと登山道入口がある。国道から5.9km、約15分。

駐車場／登山道入口向かいに駐車スペースがある。約5台・24×5m・砂利＋砂・区画なし。

携帯電話／ドコモ3～2通話可・au3通話可・SB3通話可。

立ち寄り湯／中国道戸河内IC近く、国道191号と国道186号の間に「グリーンスパつつが」がある。木曜休（祝日の場合は営業）・12～20時・入浴料450円・MC 363 526 861*88・☎0826-32-2880。

問合先／安芸太田町観光協会（一般社団法人地域商社あきおおた）☎0826-28-1800、安芸太田町産業振興課☎0826-28-1973

MAP 015

市間／3.5km先の変則四差路

市間／1.9km先で林業専用道上田吹西平線へ

市間／林業専用道上田吹西平線

市間／駐車スペース

市間／登山道入口

犬伏山登山口①
手前の駐車場

いぬぶしやまとざんぐち①
てまえのちゅうしゃじょう
広島県安芸高田市
標高453m

登山口概要／犬伏山の南側、市道終点。犬伏峠を経由する犬伏山の起点。
緯度経度／[34°47′25″][132°36′24″]
マップコード／322 748 393*83
アクセス／中国道高田ICから県道64、6号、国道433号、県道6号、市道経由で15km、約25分。県道やそれ以降に「犬伏山→」の標識あり。県道から1.1km先の三差路（案内板がある）は左に進む。県道6号から1.4km、約3分。
駐車場／3～4台・14×10m・砂利・区画なし。
トイレ／駐車場に隣接。非水洗。水道あり。TPなし。評価☆☆～☆。
携帯電話／ドコモ3通話可・au2通話可・SB3通話可。
その他／犬伏山登山案内板。
取材メモ／登山道は笹に覆われ、荒れているようだ。
立ち寄り湯／国道433号と県道179号で高田ICに戻る途中に「たかみや湯の森」がある。第2火曜休・10～21時・入浴料700円・MC 244 278 737*84・☎0826-59-0059。
問合先／安芸高田市商工観光課☎0826-47-4024、安芸高田市観光協会☎0826-46-7055

犬伏山登山口②
奥の駐車場

いぬぶしやまとざんぐち②
おくのちゅうしゃじょう
広島県安芸高田市
標高635m

登山口概要／犬伏山の西側、未舗装林道沿い。犬伏峠の400m手前。犬伏峠を経由する犬伏山の起点。大澤田湿原（おおぞうたしつげん）の入口。
緯度経度／[34°48′11″][132°36′10″]
マップコード／322 777 889*83
アクセス／中国道高田ICから県道64、6号、国道433号、県道6号、市道、未舗装林道（路面評価★★★～★★）経由で17km、約35分。県道やそれ以降に「犬伏山→」の標識あり。県道から1.1km先の三差路（案内板がある）は左に進む。手前の駐車場（前項）を見送り、さらに未舗装林道を奥に入ると途中、「石畳」の看板を見た先で林道三差路があるが、ここは左の道へ。この100m先に駐車場がある。手前の駐車場から2.1km、約12分。
駐車場／約4台・14×10m・泥＋砂＋草・区画なし。すぐ手前にも広い駐車スペースがある。
携帯電話／ドコモ3～2通話可・au3通話可・SB3通話可。
その他／大澤田湿原解説板。
取材メモ／駐車場から西側に少し入ったところに市の天然記念物に指定された大澤田湿原がある。以前は湿原に続く小径があったが、取材時はササに覆われて不明瞭だった。また犬伏山登山道も笹に覆われ、荒れているようだ。
立ち寄り湯／国道433号と県道179号で高田ICに戻る途中に「たかみや湯の森」がある。第2火曜休・10～21時・入浴料700円・MC 244 278 737*84・☎0826-59-0059。
問合先／安芸高田市商工観光課☎0826-47-4024、安芸高田市観光協会☎0826-46-7055

伊良谷山(いらだにやま)

→P172 比婆山連峰・牛曳山登山口
→P178 比婆山連峰・ひろしま県民の森

手前／県道1.1km先の三差路

手前／駐車場とトイレ

奥／途中、「石畳」の看板を見た先の林道三差路

奥／手前の駐車スペース

奥／駐車場と湿原解説板

石見冠山・野原谷登山口

いわみかんざん・のんばらだにとざんぐち
島根県邑南町
標高258m

登山口概要／石見冠山（冠山）の北西側、市道沿い。鯛之助タタラ跡を経由する石見冠山の起点。
緯度経度／［34°55′33″］［132°29′20″］
マップコード／ 355 328 659*83
アクセス／浜田道瑞穂ICから県道5、327、7号、市道経由で18km、約30分。県道や途中の市道に「冠山」の標識あり。
駐車場／登山道入口前の路肩に2台、右の林道に入ったところのコンクリート製水道設備前後に各1台駐車可。
駐車場混雑情報／駐車可能台数が少ないため、シーズン中の休日は満車になることがある。
携帯電話／ドコモ3通話可・au3通話可・SB2通話可。
登山届入れ／登山道入口にある。
その他／貸し出し杖。
立ち寄り湯／瑞穂ICに戻る途中、邑南町役場を過ぎた先にある香木の森公園近くに「いわみ温泉・霧の湯」がある。不定休（休館日は月に9日ほどあるので、あらかじめ公式サイトで確認した方がよい）・10～21時・入浴料650円・MC 355 140 507*83・☎0855-95-3505。
問合先／邑南町商工観光課☎0855-95-2565、邑南町観光協会☎0855-95-2369

因島・奥山　椋浦峠

いんのしま・おくやま　むくのうらとうげ
広島県尾道市
標高117m　MAP 016

登山口概要／奥山の東側、市道沿い。奥山や青影山（あおかげやま）の起点。
緯度経度／［34°18′35″］［133°12′02″］
マップコード／ 381 804 701*05
アクセス／西瀬戸道（瀬戸内しまなみ海道）因島北ICから県道367号、国道317号、県道120号、市道、県道366号、市道経由で9km、約14分。
駐車場／登山道入口前の市道路肩に寄せれば駐車可。5～8台・46×3m・舗装・区画なし。手前の路肩にも約5台駐車可。
トイレ／ 700m東側、県道366号沿いの椋浦休憩所に駐車場とトイレがある。水洗。水道（飲用不可）・TPあり。評価☆☆☆。
携帯電話／ドコモ3通話可・au3通話可・SB圏外。

冠山／市道途中の三差路。案内標識に従えばよい

冠山／路肩に駐車可

冠山／登山道入口

因島／椋浦休憩所のトイレ

因島／路肩に駐車可

MAP 016

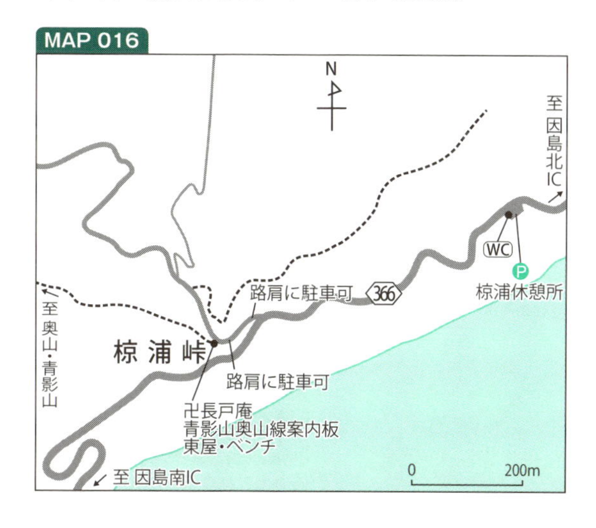

その他／瀬戸内海国立公園歩道青影山奥山線案内板、長戸庵、東屋、テーブル・ベンチ、藤棚。
問合先／尾道市因島総合支所しまおこし課しまおこし係☎0845-26-6212、因島観光協会☎0845-26-6111

牛曳山

→P172 比婆山連峰・牛曳山登山口

後山・後山キャンプ場

うしろやま・
うしろやまきゃんぷじょう
岡山県美作市
標高712m

登山口概要／後山の南西側、市道終点付近。船木遊歩道を経由する船木山や後山の起点。中国自然歩道の起点。
緯度経度／[35°10′31″][134°23′56″]
マップコード／304 603 575*13
アクセス／鳥取道大原ICから国道373、429号、市道経由で13km、約22分。
駐車場／市道終点に後山キャンプ場駐車場がある。約30台・72×28m・舗装・区画消えかけ。
トイレ／後山キャンプ場にある。センサーライト付き。簡易水洗。水道・TPあり。評価☆☆。
携帯電話／登山道入口＝ドコモ2～1通話可・au2通話可・SB2～1通話可。後山キャンプ場駐車場＝ドコモ3通話可・au2～1通話可・SB圏外。
水道設備／後山キャンプ場の炊事棟にある。
その他／登山道入口＝後山解説板、登山を楽しんで頂くために、熊出没注意看板、中国自然歩道案内板、登山案内板。
取材メモ／登山道入口は、後山キャンプ場駐車場よりも120mほど手前にある。
立ち寄り湯／山麓の「愛の村パーク」にある「東粟倉温泉ゆ・ら・り・あ」で可能。水曜休・12～18時・入浴料600円・MC 304 570 689*13・☎0868-78-0202。
問合先／美作市東粟倉総合支所☎0868-78-3133、美作市商工観光課観光振興係☎0868-72-6693

内黒山・内黒峠

うちぐろやま・うちぐろとうげ
広島県安芸太田町
標高992m

登山口概要／内黒山の西側、県道252号沿い。内黒山や丸子頭（まるこがしら）の起点。
緯度経度／[34°35′50″][132°10′36″]

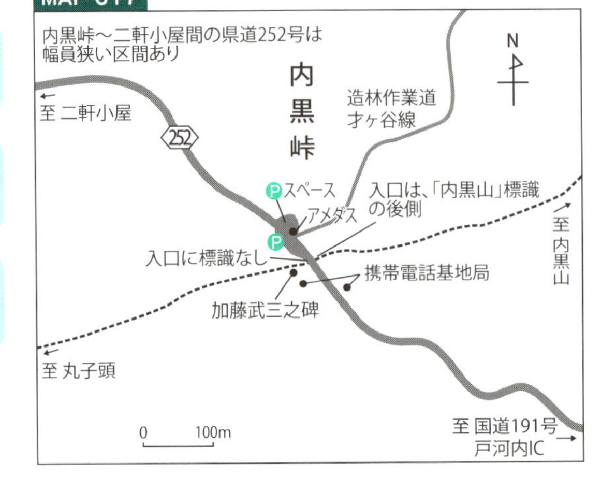

後山／後山キャンプ場駐車場

後山／キャンプ場のトイレ

後山／登山道入口

内黒山／内黒峠を示す標識

内黒山／駐車スペース

マップコード／ 363 636 255*88
アクセス／中国道戸河内ICから国道191号、県道252号経由で13km、約25分。国道191号の戸河内バイパス西口交差点で「恐羅漢スキー場」の案内看板を目印に左折。ここから7.5km、約18分。
駐車場／峠に駐車スペースがある。計約25台・60×10mなど2面・舗装＋砂＋小石・区画なし。
携帯電話／ドコモ3通話可・au3通話可・SB3通話可。
その他／携帯電話基地局、アメダス、加藤武三之碑とその解説板。
取材メモ／内黒山登山道入口に標識はあるが、支柱は失われ、表示板が下に落ちていた。取材時は草に覆われてわかりにくかった。一方、丸子頭登山道入口は、明瞭だが、標識や道標は一切ない。少し入ると加藤武三之碑がある。加藤は、特に西中国山地に多くの足跡を残し、昭和40年代に優れた山の本を著したことでも知られる。
立ち寄り湯／中国道戸河内IC近く、国道191号と国道186号の間に「グリーンスパつつが」がある。木曜休（祝日の場合は営業）・12～20時・入浴料450円・MC 363 526 861*88・☎0826-32-2880。
問合先／安芸太田町観光協会（一般社団法人地域商社あきおおた）☎0826-28-1800、安芸太田町産業振興課☎0826-28-1973

雲月山・雲月峠

うづきやま（うんげつさん・うげつやま）・うづきとうげ（うんげつとうげ・うげつとうげ）
広島県北広島町
標高827m MAP 018

登山口概要／雲月山の北東側、県道114号沿い。岩倉山（いわくらやま）や高山、仲の谷を経由する雲月山の起点。
緯度経度／[34°48′23″] [132°14′58″]
マップコード／ 636 480 337*82
アクセス／中国道戸河内ICから国道191号、県道11号、国道186号、県道11、114号経由で35.5km、約56分。または浜田道大朝ICから県道5、79、40号、国道186号、県道113、114号経由で33km、約52分。あるいは浜田道旭ICから県道52、5、52、114号経由で10.5km、約18分。広島県側の手前県道交差点には「雲月山」の大きな標識あり。手前の展望台下駐車場（次頁）から500m、約2分。
駐車場／計約20台・64×10mなど2面・舗装＋草・区画なし。
駐車場混雑情報／満車になることはない。
トイレ／駐車場の向かいにある。南側のドアは施錠されているが、北側に開放式入口がある。水洗。水道・TPあり。評価☆☆☆。

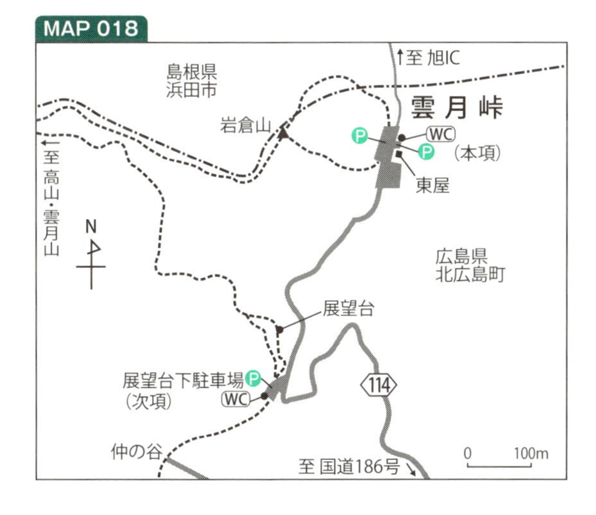

内黒山／加藤武三之碑

雲月峠／西側の駐車場

雲月峠／向かいのトイレ

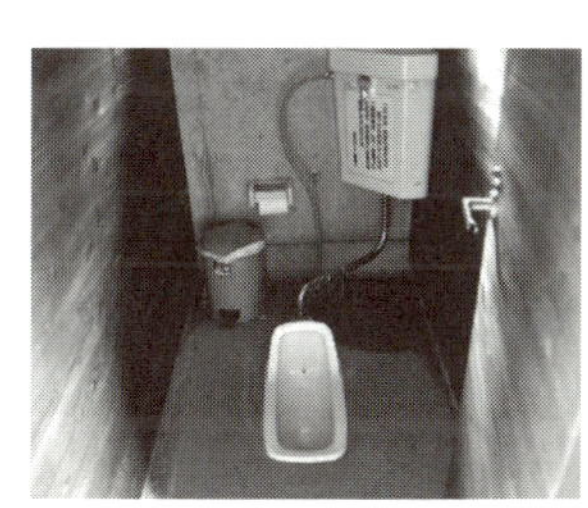
雲月峠／同トイレ内部

雲月峠／東屋

携帯電話／ドコモ3通話可・au3通話可・SB3通話可。
水道設備／東屋に蛇口が並んでいるが、水出ず。
その他／雲月山野生生物保護区禁止看板、東屋。
取材メモ／雲月山は、昔は牛馬の放牧地にするために山焼きが行われ、それにより木が育たずに草原の山になった。現在、放牧はされていないが、草原の景観と草原性植物を維持・保全するために2005年から山焼きが復活し、以後毎年4月に行われている。一般の人もボランティアとして参加は可能。要申し込み。この日は登山不可。
立ち寄り湯／①国道186号に出た近く「芸北オークガーデン」で可能。第1・3火曜休・10～21時・入浴料600円・MC 636 186 211*82・☎0826-35-1230。②国道186号を加計方面に南下すると、温井ダム（龍姫湖）湖畔の「温井スプリングス」で可能。不定休・12～20時・入浴料550円・MC 363 800 074*88・☎0826-22-1200。
問合先／北広島町観光協会芸北支部（北広島町芸北支所）☎0826-35-0888、北広島町商工観光課☎050-5812-8080

雲月山・展望台下駐車場

うづきやま(うんげつさん・うげつやま)・てんぼうだいしたちゅうしゃじょう
広島県北広島町
標高792m MAP 018

登山口概要／雲月山の東側、県道114号沿い。仲の谷や雲月峠を経由する雲月山の起点。
緯度経度／[34°48′10″] [132°14′51″]
マップコード／ 636 450 840*82
アクセス／中国道戸河内ICから国道191号、県道11号、国道186号、県道11、114号経由で35km、約54分。または浜田道大朝ICから県道5、79、40号、国道186号、県道113、114号経由で32.5km、約50分。あるいは浜田道旭ICから県道52、5、52、114号経由で11km、約19分。広島県側の手前県道交差点には「雲月山」の大きな標識あり。
駐車場／ 15～20台・52×32m・砂利+草・区画なし。
駐車場混雑情報／満車になることはない。
トイレ／駐車場にある。非水洗。水道・TPあり。評価☆☆。
携帯電話／ドコモ3通話可・au3通話可・SB2～1通話可。
その他／雲月山野生生物保護区禁止看板、展望台。
取材メモ／雲月山は、昔は牛馬の放牧地にするために山焼きが行われ、それにより木が育たずに草原の山になった。現在、放牧はされていないが、草原の景観と草原性植物を維持・保全するために2005年から山焼きが復活し、以後毎年4月に行われている。一般の人もボランティアとして参加は可能。要申し込み。この日は登山不可。
立ち寄り湯／①国道186号に出た近く「芸北オークガーデン」で可能。第1・3火曜休・10～21時・入浴料600円・MC 636 186 211*82・☎0826-35-1230。②国道186号を加計方面に南下すると、温井ダム（龍姫湖）湖畔の「温井スプリングス」で可能。不定休・12～20時・入浴料550円・MC 363 800 074*88・☎0826-22-1200。
問合先／北広島町観光協会芸北支部（北広島町芸北支所）☎0826-35-0888、北広島町商工観光課☎050-5812-8080

浦富海岸自然歩道・網代港駐車場

うらどめかいがんしぜんほどう・あじろこうちゅうしゃじょう
鳥取県岩美町
標高2.5m MAP 019

登山口概要／浦富海岸の南西側、町道沿い。浦富海岸自然歩道の起点。
緯度経度／[35°35′01″] [134°17′36″]
マップコード／ 125 890 585*40

展望台／登山口に続く県道114号

展望台／展望台下駐車場

展望台／同駐車場のトイレ

展望台／駐車場の上にある展望台

網代港／網代港駐車場

アクセス／鳥取道鳥取ICから国道29、9、178号、県道27号、町道経由で18km、約27分。

駐車場／網代港の公衆トイレ北側にある駐車場は、ハイカーの利用可。約8台・20×10m・舗装・区画なし。港と公園の間にあるアスファルト舗装された広場は駐車不可。自然歩道入口の砂利敷きスペースは私有地なので駐車不可。

駐車場混雑情報／夏休みは混雑し、満車になることもある。

トイレ／駐車場に隣接。水洗。水道あり。TPなし。評価☆☆。

携帯電話／ドコモ3通話可・au3通話可・SB3通話可。

ドリンク自販機／駐車場の向かいにある(PBも)。

その他／岩美町案内板、網代漁港環境整備事業案内板、山陰海岸ジオパーク案内板、山陰海岸国立公園特別保護地域注意看板。

取材メモ／浦富海岸自然歩道は、網代港から城原海岸に続く片道約1時間半のコース。

立ち寄り湯／国道9号を東進すると、岩井地区に「岩井ゆかむり温泉」がある。無休・6～22時・入浴料310円・MC 125 808 263*46・☎0857-73-1670。

問合先／岩美町商工観光課☎0857-73-1416、岩美町観光協会☎0857-72-3481

浦富海岸自然歩道・鴨ヶ磯展望所入口

うらどめかいがんしぜんほどう・かもがいそてんぼうしょいりぐち

鳥取県岩美町

標高55m MAP 019

登山口概要／浦富海岸の途中、県道155号沿い。浦富海岸自然歩道の起点。

緯度経度／[35°35′18″] [134°18′07″]

マップコード／ 960 006 196*40

アクセス／鳥取道鳥取ICから国道29、9、178号、県道155号経由で19.5km、約30分。

駐車場／鴨ヶ磯展望所入口に駐車場がある。7～8台・22×18m・舗装・区画なし。すぐ東側にも4台分の駐車スペースがある。

駐車場混雑情報／夏休みは混雑し、満車になって路上駐車が発生することも。

トイレ／鴨ヶ磯展望所から自然歩道を少し入ったところにある。詳細不明。

携帯電話／ドコモ3通話可・au3通話可・SB圏外。

その他／浦富海岸案内板、露軍将校漂着記念碑案内板、山陰海岸国立公園特別保護地域注意看板、車上荒らし注意看板、鴨ヶ磯展望所、ベンチ。

取材メモ／浦富海岸自然歩道は、

MAP 019

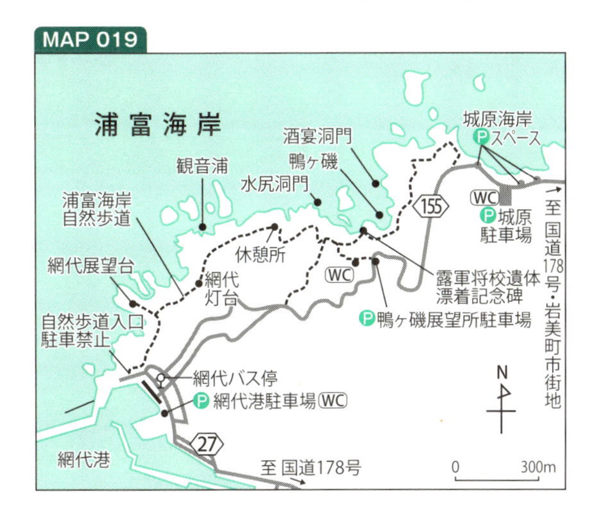

網代港／駐車場隣接のトイレ

網代港／浦富海岸自然歩道入口

鴨ヶ磯／鴨ヶ磯展望所入口の駐車場

鴨ヶ磯／鴨ヶ磯展望所入口

鴨ヶ磯／鴨ヶ磯展望所

網代港から城原海岸に続く片道約1時間半のコース。
立ち寄り湯／国道9号を東進すると、岩井地区に「岩井ゆかむり温泉」がある。無休・6～22時・入浴料310円・MC 125 808 263*46・☎0857-73-1670。
問合先／岩美町商工観光課☎0857-73-1416、岩美町観光協会☎0857-72-3481

浦富海岸自然歩道・県営城原駐車場

うらどめかいがんしぜんほどう・けんえいしらわらちゅうしゃじょう
鳥取県岩美町
標高28m MAP 019

登山口概要／浦富海岸の東側、県道155号沿い。浦富海岸自然歩道の起点。
緯度経度／［35°35′26″］［134°18′26″］
マップコード／ 960 007 425*40
アクセス／鳥取道鳥取ICから国道29、9、178号、県道155号経由で20.5km、約32分。
駐車場／自然歩道入口の200m東側に県営城原駐車場がある。36台・40×18m・舗装・区画消えかけ。県道沿いに点々と駐車スペースがあるほか、東側には城原展望駐車場もある。
駐車場混雑情報／夏休みは混雑し、満車になって路上駐車が発生することも。
トイレ／駐車場にある。水洗。水道・TPあり。評価☆☆☆～☆☆。
携帯電話／ドコモ3通話可・au3通話可・SB3通話可。
その他／山陰海岸ジオパーク案内板、浦富海岸案内板。
取材メモ／浦富海岸自然歩道は、城原海岸から網代港に続く片道約1時間半のコース。
立ち寄り湯／国道9号を東進すると、岩井地区に「岩井ゆかむり温泉」がある。無休・6～22時・入浴料310円・MC 125 808 263*46・☎0857-73-1670。
問合先／岩美町商工観光課☎0857-73-1416、岩美町観光協会☎0857-72-3481

浦富海岸自然歩道・城原駐車場
→（前項）

絵下山
→P223 絵下山・昭和入口コース登山口
→P223 絵下山・絵下山頂広場

江田島 古鷹山・切串港

えたじま ふるたかやま・きりくしこう
広島県江田島市
標高3m

登山口概要／古鷹山の北側、県道297号沿い。古鷹山やクマン岳の起点。
緯度経度／［34°17′03″］［132°28′34″］
マップコード／ 374 702 643*86
アクセス／広島呉道路呉ICから市道、国道487号、県道35号、国道487号、県道44号、国道487号、県道297号経由で36.5km、約55分。※ほかに宇品ー切串港と天応(呉ポートピア)ー切串港を結ぶフェリーもある。
駐車場／切串港に広い駐車場がある。228台・130×40m・舗装・区画あり。
駐車場混雑情報／取材した2019年7月5日は、曇天の金曜日だったが、到着した10時半の時点で、9割埋まっていた。
トイレ／切串港旅客上屋内にある。水洗。水道・TPあり。評価☆☆☆。
携帯電話／ドコモ3通話可・au3通話可・SB3通話可。
公衆電話／切串港旅客上屋内にカード・コイン式公衆電話がある。
ドリンク自販機／駐車場周辺にある（PBも）。
その他／江田島市観光案内板、東屋。
問合先／江田島市観光協会☎0823-42-4871

城原／県営城原駐車場

城原／同駐車場のトイレ

江田島／切串港の駐車場

江田島／切串港旅客上屋

江田島／同施設内のトイレ

あ
か
さ
た
な
は
ま
や
ら
わ

江田島
古鷹山・古鷹山森林公園
→P223

烏帽子岳・正蓮寺烏帽子公園

えぼしだけ・しょうれんじえぼしこうえん
山口県周南市
標高182m

登山口概要／烏帽子岳の南側、市道終点。ニワトリ岩や大将軍を経由する烏帽子岳の起点。
緯度経度／[34°04′08″][131°58′09″]
マップコード／ 107 536 797*17
アクセス／山陽道熊毛ICから県道8号、国道2号、市道経由で4.5km、約10分。
駐車場／公園に駐車場がある。8台・22×12m・芝生ブロック・区画あり。
トイレ／駐車場奥にある。簡易水洗。水道なし。TPあるが使用不可。評価☆☆〜☆(使えない個室も)。
携帯電話／ドコモ3通話可・au3通話可・SB3通話可。
その他／烏帽子岳ハイキングコース案内板、正蓮寺烏帽子公園案内板。
立ち寄り湯／①熊毛ICを過ぎた県道144号沿いに「三丘温泉（みつおおんせん）・バーデンハウス三丘」がある。水曜休（祝日の場合は翌日）と第2、4木曜休・10〜21時・入浴料750円・MC 107 419 703*74・☎0833-91-1800。②また同じ三丘温泉には、「東善寺やすらぎの里」もある。月曜休（祝日の場合は翌日）・9〜22時・入浴料600円・MC 107 419 467*74・☎0833-92-0058。
問合先／周南市熊毛総合支所熊毛地域政策課☎0833-92-0008

烏帽子山・ひろしま県民の森
→P178 比婆山連峰・ひろしま県民の森

扇ノ山・大石ルート登山口

おうぎのせん・おおいしるーとと ざんぐち
鳥取県鳥取市
標高950m MAP 021

登山口概要／扇ノ山（日本三百名山）の北西側、林道河合谷線沿い。大石ルートを経由する扇ノ山の起点。
緯度経度／[35°27′17″][134°25′02″]
マップコード／ 365 125 161*46
アクセス／鳥取道河原ICから県道324号、国道482、29号、県道37号、町道丹比縦貫道(たんぴじゅっかんどう)、林道河合谷線(舗装)経由で36.5km、約58分。または鳥取市街地から国道29号、県道39、282、37号、林道河合谷線（舗装）経由で38.5km、約1時間5分。林道河合谷線の開通期間は、5月下旬〜11月中旬(積雪融雪次第のため年によって変動する)。
駐車場／登山道入口横に駐車スペースがある。約6台・40×4m・舗装・区画なし。
携帯電話／ドコモ圏外・au2通話可・SB圏外。
その他／山火事注意看板。
取材メモ／林道河合谷線の走行時、路面上の石に注意したい。
立ち寄り湯／若桜町の国道482号沿いに「若桜ゆはら温泉・ふれあいの湯」がある。月曜休･10〜20時(1〜2月は〜19時)・入浴料400円・MC 709 307 584*46・☎0858-82-1177。
問合先／鳥取市国府町総合支所地域振興課☎0857-39-0555

扇ノ山・小ヅッコ登山口

おうぎのせん・こづっことざんぐち
兵庫県新温泉町
標高1063m MAP 021

登山口概要／扇ノ山（日本三百名山）の北側、林道海上線（りんどううみがみせん）沿い。小ヅッコ小屋や小ヅッコ、大ヅッコを経由する扇ノ山の起点。

正蓮寺／正蓮寺烏帽子公園の駐車場

正蓮寺／同公園のトイレ

大石／駐車スペース

大石／登山道入口

小ヅッコ／林道路面の県境表示

緯度経度／［35°27′49″］［134°26′14″］
マップコード／ 365 157 233*46
アクセス／鳥取道河原ICから県道324号、国道482、29号、県道37号、町道丹比縦貫道（たんぴじゅうかんどう）、林道河合谷線（舗装）、林道海上線（舗装）経由で38km、約1時間。または鳥取市街地から国道29号、県道247、251、31号、林道河合谷線（舗装）経由で35.5km、約57分。林道河合谷線の開通期間は、5月下旬～11月中旬（積雪融雪次第のため年によって変動する）。
駐車場／登山道入口付近の路肩に駐車スペースがある。3台・22×3m・草・区画なし。
駐車場混雑情報／満車になることはない。
携帯電話／ドコモ3通話可・au2通話可・SB1だが通話可。
その他／上山高原エコミュージアムインフォメーション案内板。
取材メモ／林道河合谷線の走行時、路面上の石に注意したい。
立ち寄り湯／若桜町の国道482号沿いに「若桜ゆはら温泉・ふれあいの湯」がある。月曜休・10～20時（1～2月は～19時）・入浴料400円・MC 709 307 584*46・☎0858-82-1177。
問合先／上山高原エコミュージアム（上山高原ふるさと館）☎0796-99-4600、新温泉町温泉総合支所振興課商工観光係☎0796-92-1131

扇ノ山・八東ふる里の森

おうぎのせん・はっとうふるさとのもり
鳥取県八頭町
標高685m MAP 021

登山口概要／扇ノ山（日本三百名山）の南側、町道終点付近。ふる里の森コースを経由する扇ノ山の起点。
緯度経度／［35°25′00″］［134°26′05″］
マップコード／ 709 577 554*46
アクセス／鳥取道河原ICから県道324号、国道482、29号、県道37号、町道経由で27.5km、約44分。登山道入口まで行く場合は、さらに町道丹比縦貫道（たんぴじゅうかんどう。コンクリート舗装）を2km、約5分進入する必要があるが、取材時は起点に「通行止」表示が出ていた（取材メモ参照）。林道河合谷線の開通期間は、5月下旬～11月中旬（積雪融雪次第のため年によって変動する）。
駐車場／八東ふる里の森入口に駐車場がある。12台・40×5m・舗装・区画あり。また手前の町道沿いにも広い駐車スペースが3面ある。林道河合谷線沿いにあるふるさとの森登山口にも5～6台分の駐車スペースがあるが、町道の「通行止」措置に留意する必要があるかもしれない。
トイレ／八東ふる里の森にある。詳細不明。
携帯電話／ドコモ圏外・au圏外・SB圏外。
その他／八東ふる里の森案内板。
取材メモ／取材時、登山道入口に続く町道丹比縦貫道は、八東ふる里の森側起点に「通行止」の表示が出ていたが、林道河合谷線側には表示がなく、知らずに下ったところ、特に支障もなく通行できた。町に確認すると、予防的措置で通行止にしていたとのこと。ただし、今後状況が変わる可能性もある。
立ち寄り湯／若桜町の国道482号沿いに「若桜ゆはら温泉・ふれあいの湯」がある。月曜休・10～20時（1～2月は～19時）・入浴料400円・MC 709 307 584*46・☎0858-82-1177。
問合先／八頭町産業観光課☎0858-76-0208

扇ノ山・姫路登山口

おうぎのせん・ひめじとざんぐち
鳥取県八頭町
標高888m MAP 021

登山口概要／扇ノ山（日本三百名山）の南西側、林道河合谷線沿い。姫路公園コースを経由する扇ノ山の起点。中国自然歩道の起点。

小ヅッコ／駐車スペース

小ヅッコ／登山道入口

八東／ふる里の森入口

八東／同施設の駐車場

姫路／100m西側の駐車スペース

緯度経度／[35°25′50″]
[134°25′39″]
マップコード／365 036 258*46
アクセス／鳥取道河原ICから県道324号、国道482、29号、県道37号、町道丹比縦貫道(たんぴじゅうかんどう)、林道河合谷線(舗装)経由で29km、約45分。林道河合谷線の開通期間は、5月下旬～11月中旬（積雪融雪次第のため年によって変動する）。
駐車場／登山道入口の100m西側に駐車スペースがある。12～13台・64×7m・砂・区画なし。
携帯電話／ドコモ圏外・au圏外・SB圏外。
その他／中国自然歩道案内板。
取材メモ／林道河合谷線の走行時、路面上の石に注意したい。
立ち寄り湯／若桜町の国道482号沿いに「若桜ゆはら温泉・ふれあいの湯」がある。月曜休・10～20時（1～2月は～19時）・入浴料400円・MC 709 307 584*46・☎0858-82-1177。
問合先／八頭町産業観光課 ☎0858-76-0208

扇ノ山・水とのふれあい広場

おうぎのせん・みずとのふれあいひろば
鳥取県鳥取市
標高1050m MAP 020・021

登山口概要／扇ノ山（日本三百名山）の北側、林道河合谷線と林道海上線（りんどううみがみせん）の交差点。河合谷コースを経由する扇ノ山の起点。
緯度経度／[35°27′55″]
[134°25′59″]
マップコード／365 157 398*46
アクセス／鳥取道河原ICから県道324号、国道482、29号、県道37号、町道丹比縦貫道(たんぴじゅうかんどう)、林道河合谷線(舗装)経由で37.5km、約1時間。または鳥取市街地から国道29号、県道247、251、31号、林道河合谷線(舗装)経由で35km、約56分。林道河合谷線の開通期間は、5月下旬～11月中旬（積雪融雪次第のため年によって変動する）。
駐車場／水とのふれあい広場に駐車スペースがある。計約13台・36×5mなど2面・舗装+草・区画なし。※河合谷コース登山口付近に駐車スペースはない。
トイレ／水とのふれあい広場に簡易トイレが1基。TPあり。評価☆☆。
携帯電話／ドコモ2～0通話可・

姫路／登山道入口

広場／林道河合谷線

広場／水とのふれあい広場の駐車スペース

広場／小さな滝とベンチ

広場／河合谷コース登山口

MAP 020
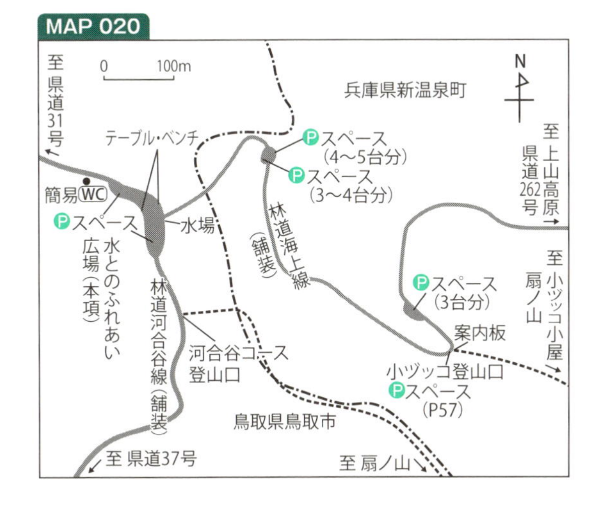

au3～1だが、つながらず（過去の調査で通話可だったこともある）・SB圏外。
水場／水とのふれあい広場にある。
その他／水とのふれあい広場解説板、テーブル・ベンチ。
取材メモ／河合谷コース登山口は、100m南側の林道河合谷線沿いにある。一方、林道海上線を上がると、小ヅッコ登山口（P57）もある。また林道河合谷線の走行時、路面上の石に注意したい。
立ち寄り湯／若桜町の国道482号沿いに「若桜ゆはら温泉・ふれあいの湯」がある。月曜休・10～20時（1～2月は～19時）・入浴料400円・MC 709 307 584*46・☎0858-82-1177。
問合先／鳥取市国府町総合支所地域振興課☎0857-39-0555

扇ノ山・上地登山口

おうぎのせん・わじとざんぐち
鳥取県鳥取市
標高670m MAP 021

登山口概要／扇ノ山（日本三百名山）の西側、林道河合谷線沿い。上地ルートを経由する扇ノ山の起点。
緯度経度／[35°26′37″][134°25′09″]
マップコード／365 065 768*46
アクセス／鳥取道河原ICから県道324号、国道482、29号、県道37号、町道丹比縦貫道（たんぴじゅうかんどう）、林道河合谷線（舗装）経由で32km、約51分。または鳥取道鳥取ICから国道29号、県道39、282、37号、林道河合谷線（舗装）経由で34km、約55分。林道河合谷線の開通期間は、5月下旬～11月中旬（積雪融雪次第のため年によって変動する）。
駐車場／登山道入口に駐車スペースがある。2台・草・区画なし。すぐ南側の路肩にも6～7台は駐車可。
携帯電話／ドコモ0だが通話可・au2～1通話可・SB圏外。
取材メモ／林道河合谷線の走行時、路面上の石に注意したい。
立ち寄り湯／若桜町の国道482号沿いに「若桜ゆはら温泉・ふれあいの湯」がある。月曜休・10～20時（1～2月は～19時）・入浴料400円・MC 709 307 584*46・☎0858-82-1177。
問合先／鳥取市国府町総合支所地域振興課☎0857-39-0555

王子が岳・海浜広場

おうじがたけ・かいひんひろば
岡山県倉敷市
標高2m MAP 022

登山口概要／王子が岳（新割山・しんわりやま）の南西側、国道430

MAP 021

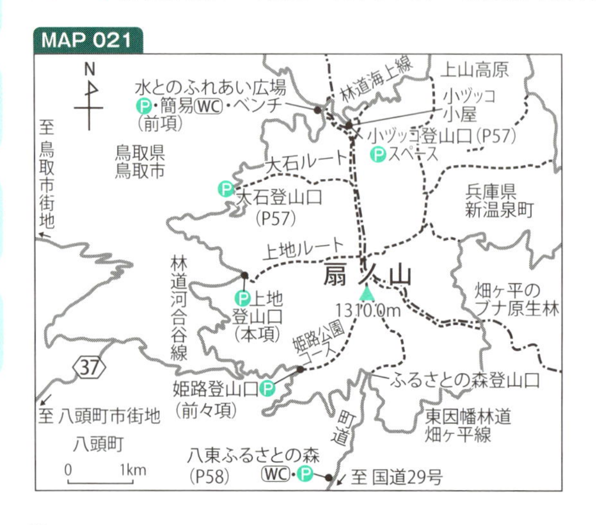

上地／駐車スペース

上地／登山道入口

海浜／海浜広場

海浜／同広場のトイレ

海浜／同トイレ内部

号沿い。王子が岳の起点。
緯度経度／[34°27′37″][133°52′34″]
マップコード／ 19 135 763*07
アクセス／瀬戸中央道児島ICから市道、国道430号経由で9.5km、約15分。
駐車場／海浜広場（市が管理する駐車場）がある。約40台・50×20m・舗装・区画なし。また山側にも駐車場がある。約30台・54×16m・舗装・区画消えかけ。
駐車場混雑情報／満車になることはない。
トイレ／海浜広場にある。簡易水洗。水道・TPあり。評価☆☆☆～☆☆。
携帯電話／ドコモ3通話可・au3通話可・SB3通話可。
その他／王子が岳登山口バス停（下電バス）。
取材メモ／ニコニコ岩などの奇岩や巨岩が特徴の山で、瀬戸内海の眺めも抜群。
立ち寄り湯／国道430号を西進して児島IC方面に向かうと「鷲羽山吹上温泉・WASHU BLUE RESORT 風籠（かさご）」で可能。不定休・11時30分～15時30分・入浴料1000円・MC 19 066 817*07・☎0120-489-526。
問合先／倉敷市観光課☎086-426-3411、倉敷市児島支所産業課☎086-473-1115、児島駅前観光案内所☎086-472-1289

王子が岳・渋川駐車場

おうじがたけ・しぶかわちゅうしゃじょう
岡山県玉野市
標高3m

登山口概要／王子が岳の東側、国道430号沿い。矢出山（やでやま）を経由する王子が岳の起点。
緯度経度／[34°27′26″][133°53′56″]
マップコード／ 19 138 425*07
アクセス／瀬戸中央道児島ICから市道、国道430号経由で11.5km、約18分。
駐車場／23台＋大型1台・78×14m・舗装・区画あり。ほかに国道430号の1km西側にも駐車スペースがある。
駐車場混雑情報／夏休み期間中は、天気がよければ、ほぼ満車になる。満車の場合は、東側の観光駐車場（約1000台・7月中旬～8月下旬の海水浴シーズンのみ有料1日1000円）に置くことも可能。
トイレ／駐車場にある。水洗。水道・TPあり。評価☆☆。
携帯電話／ドコモ3通話可・au3通話可・SB3通話可。
ドリンク自販機／駐車場東側の国道向かいにある（PBも）。
水道設備／トイレ前にある。

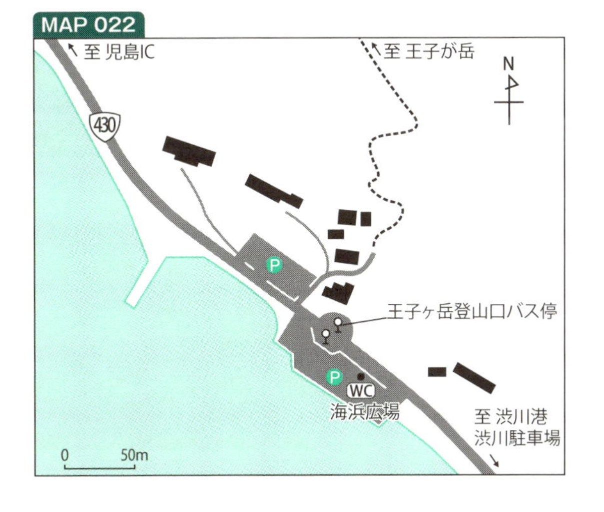

海浜／山側の駐車場

渋川／渋川駐車場

渋川／同駐車場のトイレ

渋川／同トイレ内部

渋川／登山道入口

その他／王子が岳渋川地区案内板。
取材メモ／登山道入口に防獣用の柵があるので、開けたら閉めておくこと。ニコニコ岩などの奇岩や巨岩が特徴の山で、瀬戸内海の眺めも抜群。
立ち寄り湯／国道430号を西進して鷲羽山方面に向かうと「鷲羽山吹上温泉・WASHU BLUE RESORT 風籠（かさご）」で可能。不定休・11時30分～15時30分・入浴料1000円・MC 19 066 817*07・☎0120-489-526。
問合先／玉野市商工観光課観光・港湾振興係☎0863-33-5005、玉野市観光協会☎0863-21-3486

王子が岳・新割山山頂駐車場

おうじがたけ・しんわりやまさんちょうちゅうしゃじょう
岡山県玉野市・倉敷市
標高205m　MAP 023

登山口概要／王子が岳（新割山・しんわりやま）の山頂北東側直下、市道終点。王子が岳の起点。
緯度経度／［34°27′44″］［133°52′59″］
マップコード／ 19 166 068*07
アクセス／瀬戸中央道児島ICから市道、国道430号、市道、県道462号、市道経由で11km、約17分。
駐車場／ 58台・46×32m・舗装・区画あり。手前の県道462号沿いにも広い駐車場が2面ある。
トイレ／駐車場に隣接。水洗。水道・TPあり。評価☆☆。また王子が岳パークセンターにもある。水洗。水道・TPあり。評価☆☆☆。
携帯電話／ドコモ3通話可・au3通話可・SB3通話可。
王子が岳パークセンター／展望・休憩施設。カフェ（不定休）併設。※パークセンターは倉敷市にある。
ドリンク自販機／駐車場にある（PBも）。
その他／王子が岳レストハウス、王子が岳散策コース案内板。
取材メモ／ニコニコ岩などの奇岩や巨岩が特徴の山で、瀬戸内海の眺めも抜群。
立ち寄り湯／国道430号を西進して児島IC方面に向かうと「鷲羽山吹上温泉・WASHU BLUE RESORT 風籠（かさご）」で可能。不定休・11時30分～15時30分・入浴料1000円・MC 19 066 817*07・☎0120-489-526。
問合先／玉野市商工観光課観光・港湾振興係☎0863-33-5005、玉野市観光協会☎0863-21-3486、倉敷市観光課☎086-426-3411、倉敷市児島支所産業課☎086-473-1115、児島駅前観光案内所☎086-472-1289

MAP 023

新割山／新割山山頂駐車場

新割山／駐車場隣接のトイレ

新割山／王子が岳パークセンター

新割山／同センターからの展望

新割山／ニコニコ岩

多飯が辻山・西登山口

おおいがつじやま・にしとざんぐち
広島県庄原市
標高613m

登山口概要／多飯が辻山の西側、市道沿い。多飯が辻山の起点。
緯度経度／［34°58′08″］［133°15′06″］
マップコード／ 326 765 795*03
アクセス／中国道東城ICから国道182、314号、県道450号、市道経由で15.5km、約24分。県道から1.9km、約3分。
駐車場／登山道入口向かいの路肩に寄せれば駐車可。4～5台・40×3m・舗装・区画なし。すぐ前の民家の方に確認すると、登山者が車を停めてもよいとのことだった。たまに登山者が車を停めているが、最近は少ないとのこと。
駐車場混雑情報／混雑することはない。
携帯電話／ドコモ2通話可・au3通話可・SB3通話可。
その他／石仏。
立ち寄り湯／市道を南下して県道12号へ出ると「リフレッシュハウス東城」がある。水曜休（祝日の場合は翌日）・10～21時・入浴料550円・MC 326 617 090*03・☎08477-2-1288。
問合先／田森自治振興センター☎08477-2-0661、庄原市観光振興課☎0824-73-1179

多飯が辻山・東登山口

おおいがつじやま・ひがしとざんぐち
広島県庄原市
標高595m

登山口概要／多飯が辻山の南側、未舗装林道沿い。天王社を経由する多飯が辻山の起点。
緯度経度／［34°57′52″］［133°16′00″］
マップコード／ 326 767 309*03
アクセス／中国道東城ICから国道182、314号、県道12号、市道、未舗装林道（路面評価★★★★）経由で11.5km、約21分。県道から2km、約6分。要所要所に「多飯が辻山→」の道標があり、迷うことはない。
駐車場／約15台・32×20m・砂利＋草・区画なし。
駐車場混雑情報／混雑することはない。
トイレ／駐車場に簡易トイレ1基がある。TPあり。評価☆☆。
携帯電話／ドコモ圏外・au圏外・SB3通話可。
その他／多飯が辻山・東登山道コース案内板、貸し出し杖。
立ち寄り湯／県道12号を南下すると「リフレッシュハウス東城」がある。水曜休（祝日の場合は翌日）・10～21時・入浴料550円・MC 326 617 090*03・☎08477-2-1288。
問合先／田森自治振興センター☎08477-2-0661、庄原市観光振興課☎0824-73-1179

大江高山・飯谷コース登山口

おおえたかやま・いいだにこーすとざんぐち
島根県大田市
標高260m MAP 024

登山口概要／大江高山の南側、県道46号沿い。飯谷コースを経由する大江高山の起点。
緯度経度／［35°02′55″］［132°25′51″］
マップコード／ 355 772 390*26
アクセス／浜田道瑞穂ICから県道5、327、7号、国道261号、県道32、46号経由で37.5km、約57分。または山陰道大田中央・三瓶山ICから国道9、375号、県道46、31、46号経由で24.5km、約37分。
駐車場／「飯谷地区案内板」前の駐車スペース=1～2台分・コンクリート舗装＋草・区画なし。その東側の駐車スペース=6～8台分・47×6m・舗装・区画なし。
駐車場混雑情報／ミスミソウやイズモコバイモ、ギフチョウの見られる休日は、満車のことが多い。
携帯電話／ドコモ3通話可・au2～1通話可・SB3通話可。

西／路肩に寄せれば駐車可

東／登山口に続く未舗装林道

東／東登山口の駐車場

東／登山道入口

飯谷／案内板前の駐車スペース

その他／飯谷地区案内板、大江高山案内板、大江高山登山パンフレット頒布箱、飯谷バス停（石見交通バス）。
取材メモ／大江高山のイズモコバイモは、4月上旬が見ごろ。ギフチョウは、4月上旬〜下旬に観察可能。なお、大江高山の伊勢階（いせがい）コースは、登山道入口手前に数台分の駐車スペースがあるが、倒木などもあって一般的ではないようだ。
立ち寄り湯／県道187号で川本町に向かうと「湯谷温泉・弥山荘」がある。月曜休（祝日の場合は翌日）・10〜20時・入浴料510円・MC 355 624 480*26・☎0855-72-2645。
問合先／大代（おおしろ）まちづくりセンター☎0854-85-2204、大田市観光振興課☎0854-88-9237、島根県自然環境課☎0852-22-6172

大江高山・伊勢階コース登山口

→（前頁）取材メモ欄参照

大江高山・山田コース登山口

おおえたかやま・やまだこーすとざんぐち
島根県大田市
標高257m MAP 024

登山口概要／大江高山の南側、県道46号からわずかに入った場所。山田コースを経由する大江高山の起点。
緯度経度／[35°02′33″] [132°25′20″]
マップコード／ 355 740 659*26
アクセス／浜田道瑞穂ICから県道5、327、7号、国道261号、県道32、46号経由で36km、約54分。または山陰道大田中央・三瓶山ICから国道9、375号、県道46、31、46号経由で26km、約40分。山田自治会館の向かいの道に入ってすぐ。
駐車場／消防団格納庫前に駐車スペースがある。4〜5台・14×10m・砂利＋草・区画なし。
駐車場混雑情報／ミスミソウやイズモコバイモ、ギフチョウの見られる休日は、満車のことが多い。
携帯電話／ドコモ3通話可・au2通話可・SB2〜1通話可。
ドリンク自販機／山田自治会館前にある（PBも）。
その他／大江高山案内板、大江高山登山パンフレット頒布箱、山田バス停（石見交通バス）。
取材メモ／大江高山のイズモコバイモは、4月上旬が見ごろ。ギフチョウは、4月上旬〜下旬に観察可能。
立ち寄り湯／県道187号で川本町に向かうと「湯谷温泉・弥山荘」がある。月曜休（祝日の場合は翌日）・10〜20時・入浴料510円・MC 355 624 480*26・☎0855-72-2645。
問合先／大代（おおしろ）まちづくりセンター☎0854-85-2204、大田市観光振興課☎0854-88-9237、島根県自然環境課☎0852-22-6172

大江高山・山辺八代姫命神社駐車場

おおえたかやま・やまべやしろひめのみことじんじゃちゅうしゃじょう
島根県大田市
標高363m MAP 024

登山口概要／大江高山の南側、市道終点。飯谷コースを経由する大江高山の起点。
緯度経度／[35°03′24″] [132°25′45″]
マップコード／ 355 801 384*26
アクセス／浜田道瑞穂ICから県道5、327、7号、国道261号、県道32、46号、市道経由で38.5km、約1時間。または山陰道大田中央・三瓶山ICから国道9、375号、県道46、31、46号、市道経由で25.5km、約40分。手前の飯谷コース登山口（前々項）から1km、約3分。後半は、狭い上に急坂を直登する道となるため、運転に注意。
駐車場／山辺八代姫命神社入口に参拝者用駐車場がある。4〜5台・18×12m・砂利＋土＋砂・区画なし。

飯谷／東側の駐車スペース

山田／山田自治会館

山田／格納庫前の駐車スペース

山田／パンフレット頒布箱

神社／山辺八代姫命神社駐車場

駐車場混雑情報／ミスミソウやイズモコバイモ、ギフチョウの見られる休日は、満車のことが多い。
トイレ／神社境内にあるが使用不可。
携帯電話／ドコモ3通話可・au3通話可・SB3通話可。
その他／「お願い!とらないで」看板ほか。
取材メモ／大江高山のイズモコバイモは、4月上旬が見ごろ。ギフチョウは、4月上旬～下旬に観察可能。
立ち寄り湯／県道187号で川本町に向かうと「湯谷温泉・弥山荘」がある。月曜休(祝日の場合は翌日)・10 ～ 20時・入浴料510円・MC 355 624 480*26・☎0855-72-2645。
問合先／大代（おおしろ）まちづくりセンター☎0854-85-2204、大田市観光振興課☎0854-88-9237、島根県自然環境課☎0852-22-6172

大狩山・大狩山砂防公園

おおかりやま・
おおかりやまさぼうこうえん
広島県安芸高田市
標高360m

登山口概要／大狩山の北側、市道終点。大狩山の起点。
緯度経度／［34°45′13″］［132°39′12″］
マップコード／ 244 303 051*84
アクセス／中国道高田ICから県道64号、高北広域農道、県道179号、市道経由で9.5km、約15分。市道に立つ「←大狩山砂防公園」の案内看板に従って300m。
駐車場／砂防公園にある。約25台・44×24m・舗装・区画なし。
トイレ／駐車場の休憩所内にある。水洗。水道・TPあり。評価☆☆☆。
携帯電話／ドコモ2通話可・au3通話可・SB1 ～ 0だが通話可。
ドリンク自販機／休憩所前にある(PBも)。
水道設備／休憩所前にある。
その他／休憩所（取材時は鍵がかかって入れなかった）、大狩山茶屋、大狩山自然の森案内板。
取材メモ／大狩山砂防公園は、大きな砂防ダムの下にある。
立ち寄り湯／県道179号に出て右折すると、1.5kmほどで「たかみや湯の森」がある。第2火曜休・10 ～ 21時・入浴料700円・MC 244 278 737*84・☎0826-59-0059。
問合先／安芸高田市商工観光課☎0826-47-4024、安芸高田市観光協会☎0826-46-7055

大暮毛無山
→P99 毛無山登山口

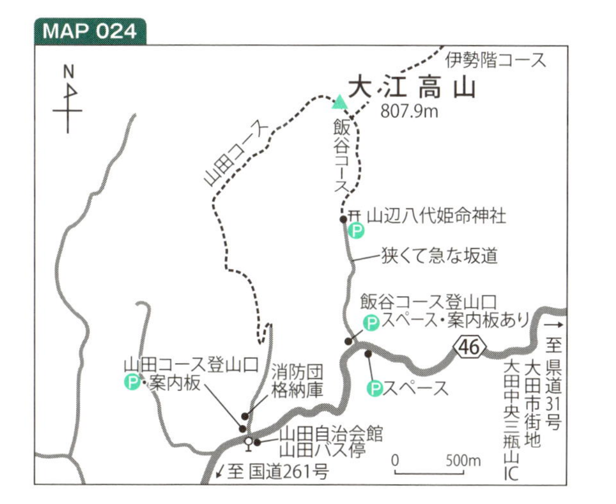

神社／山辺八代姫命神社

神社／同神社左手の登山道入口

大狩山／砂防ダム

大狩山／砂防公園の駐車場と休憩所

大狩山／同休憩所内のトイレ

大佐山・芸北高原 大佐スキー場駐車場

おおさやま・げいほくこうげん
おおさすきーじょうちゅうしゃじょう
広島県北広島町
標高708m

登山口概要／大佐山の東側、国道186号沿い。大佐山や大潰山（おおづえやま）の起点。
緯度経度／［34°44′52″］［132°13′15″］
マップコード／ 520 596 324*82
アクセス／中国道戸河内ICから国道191号、県道11号、国道186号経由で30.5km、約47分。または浜田道大朝ICから県道5、79、40号、国道186号経由で32km、約48分。
駐車場／芸北高原大佐スキー場向かいの国道路肩に広い駐車場がある。約120台・30×18m・舗装・区画なし。
携帯電話／ドコモ3通話可・au3通話可・SB3通話可。
その他／浜田広域圏観光案内板、スキー場案内板。
取材メモ／実際に登って確認したわけではないが、国土地理院地図で見る限り、芸北高原大佐スキー場ゲレンデの管理道路を進めば、やがてゲレンデ上部でそのまま登山道に導かれるようである。一方、大潰山登山道入口は、付近を見てまわったが、よくわからなかった。
立ち寄り湯／①国道186号に出た近く「芸北オークガーデン」で可能。第1・3火曜休・10～21時・入浴料600円・MC 636 186 211*82・☎0826-35-1230。②国道186号を加計方面に南下すると、温井ダム（龍姫湖）湖畔の「温井スプリングス」で可能。不定休・12～20時・入浴料550円・MC 363 800 074*88・☎0826-22-1200。③一方、浜田側に18kmほど下ると「湯屋温泉リフレパークきんたの里」がある。第3水曜休（祝日の場合は営業）・10～22時・入浴料600円・MC 241 109 142*82・☎050-3033-1039。
問合先／北広島町観光協会芸北支部（北広島町芸北支所）☎0826-35-0888、北広島町商工観光課☎050-5812-8080

大佐山・大日高原

おおさやま・だいにちこうげん
岡山県新見市
標高510m MAP 025

登山口概要／大佐山の東側、県道32号から少し入った大日高原の上部市道沿い。正面登山道や南登山道を経由する大佐山の起点。
緯度経度／［35°04′45″］［133°33′00″］
マップコード／ 387 276 099*03
アクセス／中国道新見ICから国道180号、県道32号、市道経由で21km、約33分。または中国道北房ICから国道313号、県道58、32号、市道経由で25km、約38分。県道から1.7km、約3分。
駐車場／登山道入口に駐車スペースがあるほか、付近の道路路肩に寄せれば駐車可。計12～13台・舗装・区画なし。
携帯電話／ドコモ3通話可・au3通話可・SB3通話可。
その他／登山道案内板、「新見癒しの名勝遺産・大佐山」解説板。
立ち寄り湯／①すぐ下に「大佐風の湯温泉」がある。7～9月のみ営業。7～8月は月曜休（祝日の場合は翌日）、9月は平日休・16～20時（土・日曜、祝日は13時～）・入浴料600円・MC 387 246 887*04・☎0867-98-9590。②また県道32号を南下すると「熊谷温泉・新見市高齢者センター」もある。日曜と月曜休（要予約）・9～17時・入浴料1100円（何名でも同料金）・MC 387 093 220*03・☎0867-78-1166。
問合先／新見市大佐支局地域振興課産業建設課☎0867-98-2112、新見市商工観光課観光振興係☎0867-72-6136

スキー／大佐スキー場駐車場

スキー／ゲレンデに続く管理道路

スキー／芸北オークガーデン内風呂

大日／駐車スペース

大日／登山道入口

大佐山・八幡洞門北側（農道追矢線）

おおさやま・やわたどうもんきたがわ（のうどうおいやせん）
広島県北広島町
標高808m

登山口概要／大佐山の南側、県道307号から農道追矢線に入ってすぐ。農道追矢線と林道捧路線（りんどうぼうじせん）、大原山を経由する大佐山、または鷹巣山（たかのすやま）の起点。
緯度経度／［34°44′00″］［132°11′51″］
マップコード／ 520 534 540*82
アクセス／中国道戸河内ICから国道191号、県道307号経由で32.5km、約50分。または山陰道（浜田・三隅道路）相生ICから国道186号、県道307号経由で31.5km、約48分。八幡洞門北側（手前）で分岐しているのが、農道追矢線（現地に農道名を示す標識はない）。
駐車場／農道追矢線に入ってすぐの路肩に寄せれば駐車可。3〜4台・草+小石・区画なし。
携帯電話／ドコモ1だが通話可・au3通話可・SB0だが通話可。
取材メモ／登山者の利用は、かなり少ない登山口だと思われる。農道追矢線路肩に駐車が可能というのは、今回、確認したが、この先の登山道の現状については不明。取材したのは2019年7月6日の土曜日で、晴れ時々曇りの天候だったにも関わらず、到着した10時前の時点で1台も停まっていなかった。ちなみに農道追矢線の250m先からは林道捧路線（ぼうじせん）となり、終点で登山道に導かれる。
立ち寄り湯／①国道186号に出た近く「芸北オークガーデン」で可能。第1・3火曜休・10〜21時・入浴料600円・MC 636 186 211*82・☎0826-35-1230。②国道186号を加計方面に南下すると、温井ダム（龍姫湖）湖畔の「温井スプリングス」で可能。不定休・12〜20時・入浴料550円・MC 363 800 074*88・☎0826-22-1200。
問合先／北広島町観光協会芸北支部（北広島町芸北支所）☎0826-35-0888、北広島町商工観光課☎050-5812-8080

大出日山・第2駐車場

おおしびさん・だいにちゅうしゃじょう
島根県雲南市
標高270m

登山口概要／大出日山の北西側、未舗装林道沿い。「百年かずら」を経由する大出日山の起点。
緯度経度／［35°19′57″］［133°03′25″］

MAP 025

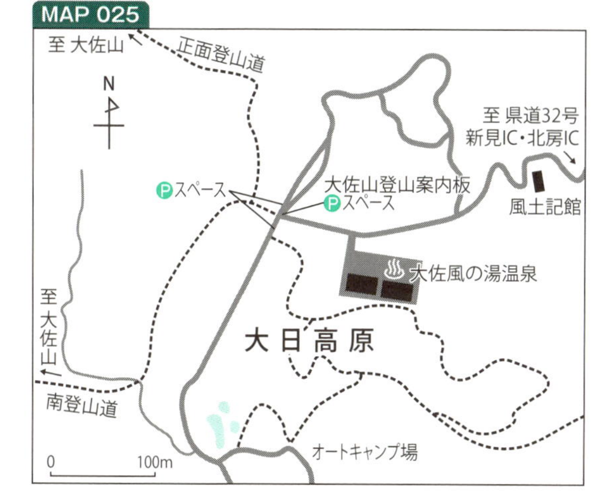

八幡／農道追矢線入口

八幡／農道路肩に寄せれば駐車可

大出日／大出日山案内板

大出日／第1駐車場

大出日／第2駐車場

マップコード／ 826 277 454*38
アクセス／松江道三刀屋木次ICから県道332号、国道54号、県道24、53号、市道、未舗装林道（路面評価★★★★。最後だけ一部★★★）経由で18km、約30分。県道に立つ「大出日山」の案内標識に従って、ここから600m、約2分で第1駐車場、さらに800m、約3分で第2駐車場に着く。
駐車場／第2駐車場＝約5台・18×14m・草・区画なし。第1駐車場＝6～7台·20×10m·砂利·区画なし。
駐車場混雑情報／毎年11月3日は「大出日山登山の日」が開催される。当日の状況は不明だが、満車もしくは混雑する可能性は高そうだ。
携帯電話／ドコモ3～2通話可・au2通話可・SB3通話可。
その他／第1駐車場＝大出日山案内板。
取材メモ／第2駐車場のさらに奥には最終駐車場もあるが、案内板には「軽4WD車のみ」とある。
立ち寄り湯／県道24号に出て西進すると「海潮温泉（うしおおんせん）・桂荘」がある。火曜休・10時～20時30分・入浴料300円・MC 134 269 650*38・☎0854-43-2414。
問合先／雲南市観光協会☎0854-42-9770、雲南市観光振興課☎0854-40-1054

大空山

→P186 富栄山登山口

大潰山・馬の原登山口（林道水越亀山線）

おおづえやま・うまのはらとざんぐち（りんどうみずこしかめやません）
広島県北広島町
標高738m

登山口概要／大潰山の南東側、林道水越亀山線沿い。大潰山の起点。
緯度経度／［34°45′21″］［132°13′56″］
マップコード／ 520 628 275*82
アクセス／中国道戸河内ICから国道191号、県道11号、国道186号、林道水越亀山線（舗装）経由で31.5km、約49分。または浜田道大朝ICから県道5、79、40号、国道186号、林道水越亀山線（舗装）経由で33km、約52分。国道から1.7km、約4分。
駐車場／登山道入口手前右側に駐車スペースがある。7～8台・28×5m・舗装・区画なし。
携帯電話／ドコモ3通話可・au3通話可・SB3通話可。
取材メモ／登山道入口には、「←大潰山頂」の道標が立っている。
立ち寄り湯／①国道186号に出た近く「芸北オークガーデン」で可能。第1・3火曜休・10～21時・入浴料600円・MC 636 186 211*82・☎0826-35-1230。②国道186号を加計方面に南下すると、温井ダム（龍姫湖）湖畔の「温井スプリングス」で可能。不定休・12～20時・入浴料550円・MC 363 800 074*88・☎0826-22-1200。
問合先／北広島町観光協会芸北支部（北広島町芸北支所）☎0826-35-0888、北広島町商工観光課☎050-5812-8080

大潰山・大佐スキー場駐車場

→P66 大佐山・芸北高原大佐スキー場駐車場

大野権現山・おおの自然観察の森

おおのごんげんやま・おおのしぜんかんさつのもり
広島県廿日市市
標高432m MAP 026

登山口概要／大野権現山の南東側、林道近角線（りんどうちかかどせん）終点。おむすび岩を経由する大野権現山の起点。おおの自然観察の森内に整備された自然観察路や遊歩道の起点。
緯度経度／［34°19′44″］［132°14′57″］
マップコード／ 103 585 066*85
アクセス／山陽道大野ICから県道289号、市道、林道近角線（舗装）経由で5.5km、約10分。または

大出日／登山道入口

馬の原／駐車スペース

馬の原／登山道入口

大野／自然観察の森案内板

大野／自然観察の森の駐車場

山陽道大竹ICから国道2号、県道42、289号、林道近角線（舗装）経由で13km、約22分。途中、所々に「おおの自然観察の森」案内標識あり。

おおの自然観察の森／広島県の天然記念物・ベニマンサクが多く自生することに因んで命名されたベニマンサク湖周辺の森に自然観察路等が整備されている。月曜休（祝日の場合は翌日）・9時～16時30分・☎0829-55-3000。

駐車場／おおの自然観察の森に駐車場があるが、利用可能なのは開園日の9時～16時30分のみ。それ以外は林道三差路のゲートで閉鎖される。約80台・68×18mなど2面・舗装・区画あり、または区画消えかけ。※16時30分までに下山できないかもしれない時は、林道三差路手前にある駐車スペースに車を置いてほしいとのこと。

駐車場混雑情報／ベニマンサクの紅葉・開花シーズン休日には、混雑するが、満車になることはない。

トイレ／駐車場にある。簡易水洗。水道あり。TPなし。評価☆☆。ほかに自然観察センター内と園内2ヶ所にある。

携帯電話／ドコモ圏外・au圏外・SB圏外。

登山届入れ／登山に限らず、園内を散策する場合も自然観察センターに立ち寄り入園届（日付と大人○名、子供○名）を記入する。

その他／自然観察センター（写真展示・野鳥観察施設）、フィールドマップ、保健保安林解説板、楽しい自然観察のために。

取材メモ／ベニマンサクの紅葉と花は、10月20日～11月10日頃が見ごろ。ハッチョウトンボは、5月中旬～8月下旬に観察可能。

立ち寄り湯／海岸沿いの宮浜温泉に行くと「宮浜べにまんさくの湯」がある。第3火曜休（祝日の場合は翌日）・10～23時・入浴料700円・MC 103 375 177*85・☎0829-50-0808。

問合先／おおの自然観察の森☎0829-55-3000、廿日市市農林水産課☎0829-30-9148、廿日市市大野支所地域づくりグループ☎0829-30-2005

おおの自然観察の森

→（前項）大野権現山・おおの自然観察の森

大峯山・川上口（下川上登山口）

おおみねやま・かわかみぐち（しもかわかみとざんぐち）
広島県廿日市市
標高510m

登山口概要／大峯山の南側、県道294号沿い。大峯山の起点。中国

大野／同駐車場のトイレ

大野／同トイレ内部

川上口／中国自然歩道案内板

川上口／登山者用駐車場

川上口／同駐車場奥のトイレ

MAP 026

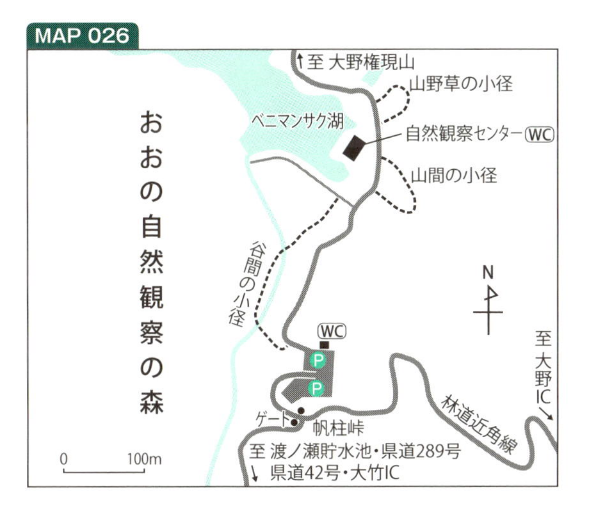

自然歩道の起点。
緯度経度／［34°24′13″］［132°12′49″］
マップコード／ 103 850 058*88
アクセス／山陽道廿日市ICから国道2号、県道30,42,294号経由で18km、約30分。
駐車場／登山者用の駐車場がある。約12台・42×14m・砂利・区画なし。
駐車場混雑情報／取材した2019年7月7日は、曇天の日曜日だったが、到着した10時過ぎの時点で9割埋まっていた。
トイレ／駐車場奥にある。非水洗。水道・TPあり。評価☆☆。
携帯電話／ドコモ3～2通話可・au圏外・SB3通話可。
その他／大峯山案内板、大峯山登山記録交流ノートと忘れ物入れ箱、テーブル・ベンチ、下川上バス停(佐伯バス)、中国自然歩道案内板（登山口手前の県道沿い）。
立ち寄り湯／県道30号を西進すると国道186号沿いに「元湯 小瀬川温泉」がある。本項登山口から県道294号を西進するルートは、狭いためお勧めしない。水曜と第3木曜休・10時30分～20時・入浴料430円・MC 103 751 614*88・☎0829-72-1311。
問合先／はつかいち観光協会佐伯支部☎0829-72-0449、廿日市市佐伯支所地域づくりグループ☎0829-72-1111

大峯山・北登山口（笹ヶ峠）

おおみねやま・きたとざんぐち（ささがとうげ）
広島県廿日市市・広島市佐伯区
標高787m

登山口概要／大峯山の北東側、県道42号沿い。長命水を経由する大峯山の起点。
緯度経度／［34°25′21″］［132°12′15″］
マップコード／ 363 011 294*88
アクセス／山陽道廿日市ICから県道30、42号経由で22km、約40分。または中国道吉和ICから国道488号、県道42号経由で17km、約30分。県道42号は、すれ違い困難な狭い道。
駐車場／県道42号の笹ヶ峠に駐車スペースがある。約3台・舗装＋砂利・区画なし。
携帯電話／ドコモ3～2通話可・au3通話可・SB3通話可。
水場／コース途中に長命水がある。
その他／大峯山県自然環境保全地域解説板。
取材メモ／未舗装林道入口に「大峯山頂上まで1.4km」の道標がある。林道路面は最初のうちは悪くないが、次第に悪化するので笹ヶ峠に駐車して徒歩で向かった方がよさそうだ。笹ヶ峠～登山道入口は徒歩約10分。登山者は圧倒的に川上口が多く、静かな登山を好む人にはこちらの方が向いている。
立ち寄り湯／①国道488号に出て北上すると、湯来温泉に「広島市国民宿舎・湯来ロッジ」で可能。無休・10～21時・入浴料570円・MC 363 194 422*88・☎0829-85-0111。②吉和ICに戻る場合は、IC付近で県道296号に入ると「女鹿平温泉・クヴェーレ吉和」もある。月曜休（祝日の場合は営業）・10～21時・入浴料700円・MC 363 272 349*88・☎0829-77-2277。
問合先／はつかいち観光協会佐伯支部☎0829-72-0449、廿日市市佐伯支所地域づくりグループ☎0829-72-1111

大万木山・位出谷駐車場

おおよろぎやま（おおよろぎさん）・いでだにちゅうしゃじょう
島根県飯南町
標高670m MAP 027

登山口概要／大万木山の北西側、林道位出谷線終点。渓谷コースを経由する大万木山の起点。
緯度経度／［35°05′29″］［132°50′31″］
マップコード／ 543 311 520*27
アクセス／中国道三次ICから国道375、54号、県道273号、町道、

川上口／同トイレ内部

川上口／元湯 小瀬川温泉

北／笹ヶ峠に続く県道42号

北／笹ヶ峠の駐車スペース

位出谷／位出谷駐車場

林道位出谷線（舗装。現地に林道名を示す標識なし）経由で52km、約1時間22分。または松江道雲南吉田ICから県道38、273号、町道、林道位出谷線（舗装。現地に林道名を示す標識なし）経由で16km、約26分。県道から1.2km先の、案内板が立つ林道三差路は右へ。

駐車場／15～20台・62×22m・舗装・区画なし。

駐車場混雑情報／サンカヨウシーズンでも満車になることはない。

トイレ／駐車場の手前にある。非水洗。水道なし。TPあり。評価☆☆。

携帯電話／ドコモ圏外・au圏外・SB圏外。

その他／熊出没注意看板、島根県県民の森案内板、大万木鳥獣保護地域区域図。

取材メモ／大万木山の島根県側は、島根県県民の森の頓原・吉田地区自然観察ゾーンに指定されているが、南西隣の「森のホテル・もりのす」周辺エリアは、飯南町が森林セラピー基地に認定されたことから飯南町に譲渡され、名称が「飯南町ふるさとの森」に変わっている。なお、大万木山のサンカヨウは、5月中旬が見ごろ。

立ち寄り湯／①帰路、県道273号を戻る途中に「頓原天然炭酸温泉」がある。木曜休・11～20時・入浴料500円・MC 543 275 312*27・☎0854-72-0880。②さらにその先で国道184号に右折すると「加田の湯（かだのゆ）」もある。第2、第4火曜休・10～20時・入浴料400円・MC 430 478 525*27・☎0854-76-3357。

問合先／島根県中山間地域研究センター（県民の森問い合わせ先）☎0854-76-2025、飯南町産業振興課☎0854-76-2214

大万木山・新生坊峠（毛無山駐車場）

おおよろぎやま（おおよろぎさん）・しんしょうぼうとうげ（けなしやまちゅうしゃじょう）

広島県庄原市／島根県雲南市

標高925m MAP 028

登山口概要／大万木山の北東側、林道杉戸篠原線沿い。門坂峠を経由する大万木山の起点。新生坊展望台を経由する毛無山の起点。

緯度経度／[35°06′01″][132°52′12″]

マップコード／543 344 591*35

アクセス／松江道高野ICから県道39号、国道432号、市道、林道杉戸篠原線（舗装）経由で14km、約23分。国道432号から5.6km、約10分。または松江道雲南吉田ICから県道38、269号、林道杉戸篠原線（舗装）経由で16km、約26分。林道杉戸篠原線は比較的幅員に余裕がある。

MAP 027

位出谷／駐車場手前のトイレ

位出谷／登山道入口

新生坊／国道432号から市道へ

新生坊／林道杉戸篠原線

新生坊／毛無山駐車場

駐車場／約5台・20×14m・舗装・区画なし。また広島県側にある登山道入口前にも2～3台分の駐車スペースがある。
駐車場混雑情報／サンカヨウシーズンでも満車になることはない。
トイレ／駐車場の50m南側にある。詳細不明。
携帯電話／島根県側＝ドコモ2～1通話可だが、若干つながりにくい・au2通話可・SB3通話可。広島県側＝ドコモ2通話可・au2通話可・SB3通話可。
その他／新生坊展望台、東屋、島根県民の森案内板、石碑。
取材メモ／大万木山の島根県側は、島根県県民の森の頓原・吉田地区自然観察ゾーンに指定されているが、南西隣の「森のホテル・もりのす」周辺エリアは、飯南町が森林セラピー基地に認定されたことから飯南町に譲渡され、名称が「飯南町ふるさとの森」に変わっている。なお、大万木山のサンカヨウは、5月中旬が見ごろ。
立ち寄り湯／高野ICの手前、県道39号沿いの庄原市高野保健福祉センター裏手に「たかの温泉・神之瀬の湯（かんのせのゆ）」がある。水曜休・10～21時・入浴料350円・MC 388 094 331*35・☎0824-86-2251。
問合先／庄原市高野支所地域振興室☎0824-86-2113、島根県中山間地域研究センター（県民の森問い合わせ先）☎0854-76-2025、雲南市観光協会☎0854-42-9770、吉田地区振興協議会☎0854-74-0219

大万木山・門坂駐車場

おおよろぎやま（おおよろぎさん）・もんさかちゅうしゃじょう
島根県飯南町
標高695m MAP 027

登山口概要／大万木山の北西側、林道位出谷線（りんどういでだにせん）終点。滝見コースを経由する大万木山の起点。
緯度経度／［35°05′46″］［132°50′42″］
マップコード／ 543 341 141*27
アクセス／中国道三次ICから国道375、54号、県道273号、町道、林道位出谷線（舗装。現地に林道名を示す標識なし）経由で52km、約1時間22分。または松江道雲南吉田ICから県道38、273号、町道、林道位出谷線（舗装。現地に林道名を示す標識なし）経由で16km、約27分。県道から1.2km先の、案内板が立つ林道三差路は左へ。以降は狭い道で、終盤には急坂もある。すれ違いは困難だが、途中、すれ違いスペースも若干ある。
駐車場／約10台・18×16m・舗装・区画なし。

MAP 028
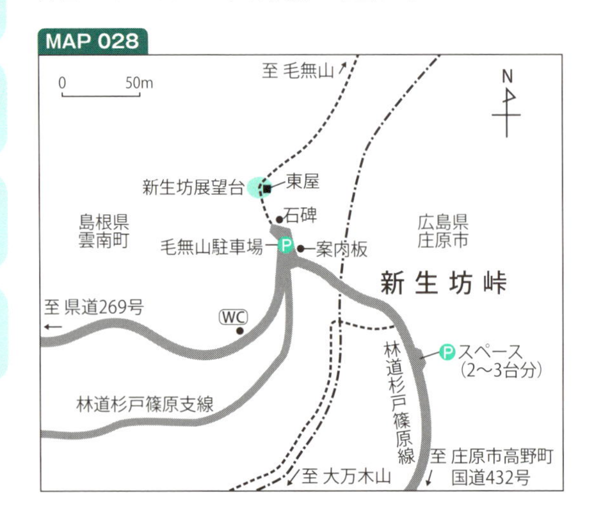

新生坊／新生坊展望台の東屋

新生坊／登山道入口前駐車スペース

新生坊／登山道入口

門坂／門坂駐車場

門坂／駐車場手前のトイレ

駐車場混雑情報／サンカヨウシーズンでも満車になることはない。
トイレ／駐車場の手前にある。非水洗。水道なし。TPあり。評価☆☆。
携帯電話／ドコモ圏外・au圏外・SB圏外。
その他／熊出没注意看板、島根県県民の森案内板、テーブル・ベンチ。
取材メモ／大万木山の島根県側は、島根県県民の森の頓原・吉田地区自然観察ゾーンに指定されているが、南西隣の「森のホテル・もりのす」周辺エリアは、飯南町が森林セラピー基地に認定されたことから飯南町に譲渡され、名称が「飯南町ふるさとの森」に変わっている。なお、大万木山のサンカヨウは、5月中旬が見ごろ。
立ち寄り湯／①帰路、県道273号を戻る途中に「頓原天然炭酸温泉」がある。木曜休・11～20時・入浴料500円・MC 543 275 312*27・☎0854-72-0880。②さらにその先で国道184号に右折すると「加田の湯（かだのゆ）」もある。第2、第4火曜休・10～20時・入浴料400円・MC 430 478 525*27・☎0854-76-3357。
問合先／島根県中山間地域研究センター（県民の森問い合わせ先）☎0854-76-2025、飯南町産業振興課☎0854-76-2214

岡山県立森林公園入口

おかやまけんりつしんりんこうえんいりぐち
岡山県鏡野町
標高838m MAP 029

登山口概要／岡山県立森林公園（森林浴の森100選）の南東側、基幹林道美作北2号線沿い。岡山県立森林公園内の遊歩道の起点。
緯度経度／[35°16′48″][133°52′41″]
マップコード／ 544 390 200*45
アクセス／中国道院庄ICから国道179号、県道116号、基幹林道美作北2号線（舗装）経由で30km、約45分。途中の県道などに「森林公園○km→」の案内標識あり。
岡山県立森林公園／4月中旬～11月末・期間中無休・散策自由・☎0868-52-0928。
駐車場／公園入口手前に駐車場が点在し、計130台駐車可。最奥の第1駐車場（P1）＝28台・56×15m・舗装・区画あり。ほかに第2（P2）～第6（P6）もある。
駐車場混雑情報／紅葉シーズンの休日は満車になり、路上駐車も発生する。
トイレ／第1駐車場にある。水洗。水道あり。TPなし。評価☆☆。ほかにかえで園地と管理センター内にもある。
携帯電話／ドコモ3通話可・au圏

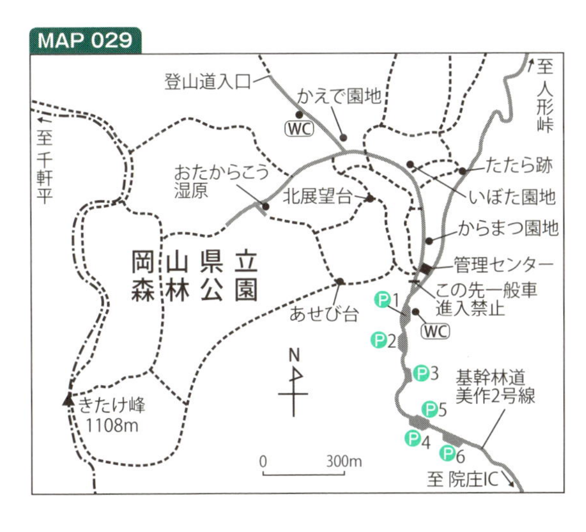

門坂／登山道入口

森林／第1駐車場（P1）

森林／同駐車場のトイレ

森林／同トイレ内部

森林／管理センター

外・SB圏外。
公衆電話／管理センター前にカード・コイン式公衆電話ボックスがある。
ドリンク自販機／管理センター内にある(PBも)。
水道設備／管理センター前にある。
その他／管理センター（8時30分～17時・☎0868-52-0928)、森林公園案内板、森林公園を訪ねる方へ、貸し出し杖。
取材メモ／園内の新緑は5月上～中旬、紅葉は10月中～下旬、園内の「おたからこう湿原」のオタカラコウは、8月上旬～下旬が見ごろ。
立ち寄り湯／①国道179号に戻ると「大釣温泉」もある。火曜休（祝日の場合は翌日）・10～19時（冬期は～18時）・入浴料540円・MC 544 155 244*45・☎0868-52-0700。②さらに奥津温泉に行くと「花美人の里」もある。第2木曜休（祝日の場合は前日）・10～19時（土・日曜、祝日は～20時）・入浴料720円・MC 544 185 170*45・☎0868-52-0788。③ほかに院庄IC手前やその近くに「鏡野温泉」「瀬戸川温泉・湯の里」「えびす乃ゆ院庄店」もある。
問合先／岡山県立森林公園管理センター☎0868-52-0928、鏡野町上齋原振興センター☎0868-44-2111

沖の郷山登山口

おきのごうやまとざんぐち
島根県飯南町
標高625m **MAP 030**

登山口概要／沖の郷山の西側、未舗装林道終点。沖の郷山の起点。
緯度経度／［35°06′22″］［132°48′11″］
マップコード／ 543 366 320*27
アクセス／松江道雲南吉田ICから県道38、273号、町道、未舗装林道（路面評価★★★★）経由で13km、約22分。町道から「沖の郷山登山道入口」の道標に従って林道に入り、すぐ先の三差路は右折。町道から400m、約3分。
駐車場／未舗装林道終点に駐車スペースがある。約5台・30×10m・細砂利・区画なし。ほかに町道との交差点や林道に入ったところにも駐車スペースがある。
携帯電話／ドコモ0だが通話可・au圏外・SB3～2通話可。
立ち寄り湯／①国道54号に出て12km北上すると「塩ヶ平温泉（しおがひらおんせん）・まめなかセンター」がある。月曜休（祝日の場合は翌日）・12～20時・入浴料300円・MC 543 668 443*27・☎0854-62-0231。②南側の県道273号に出ると、すぐ近くに「頓原天然炭酸温泉」がある。木曜休・11～20時・入浴料500円・MC

森林／同センター内の暖炉

森林／花美人の里・大浴場

沖の郷／町道から林道へ

沖の郷／未舗装林道

沖の郷／同林道終点の駐車スペース

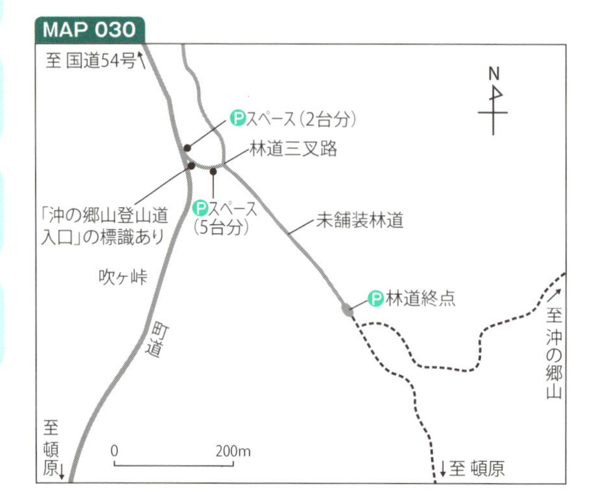

543 275 312*27・☎0854-72-0880。
問合先／飯南町産業振興課 ☎0854-76-2214、飯南町観光協会☎0854-76-9050

奥匹見峡

→P42 天杉山・奥匹見峡駐車場

奥山

→P51 因島・奥山 椋浦峠

小鹿渓入口（小鹿渓もみじの里展望公園）

おしかけいいりぐち（おしかけいもみじのさとてんぼうこうえん）
鳥取県三朝町
標高358m MAP 031

登山口概要／小鹿渓（国の名勝）の西側（下流側）、県道33号沿い。小鹿渓探勝路の起点。
緯度経度／［35°22′21″］［133°58′01″］
マップコード／ 345 131 280*45
アクセス／米子道湯原ICから国道313、482、179号、県道235、21、33号経由で47.5km、約1時間12分。県道に立つ「小鹿渓」の標識が駐車場入口の目印だが、目立たないので注意（写真参照）。
駐車場／入口に駐車場がある。約20台・40×14m・舗装・区画消えかけ。
トイレ／遊歩道を少し入ったところの休憩舎にある。非水洗。水道・TPあり。評価☆☆。
携帯電話／ドコモ3通話可・au3～2通話可・SB3通話可。
その他／小鹿渓解説板、休憩舎。
取材メモ／小鹿渓の新緑は5月中旬～下旬、紅葉は11月上旬～11月中旬が見ごろ。
立ち寄り湯／三朝温泉の各宿で可能。例えば「もみの木の宿・明治荘」＝15時30分～21時・入浴料500円・MC 345 242 679*45・☎0858-43-0234。
問合先／三朝町観光交流課 ☎0858-43-3514、三朝温泉観光協会☎0858-43-0431

恐羅漢山・牛小屋高原

おそらかんざん・うしごやこうげん
広島県安芸太田町
標高967m MAP 032

登山口概要／恐羅漢山の東側、町道沿い。立山尾根コースや夏焼尾根コースを経由する恐羅漢山や旧羅漢山（きゅうらかんざん）、砥石郷山（といしごうやま）の起点。
緯度経度／［34°36′01″］［132°08′34″］
マップコード／ 363 632 583*88
アクセス／中国道戸河内ICから国道191号、大規模林道大朝・鹿野線（舗装・幅員広い）、町道経由で

MAP 031

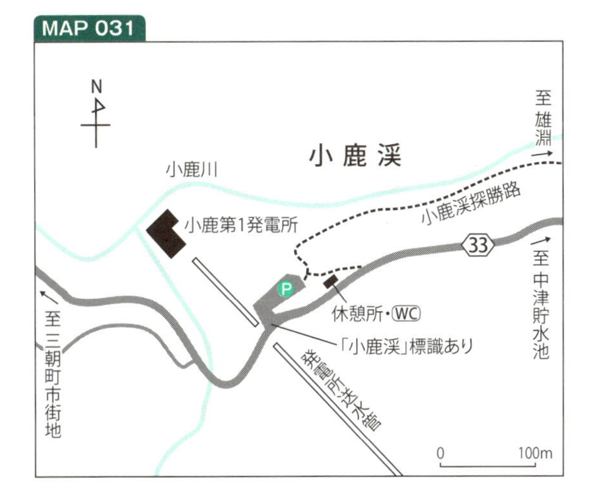

小鹿渓／標識が目印の小鹿渓入口

小鹿渓／入口の駐車場

小鹿渓／休憩舎・トイレ

恐羅漢／牛小屋高原の駐車場

恐羅漢／センターハウス

36km、約54分。または山陰道（浜田・三隅道路）相生ICから国道186号、県道307号、国道191号、大規模林道大朝・鹿野線（舗装・幅員広い）、町道経由で53km、約1時間21分。国道191号の大規模林道大朝・鹿野線入口には、「恐羅漢」の大きな案内看板が立っている。ここから13.5km、約21分。
駐車場／登山道入口手前に駐車場がある。約50台・60×50m・舗装・区画なし。
駐車場混雑情報／満車になることは滅多にない。
トイレ／センターハウス横にあり、登山者の利用可。詳細不明。また手前の二軒小屋駐車場にもある。水洗。水道・TPあり。評価☆☆☆～☆☆。
携帯電話／ドコモ3通話可・au3通話可・SB3通話可。
ドリンク自販機／センターハウス前にある。
その他／牛小屋高原禁止看板、恐羅漢セラピーロード案内板。
取材メモ／恐羅漢山の新緑は5月上旬～下旬、紅葉は10月下旬～11月上旬が見ごろ。
立ち寄り湯／中国道戸河内IC近く、国道191号と国道186号の間に「グリーンスパつつが」がある。木曜休（祝日の場合は営業）・12～20時・入浴料450円・MC 363 526 861*88・☎0826-32-2880。
問合先／安芸太田町観光協会（一般社団法人地域商社あきおおた）☎0826-28-1800、安芸太田町産業振興課☎0826-28-1973

恐羅漢山・二軒小屋駐車場
→P120 十方山・二軒小屋駐車場

弟見山・弟見山駐車場
おとどみやま・おとどみやまちゅうしゃじょう
山口県周南市
標高575m

登山口概要／弟見山の南西側、林道屋敷線支線沿い。屋敷林道コースを経由する弟見山や莇ヶ岳（あざみがだけ）の起点。
緯度経度／[34°20′12″][131°45′46″]
マップコード／ 358 616 024*11
アクセス／中国道鹿野ICから国道315号、林道屋敷線、林道屋敷線支線（ともに未舗装。路面評価★★★★～★★★）経由で17km、約31分。国道から林道に入ると、その900m先から未舗装となり、途中の三差路は「弟見山→」の案内標識に従って右に。国道から1.4km、約8分。
駐車場／6～7台・26×5m・砂利+草・区画なし。
携帯電話／ドコモ圏外・au圏外・SB圏外。

恐羅漢／夏焼尾根コース入口

恐羅漢／グリーンスパつつが展望浴場

弟見山／林道屋敷線支線

弟見山／途中の案内標識

弟見山／弟見山駐車場

取材メモ／弟見山のカタクリは、4月下旬～5月上旬が見ごろ。

立ち寄り湯／国道315号を5km北上すると「柚木慈生温泉（ゆのきじしょうおんせん）」がある。毎月5日と18日休・10～20時・入浴料500円・MC 358 612 610*88・☎0835 58-0430。

問合先／周南市鹿野総合支所鹿野地域政策課地域政策担当☎0834-68-2331

鬼ヶ城登山口

おにがじょうとざんぐち
山口県下関市
標高132m

登山口概要／鬼ヶ城の北西側、市道終点。「せきんじ岐れ」と鬼小屋を経由する鬼ヶ城や狩音山（かろうとやま）などの起点。

緯度経度／［34°06′15″］［130°55′39″］

マップコード／ 268 066 107*07

アクセス／中国道下関ICから国道2号、県道34、247、244号、市道経由で18km、約28分。県道に立つ「鬼ヶ城　登山道入口」の大きな案内看板に従って市道へ。ここから700m、約2分。

駐車場／登山者用駐車場がある。15～20台・26×20m・舗装・区画なし。

携帯電話／ドコモ3通話可・au3通話可・SB3通話可。

登山届入れ／登山道入口にある。

その他／鬼ヶ城登山コース案内板、豊浦町観光案内図、鬼ヶ城縦走路案内板、貸し出し杖。

取材メモ／鬼ヶ城山頂からは、響灘の青い海原を一望できる。

立ち寄り湯／県道を3.5km南下すると「吉見温泉センター」がある。無休・10～21時・入浴料510円・MC 557 875 429*45・☎083-286-5123。

問合先／下関市豊浦総合支所地域政策課☎083-772-0612

鬼の舌震・雨川駐車場

→（次項）取材メモ欄参照

鬼の舌震・宇根駐車場

おにのしたぶるい・うねちゅうしゃじょう
島根県奥出雲町
標高335m　**MAP 033**

登山口概要／鬼の舌震の中間、町道終点付近。鬼の舌震遊歩道の主要入口。

緯度経度／［35°10′27″］［133°00′54″］

マップコード／ 388 617 453*35

アクセス／松江道高野ICから県道39号、国道432号、緑資源幹線林道（2車線の舗装）、町道、県道25号、町道経由で33km、約50分。または松江道三刀屋木次ICから国道314号、県道25号、町道経由で23km、約35分。県道に「鬼の舌震遊歩道」の大きな案内看板あり。

駐車場／ 18台・64×16m・舗装・区画あり。手前にも76台分の駐車場など、2面がある。

駐車場混雑情報／新緑の5月、特にGW、紅葉シーズンの土・日曜、祝日は混雑する。満車になることはないが、上高尾駐車場よりも利用する車は多い。

トイレ／駐車場にある。センサーライト付き。水洗（温水洗浄便座付き）。水道・TPあり。評価☆☆☆。

携帯電話／ドコモ2～1通話可・au3～2通話可・SB3通話可。

その他／舌震亭（食堂）。

取材メモ／鬼の舌震遊歩道は約2km、往復約1時間。紅葉は、10月下旬～11月上旬が見ごろ。なお、鬼の舌震最下流側には雨川駐車場もあるが、場所はわかりにくく、利用者はごく少ない。

立ち寄り湯／①県道25号を北上すると八代地区の先に「佐白温泉・長者の湯」がある。第2、第4 火曜休・6～8時+10～21時・入浴料400円・MC 388 823 470*35・☎0854-54-0203。②また国道314号で松江道三刀屋木次ICに向かう途中に「奥出雲湯村温泉・湯乃上館」に共同浴場がある。無休・10～20時・入浴料350円・MC 388 754 669*35・☎0854-48-0513。

鬼ヶ城／県道に立つ案内看板

鬼ヶ城／登山者用駐車場

宇根／宇根駐車場

宇根／同駐車場のトイレ

宇根／同トイレ内部

問合先／奥出雲町観光協会
☎0854-54-2260、奥出雲町商工観光課☎0854-54-2504

鬼の舌震・下高尾駐車場

おにのしたぶるい・
しもたかおちゅうしゃじょう
島根県奥出雲町
標高350m　MAP 033

登山口概要／鬼の舌震の南側（上流側）、町道終点付近。鬼の舌震遊歩道の起点。
緯度経度／［35°09′56″］［133°01′10″］
マップコード／ 388 587 439*35
アクセス／松江道高野ICから県道39号、国道432号、緑資源幹線林道（2車線の舗装）、町道、県道25号、町道経由で31km、約47分。または松江道三刀屋木次ICから国道314号、県道25号、町道経由で25km、約38分。県道に「鬼の舌震」の大きな案内看板あり。
駐車場／58台＋大型・150×20m・舗装・区画あり。
駐車場混雑情報／新緑の5月、特にGW、紅葉シーズンの土・日曜、祝日は混雑するが、満車になることはない。
トイレ／駐車場奥にある。センサーライト付き。水洗。水道・TPあり。評価☆☆☆。
携帯電話／ドコモ3通話可・au2通話可・SB3通話可。
ドリンク自販機／トイレ前にある。
取材メモ／鬼の舌震遊歩道は約2km、往復約1時間。鬼の舌震の紅葉は、10月下旬～11月上旬が見ごろ。なお、鬼の舌震最下流側には雨川駐車場もあるが、場所はわかりにくく、利用者はごく少ない。
立ち寄り湯／①県道25号を北上すると八代地区の先に「佐白温泉・長者の湯」がある。第2、第4 火曜休・6～8時+10～21時・入浴料400円・MC 388 823 470*35・☎0854-54-0203。②また国道314号で松江道三刀屋木次ICに向かう途中に「奥出雲湯村温泉・湯乃上館」に共同浴場がある。無休・10～20時・入浴料350円・MC 388 754 669*35・☎0854-48-0513。
問合先／奥出雲町観光協会
☎0854-54-2260、奥出雲町商工観光課☎0854-54-2504

雄山・大佐公民館大井野分館

おんぜん・おおさこうみんかん
おおいのぶんかん
岡山県新見市
標高595m　MAP 034

登山口概要／雄山の北東側、県道317号から市道で少し入った場所。雄山や雌山（めんぜん）の起点。

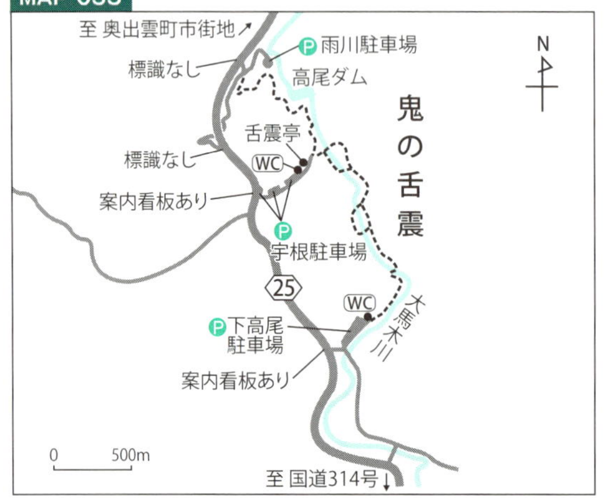

下高尾／県道に立つ案内看板

下高尾／下高尾駐車場

下高尾／同駐車場奥のトイレ

下高尾／同トイレ内部

下高尾／鬼の舌震と遊歩道

緯度経度／［35°08′30″］［133°30′15″］
マップコード／ 387 480 564*36
アクセス／中国道新見ICから国道180号、県道317号、市道経由で26km、約40分。県道の大井野分館入口に案内看板はないので注意。
駐車場／大佐公民館大井野分館に駐車場があり、登山者の利用可とのこと。ただし6月中旬～末の日曜と10月中旬の土曜、もしくは日曜に行われるクリーン作戦の日、および10月第1日曜に開催される敬老会の日は不可。10台・34×18m・舗装・区画あり。また旧・分館跡地の空き地もクリーン作戦の日以外は駐車可。なお登山道入口付近の県道317号沿い路肩にも2～3台分の駐車スペースがあるが、駐車可否は不明。
携帯電話／ドコモ3通話可・au3通話可・SB3通話可。
その他／登山道案内板。
立ち寄り湯／県道433号を西進し国道180号に出て4km北上すると「新見千屋温泉・いぶきの里」がある。無休・10～21時・入浴料800円・MC 418 589 795*36・☎0867-77-2020。
問合先／新見市大佐支局地域振興課産業建設課☎0867-98-2112

雄山／大佐公民館大井野分館駐車場

雄山／大佐公民館大井野分館

雄山／県道路肩の駐車スペース

MAP 034

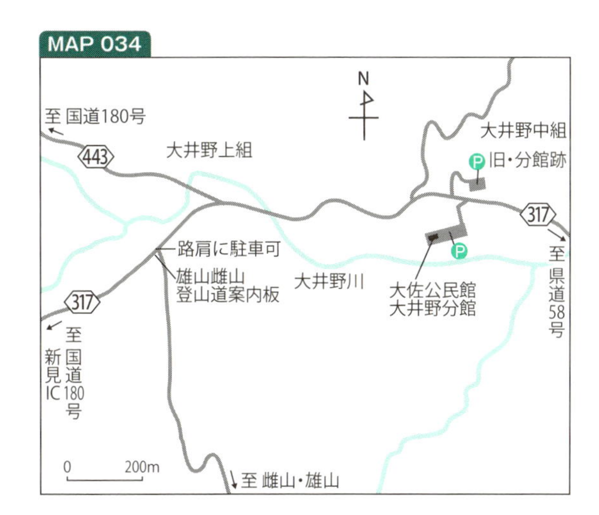

雄山／登山道入口

雄山／新見千屋温泉・いぶきの里

か

あ か さ た な は ま や ら わ

海上山・上板井原駐車場（古峠登山口）

かいじょうさん・かみいたいばら ちゅうしゃじょう（ことうげとざんぐち）
鳥取県智頭町
標高413m MAP 035

登山口概要／海上山の北西側、県道40号沿い。古峠を経由する牛臥山（うしぶせやま）や海上山など、用瀬（もちがせ）アルプスの起点。
緯度経度／［35°17′22″］［134°14′40″］
マップコード／ 390 734 319*46
アクセス／鳥取道智頭ICから国道53号、県道40号経由で5.5km、約12分。国道から4.2km、約9分。
駐車場／日本の原風景・板井原集落入口の県道沿いに上板井原駐車場がある。15台・26×18m・舗装・区画あり。
トイレ／駐車場にある。センサーライト付き。水洗。水道（飲用不可）・TPあり。評価☆☆☆。
携帯電話／ドコモ2通話可・au2通話可・SB圏外。
公衆電話／駐車場にカード・コイン式公衆電話ボックスがある。
取材メモ／登山道入口は駐車場の80m南側、県道沿いにある。なお、駐車場から市道を東進すると、県選定伝統的建造物群保存地区に指定された板井原集落がある。平家落人の伝説が伝わり、江戸時代から昭和初期に建てられた建物も多く、まさに「日本の山村集落の原風景」の風情がある。
問合先／智頭町観光協会 ☎0858-76-1111、智頭町企画課 ☎0858-75-4112

鏡ヶ成湿原自然観察路入口

→P133 象山・鏡ヶ成登山口（鏡ヶ成湿原入口）

掛頭山・山頂直下（林道土嶽線）

かけずやま・さんちょうちょっか（りんどうつちだけせん）
広島県北広島町
標高1122m

登山口概要／掛頭山の山頂直下南側、林道土嶽線沿い。掛頭山の最短起点。
緯度経度／［34°42′35″］［132°12′50″］（舗装区間終点）［34°42′43″］［132°12′49″］（リフト降り場付近）
マップコード／ 520 445 719*82（舗装区間終点） 520 475

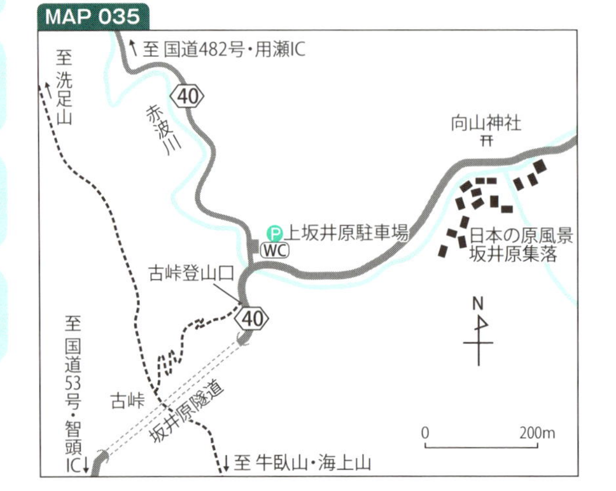

海上山／上板井原駐車場

海上山／同駐車場のトイレ

海上山／同トイレ内部

海上山／板井原集落の茅葺き家屋

山頂／林道土嶽線

058*82（リフト降り場付近）
アクセス／中国道戸河内ICから国道191号、県道307号、町道、林道土嶽線（舗装）経由で37.5km、約1時間2分。または山陰道（浜田・三隅道路）相生ICから国道186号、県道307号、町道、林道土嶽線（舗装）経由で39.5km、約1時間5分。手前の二川キャンプ場（次項）から5km、約13分。
駐車場／舗装区間終点路肩に寄せれば駐車可。7～8台・舗装・区画なし。さらに未舗装の林道土嶽線を200m入った、芸北国際スキー場おーひらエクスプレスリフト降り場付近路肩にも駐車スペースがある。5～6台・草＋砂＋泥・区画なし。
携帯電話／舗装区間終点＝ドコモ3通話可・au3通話可・SB3通話可。
取材メモ／国土地理院地図に表示はないが、おーひらエクスプレスリフト降り場にある白い小さな小屋のすぐ先左側に掛頭山山頂に直登する道がある。ただ入口には道標もなく、わかりにくい。
立ち寄り湯／①人工温泉だが、深入山の「いこいの村ひろしま」で入浴できる。無休（月に一度メンテナンス休あり。それ以外に入浴できない場合もある）・11～18時・入浴料500円・MC 363 821 067*82・☎0826-29-0011。②中国道戸河内IC近く、国道191号と国道186号の間に「グリーンスパつつが」がある。木曜休（祝日の場合は営業）・12～20時・入浴料450円・MC 363 526 861*88・☎0826-32-2880。③一方、島根県側では浜田市街地の手前、金城支所近くに「湯屋温泉リフレパークきんたの里」がある。第3水曜休（祝日の場合は営業）・10～22時・入浴料600円・MC 241 109 142*82・☎050-3033-1039。
問合先／北広島町観光協会芸北支部（北広島町芸北支所）☎0826-35-0888

掛頭山・土草峠
→P223

掛頭山・二川キャンプ場

かけずやま・
ふたごうきゃんぷじょう
広島県北広島町
標高805m MAP 121（P211）

登山口概要／掛頭山の北西側、町道沿い。土草峠（つちくさとうげ）を経由する掛頭山の起点。
緯度経度／［34°43′04″］［132°11′48″］
マップコード／ 520 473 687*82
アクセス／中国道戸河内ICから国道191号、県道307号、町道経由で32.5km、約50分。または山陰道（浜田・三隅道路）相生ICから国道186号、県道307号、町道経由で34.5km、約52分。
駐車場／二川キャンプ場に駐車場がある。約20台・30×22m・草・区画なし。
駐車場混雑情報／満車になることはない。登山者の利用は少ない。
トイレ／キャンプ場にあるが、詳細不明。
携帯電話／ドコモ3通話可・au3通話可・SB3通話可。
その他／二川キャンプ場案内板、テーブル・ベンチ。
立ち寄り湯／①人工温泉だが、深入山の「いこいの村ひろしま」で入浴できる。無休（月に一度メンテナンス休あり。それ以外に入浴できない場合もある）・11～18時・入浴料500円・MC 363 821 067*82・☎0826-29-0011。②中国道戸河内IC近く、国道191号と国道186号の間に「グリーンスパつつが」がある。木曜休（祝日の場合は営業）・12～20時・入浴料450円・MC 363 526 861*88・☎0826-32-2880。③一方、島根県側では浜田市街地の手前、金城支所近くに「湯屋温泉リフレパークきんたの里」がある。第3水曜休（祝日の場合は営業）・10～22時・入浴料600円・MC 241 109 142*82・☎050-3033-1039。
問合先／北広島町観光協会芸北支部（北広島町芸北支所）☎0826-35-0888

山頂／路肩に寄せれば駐車可

山頂／さらに未舗装の林道土嶽線が続く

二川／キャンプ場駐車場

二川／キャンプ場管理棟

二川／いこいの村ひろしま大浴場

春日山・こしまつ橋
→P223

勝田ヶ岳(かつたがせん)
→P128 船上山・東坂登山口

桂木山・桂木山登山口駐車場

かつらぎさん・かつらぎさんとざんぐちちゅうしゃじょう
山口県美祢市
標高252m MAP 036

登山口概要／桂木山の北西側、市道沿い。桂木山の起点。秋芳白糸の滝の起点。
緯度経度／[34°18′57″][131°17′03″]
マップコード／ 243 515 466*18
アクセス／中国道美祢東JCT・小郡萩道路十文字ICから国道490号、県道31、36号、市道経由で25km、約38分。
駐車場／桂木山麓緑地自然公園村キャンプ場に桂木山登山口駐車場がある。7台・30×10m・舗装・区画あり。さらに奥の対岸にも駐車場がある。4～5台·26×5m·舗装·区画なし。
駐車場混雑情報／満車の場合は、500m手前に白糸の滝駐車場もある。
トイレ／駐車場に隣接する広場にある。水洗。水道・TPあり。評価☆☆。
携帯電話／桂木山登山口駐車場＝ドコモ1だが通話可・au3～2通話可・SB圏外。奥の駐車場＝ドコモ1だが通話可·au3通話可·SB圏外。
水道設備／キャンプ場炊事棟にある。
その他／桂木山登山口駐車場案内板、桂木山麓緑地自然公園村キャンプ場、シャワー室(利用不可)。
取材メモ／手前には、落差30mの秋芳白糸の滝があり、観瀑用の遊歩道もある。
立ち寄り湯／①天然温泉ではないが、秋吉台に向かうと景清洞（かげきよどう）向かい「秋吉台リフレッシュパーク」内に「景清洞トロン温泉」がある。第1、3月曜休（11～3月は毎週月曜休）・10～21時・入浴料600円・MC 243 429 189*18・☎08396-2-2177。②同じく天然温泉ではないが、さらに県道を南下すると「秋芳ロイヤルホテル秋芳館」もある。無休・12～20時・入浴料500円・MC 243 216 561*18・☎0837-62-0311。
問合先／美祢市観光振興課☎0837-62-1430、美祢市観光総務課(キャンプ場に関して)☎0837-62-0305

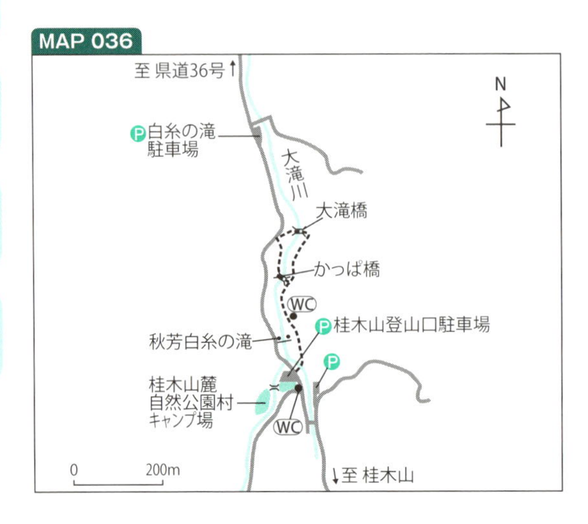

桂木山／桂木山登山口駐車場案内板

桂木山／桂木山登山口駐車場

桂木山／隣接する広場のトイレ

桂木山／同トイレ内部

桂木山／奥の駐車場

金ヶ谷山　山の駅「あじわいの宿新庄」

かながやせん　やまのえき
「あじわいのやどしんじょう」
岡山県新庄村
標高627m

登山口概要／金ヶ谷山の南東側、県道58号沿い。金ヶ谷山や朝鍋鷲ヶ山(あさなべわしがせん)、耳スエ山の起点。
緯度経度／［35°13′49″］［133°34′40″］
マップコード／ 387 819 229*37
アクセス／中国道新見ICから国道180号、県道32、58号、国道181号、県道58号経由で41km、約1時間2分。または米子道蒜山ICから国道482号、県道58号経由で7.5km、約12分。現地に同施設名を示す看板等なし。
駐車場／山の駅「あじわいの宿新庄」の駐車場が利用可。約20台・50×14m・舗装・区画なし。
携帯電話／ドコモ3通話可・au圏外・SB3通話可。
その他／熊出没注意看板。
立ち寄り湯／県道58号を北上して蒜山高原に向かうと「蒜山ラドン温泉・休暇村蒜山高原」で可能。無休・11～15時+18時30分～21・入浴料500円・MC 189 121 781*37・☎0867-66-2501。
問合先／新庄村産業建設課☎0867-56-2628

金木山・小国まめな館

かなぎやま・おぐにまめなかん
島根県浜田市
標高370m MAP 037

登山口概要／金木山の南側、県道52号沿い。牛の首滝と馬の尾滝を経由する金木山の起点。
緯度経度／［34°48′57″］［132°11′53″］
マップコード／ 520 834 452*82
アクセス／山陰道(浜田・三隅道路)相生ICから国道186号、県道52号経由で17km、約26分。または浜田道旭ICから県道52、5号、市道、那賀西部広域農道、県道52号経由で14km、約21分。
駐車場／小国まめな館の駐車場は、登山者の利用可とのこと。約10台・30×10m・舗装・区画なし。また400m手前の「小国抱月誕生地顕彰の杜公園」にも駐車場があり、こちらも登山者の利用可。8台+大型1台・30×20m・舗装・区画あり。
駐車場混雑情報／小国まめな館の駐車場は、イベントの日は駐車不可だが、滅多にない。
トイレ／隣の最中山神社（もなかやまじんじゃ）にある。非水洗。水道なし。TPあり。評価☆☆☆。また「小国抱月誕生地顕彰の杜公園」駐車場にもある。水洗。水道・TPあり。評価☆☆☆～☆☆。
携帯電話／ドコモ3通話可・au3通話可・SB3通話可。
その他／最中山神社解説板。
取材メモ／県道を160m西進して「金城山入口」の道標に従って右折後、しばらく市道を北上する。その先が登山道入口。
立ち寄り湯／浜田市街地方面に国道186号を8kmほど行くと「湯屋温泉リフレパークきんたの里」がある。第3水曜休（祝日の場合は営業）・10～22時・入浴料600円・MC 241 109 142*82・☎050-3033-1039。
問合先／浜田市金城支所産業建設課☎0855-42-1233

嘉納山・文珠堂
→P128 周防大島　嘉納山・文珠堂

甲ヶ山(かぶとがせん)・東坂登山口
→P128 船上山・東坂登山口

可部冠山・旧街道コース登山口

かべかんむりやま・きゅうかいどうこーすとざんぐち
広島県広島市安佐北区
標高380m MAP 038

登山口概要／可部冠山の南東側、明神（みょうじん）ダム管理道路か

金ヶ谷／あじわいの宿新庄の駐車場

金木山／最中山神社と小国まめな館

金木山／小国まめな館の駐車場

金木山／顕彰の杜公園の駐車場

金木山／同公園のトイレ

ら150m舗装林道を入った終点。旧街道コースと可部峠を経由する可部冠山や堂床山（どうとこやま）の起点。
緯度経度／[34°35′19″][132°31′11″]
マップコード／322 017 230*80
アクセス／広島道広島北ICから国道191、54号、県道253号、明神ダム管理道路、舗装林道経由で15km、約30分。国道54号から7km、約17分。
駐車場／登山道入口前に駐車スペースがある。約6台・芝草＋砂＋小石・区画なし。※路面に石が出ているので注意。またその手前の明神ダム管理道路との交差点付近は、幅員が広いため、路肩に12～13台は駐車可。
トイレ／手前の龍頭ヶ原園地（次項）にある。センサーライト付き。水洗。水道（飲用不可）・TPあり。評価☆☆☆～☆☆。その間の南原峡キャンプ場にもあるが、非水洗・水道あり。TPなし。評価☆☆。※男性個室の便器は壊れている。
携帯電話／登山道入口＝ドコモ圏外・au圏外・SB圏外。明神ダム管理道路路肩＝ドコモ圏外・au圏外・SB圏外。
取材メモ／可部峠は、江戸時代に旧・石州街道が通っていたので、旧街道コースと呼ばれている。
問合先／広島市安佐北区役所地域起こし推進課☎082-819-3904

可部冠山・龍頭ヶ原園地

かべかんむりやま・りゅうずがはらえんち
広島県広島市安佐北区
標高258m MAP 038

登山口概要／可部冠山の南側、明神（みょうじん）ダム管理道路を左折して橋を渡ったところにある。西冠山や可部峠を経由する可部冠山や堂床山（どうとこやま）の起点。南原峡（なばらきょう）や広島県自然歩道南原峡ルートの起点。
緯度経度／[34°34′29″][132°30′47″]
マップコード／22 856 536*80
アクセス／広島道広島北ICから国道191、54号、県道253号、明神ダム管理道路経由で13km、約23分。国道54号から5.4km、約11分。
駐車場／龍頭ヶ原園地に駐車場がある。10～12台・26×18m・砂＋岩・区画なし。
駐車場混雑情報／紅葉シーズンは満車になることがあるが、GWやお盆休みは満車になることはない。
トイレ／駐車場にある。センサーライト付き。水洗。水道（飲用不可）・TPあり。評価☆☆☆～☆☆。
携帯電話／ドコモ圏外・au2～0だが通話可・SB3通話可。
その他／南原峡県立自然公園案内

MAP 037

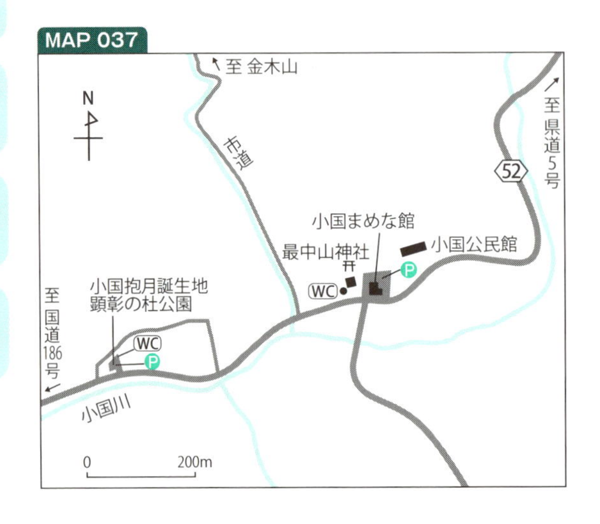

旧街道／登山道入口前駐車スペース

旧街道／旧街道コース登山道入口

龍頭／龍頭ヶ原園地の駐車場

龍頭／同駐車場のトイレ

龍頭／同トイレ内部

板、日輪稲荷大明神。
取材メモ／南原峡の紅葉は、11月中旬〜下旬が見ごろ。
問合先／広島県自然環境課（南原峡県立自然公園に関して）☎082-513-2931、広島県西部農林水産事務所（南原峡県立自然公園の施設管理）☎082-513-5452、広島市安佐北区役所地域起こし推進課☎082-819-3904

鎌倉山・こもれび広場

かまくらやま・こもれびひろば
鳥取県南部町
標高355m

登山口概要／鎌倉山の北側、広域基幹林道鎌倉山グリーンライン沿い。鎌倉山城跡を経由する鎌倉山の起点。
緯度経度／［35°16′22″］［133°21′33″］
マップコード／ 568 688 312*36
アクセス／中国道新見ICから国道180、181号、県道35号、広域基幹林道鎌倉山グリーンライン（舗装）経由で56.5km、約1時間28分。県道から3.2km、約8分。
駐車場／こもれび広場に駐車場がある。7台・20×12m・舗装・区画あり。
駐車場混雑情報／満車になることはない。
トイレ／駐車場に隣接。非水洗。水道（飲用不可）・TPあり。評価☆☆。
携帯電話／ドコモ圏外・au2〜1通話可・SB1〜0だが通話可。
水道設備／トイレ前にあるが、水出ず。
その他／東屋、広域基幹林道鎌倉山グリーンライン記念石碑。
問合先／南部町企画政策課☎0859-66-3113、南部町観光協会☎0859-30-4822

上蒲刈島　七国見山・蒲刈町ウォーキングセンター

かみかまがりじま
ななくにみやま・かまがりちょう
うぉーきんぐせんたー
広島県呉市
標高28m

登山口概要／七国見山の南東側、県道287号沿い。西楽寺（さいらくじ）を経由する七国見山の起点。
緯度経度／［34°10′25″］［132°44′09″］
マップコード／ 102 028 408*53
アクセス／広島呉道路呉ICから市道、国道185号、安芸灘大橋（有料）、県道74号、市道（蒲刈大橋）、県道287号経由で23km、約35分。
駐車場／ウォーキングセンター前に駐車場がある。10台・30×10m・舗装・区画。
蒲刈町ウォーキングセンター／上

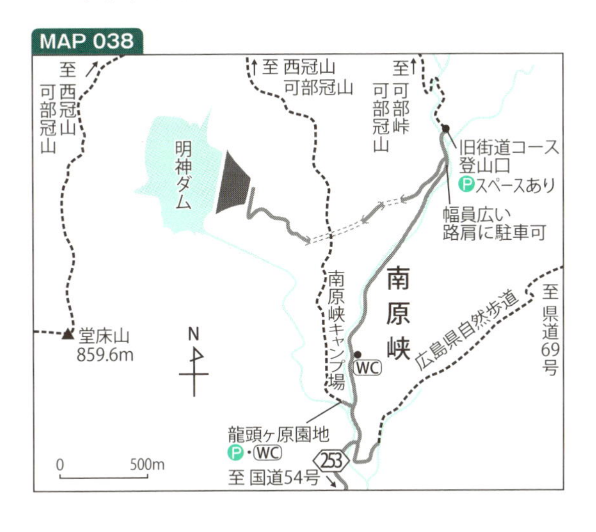

鎌倉山／鎌倉山グリーンライン

鎌倉山／こもれび広場の駐車場とトイレ

蒲刈／ウォーキングセンター駐車場

蒲刈／ウォーキングセンター

蒲刈／登山道入口

蒲刈島の自然に関する展示と案内。月曜と火曜休（祝日の場合は繰り下げ）・10～16時・☎0823-66-1212。
トイレ／ウォーキングセンター内にある。水洗。水道・TPあり。評価☆☆☆。
携帯電話／ドコモ3通話可・au3通話可・SB3通話可。
その他／蒲刈ふるさと自然のみち案内板。
立ち寄り湯／近くの県民の浜に「かまがり温泉・やすらぎの館」がある。火曜休（祝日の場合は営業）・11～20時・入浴料500円（17時以降は400円）・MC 1091 584 356*53・☎0823-66-1126。
問合先／蒲刈町ウォーキングセンター☎0823-66-1212、呉市蒲刈支所☎0823-66-1111

上蒜山(かみひるぜん)

→P182 蒜山・上蒜山登山口駐車場
→P184 蒜山・中蒜山登山口(塩釜冷泉)

唐川湿原入口

からかわしつげんいりぐち
鳥取県岩美町
標高357m MAP 039

登山口概要／唐川湿原（カキツバタ群落は国の天然記念物）の北西側、舗装林道沿い。唐川湿原散策道の起点。
緯度経度／［35°29′25″］［134°19′29″］
マップコード／ 125 564 398*46
アクセス／鳥取道鳥取ICから国道29号、県道247、251号、町道、舗装林道経由で16km、約26分。北側の県道188号から南下するルートは狭いので、西側の県道31号から美歎水源地を経由するルートの方がお勧め。
駐車場／手前に湿原散策者用駐車場がある。17台・36×22m・舗装・区画あり。
携帯電話／ドコモ3通話可・au3通話可・SB3通話可。
その他／唐川のカキツバタ群落案内板、唐川県自然環境保全地域解説板。
取材メモ／唐川湿原のカキツバタは、5月下旬～6月上旬が見ごろ。
問合先／岩美町商工観光課☎0857-73-1416、岩美町観光協会☎0857-72-3481

烏ヶ山・鏡ヶ成キャンプ場付近

からすがせん・かがみがなるきゃんぷじょうふきん
鳥取県江府町
標高933m MAP 042 (P092)

登山口概要／烏ヶ山の南東側、県

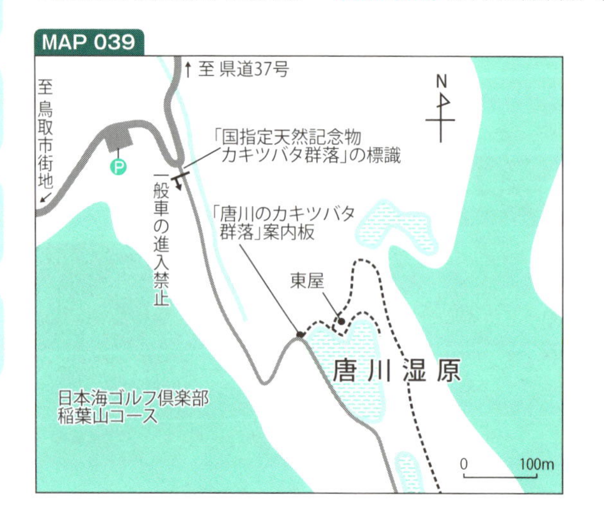

蒲刈／七国見山登山道から瀬戸内海の眺め

唐川／湿原散策者用の駐車場

唐川／唐川湿原入口

唐川／唐川湿原

キャンプ／県道交差点の駐車場

道45号と114号沿い。烏ヶ山の起点。※鏡ヶ成キャンプ場からの烏ヶ山登山道は、一部崩落があり、禁止はされていないが、登山は控えて欲しいとのことだ。
緯度経度／［35°20′46″］［133°35′15″］
マップコード／ 252 355 144*37
アクセス／米子道蒜山ICから国道482号、県道114号経由で14km、約21分。
駐車場／「休暇村奥大山」に確認すると、県道交差点にある駐車場は、登山者の利用可とのこと。28台・46×14m・舗装・区画あり。※鏡ヶ成キャンプ場内の駐車場は登山者利用不可。
携帯電話／ドコモ3通話可・au3通話可・SB3通話可。
その他／登山注意看板。
立ち寄り湯／すぐ近くの「休暇村奥大山」で可能。温泉ではないが、地下250mからくみ上げた硬度およそ13の超軟水天然水を使ったお風呂で入浴できる。無休（年に何度かメンテナンス休あり）・13～21時・入浴料510円・MC 252 356 123*37・☎0859-75-2300。
問合先／江府町農林産業課 ☎0859-75-6610、江府町観光協会☎0859-75-6007

烏ヶ山・鍵掛峠登山口

からすがせん・かぎかけとうげとざんぐち
鳥取県江府町
標高888m

登山口概要／烏ヶ山の南西側、県道45号沿い。文珠越（もんじゅごえ）や鳥越峠（とりごえとうげ）を経由する烏ヶ山の起点。※地震のため、鳥越峠からの縦走ルートは、危険とのこと。
緯度経度／［35°20′57″］［133°33′11″］
マップコード／ 252 351 470*37
アクセス／米子道蒜山ICから国道482号、県道315、45号経由で20km、約30分。
駐車場／登山道入口に駐車スペースがある。15～20台・58×18m・舗装・区画なし。その前後にも12～13台分と2台分の駐車スペースがある。
トイレ／大山寺方面500m先の鍵掛峠展望台にある。水洗。水道・TPあり。評価☆☆☆。
携帯電話／ドコモ2通話可・au2通話可・SB3通話可。
その他／登山注意看板、熊出没注意看板、奥大山保険保安林、環境美化促進地区看板。
取材メモ／登山道入口には、江府町の名前で「登山は控えて下さい」との表示がある。
立ち寄り湯／鏡ヶ成に行くと「休暇村奥大山」で可能。温泉ではないが、地下250mからくみ上げた硬度およそ13の超軟水天然水を使ったお風呂で入浴できる。無休（年に何度かメンテナンス休あり）・13～21時・入浴料510円・MC 252 356 123*37・☎0859-75-2300。
問合先／江府町農林産業課 ☎0859-75-6610、江府町観光協会☎0859-75-6007

烏ヶ山・新小屋峠

からすがせん・しんごやとうげ
鳥取県江府町
標高995m

登山口概要／烏ヶ山の東側、県道45号沿い。烏ヶ山の起点。
緯度経度／［35°21′05″］［133°35′11″］
マップコード／ 252 355 710*37
アクセス／米子道蒜山ICから国道482号、県道114、49号経由で14.5km、約24分。
駐車場／登山道入口向かいに1台分の駐車スペースがある。すでに駐車されていた場合は、手前の県道交差点にある駐車場（前々項）が利用可。28台・46×14m・舗装・区画あり。
携帯電話／ドコモ2～1通話可・au3通話可・SB3通話可。
その他／登山注意看板、熊出没注意看板。
取材メモ／烏ヶ山は、本項・新小屋峠からの登山道が唯一地震の被

キャンプ／登山道入口

鍵掛峠／駐車スペース

鍵掛峠／登山道入口

新小屋峠／駐車スペース

新小屋峠／登山道入口

害がないが、初心者は分岐まで。南峰や北峰までは初心者向きではないとのことだ。

立ち寄り湯／すぐ近くの「休暇村奥大山」で可能。温泉ではないが、地下250mからくみ上げた硬度およそ13の超軟水天然水を使ったお風呂で入浴できる。無休（年に何度かメンテナンス休あり）・13～21時・入浴料510円・MC 252 356 123*37・☎0859-75-2300。

問合先／江府町農林産業課☎0859-75-6610、江府町観光協会☎0859-75-6007

烏ヶ山・文鳥水入口

からすがせん・ぶんちょうすいいりぐち
鳥取県大山町
標高946m

登山口概要／烏ヶ山の西側、県道45号沿い。文鳥水や文珠越（もんじゅごえ）、鳥越峠（とりごえとうげ）を経由する烏ヶ山の起点。

緯度経度／［35°21′08″］［133°32′54″］

マップコード／ 252 351 783*37

アクセス／米子道溝口ICから県道45号経由で10.5km、約16分。

駐車場／登山道入口、県道45号沿いの60m南側に駐車スペースがある。4～5台・24×5m・砂利・区画なし。

トイレ／鏡ヶ成側1km先の鍵掛峠展望台にある。水洗。水道・TPあり。評価☆☆☆。

携帯電話／ドコモ圏外・au圏外・SB0～圏外つながらず。

水場／登山道途中に文鳥水がある。

立ち寄り湯／鏡ヶ成に行くと「休暇村奥大山」で可能。温泉ではないが、地下250mからくみ上げた硬度およそ13の超軟水天然水を使ったお風呂で入浴できる。無休（年に何度かメンテナンス休あり）・13～21時・入浴料510円・MC 252 356 123*37・☎0859-75-2300。

問合先／大山観光局☎0859-52-2502、大山町観光商工課☎0859-53-3110

臥龍山・雪霊水

がりゅうざん・せつれいすい
広島県北広島町
標高1105m

登山口概要／臥龍山（苅尾山・かりうざん・かりおやま）の山頂北西側直下、林道菅原線（りんどうすがわらせん）終点。臥龍山の最短起点。

緯度経度／［34°41′28″］［132°11′42″］

マップコード／ 520 383 501*82

アクセス／中国道戸河内ICから国道191号、県道307号、町道、林道菅原線（舗装）経由で34km、約56分。または山陰道（浜田・三隅道路）相生ICから国道186号、県道307号、町道、林道菅原線（舗装）経由で40km、約1時間4分。町道から4.6km、約11分。林道菅原線の開通期間は、3月下旬～12月下旬。

駐車場／雪霊水前に駐車スペースがある。約10台・舗装・区画なし。

駐車場混雑情報／芸北高原の自然館の観察会で混雑することもある。

携帯電話／ドコモ3通話可・au3通話可・SB2～圏外つながらず。

水場／名水・雪霊水がある。

その他／苅尾保護特別地区注意看板、ここから上での排泄行為禁止看板。

取材メモ／臥龍山には樹齢200年以上のブナ林が広がる。新緑は5月上旬～下旬、紅葉は10月下旬～11月上旬が見ごろ。

立ち寄り湯／①人工温泉だが、深入山の「いこいの村ひろしま」で入浴できる。無休（月に一度メンテナンス休あり。それ以外に入浴できない場合もある）・11～18時・入浴料500円・MC 363 821 067*82・☎0826-29-0011。②中国道戸河内IC近く、国道191号と国道186号の間に「グリーンスパつつが」がある。木曜休（祝日の場合は営業）・12～20時・入浴料450円・MC 363 526 861*88・☎0826-32-2880。③一方、島根県側では浜田市街地の手前、金

文鳥水／60m南側の駐車スペース

文鳥水／登山道入口に立つ道標

雪霊水／林道菅原線

雪霊水／雪霊水前の駐車スペース

雪霊水／名水・雪霊水

城支所近くに「湯屋温泉リフレパークきんたの里」がある。第3水曜休（祝日の場合は営業）・10～22時・入浴料600円・MC 241 109 142*82・☎050-3033-1039。
問合先／芸北 高原の自然館☎0826-36-2008、北広島町観光協会芸北支部（北広島町芸北支所）☎0826-35-0888

臥龍山・千町原登山口

がりゅうざん・せんちょうばらとざんぐち
広島県北広島町
標高801m MAP 122（P212）

登山口概要／臥龍山（苅尾山・かりうさん・かりおやま）の北西側、町道沿い。雪霊水（せつれいすい・前項）を経由する臥龍山の起点。
緯度経度／［34°42′09″］［132°10′48″］
マップコード／ 520 411 837*82
アクセス／中国道戸河内ICから国道191号、県道307号、町道経由で30.5km、約46分。または山陰道（浜田・三隅道路）相生ICから国道186号、県道307号、町道経由で36.5km、約55分。
駐車場／登山道入口の40m西側路肩に駐車スペースがある。7～8台・草・区画なし。
駐車場混雑情報／GWやお盆休み、紅葉シーズンの休日は満車になる。
トイレ／近くの「高原の自然館」斜め向かいにある。水洗。水道・TPあり。評価☆☆☆～☆☆。
携帯電話／ドコモ3通話可・au3通話可・SB3通話可。
取材メモ／臥龍山には樹齢200年以上のブナ林が広がる。新緑は5月上旬～下旬、紅葉は10月下旬～11月上旬が見ごろ。
立ち寄り湯／①人工温泉だが、深入山の「いこいの村ひろしま」で入浴できる。無休（月に一度メンテナンス休あり。それ以外に入浴できない場合もある）・11～18時・入浴料500円・MC 363 821 067*82・☎0826-29-0011。②中国道戸河内IC近く、国道191号と国道186号の間に「グリーンスパつつが」がある。木曜休（祝日の場合は営業）・12～20時・入浴料450円・MC 363 526 861*88・☎0826-32-2880。③一方、島根県側では浜田市街地の手前、金城支所近くに「湯屋温泉リフレパークきんたの里」がある。第3水曜休（祝日の場合は営業）・10～22時・入浴料600円・MC 241 109 142*82・☎050-3033-1039。
問合先／芸北 高原の自然館☎0826-36-2008、北広島町観光協会芸北支部（北広島町芸北支所）☎0826-35-0888、北広島町商工観光課☎050-5812-8080

瓦小屋山（かわらごややま）

→P197 三倉岳・Aコース登山口
→P198 三倉岳・三倉平駐車場
→P199 三倉岳・三倉岳休憩所（三倉岳キャンプ場）

冠山（かんざん）

→P51 石見冠山・野原谷登山口

カンノ木山・県央の森公園

→P223

寒曳山・枝の宮登山口（松風荘）

かんびきやま・えだのみやとざんぐち（まつかぜそう）
広島県北広島町
標高505m

登山口概要／寒曳山の南側、林道寒曳線終点。寒曳山の起点。
緯度経度／［34°47′10″］［132°27′18″］
マップコード／ 322 699 867*83
アクセス／浜田道大朝ICから県道5号、町道、林道寒曳線（舗装）経由で9km、約17分。県道から1.5km、約5分。
駐車場／松風荘を過ぎた林道終点に駐車スペースがある。4～5台・舗装・区画なし。
携帯電話／ドコモ3通話可・au3通話可・SB3通話可。
取材メモ／登山道は、駐車スペースの奥からのびている。ただし道

千町原／40m西側の駐車スペース

千町原／登山道入口

千町原／臥龍山山頂

枝の宮／県道から町道へ

枝の宮／林道寒曳線

標等はない。
問合先／北広島町大朝支所地域づくり係☎050-5812-2211

寒曳山・スキーパーク寒曳駐車場

かんびきやま・すきーぱーく
かんびきちゅうしゃじょう
広島県北広島町
標高548m

登山口概要／寒曳山の北東側、町道終点。寒曳山の起点。
緯度経度／[34°47′51″][132°27′50″]
マップコード／322 760 299*83
アクセス／浜田道大朝ICから県道5号、町道経由で6km、約10分。
駐車場／スキーパーク寒曳に広い駐車場がある。110台・76×42m・舗装・区画あり。
携帯電話／ドコモ3通話可・au3通話可・SB3通話可。
その他／携帯電話基地局。
取材メモ／登山道入口は、手前の駐車場の南端付近にある。またスキーパーク寒曳の1km手前にある旧・ゆとりの森の広場に車を置く方法もある。ゆとりの森からも寒曳山登山道がのびているようだ。
問合先／北広島町大朝支所地域づくり係☎050-5812-2211

冠山(かんむりやま)
→P159 中野冠山・大歳神社
→P213 吉和冠山・潮原温泉奥
→P214 吉和冠山・松の木峠

鬼ノ城山・鬼城山ビジターセンター

きのじょうざん・
きのじょうざんびじたーせんたー
岡山県総社市
標高355m MAP 040

登山口概要／鬼ノ城山の西側、市道沿い。鬼ノ城山の起点。中国自然歩道の起点。
緯度経度／[34°43′34″][133°45′32″]
マップコード／275 181 671*01
アクセス／岡山道岡山総社ICから国道180号、市道経由で8.5km、約14分。
駐車場／鬼城山ビジターセンターに駐車場がある。約70台・40×18mなど2面・舗装・区画あり。
駐車場混雑情報／GWや秋の行楽シーズン休日は混雑する。
鬼城山ビジターセンター／古代山城・鬼ノ城に関する展示や鬼ノ城山の自然を紹介する施設。月曜休（祝日の場合は翌日）・9～17時・☎0866-99-8566。
トイレ／鬼城山ビジターセンターにある。開館時間の前でも利用可。センサーライト付き。水洗。水道・

MAP 040

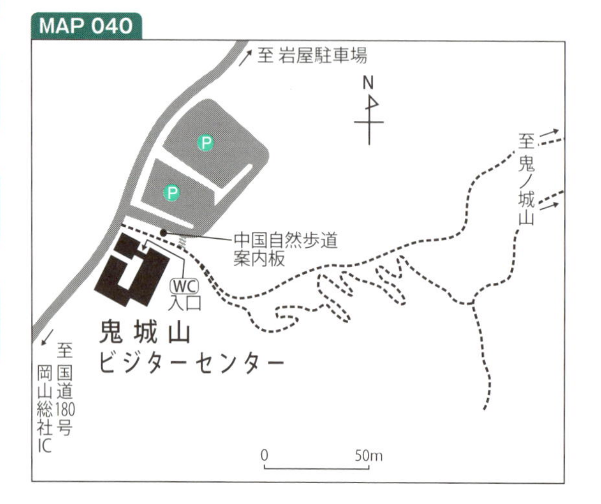

枝の宮／林道終点の駐車スペース

スキー／スキーパーク寒曳駐車場

鬼ノ城／鬼ノ城の標識

鬼ノ城／鬼城山ビジターセンター駐車場

鬼ノ城／鬼城山ビジターセンター

TPあり。評価☆☆☆。
携帯電話／ドコモ3通話可・au3通話可・SB2～1通話可。
その他／中国自然歩道案内板、国指定史跡・鬼城山解説板、総社ふるさと自然のみち総合案内板、吉備史跡県立自然公園注意看板、お願いとお知らせ、指定された道以外は歩かない看板、貸し出し杖。
取材メモ／鬼城山ビジターセンターで鬼ノ城山を含む「総社ふるさと自然のみち」の散策マップ（100円）が販売されている。
立ち寄り湯／国道429号に出て南下すると「吉備路温泉・国民宿舎サンロード吉備路」で可能。無休・11～21時（水曜は15時～。祝日の水曜は11時～。翌木曜が15時～）・入浴料610円・MC 275 002 024*01・☎0866-90-0550。
問合先／鬼城山ビジターセンター☎0866-99-8566

木野山・木野山神社

きのやま・きのやまじんじゃ
岡山県高梁市
標高75m MAP 041

登山口概要／木野山の南側、市道沿い。木野山神社里宮から表参道を経由する木野山の起点。
緯度経度／[34°49′31″][133°37′04″]
マップコード／ 236 269 583*00
アクセス／岡山道賀陽ICから国道484号、県道31号、国道313号、市道経由で12km、約18分。国道313号に立つ「←木野山駅」の案内標識に従ってすぐ。
駐車場／木野山神社境内にも車を置けるが、神社参道入口にある駐車場の方が置きやすい。この駐車場は、道路向かいの須山商店さんの私有地だが、取材時に確認すると登山者が利用してもよいとのこと。ただ、あくまで須山商店さんの駐車場であり、善意で利用を認めて下さっているものなので、何台もの車で来て駐車場を占拠したり…といったマナー違反は慎みたい。また駐車時に須山商店さんの方がおられれば、ひとこと駐車したい旨、断るくらいの配慮があってもよいかもしれない。14×12m・砂・区画なし。気が引ける人は神社境内に駐車しよう。
携帯電話／ドコモ3通話可・au3通話可・SB3通話可。
その他／木野山神社解説板。
立ち寄り湯／賀陽ICに戻り、これを過ぎたところに「吉備中央町老人福祉センターふれあい荘」がある。土・日曜、祝日休（平日のみ営業）・9時30分～16時・入浴料400円・MC 770 220 452*01・☎0866-55-9090。
問合先／高梁市観光協会☎0866-21-0461、高梁市産業

MAP 041

N
至 木野山
至 備中川面駅
須山商店 P
木野山神社里宮
須山商店
木野山駅
JR伯備線
至 新見IC
180
有漢川
高梁市立津川小学校
至 賀陽IC・北房IC
313
高梁川
新幡見橋
0 200m
至 総社市街地
至 備中高梁駅

鬼ノ城／同センター内のトイレ

鬼ノ城／登山道入口

木野山／須山商店の駐車場

木野山／木野山神社解説板

木野山／木野山神社参道

観光課観光振興係☎0866-21-0217

擬宝珠山・鏡ヶ成登山口

ぎぼしやま・
かがみがなるとざんぐち
鳥取県江府町
標高918m MAP 042

登山口概要／擬宝珠山の北西側、舗装道路沿い。擬宝珠山や象山（ぞうやま）の起点。

緯度経度／［35°20′37″］［133°35′26″］

マップコード／ 252 326 755*37

アクセス／米子道蒜山ICから国道482号、県道114号、舗装道路経由で13km、約20分。

駐車場／登山道入口に駐車スペースがある。約50台・150×10m・舗装・区画なし。また奥大山レストハウス前にも駐車場がある。24台・54×18m・舗装・区画あり。

トイレ／奥大山レストハウス向かいの駐車場から少し入ったところにあるようだが、詳細不明。

携帯電話／ドコモ3通話可・au3通話可・SB3通話可。

ドリンク自販機／奥大山レストハウス前にある（PBも）。

その他／奥大山レストハウス（営業終了）、鏡ヶ成周辺案内板。

MAP 042

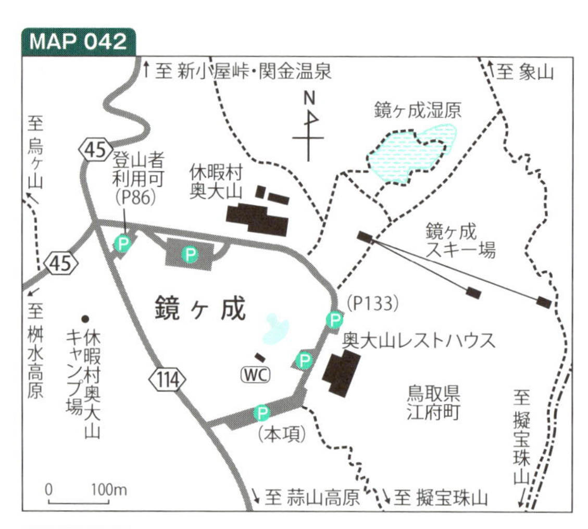

MAP 043

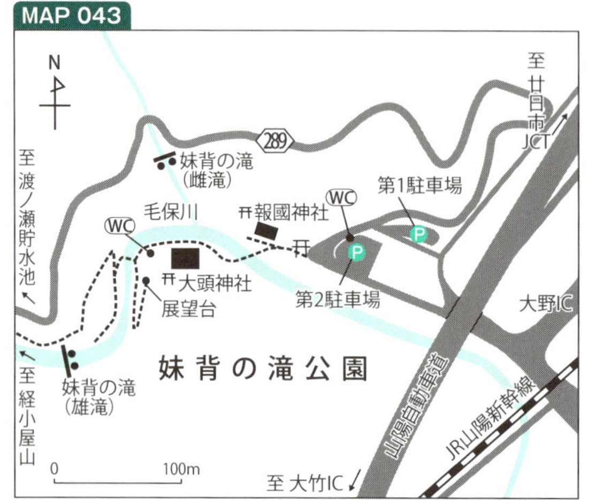

擬宝珠／駐車スペース

擬宝珠／レストハウス前の駐車場

擬宝珠／登山道入口

擬宝珠／休暇村奥大山の大浴場

妹背／第2駐車場

立ち寄り湯／すぐ近くの「休暇村奥大山」で可能。温泉ではないが、地下250mからくみ上げた硬度およそ13の超軟水天然水を使ったお風呂で入浴できる。無休（年に何度かメンテナンス休あり）・13～21時・入浴料510円・MC 252 356 123*37・☎0859-75-2300。
問合先／江府町農林産業課☎0859-75-6610、江府町観光協会☎0859-75-6007

旧羅漢山

→P75 恐羅漢山・牛小屋高原
→P120 十方山・二軒小屋駐車場

経小屋山・妹背の滝公園駐車場（大頭神社）

きょうごやさん・いもせのたきこうえんちゅうしゃじょう（おおがしらじんじゃ）
広島県廿日市市
標高17m MAP 043

登山口概要／経小屋山の北東側、県道289号沿い。妹背の滝を経由する経小屋山の起点。
緯度経度／[34°17′48″][132°16′07″]
マップコード／103 467 196*85
アクセス／山陽道大野ICから県道289号経由で150m、すぐ。
駐車場／妹背の滝公園に駐車場が2面ある。第2駐車場＝約30台・40×34m・舗装＋砂・区画あり。第1駐車場＝約20台・40×15m・砂・区画なし。
駐車場混雑情報／妹背の滝は、家族連れで水遊びをする人が多いため、夏休みは混雑する。
トイレ／第2駐車場の上にある。水洗。水道・TPあり。評価☆☆。また大頭神社裏手にもある。
携帯電話／ドコモ3通話可・au3通話可・SB3通話可。
ドリンク自販機／滝に続く遊歩道沿いにある（PBも）。
取材メモ／妹背の滝・雄滝は落差約30m、雌滝は落差約50m。
問合先／廿日市市大野支所地域づくりグループ☎0829-30-2005、はつかいち観光協会大野支部☎0829-30-3533

経小屋山・経小屋林道終点（山頂直下）

→P223

経小屋山・森林公園経小屋山

→P223

経小屋山・宮浜温泉

きょうごやさん・みやはまおんせん
広島県廿日市市
標高18m MAP 044

登山口概要／経小屋山の南東側、

妹背／第1駐車場

妹背／第2駐車場の上にあるトイレ

妹背／同トイレ内部

妹背／大頭神社参道入口

MAP 044

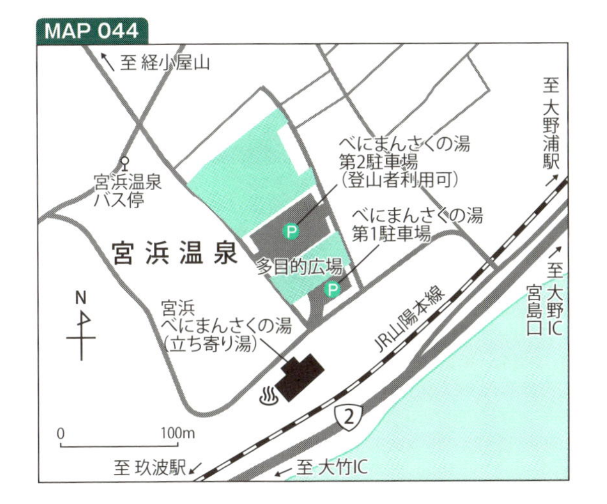

宮浜／べにまんさくの湯第2駐車場

市道沿い。宮浜コースを経由する経小屋山の起点。
緯度経度／［34°16′19″］［132°15′17″］
マップコード／ 103 375 236*85
アクセス／山陽道大野ICから県道289号、国道2号、市道経由で4km、約6分。または山陽道大竹ICから国道2号、市道経由で4.5km、約7分。
駐車場／「宮浜べにまんさくの湯」に確認すると同温泉の第2駐車場は、登山者の利用可とのことだ。※登山者は第1駐車場ではなく第2駐車場を利用すること。76台・55×30m・舗装・区画あり。
駐車場混雑情報／ GWやお盆休み、年末年始は満車になる。
携帯電話／ドコモ3通話可・au3通話可・SB3通話可。
ドリンク自販機／第2駐車場入口にある(PBも)。
その他／駐車場及び多目的広場のご利用について、宮浜温泉周辺ご案内。
立ち寄り湯／本項駐車場すぐ近くの海辺に「宮浜べにまんさくの湯」がある。第3火曜休(祝日の場合は翌日休)・10～23時・入浴料700円・MC 103 375 177*85・☎0829-50-0808。
問合先／廿日市市大野支所地域づくりグループ☎0829-30-2005、はつかいち観光協会大野支部☎0829-30-3533

金甲山登山口

きんこうざんとざんぐち
岡山県岡山市南区
標高5m

登山口概要／金甲山の北側、県道45号沿い。怒塚山(いかづかやま)を経由する金甲山の起点。
緯度経度／［34°34′45″］［133°57′26″］
マップコード／ 19 595 095*07
アクセス／瀬戸中央道早島ICから国道2号、県道45号経由で18km、約27分。
駐車場／登山道入口にあるが、登山者用に指定されているのは、「たまの湯」宣伝看板奥の駐車スペース。看板支柱等に指示がある。2～3台・砂+草・区画なし。
携帯電話／ドコモ3通話可・au3通話可・SB3通話可。
問合先／岡山市南区役所総務・地域振興課地域づくり推進室☎086-902-3502

熊城山・天狗シデ群落入口

くまのじょうさん・てんぐしでぐんらくいりぐち
広島県北広島町
標高610m MAP 045

登山口概要／熊城山の南東側、町道終点。熊城山や丸掛山の起点。国の天然記念物「大朝の天狗シデ群落」入口。
緯度経度／［34°43′31″］［132°25′04″］
マップコード／ 322 485 583*83
アクセス／中国道千代田ICから県道5号、国道261、433号、県道312号、町道経由で17km、約27分。県道から1.6km、約3分。途中の県道に「天狗シデ」案内標識がある。
駐車場／約25台・72×15m・舗装・区画消えかけ。
トイレ／駐車場に隣接。水洗。水道(飲用不可)・TPあり。評価☆☆☆。
携帯電話／ドコモ3通話可・au3通話可・SB3通話可。
その他／守ろう!天狗シデ群落看板、天狗の森平面図、熊城山生活環境保全林案内板ほか。
取材メモ／天狗シデは、イヌシデの変種で枝や幹が曲がりくねった独特の姿が特徴。ここだけに自生する。駐車場から徒歩2分のところに約100本が群生している。
立ち寄り湯／国道433号を南下し、県道40号へ左折すると「道の駅豊平どんぐり村」内の「どんぐり荘(龍頭の湯)」で可能。第3火曜休(1～3月と12月は第1火曜も休)・10～21時(水・木曜は11時～)・入浴料600円・MC 322 218 164*80・☎0826-84-1313。

宮浜／付近に立つ登山道案内看板

宮浜／宮浜べにまんさくの湯

金甲山／登山者用駐車スペース

天狗／天狗シデ群落入口の駐車場

天狗／同駐車場のトイレ

問合先／北広島町大朝支所地域づくり係☎050-5812-2211

熊城山・民有林林道カバノキの道終点

くまのじょうさん・みんゆうりんりんどうかばのきのみちしゅうてん
広島県北広島町
標高845m MAP 045

登山口概要／熊城山の南東側。国の天然記念物「大朝の天狗シデ群落」入口から民有林林道カバノキの道を上がった実質上終点。熊城山や丸掛山の最短起点。
緯度経度／[34°43′32″][132°24′24″]
マップコード／322 484 603*83
アクセス／中国道千代田ICから県道5号、国道261、433号、県道312号、町道、民有林林道カバノキの道（舗装。現地に林道名を示す標識なし）経由で19km、約32分。天狗シデ群落入口駐車場から2km、約6分。
駐車場／林道終点の路肩に寄せれば3～4台は駐車可。また数十m手前にも6～7台分の駐車スペースあり。
トイレ／100m手前に東屋付きトイレがある。非水洗。水道（飲用不可）・TPあり。評価☆☆。
携帯電話／ドコモ3通話可・au3通話可・SB3通話可。
その他／サクラの森平面図、熊城山生活環境保全林案内板。
立ち寄り湯／国道433号を南下し、県道40号へ左折すると「道の駅豊平どんぐり村」内の「どんぐり荘（龍頭の湯）」で可能。第3火曜休（1～3月と12月は第1火曜も休）・10～21時（水・木曜は11時～）・入浴料600円・MC 322 218 164*80・☎0826-84-1313。
問合先／北広島町大朝支所地域づくり係☎050-5812-2211

雲城山・上来原ルート登山口

くもぎやま・かみくるばらとざんぐち
島根県浜田市
標高295m

登山口概要／雲城山の北東側、市道沿い。上来原ルートを経由する雲城山の起点。
緯度経度／[34°50′31″][132°09′43″]
マップコード／241 019 592*82
アクセス／山陰道（浜田・三隅道路）相生ICから国道186号、市道経由で10km、約15分。または浜田道旭ICから県道52、5、41号、市道経由で14.5km、約22分。
駐車場／登山道入口の市道路肩に駐車スペースがある。約4台・舗装・

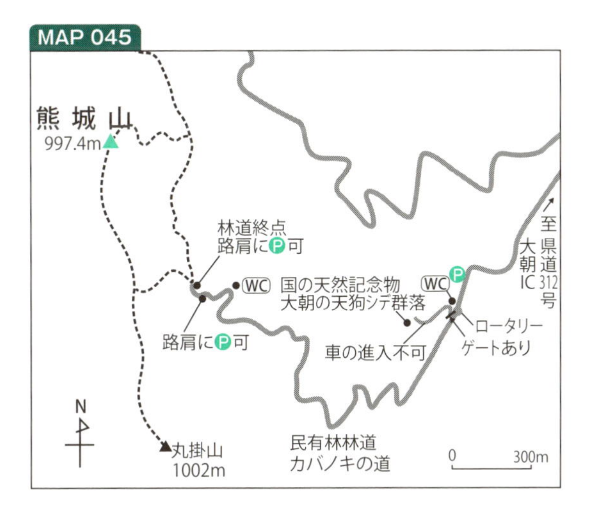

天狗／同トイレ内部

天狗／国の天然記念物・天狗シデ

カバノキ／林道終点路肩に駐車可

カバノキ／100m手前の東屋付きトイレ

雲城山／駐車スペース

区画なし。付近の住民に確認すると、登山者の駐車可とのこと。時々、登山者が車を停めているらしい。
駐車場混雑情報／その住民によると、満車になったことはないそうだ。
携帯電話／ドコモ3通話可・au3通話可・SB3通話可。
取材メモ／写真の小屋すぐ先右側が登山道入口だが、道標はない。防獣用電気柵が張られた斜めに上がって行く道が登山道。先の住民によると、登山道が荒れているかもしれない。もしかすると北側からの青原ルートの方が整備はいいかもしれないとのこと。ただ青原ルートは、登山口のアクセス道路がかなり狭い上に（そのため取材を断念した）駐車スペースの有無も不明。手前の市道三差路の幅員が広いので、路肩に置けなくもないが駐車可否は不明。
立ち寄り湯／浜田市街地方面に国道186号を8kmほど行くと「湯屋温泉リフレパークきんたの里」がある。第3水曜休（祝日の場合は営業）・10～22時・入浴料600円・MC 241 109 142*82・☎050-3033-1039。
問合先／浜田市金城支所産業建設課☎0855-42-1233、浜田市観光交流課☎0855-25-9530

倉橋島 倉橋火山・宇和木峠

くらはしじま
くらはしひやま・うわきとうげ
広島県呉市
標高148m

登山口概要／倉橋火山の西側、舗装林道沿い。火山遊歩道（倉橋八十八ヶ所・お大師道）を経由する倉橋火山の起点。
緯度経度／[34°06′56″][132°30′25″]
マップコード／ 374 106 424*52
アクセス／広島呉道路呉ICから市道、国道487号、県道35号、国道487号、県道35号、舗装林道経由で25km、約40分。
駐車場／登山道入口付近の路肩に寄せれば2台は駐車可。かつて登山者に利用されていた、倉橋グラウンド入口向かって左手の空き地は、チェーンが張られて駐車不可になっている。また峠手前（北西側）の市道幅員も広いので、ここにも路肩に寄せれば4～5台は駐車可。
携帯電話／ドコモ2通話可・au3通話可・SB3～2通話可。
その他／「火山遊歩道　倉橋八十八ヶ所・お大師道（おだいしみち）」案内板、石仏。
立ち寄り湯／市道を南下して左折すると「桂浜温泉館」がある。月曜休（祝日の場合は翌日）・10～21時（日曜と祝日は9時～）・入浴料600円・MC 374 046 773*52・☎0823-53-2575。
問合先／呉市観光振興課☎0823-25-3309、呉市農林水産課農林保全グループ（登山道の管理）☎0823-25-3338

倉橋島 倉橋火山・火山展望駐車場

→P223

狗留孫山・庄方観音法華寺

くるそんさん・
しょうかたかんのんほっけじ
山口県山口市
標高74m

登山口概要／狗留孫山の南東側、市道終点付近。奥の院や穴観音を経由する狗留孫山や鷲ヶ嶽（わしがだけ）の起点。
緯度経度／[34°11′27″][131°39′04″]
マップコード／ 358 063 462*16
アクセス／中国道徳地ICから国道489、376号、市道経由で2km、約5分。
駐車場／法華寺の西側に駐車場があり、登山者の利用可。10～12台・36×18m・砂・区画なし。
携帯電話／ドコモ3通話可・au3通話可・SB3通話可。
問合先／山口市徳地総合支所☎0835-52-1111

雲城山／登山道入口

倉橋島／路肩に寄せれば駐車可

倉橋島／桂浜温泉館

狗留孫／法華寺西側の駐車場

狗留孫／庄方観音法華寺

黒岩高原歩道入口

くろいわこうげんほどういりぐち
岡山県津山市
標高563m

登山口概要／黒岩高原歩道の南側(下流側)、舗装林道沿い。黒岩高原歩道の起点。上流側入口は、次項参照。
緯度経度／[35°14′54″][134°07′43″]
マップコード／ 390 570 382*12
アクセス／中国道津山ICから国道53号、県道6、118号、舗装林道経由で28.5km、約45分。
駐車場／歩道入口の路肩に駐車可。約2台・舗装・区画なし。
携帯電話／ドコモ圏外・au圏外・SB3通話可。
その他／黒岩高原歩道付近で見られる主な樹木解説板、黒岩高原歩道案内板。
取材メモ／黒岩高原歩道は、ここから布滝(のんだき)まで2.2km続く歩道。
立ち寄り湯／①県道118号を南下すると「あば温泉」がある。水曜休・11～21時・入浴料500円・MC 544 238 831*12・☎0868-46-7111。②津山市加茂町市街地に「百々温泉(どうどうおんせん)・めぐみ荘」がある。月曜休(祝日の場合は翌日)・10時～21時30分・入浴料510円・MC 544 021 879*12・☎0868-42-7330。
問合先／津山市加茂支所産業建設課☎0868-32-7034

黒岩高原歩道・布滝園地

くろいわこうげんほどう・のんだきえんち
岡山県津山市
標高780m

登山口概要／黒岩高原歩道の北側(上流側)、舗装林道終点。黒岩高原歩道の起点。布滝の入口。下流側入口は、前項参照。
緯度経度／[35°15′52″][134°08′08″]
マップコード／ 390 631 317*45
アクセス／中国道津山ICから国道53号、県道6、118号、舗装林道経由で32km、約53分。下の黒岩高原歩道入口(前項)から3.1km、約8分半。
駐車場／布滝園地にある。6台・18×16m・舗装・区画あり。手前の林道交差点にも10台分くらいの駐車スペースがある。
駐車場混雑情報／滝開きの「滝祭り」が行われる7月中旬(2019年度は7月15日)だけでなく、7～8月は満車になりやすい。秋も混雑する。
トイレ／布滝園地にある。簡易水洗。水道・TPあり。評価☆☆☆。
携帯電話／ドコモ圏外・au1～0だが通話可・SB圏外。
その他／布滝園地案内板、東屋。
取材メモ／布滝は、落差25m。駐車場から徒歩約3分。紅葉は10月中旬～下旬が見ごろ。
立ち寄り湯／①県道118号を南下すると「あば温泉」がある。水曜休・11～21時・入浴料500円・MC 544 238 831*12・☎0868-46-7111。②津山市加茂町市街地に「百々温泉(どうどうおんせん)・めぐみ荘」がある。月曜休(祝日の場合は翌日)・10時～21時30分・入浴料510円・MC 544 021 879*12・☎0868-42-7330。
問合先／津山市加茂支所産業建設課☎0868-32-7034

黒沢山・昭和池堰堤

くろさわやま・しょうわいけえんてい
岡山県津山市
標高208m

登山口概要／黒沢山の南側、市道沿い。黒沢山の起点。
緯度経度／[35°06′49″][133°59′09″]
マップコード／ 153 703 228*12
アクセス／中国道院庄ICから国道179号、町道、市道、県道339、343号、市道経由で11km、約18分。
駐車場／昭和池堰堤東側に駐車スペースがある。6～7台・18×14m・細砂利+草・区画なし。すぐ西側の碑の前にも3台分の駐車ス

入口／路肩に寄せれば駐車可

入口／黒岩高原歩道入口

布滝／布滝園地の駐車場

布滝／同園地のトイレ

布滝／同トイレ内部

ペースがある。
携帯電話／ドコモ3通話可・au3通話可・SB3通話可。
その他／黒沢山地域自然環境保護地区表示板、石碑、記念碑。
立ち寄り湯／①院庄IC近くにある「えびす乃ゆ・院庄店」で可能。無休・10時～深夜2時・入浴料600円・MC 153 489 714*12・☎0868-28-6432。②また昭和池西側の県道392号から少し入ったところには、「鏡野温泉」もある。月・水・金曜休・14～21時30分・入浴料500円・MC 153 669 631*12・☎0868-54-1649。
問合先／津山市観光振興課☎0868-32-2082、津山市観光協会☎0868-22-3310

黒滝山・さくら堂

くろたきやま(くろたきさん)・さくらどう
広島県竹原市
標高80m

登山口概要／黒滝山の南側、市道沿い。「幸福の鳥居」を経由する黒滝山や白滝山の起点。
緯度経度／[34°20′34″] [132°59′42″]
マップコード／ 154 614 681*87
アクセス／山陽道本郷ICから県道82、33、59号、市道経由で15km、約24分。途中、「黒滝山登山道」の案内看板がある。
駐車場／さくら堂下に駐車スペースがある。3～4台・14×6m・舗装・区画なし。
駐車場混雑情報／サクラの季節でも満車になることはない。
トイレ／少し上がったところにある。バイオ式・水道(飲用不可)・TPあり。評価☆☆☆。
携帯電話／ドコモ3通話可・au2通話可・SB3通話可。
その他／黒滝山案内板。
問合先／竹原市産業振興課商工観光振興係☎0846-22-7745

毛無山・田浪園地(毛無山山の家)

けなしがせん・たなみえんち(けなしがせんやまのいえ)
岡山県新庄村
標高695m MAP 046

登山口概要／毛無山の南東側、村道終点付近。毛無山山の家や田浪キャンプ場などがある田浪園地。毛無山や白馬山(はくばさん)、金ヶ谷山(かながやせん)、朝鍋鷲ヶ岳(あさなべわしがせん)の起点。
緯度経度／[35°13′17″] [133°31′37″]
マップコード／ 387 783 166*37
アクセス／中国道新見ICから国道180号、県道32、58号、国道181号、県道58号、村道経由で43km、約

MAP 046

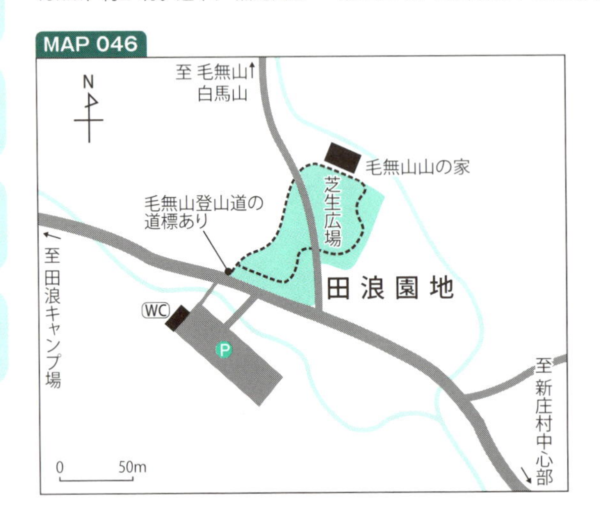

黒沢山／堰堤東側の駐車スペース

黒沢山／昭和池

黒滝山／駐車スペース

田浪／田浪園地の駐車場

田浪／同駐車場のトイレ

1時間5分。または米子道蒜山ICから国道482号、県道58号、村道経由で19km、約29分。
駐車場／田浪園地に駐車場がある。34台・62×28m・舗装・区画あり。
トイレ／駐車場に隣接。水洗。水道・TPあり。評価☆☆☆。
携帯電話／ドコモ3通話可・au圏外・SB圏外。
ドリンク自販機／トイレ前にある(PBも)。
水道設備／トイレ横に靴洗い場がある。
登山届入れ／登山道入口の掲示板にある。
その他／田浪園地総合案内板、熊出没注意看板、掲示板（毛無山～朝鍋鷲ヶ岳登山マップ)。
立ち寄り湯／県道58号を北上して蒜山高原に向かうと「蒜山ラドン温泉・休暇村蒜山高原」で可能。無休・11～15時＋18時30分～21時・入浴料500円・MC 189 121 781*37・☎0867-66-2501。
問合先／新庄村産業建設課
☎0867-56-2628

毛無山

→P71 大万木山・新生坊峠（毛無山駐車場）
→P187 福田頭下山口（昇龍の滝入口）
→P187 福田頭・福田上集会所

毛無山(大暮毛無山)登山口

けなしやま(おおぐれけなしやま)とざんぐち
広島県北広島町
標高680m

登山口概要／毛無山（大暮毛無山）の西側、町道沿い。姥御前神社(うばごぜんじんじゃ）や横吹峠（よこふきとうげ）を経由する毛無山の起点。
緯度経度／ [34°45′52″] [132°20′30″]
マップコード／ 636 341 309*83
アクセス／浜田道大朝ICから県道5、79、40号、町道経由で24km、約36分。県道から4.3km、6分半。または中国道戸河内ICから国道191、186号、県道40号、町道経由で31km、約47分。
駐車場／登山道入口手前左側に駐車スペースがある。約4台・24×5m・土＋草・区画なし。
携帯電話／ドコモ2～0通話可・au3通話可・SB0つながらず。
取材メモ／登山道入口には、「毛無山」の標識が立っている。
立ち寄り湯／①国道186号に出た近く「芸北オークガーデン」で可能。第1・3火曜休・10～21時・入浴料600円・MC 636 186 211*82・☎0826-35-1230。②国道186号を加計方面に南下すると、温井ダム（龍姫湖）湖畔に「温井スプリングス」もある。不定休・12～20時・入浴料550円・MC 363 800 074*88・☎0826-22-1200。
問合先／北広島町観光協会芸北支部（北広島町芸北支所）☎0826-35-0888

毛無山・サージタンク広場

けなしやま・さーじたんくひろば
鳥取県江府町
標高800m

登山口概要／毛無山の北側、町道終点。ウド山とカタクリ広場を経由する毛無山の起点。中国電力俣野川発電所の巨大サージタンクが目を惹く。
緯度経度／ [35°15′16″] [133°30′58″]
マップコード／ 252 017 127*37
アクセス／米子道江府ICから国道181号、県道113号、林道宝仏山線(舗装)、町道経由で16km、約27分。「毛無山登山道→」の標識が立つ県道から林道宝仏山線と町道を経由して6.6km、約13分。
駐車場／サージタンク周辺が広場になっており駐車可能。30～50台・54×16m・細砂利＋草・区画なし。
駐車場混雑情報／毎年4月29日に開催される山開きの日でも満車にはならない。

田浪／同トイレ内部

田浪／登山届入れ付き掲示板

大暮／駐車スペース

サージ／林道宝仏山線

サージ／サージタンク広場

携帯電話／ドコモ3～2通話可・au2通話可・SB2通話可。
その他／林道宝仏山線と町道交差点＝毛無山登山道案内板。サージタンク広場＝中国電力俣野川発電所サージタンク、サージタンク広場注意看板、日本海パノラマ展望台、展望案内板、毛無山周辺案内板。
取材メモ／毛無山のカタクリは、4月下旬～5月上旬が見ごろ。
問合先／江府町農林産業課☎0859-75-6610、江府町観光協会☎0859-75-6007

源明山

→P128 周防大島　嘉納山・文珠堂

鯉が窪湿原入口

こいがくぼしつげんいりぐち
岡山県新見市
標高535m MAP 047

登山口概要／鯉が窪湿原（国の天然記念物）の北東側、市道沿い。鯉が窪湿原自然観察路の起点。
緯度経度／［34°55′16″］［133°21′24″］
マップコード／ 326 628 123*03
アクセス／中国道東城ICから国道182号、市道経由で13km、約22分。または中国道新見ICから国道180号、県道33、157、30号、市道経由で20km、約32分。付近に「鯉が窪湿原」の案内標識あり。
駐車場／第1駐車場＝計25台・40×5mなど2面・小石＋細砂利＋土＋草・区画あり。400m北側に広い約40台分の第2駐車場もある。
駐車場混雑情報／満車になることはない。
鯉が窪湿原／開園期間4月上旬～11月上旬・期間中無休・8時30分～17時（開園期間・開園時間以外でも湿原散策は可能。鯉が窪湿原資料展示館はシャッターが閉まっているが、脇から入れる。保護協力金は、回収箱に入れる）・保護協力金一人200円・☎0867-94-2347。
トイレ／鯉が窪湿原資料展示館内にあるが、取材時は開園時間前だったため詳細不明。
携帯電話／ドコモ1～0だが通話可・au圏外・SB3通話可。
その他／保護協力金回収箱（巡視員不在の場合はここへ入れる）、鯉が窪湿原資料展示館（管理事務所）、鯉が窪湿原自然環境保全地域案内板、鯉ヶ窪湿生植物群落解説板、新見癒しの名勝遺産・鯉が窪湿原解説板、貸し出し杖。
取材メモ／鯉が窪湿原のリュウキンカは5月上旬～下旬、オグラセンノウは7月中旬～8月中旬、サギソウは7月下旬～8月下旬が見ごろ。
問合先／鯉が窪湿原管理事務所☎0867-94-2347、新見市哲西支

MAP 047

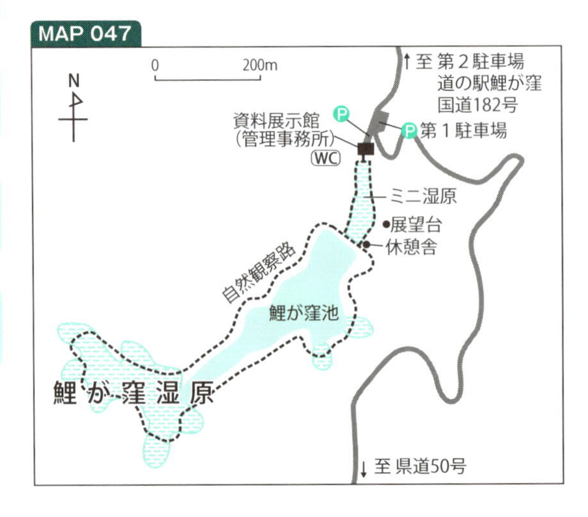

サージ／登山道入口

鯉が窪／第1駐車場

鯉が窪／鯉が窪湿原入口

鯉が窪／鯉が窪湿原資料展示館

鯉が窪／鯉が窪湿原

局地域振興課☎0867-94-2111、新見市観光協会☎0867-72-1177

豪円山・豪円山キャンプ場

ごうえんざん・ごうえんざんきゃんぷじょう
鳥取県大山町
標高805m MAP 072 (P138)

登山口概要／豪円山の南東側、県道30号沿い。豪円山や寂静山（じゃくじょうさん）の起点。
緯度経度／[35°23′48″][133°32′03″]
マップコード／ 252 529 192*37
アクセス／山陰道（米子道路）米子IC・米子道米子ICから県道24、30号経由で14km、約21分。
駐車場／豪円山キャンプ場に駐車場がある。2019年度よりキャンプ場の改修工事を予定。
携帯電話／ドコモ3通話可・au3通話可・SB3通話可。
ドリンク自販機／付近の商店前にある（PBも）。
立ち寄り湯／大山寺に続く御幸参道本通りに「豪円湯院（ごうえんゆいん）」がある。不定休・11～20時・入浴料390円・MC 252 499 690*37・☎0859-48-6801。
問合先／自然公園財団鳥取支部大山事業地（キャンプ場や駐車場に関して）☎0859-52-2165、大山観光局☎0859-52-2502、大山町観光課☎0859-53-3110

神ノ上山・和気町役場

こうのうえやま・わけちょうやくば
岡山県和気町
標高25m

登山口概要／神ノ上山の南側、町道沿い。和気富士や観音山などを経由する神ノ上山の起点。和気アルプスの起点。
緯度経度／[34°48′12″][134°09′28″]
マップコード／ 151 799 007*18
アクセス／山陽道和気ICから国道374号、県道395号、町道経由で2.5km、約5分。
駐車場／和気町役場に広い駐車場があり、登山者の利用可とのこと。早朝でも駐車はできる。約180台・55×50mなど3面・舗装・区画あり。
駐車場混雑情報／イベントなどがある時は、満車になることも。取材をした2019年6月25日は、快晴の火曜だったが、到着した12時半の時点で、7割程度埋まっていた。
トイレ／和気町役場開庁時間内（8時30分～17時15分）であれば庁内のトイレも利用可。詳細不明。
携帯電話／ドコモ3通話可・au3通話可・SB3通話可。
取材メモ／和気アルプスは、マツタケ山のため、9月23日（または24日）から11月15日までは全山入山禁止になる。
立ち寄り湯／国道374号を北上して県道414号に進むと「和気鵜飼谷温泉（わけうがいだにおんせん）」がある。無休・9～21時・入浴料700円・MC 151 827 170*18・☎0869-92-9001。
問合先／和気町産業振興課商工観光係☎0869-93-1126、和気町観光協会☎0869-92-4678

河平連山登山口（松ヶ原町奥）

こうひられんざんとざんぐち（まつがはらちょうおく）
広島県廿日市市
標高227m

登山口概要／河平連山・0号峰の南東側、市道沿い。馬ヶ峠を経由する河平連山の起点。
緯度経度／[34°17′58″][132°12′49″]
マップコード／ 103 460 508*85
アクセス／山陽道大野ICから県道289号、市道、県道42号、市道経由で7km、約12分。または山陽道大竹ICから国道2号、県道42号、市道経由で7.5km、約13分。県道に立つ「河平連山登山口」の案内看板に従って、斜め左の市道へ。ここから800m、約2分。
駐車場／登山道入口の30m手前左側に駐車スペースがある。1台・土+草・区画なし。また手前の三差

豪円山／キャンプ場の駐車場

豪円山／登山道入口と豪円山

神ノ上／和気町役場と駐車場

松ヶ原／県道から市道へ

松ヶ原／駐車スペース

路を右折してすぐの路肩に寄せれば5～6台は駐車可。
携帯電話／ドコモ3通話可・au3通話可・SB3通話可。
取材メモ／登山道入口には「河平連山（飛行機山）登山口」などの案内看板が立っている。県道と市道の交差点がある松ヶ原町は大竹市の飛び地だが、登山道入口の地籍は厳密には廿日市市で、駐車スペース付近にその境界がある。ただ登山口には大竹市松ヶ原財産区と松ヶ原町自治会の名前で立てられている看板もあった。別名・飛行機山。大正12（1923）年に0号峰の岩峰に旧日本軍の飛行機が激突したことが由来。
その他／手前の三差路＝河平連山（飛行機山）ハイキングコース案内板。
立ち寄り湯／海岸沿いの宮浜温泉に行くと「宮浜べにまんさくの湯」がある。第3火曜休（祝日の場合は翌日）・10～23時・入浴料700円・MC 103 375 177*85・☎0829-50-0808。
問合先／廿日市市大野支所地域づくりグループ☎0829-30-2005、はつかいち観光協会大野支部☎0829-30-3533、大竹市産業振興課商工振興係☎0827-59-2131

河平連山・東登山口（大里ヶ峠）

こうひられんざん・ひがしとざんぐち（おおりがとうげ）
広島県廿日市市
標高300m

登山口概要／河平連山・0号峰の北東側、県道42号沿い。5号峰などを経由する河平連山の起点。
緯度経度／［34°18′38″］［132°13′13″］
マップコード／ 103 491 802*85
アクセス／山陽道大野ICから県道289号、市道、県道42号経由で7.5km、約13分。または山陽道大竹ICから国道2号、県道42号経由で8km、約13分。
駐車場／登山道入口に駐車スペースがある。スペース自体はそこそこ長いが、スペースと県道の間にブロックがあるため、駐車する際はブロックがない切れ目から車を入れ、複数台の場合は縦列駐車することになる。なるべく山側に寄せて停めたい。約6台・80×4m・舗装・区画なし。
携帯電話／ドコモ2～0通話可・au2通話可・SB圏外。
その他／河平連山ハイキングコース案内板。
立ち寄り湯／海岸沿いの宮浜温泉に行くと「宮浜べにまんさくの湯」がある。第3火曜休（祝日の場合は翌日）・10～23時・入浴料700円・MC 103 375 177*85・☎0829-50-0808。
問合先／廿日市市大野支所地域づくりグループ☎0829-30-2005、はつかいち観光協会大野支部☎0829-30-3533

孝霊山登山口

こうれいざんとざんぐち
鳥取県大山町
標高247m

登山口概要／孝霊山の北西側、舗装農道終点。孝霊山無線中継所管理道路を経由する孝霊山の起点。
緯度経度／［35°26′59″］［133°28′19″］
マップコード／ 252 701 538*31
アクセス／山陰道（米子道路）淀江ICから県道279、310号、舗装農道経由で4.5m、約8分。
駐車場／コンクリート製貯水槽手前に1台、路肩に2台駐車可。
携帯電話／ドコモ2通話可・au3通話可・SB3通話可。
取材メモ／農道終点から右手に続く道が孝霊山無線中継所管理道路。ここに「孝霊山登山口」の標柱が立っている。
問合先／大山町観光課☎0859-53-3110

虚空蔵山・並滝寺池

こくぞうやま・なみたきじいけ
広島県東広島市
標高405m

登山口概要／虚空蔵山の南西側、

東／駐車スペースと登山道入口

東／ハイキングコース案内板

孝霊山／駐車スペース

虚空蔵／駐車スペース

虚空蔵／登山道入口

県道80号沿い。岩室山（いわむろやま）Aコースを経由する虚空蔵山の起点。
緯度経度／[34°28′56″]
[132°42′42″]
マップコード／ 168 220 441*80
アクセス／山陽道志和ICから県道83号、国道2号、県道80号経由で12.5km、約20分。
駐車場／登山道入口の斜め向かいに駐車スペースがある。5台・18×10m・舗装・区画なし。
携帯電話／ドコモ3通話可・au1だが通話可・SB圏外。
その他／虚空蔵山解説板。
問合先／東広島市観光振興課
☎082-420-0941

極楽寺山・憩いの森

ごくらくじやま・いこいのもり
広島県廿日市市
標高633m（第1駐車場）
標高653m（第2駐車場）
MAP 048

登山口概要／極楽寺山の北西側、または南西側、舗装林道沿い。極楽寺山の起点。中国自然歩道の起点。
緯度経度／[34°23′26″]
[132°18′47″]（第1駐車場）
[34°23′17″]
[132°18′55″]（第2駐車場）
マップコード／ 103 802 446*88（第1駐車場）
103 803 185*0（第2駐車場）
アクセス／山陽道廿日市ICから国道2、433号、舗装林道経由で12km、約20分で第1駐車場。さらに500mで、第2駐車場に着く。
駐車場／キャンプ場に第1駐車場、奥に第2駐車場があり、どちらも登山者の利用可とのこと。第1駐車場＝65台・68×22m・舗装・区画あり。第2駐車場＝計約40台・46×32mなど2面・舗装・区画なし（上の駐車場は区画あり）。
駐車場混雑情報／混雑することはない。
トイレ／第1駐車場と第2駐車場にそれぞれある。第1駐車場のトイレ＝水洗。水道・TPあり。評価☆☆☆～☆☆。第2駐車場のトイレ＝水洗。水道・TPあり。評価☆☆。
携帯電話／第1駐車場＝ドコモ3通話可・au1通話可だが若干途切れる・SB3通話可。第2駐車場＝ドコモ2～0通話可・au2通話可・SB3通話可
ドリンク自販機／キャンプ場管理事務所前にある（PBも）。
その他／第1駐車場＝キャンプ場管理事務所、瀬戸内海国立公園案内板、極楽寺山案内板、探勝歩道案内板、瀬戸内海国立公園極楽寺山案内板、東屋。第2駐車場＝極楽寺山案内板、公園利用者にお願い、国立公園につき動植物の持ち去り

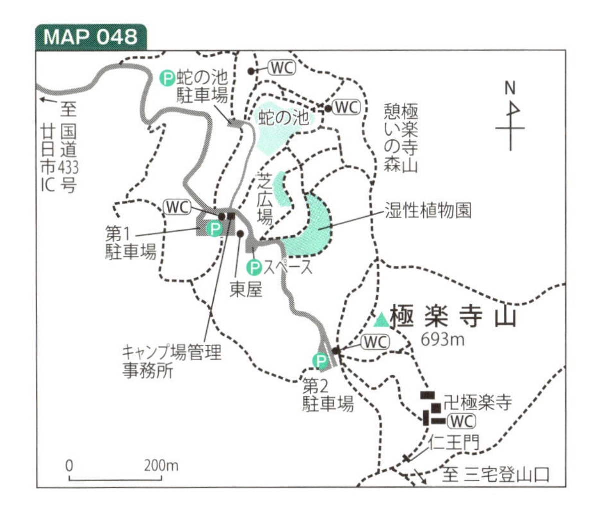

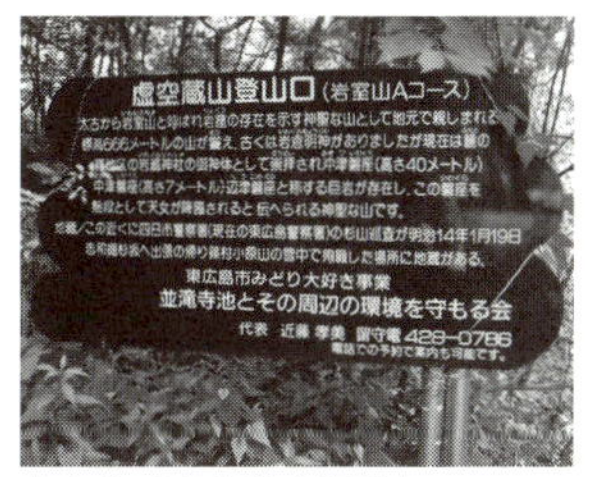

虚空蔵／虚空蔵山解説板

憩い／キャンプ場管理事務所

憩い／第1駐車場

憩い／同駐車場のトイレ

憩い／同トイレ内部

厳禁、熊出没注意張り紙、修行大師像、極楽寺山の野鳥解説板。

取材メモ／極楽寺山・蛇の池のスイレンは、6月中旬～7月下旬が見ごろ。「睡蓮まつり」も開催される。

立ち寄り湯／楽々園駅近くに「塩屋天然温泉 ほの湯 楽々園」がある。不定休・9時～深夜0時（土・日曜、祝日は8時～）・入浴料800円・MC 103 687 863*85・☎082-921-1126。

問合先／極楽寺山キャンプ場管理事務所（駐車場とキャンプ場に関して）☎0829-38-2650、廿日市市観光課観光振興係☎0829-30-9141、はつかいち観光協会☎0829-31-5656

極楽寺山・三宅コース登山口（宮島カンツリー倶楽部奥）

ごくらくじやま・みやけこーすとざんぐち（みやじまかんつりーくらぶおく）

広島県広島市佐伯区

標高233m　MAP 049

登山口概要／極楽寺山の南東側、市道終点。三宅コースを経由する極楽寺山の起点。中国自然歩道の起点。

緯度経度／［34°22′46″］［132°19′39″］

マップコード／ 103 774 138*88

アクセス／山陽道五日市ICから県道71、290号、国道2号、市道経由で11km、約18分。※西広島バイパス（国道2号）本線に入らずに側道を進むこと。また山陽道宮島SAスマートICからアクセスする方法もあるが、わかりにくい。

駐車場／市道終点～貴船原横断橋手前の路肩に寄せれば駐車可。また貴船原横断橋西側たもとに計5台分の駐車スペースがある。計約25台・舗装・区画なし。

駐車場混雑情報／取材した2019年7月16日は、海の日3連休明けの平日（火曜日）にも関わらず、快晴だったこともあってか、到着した9時の時点でほぼ満車。貴船原横断橋東側の道路路肩まで車の列が続き、取材中にも2、3台の車が次々にやって来るような状況だった。極楽寺山によく登りにきているという登山者は、「平日にこんなに混んでいたのは初めてだ」と驚いていた。

携帯電話／ドコモ3通話可・au3通話可・SB3～2通話可。

その他／中国自然歩道案内板、テーブル・ベンチ。

立ち寄り湯／①楽々園駅近くに「塩屋天然温泉 ほの湯 楽々園」がある。不定休・9時～深夜0時（土・日曜、祝日は8時～）・入浴料800円・MC 103 687 863*85・☎082-921-1126。②五日市方面に出て県道290号を北上すると、美鈴が丘入口付近に「五日市天然温

憩い／第2駐車場

憩い／同駐車場のトイレ

三宅／貴船原横断橋

三宅／路肩に寄せれば駐車可

三宅／案内板とテーブル・ベンチ

MAP 049

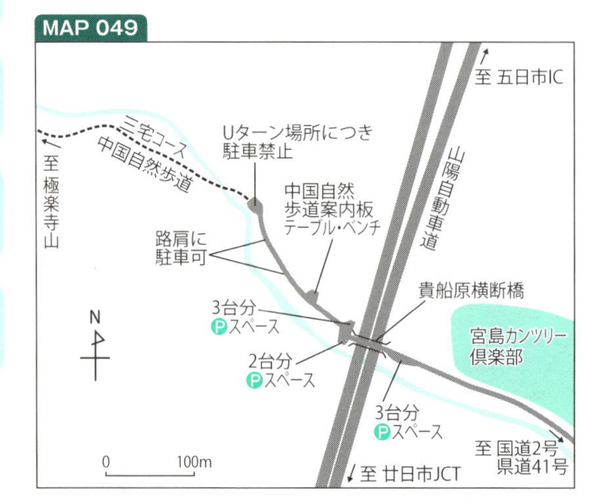

泉ゆらゆら」がある。無休・7時～深夜1時・入浴料700円・MC 103 839 258*88・☎082-929-2226。
問合先／広島市佐伯区地域起こし推進課☎082-943-9705

小五郎山・金山谷登山口

こごろうやま・かなやまだにとざんぐち
山口県岩国市
標高455m

登山口概要／小五郎山の西側、舗装林道沿い。金山谷コースを経由する小五郎山の起点。
緯度経度／[34°25′14″][131°59′42″]
マップコード／ 513 029 080*11
アクセス／中国道六日市ICから国道187号、県道16号、市道、舗装林道経由で15km、約28分。県道に立つ「長瀬峡」の緑色案内看板に従って左折。そこから5kmで、前方の石垣に設置された「↑長瀬峡 西中国山地国定公園　小五郎山→」の大きな標識が見えてくる。これに従い右折し、甲羅ガ谷橋を渡って左折。「小五郎山登山道駐車場」の案内看板を見て、さらに川沿いの道を民家の奥に進むと、右カーブの先に駐車場がある。
駐車場／登山道入口手前左側に「小五郎山登山道駐車場」がある。6～7台・35×5m・草・区画なし。
携帯電話／ドコモ3通話可・au圏外・SB圏外。
立ち寄り湯／中国道六日町ICそばの「道の駅むいかいち温泉」内にある「むいかいち温泉ゆ・ら・ら」で可能。第2水曜休・10～22時・入浴料580円・MC 354 638 885*11・☎0856-77-3001。
問合先／なし

小五郎山・向峠登山口

こごろうやま・むかたおとざんぐち
山口県岩国市
標高382m

登山口概要／小五郎山の南側、県道16号沿い。向峠コースを経由する小五郎山の起点。
緯度経度／[34°23′18″][132°00′58″]
マップコード／ 354 797 186*11
アクセス／中国道六日市ICから国道187号、県道16号経由で12.5km、約20分。
駐車場／向峠バス停南側の県道は幅員が広く、西側の路肩に寄せれば駐車可。約15台・54×2m・舗装・区画なし。
携帯電話／ドコモ3通話可・au3通話可・SB3通話可。
その他／向峠バス停（岩国市生活交通バス）。
立ち寄り湯／中国道六日町ICそばの「道の駅むいかいち温泉」内にある「むいかいち温泉ゆ・ら・ら」で可能。第2水曜休・10～22時・入浴料580円・MC 354 638 885*11・☎0856-77-3001。
問合先／なし

呉娑々宇山・水分峡入口

→P223

小田山登山口

こたさんとざんぐち
広島県東広島市
標高278m

登山口概要／小田山の南西側、県道34号から舗装林道に入った終点。小田山の起点。
緯度経度／[34°20′38″][132°37′34″]
マップコード／ 102 615 793*86
アクセス／東広島呉道路黒瀬ICから県道34号、舗装林道経由で3km、約6分。付近には山に向かってのびる道路が3本あり、紛らわしい。本項登山口に続く舗装林道入口は、写真の小田山案内板が目印。ここから200m、約2分。
駐車場／舗装林道終点に駐車スペースがある。約2台・舗装・区画なし。先行して1台停まっていると、車の転回は厳しい。
携帯電話／ドコモ3通話可・au3通話可・SB3通話可。
その他／小田山案内板。
立ち寄り湯／温泉ではないが、県

金山谷／小五郎山の大きな標識

金山谷／小五郎山登山道駐車場

向峠／県道路肩に寄せれば駐車可

小田山／案内板立つ舗装林道入口

小田山／同小田山案内板

道34号を2.5km東進すると黒瀬IC手前に「スーパー銭湯・雲母の里」がある。第3水曜休・10時～深夜0時・入浴料450円（露天・サウナ付き650円、手ぶらセット800円）・MC 102 588 512*86・☎0823-82-1126。
問合先／東広島市黒瀬支所地域振興課0823-82-0216

琴引山・琴引フォレストパークスキー場

ことびきやま・ことびきふぉれすとぱーくすきーじょう
島根県飯南町
標高535m MAP 050

登山口概要／琴引山の北西側、町道終点。「弦の清水」を経由する琴引山の起点。
緯度経度／［35°03′18″］［132°46′04″］
マップコード／ 543 182 193*27
アクセス／中国道三次ICから国道375、54号、町道経由で43km、約1時間5分。または松江道雲南吉田ICから県道38、273号、国道54号、町道経由で22.5km、約34分。
駐車場／琴引フォレストパークスキー場に駐車スペースがある。5～6台・24×6m・舗装・区画なし。取材時、スキー場の大駐車場は閉鎖されていた。
携帯電話／ドコモ3通話可・au3通話可・SB3通話可。
その他／琴引山登山案内板ほか。
取材メモ／琴引山の登山道入口はわかりにくいが、駐車場にある琴引山登山案内板にイラスト付きで説明されている。
立ち寄り湯／①帰路、スキー場から少し下ったところにある「琴引ビレッジ山荘」は、人工温泉だが立ち寄り湯が可能。水曜休（繁忙期は営業することもある）・15～21時（土・日曜、祝日は13時～）・入浴料500円・MC 543 182 608*27・☎0854-72-1035。②近くの国道184号沿いには「加田の湯（かだのゆ）」もある。第2、第4火曜休・10～20時・入浴料400円・MC 430 478 525*27・☎0854-76-3357。③また国道54号に出て右折すると頓原地区に「頓原天然炭酸温泉」がある。木曜休・11～20時・入浴料500円・MC 543 275 312*27・☎0854-72-0880。
問合先／飯南町産業振興課☎0854-76-2214、飯南町観光協会☎0854-76-9050

駒の尾山・林道ダルガ峰線

→P223

小田山／駐車スペース

琴引山／駐車スペース

琴引山／琴引山登山案内板

琴引山／敷波登山口

駒の尾／琴引ビレッジ山荘

MAP 050

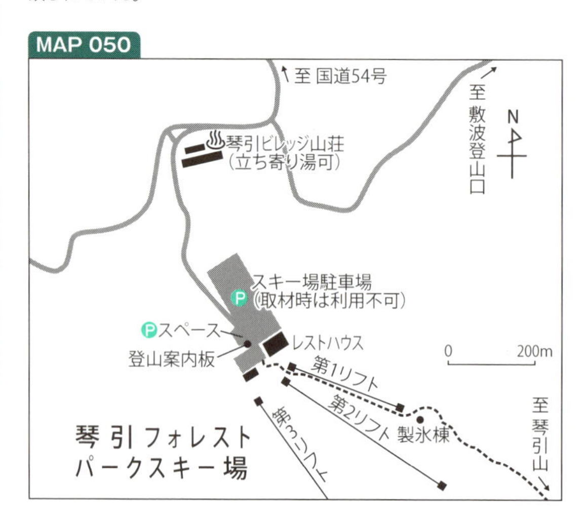

駒の尾山・林道竹の頭線

こまのおやま・
りんどうたけのあたません
岡山県美作市
標高852m

登山口概要／駒の尾山の南側、林道竹の頭線沿い。駒の尾山の起点。
緯度経度／［35°11′03″］［134°23′06″］（登山道入口）［35°10′57″］［134°23′01″］（300m先駐車スペース）
マップコード／ 304 631 645*13（登山道入口） 304 631 460*13（300m先駐車スペース）
アクセス／鳥取道大原ICから国道373、429号、市道、林道竹の頭線（舗装。現地に林道名を示す標識なし。路面上の石に注意）経由で15.5km、約28分。後山キャンプ場手前で「駒の尾山」の道標に従って左折する。ここから2.6km、約10分。
駐車場／登山道入口手前のカーブミラー地点路肩に寄せれば約3台の駐車可。またさらに林道を300m進むと右側に駐車スペースがある。3台・22×6m・舗装・区画なし。
携帯電話／登山道入口＝ドコモ2通話可・au圏外・SB3通話可。300m先駐車スペース＝ドコモ3通話可・au3～2通話可だが、つながるまで時間を要した・SB3通話可。
取材メモ／登山道入口には「駒の尾山頂上→」の道標が立っている。
立ち寄り湯／山麓の「愛の村パーク」にある「東粟倉温泉ゆ・ら・り・あ」で可能。水曜休・12～18時・入浴料600円・MC 304 570 689*13・☎0868-78-0202。
問合先／美作市東粟倉総合支所☎0868-78-3133

小室井山・広島県立もみのき森林公園

こむろいやま・ひろしまけんりつもみのきしんりんこうえん
広島県廿日市市
標高890m MAP 051

登山口概要／小室井山の南側、もみのき森林公園（森林浴の森100選）の公園管理道路沿い。小室井山の起点。園内遊歩道の起点。
緯度経度／［34°28′47″］［132°10′40″］
マップコード／ 363 216 169*88
アクセス／中国道吉和ICから国道488号、公園管理道路経由で6.5km、約10分。国道488号は、3月15日～12月15日に冬期閉鎖されるが、吉和側は除雪され通年通行が可能。
広島県立もみのき森林公園／通年営業・第3火曜休（祝日の場合は営業）・7～22時・☎0829-77-2011。もみのき荘（宿泊・レストラン・売店・カフェ。8時30分～17時30分）、キャンプ場、オートキャンプ場等。
駐車場／もみのき森林公園に駐車場があるが、利用できるのは7～22時。時間外は手前のゲートで施錠される。もみのき荘前の駐車場＝約300台・75×32mなど7面・舗装・区画あり。ほかに広い駐車場が複数あり、園内で合計1000台駐車可。
駐車場混雑情報／稀にイベント時に混雑することはあるが、満車になることはない。
トイレ／もみのき荘にある。水洗（温水洗浄便座付き）。水道・TPあり。評価☆☆☆。ほかにもみのき荘手前の道路沿い、キャンプ場やオートキャンプ場などにもある。
携帯電話／ドコモ3通話可・au3通話可・SB3通話可。
ドリンク自販機／もみのき荘やグラウンド、オートキャンプ場にある（PBも）。
その他／もみのき森林公園案内板、公園利用上の規則。
取材メモ／もみのき荘で園内マップを頒布しているほか、公式サイ

駒の尾／路肩に寄せれば駐車可

駒の尾／300m先右側の駐車スペース

駒の尾／登山道入口

小室井／森林公園駐車場①

小室井／森林公園駐車場②

トからダウンロードもできる。小室井山登山道入口は、もみのき荘の300m東側にあるが、園内には複雑に遊歩道がのびており、登山の際に園内マップがある方が便利。
立ち寄り湯／①中国道吉和ICを過ぎて県道296号に入ると「女鹿平温泉・クヴェーレ吉和」がある。月曜休（祝日の場合は営業）・10～21時・入浴料700円・MC 363 272 349*88・☎0829-77-2277。②国道488号で湯来温泉に向かうと「広島市国民宿舎・湯来ロッジ」で可能。無休・10～21時・入浴料570円・MC 363 194 422*88・☎0829-85-0111。
問合先／もみのき森林公園☎0829-77-2011、廿日市市吉和支所地域づくりグループ☎0829-77-2112、廿日市市観光協会吉和支部☎0829-77-2404

御陵

→P177 比婆山連峰・比婆山古道入口
→P178 比婆山連峰・ひろしま県民の森

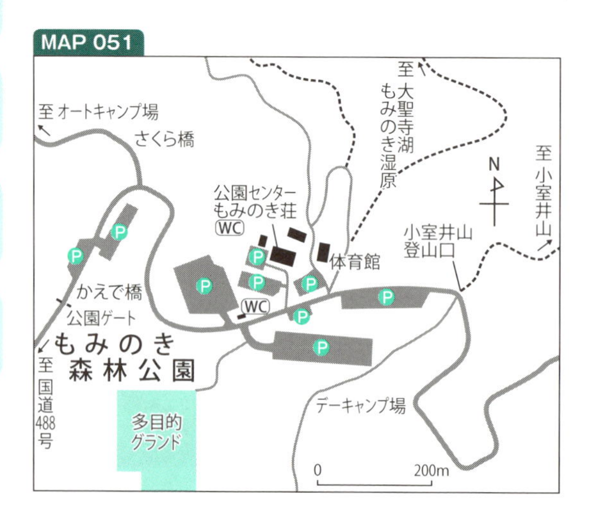

小室井／公園センター・もみのき荘

小室井／同施設内のトイレ

小室井／道路沿いトイレがある施設

小室井／もみのき森林公園案内板

小室井／クヴェーレ吉和の露天風呂

佐伯天神山

→P154 天神山・天石門別神社

猿政山・内尾谷登山口

さるまさやま・
うちおだにとざんぐち
島根県奥出雲町
標高535m

登山口概要／猿政山の北西側、林道内尾谷線沿い。内尾谷集落（廃村？）のすぐ手前。猿政山の島根県側起点。

緯度経度／［35°05′40″］［132°57′16″］

マップコード／ 388 309 865*35

アクセス／松江道高野ICから県道39号、国道432号、町道、林道内尾谷線（未舗装。路面評価★★★★～★★★。終盤★★★～★★）経由で16.5km、約32分。または松江道雲南吉田ICから県道38号、国道432号、町道、林道内尾谷線（未舗装。路面評価★★★★～★★★。終盤★★★～★★）経由で21.5km、約39分。国道432号から「可部屋集成館」の案内看板に従う。可部屋集成館前を通り過ぎ、右折して橋を渡り、林道内尾谷線へ。可部屋集成館から2.4km、約10分。

駐車場／内尾谷集落の少し手前、阿井鳥獣保護区域区域図が立つ場所。すぐ手前左側に1台分、区域図前に1台分の駐車スペースがある。ただし、後者のスペースには、コンクリート枡が口を開けていて、うっかりタイヤを落とさないように注意。枡をまたげば駐車可。また500m手前左側にも2台分の駐車スペースがある。

携帯電話／ドコモ圏外・au圏外・SB圏外。

その他／阿井鳥獣保護区域区域図。

立ち寄り湯／高野ICに戻る手前、県道39号沿いの庄原市高野保健福祉センター裏手に「たかの温泉・神之瀬の湯（かんのせのゆ）」がある。水曜休・10～21時・入浴料350円・MC 388 094 331*35・☎0824-86-2251。

問合先／奥出雲町商工観光課☎0854-54-2504、奥出雲町観光協会☎0854-54-2260

猿政山・林道猿政線
（広島県側）

→P223

三ヶ上・上斎原振興センター駐車場

さんがじょう・かみさいばら
しんこうせんたーちゅうしゃじょう
岡山県鏡野町
標高483m

登山口概要／三ヶ上の北西側、国道179号沿い。三ヶ上の起点。

緯度経度／［35°16′45″］［133°55′31″］

マップコード／ 544 396 100*45

アクセス／中国道院庄ICから国道179号経由で28km、約42分。

駐車場／上斎原振興センター駐車場は、登山者の利用可とのこと。ただし駐車可能台数が少ないので、団体利用は不可。駐車する際に振興センターに立ち寄り、ひとこと声をかけてほしいとのこと。センターの開庁時間は、8時30分～17時15分。休日も日直の職員がいる。約8台・22×20m・舗装・区画なし。

トイレ／上斎原振興センターの北側に公衆トイレがある。水洗。水道・TPあり。評価☆☆☆。

携帯電話／ドコモ3通話可・au3通話可・SB3通話可。

公衆電話／トイレ前にカード・コイン式公衆電話がある。

ドリンク自販機／国道向かいのJA前にある（PBも）。

取材メモ／上斎原振興センターから国道を150m南下。湯ノ谷橋を渡った先を左折する。ここには「←三ヶ上」の小さな標識がある。

猿政山／国道432号から町道へ

猿政山／林道内尾谷線

猿政山／駐車スペース

三ヶ上／上斎原振興センターと駐車場

三ヶ上／北側の公衆トイレ

立ち寄り湯／①目の前の交差点から400m西進すると「クアガーデンこのか」がある。第2水曜休（8月は営業）・11～20時（夏休み期間は～21時）・入浴料600円・MC 544 365 869*45・☎0868-44-2281。②国道を南下して奥津温泉に行くと「花美人の里」がある。第2木曜休（祝日の場合は前日）・10～19時（土・日曜、祝日は～20時）・入浴料720円・MC 544 185 170*45・☎0868-52-0788。③また1kmほど南には「大釣温泉」もある。火曜休（祝日の場合は翌日）・10～19時（冬期は～18時）・入浴料540円・MC 544 155 244*45・☎0868-52-0700。
問合先／鏡野町上齋原振興センター☎0868-44-2111、鏡野町産業観光課商工観光係☎0868-54-2987

三郡山登山口（雲南側）

さんぐんさんとざんぐち
（うんなんがわ）
島根県雲南市
標高413m

登山口概要／三郡山の北側、上久野農道沿い。三郡山の雲南側起点。
緯度経度／［35°15′59″］［133°04′01″］
マップコード／ 826 038 520*35
アクセス／松江道三刀屋木次ICから県道45号、上久野農道（舗装）経由で20km、約32分。県道や途中の農道に「三郡山登山道」の標識あり。
駐車場／登山者用の駐車場があり、「三郡山登山道入り口駐車場」の看板が立っている。約3台・16×10m・砂+砂利+草・区画なし。
駐車場混雑情報／混雑することはない。
携帯電話／ドコモ3通話可・au3通話可・SB2～1通話可。
その他／三郡山登山道案内板。
立ち寄り湯／県道25号で奥出雲町に向かうと「佐白温泉・長者の湯」がある。第2、第4火曜休・6～8時+10～21時・入浴料400円・MC 388 823 470*35・☎0854-54-0203。
問合先／雲南市観光協会☎0854-42-9770、雲南市観光振興課☎0854-40-1054、久野地区振興会☎0854-47-0040、島根県自然環境課☎0852-22-6172

三郡山登山口（奥出雲側）

さんぐんさんとざんぐち
（おくいずもがわ）
島根県奥出雲町
標高448m

登山口概要／三郡山の南西側、舗装林道沿い（実質上の終点）。「切り割の峠」を経由する三郡山の奥出雲側起点。
緯度経度／［35°14′23″］［133°03′50″］
マップコード／ 388 862 359*35
アクセス／松江道高野ICから県道35号、国道432号、町道、舗装林道（狭い道。すれ違い困難）経由で37km、約52分。または松江道三刀屋木次ICから県道45、25、156号、亀嵩農免農道、舗装林道（狭い道。すれ違い困難）経由で23km、約37分。舗装林道の幅員が極端に狭くなる手前、左手前側奥が駐車場。入口に立つ三郡山自然観察路案内板が目印。
駐車場／約5台・26×8m・小石+土+草・区画なし。
携帯電話／ドコモ3～2通話可・au2～1通話可・SB圏外。
その他／手前の農道交差点と駐車場＝三郡山自然観察路案内板。
立ち寄り湯／①山麓に戻ると、国道432号の反対側に「亀嵩温泉・玉峰山荘（かめだけおんせん・たまみねさんそう）」がある。無休・10～22時・入浴料600円・MC 388 805 438*35・☎0854-57-0800。②また県道25号で三刀屋木次ICに戻る途中には「佐白温泉・長者の湯」がある。第2、第4火曜休・6～8時+10～21時・入浴料400円・MC 388 823 470*35・☎0854-54-0203。
問合先／奥出雲町観光協会☎0854-54-2260、奥出雲町

雲南／三郡山登山道入り口駐車場

雲南／登山道入口

奥出雲／舗装林道

奥出雲／登山者用駐車場

奥出雲／登山道入口

商工観光課☎0854-54-2504、島根県自然環境課☎0852-22-6172

三鈷峰(さんこほう)

→P138 大山・大山第1～第5駐車場(博労座)
→P139 大山・南光河原駐車場(大山寺橋)

三十人ヶ仙
(さんじゅうにんがせん)

→P153 天狗岩・勝間田高校倉見演習林宿舎奥

三段峡・正面口

さんだんきょう・しょうめんぐち
広島県安芸太田町
標高344m MAP 052

登山口概要／三段峡(森林浴の森100選)・黒淵の南東側、県道249号終点。長淵や黒淵を経由する三段峡の起点。
緯度経度／[34°35′57″][132°12′33″]
マップコード／ 363 640 462*88
アクセス／中国道戸河内ICから国道191号、県道249号経由で8km、約12分。
駐車場／有料1回400円。休日と紅葉シーズンのみ。約500台・150×30～10mなど5面・舗装・区画あり。※早朝でも駐車可。平日は、駐車場管理人が不在となり、実質的に無料。
駐車場混雑情報／満車になるのは、紅葉シーズン中に1回あるかないかくらい。
トイレ／一番広い駐車場にある。水洗。水道・TPあり。評価☆☆☆。
携帯電話／ドコモ3通話可・au3通話可・SB3通話可。
公衆電話／三段峡交流館横にカード・コイン式公衆電話ボックスがある。
ドリンク自販機／付近の商店前にある(PBも)。
その他／三段峡交流館、安芸太田町散策マップ、三段峡案内板、土産物屋、旅館・ホテル、三段峡バス停(広島電鉄バス・石見交通バス)、熊南峯之碑。
水梨口行き定期マイクロバス／正面口～水梨口を結ぶバス。4月下旬～10月下旬の土曜・日曜、祝日に1日1往復(10月下旬～11月下旬の紅葉シーズンは毎日運行)・片道700円・三段峡交通☎0826-28-2011。
取材メモ／三段峡のガイドツアーや森林セラピーツアーもある。要予約。詳しくは安芸太田町観光協会(一般社団法人地域商社あきおおた)☎0826-28-1800へ。なお三段峡の新緑は4月下旬～5月中旬、三段峡上流域の紅葉は10月下旬～11月上旬、下流域の紅葉は11

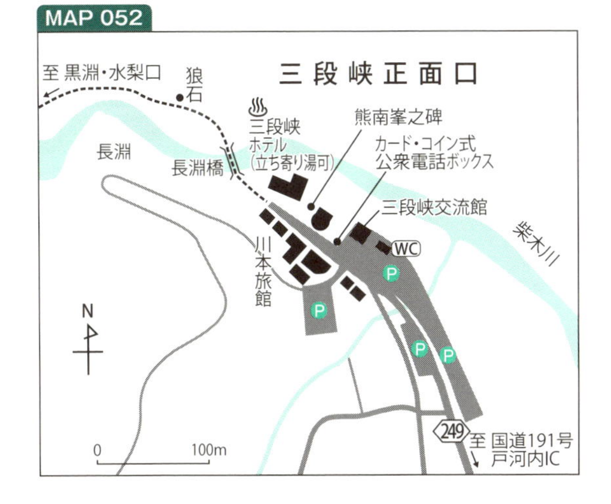

正面口／国道191号から県道249号へ

正面口／有料駐車場

正面口／同駐車場のトイレ

正面口／同トイレ内部

正面口／峡内入口と案内板

月上旬〜中旬が見ごろ。ホタルは6月下旬〜7月上旬に観賞可能。

立ち寄り湯／①目の前の「三段峡ホテル」で可能。不定休・10〜17時・入浴料600円・MC 363 640 520*88・☎0826-28-2308。②中国道戸河内IC近く、国道191号と国道186号の間に「グリーンスパつつが」がある。木曜休（祝日の場合は営業）・12〜20時・入浴料450円・MC 363 526 861*88・☎0826-32-2880。

問合先／安芸太田町観光協会（一般社団法人地域商社あきおおた）☎0826-28-1800、安芸太田町産業振興課☎0826-28-1973

三段峡・聖湖口

さんだんきょう・ひじりこぐち
広島県北広島町
標高755m MAP 053

登山口概要／三段峡（森林浴の森100選）・三段滝の北西側、林道聖山線沿い。三ツ滝や竜門（りゅうもん）を経由する三段峡の起点。

緯度経度／［34°39′03″］［132°10′06″］

マップコード／ 363 815 645*82

アクセス／中国道戸河内ICから国道191号、林道聖山線（舗装。現地に林道名を示す標識なし）経由で27km、約42分。または山陰道（浜田・三隅道路）相生ICから国道186号、県道307号、国道191号、林道聖山線（舗装。現地に林道名を示す標識なし）経由で41.5km、約1時間4分。国道の聖湖入口には、大きな標識がある。そこから3km、約6分。

駐車場／樽床ダムの南西側たもとに駐車場がある。約20台・38×16m・舗装・区画なし。

駐車場混雑情報／餅ノ木口（次々項）から上がる人の方が多いので、満車になることはない。

トイレ／駐車場から少し西進するとあるが、取材時は故障のため施錠されていた。

携帯電話／ドコモ3通話可・au3通話可・SB3通話可。

その他／樽床ダム周辺案内板、樽床ダム案内板、ダム放水注意看板、三段峡案内板、ダム点検路入口小屋、芸北民族博物館。

取材メモ／なお三段峡の新緑は4月下旬〜5月中旬、三段峡上流域の紅葉は10月下旬〜11月上旬、下流域の紅葉は11月上旬〜中旬が見ごろ。ホタルは6月下旬〜7月上旬に観賞可能。

立ち寄り湯／①人工温泉だが、深入山の「いこいの村ひろしま」で入浴ができる。無休（月に一度メンテナンス休あり。それ以外に入浴できない場合もある）・11〜18時・入浴料500円・MC 363 821 067*82・☎0826-29-0011。②

MAP 053

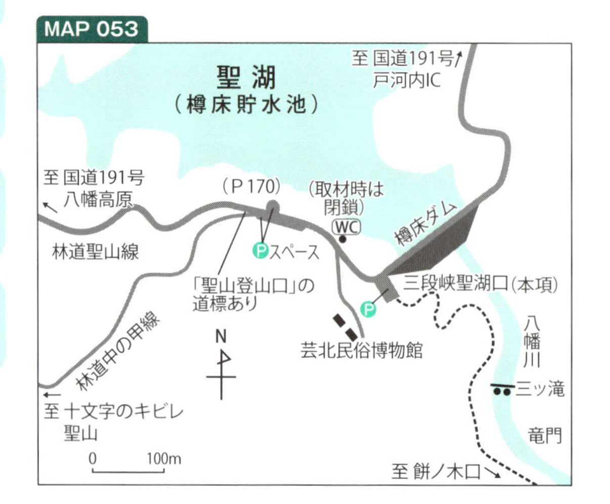

正面口／三段峡遊歩道

聖湖口／樽床ダム

聖湖口／樽床ダム南西側の駐車場

聖湖口／駐車場西進のトイレ

聖湖口／遊歩道入口

あ か さ た な は ま や ら わ

中国道戸河内IC近く、国道191号と国道186号の間に「グリーンスパつつが」がある。木曜休（祝日の場合は営業）・12～20時・入浴料450円・MC 363 526 861*88・☎0826-32-2880。

問合先／北広島町観光協会芸北支部（北広島町芸北支所）☎0826-35-0888、北広島町商工観光課☎050-5812-8080、北広島町観光協会☎0826-72-6908

三段峡・水梨口

さんだんきょう・みずなしぐち
広島県安芸太田町
標高515m　MAP 054

登山口概要／三段峡（森林浴の森100選）・三段滝の南東側、町道（三段峡バレーライン）終点。二段滝や三段滝、黒淵を経由する三段峡の起点。

緯度経度／［34°37′20″］［132°11′33″］

マップコード／ 363 728 252*82

アクセス／中国道戸河内ICから国道191号、町道（三段峡バレーライン）経由で23.5km、約38分。国道から3.6km、約8分。町道（三段峡バレーライン）の開通期間は、4月上旬～11月下旬（積雪・融雪次第のため年によって変動）。

駐車場／水梨駐車場がある。休日と紅葉シーズンのみ有料1回500円。約200台・64×5mなど7面・舗装＋砂＋小石＋草＋落ち葉・区画消えかけ、またはなし。※早朝でも駐車可。平日は、駐車場管理人が不在となり、実質的に無料。

駐車場混雑情報／紅葉シーズンのピーク時には、満車になることもある。

トイレ／駐車場にあるが、取材時は故障中のため施錠され、その代わりに簡易トイレが4基設置されていた。TPあり。評価☆☆。また葭ヶ原にもある。水洗。水道・TPあり。評価☆☆☆。ほか黒淵にはバイオトイレがある。

携帯電話／ドコモ3通話可・au圏外・SB圏外。

公衆電話／トイレにカード・コイン式公衆電話がある。

その他／三段峡セラピーロード猿飛コース案内板、三段峡解説板、三段峡案内板、熊出没注意看板。

正面口行き定期マイクロバス／水梨口～正面口を結ぶバス。4月下旬～10月下旬の土曜・日曜、祝日に1日1往復（10月下旬～11月下旬の紅葉シーズンは毎日運行）・片道700円・三段峡交通☎0826-28-2011。

取材メモ／三段峡のガイドツアーや森林セラピーツアーもある。要予約。詳しくは安芸太田町観光協会（一般社団法人地域商社あきおおた）☎0826-28-1800へ。なお

水梨口／町道（三段峡バレーライン）

水梨口／水梨駐車場

水梨口／同駐車場のトイレ

水梨口／同駐車場の簡易トイレ

水梨口／三段滝方面遊歩道入口

MAP 054

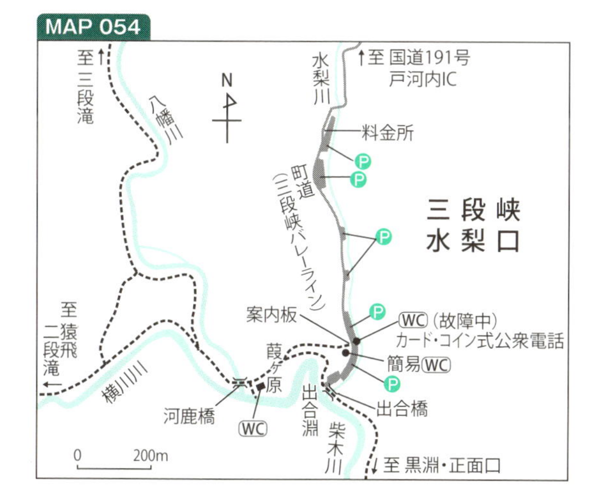

三段峡の新緑は4月下旬～5月中旬、三段峡上流域の紅葉は10月下旬～11月上旬、下流域の紅葉は11月上旬～中旬が見ごろ。ホタルは6月下旬～7月上旬に観賞可能。

立ち寄り湯／①人工温泉だが、深入山の「いこいの村ひろしま」で入浴ができる。無休（月に一度メンテナンス休あり。それ以外に入浴できない場合もある）・11～18時・入浴料500円・MC 363 821 067*82・☎0826-29-0011。②中国道戸河内IC近く、国道191号と国道186号の間に「グリーンスパつつが」がある。木曜休（祝日の場合は営業）・12～20時・入浴料450円・MC 363 526 861*88・☎0826-32-2880。

問合先／安芸太田町観光協会（一般社団法人地域商社あきおおた）☎0826-28-1800、安芸太田町産業振興課☎0826-28-1973

三段峡・餅ノ木口

さんだんきょう・もちのきぐち
広島県安芸太田町
標高640m MAP 055

登山口概要／三段峡（森林浴の森100選）・三段滝の西側、大規模林道大朝・鹿野線沿い。三段滝を経由する三段峡の起点。

緯度経度／[34°38′04″] [132°10′27″]

マップコード／ 363 756 666*82

アクセス／中国道戸河内ICから国道191号、大規模林道大朝・鹿野線（舗装・幅員広い）、未舗装道路（路面評価★★★。水たまりあり）経由で26.5km、約40分。または山陰道（浜田・三隅道路）相生ICから国道186号、県道307号、国道191号、大規模林道大朝・鹿野線（舗装・幅員広い）、未舗装道路（路面評価★★★。水たまりあり）経由で43.5km、約1時間6分。国道191号の大規模林道大朝・鹿野線入口には、「恐羅漢」の大きな案内看板が立っている。これが目印。大規模林道と駐車場の間にわずかに未舗装道路がある。

駐車場／餅ノ木駐車場がある。40～50台・58×44m・砂＋泥＋草・区画なし。

携帯電話／ドコモ3通話可・au3通話可・SB3通話可。

その他／三段峡案内板。

取材メモ／なお三段峡の新緑は4月下旬～5月中旬、三段峡上流域の紅葉は10月下旬～11月上旬、下流域の紅葉は11月上旬～中旬が見ごろ。ホタルは6月下旬～7月上旬に観賞可能。

立ち寄り湯／①人工温泉だが、深入山の「いこいの村ひろしま」で入浴ができる。無休（月に一度メンテナンス休あり。それ以外に入浴できない場合もある）・11～18

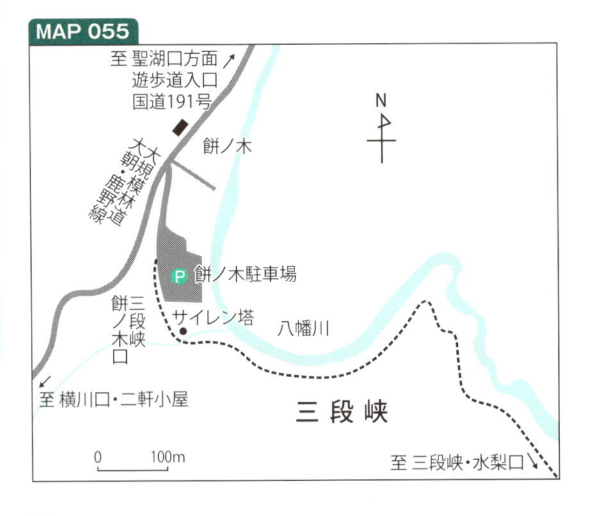

水梨口／葭ヶ原のトイレ

水梨口／同トイレ内部

水梨口／猿飛渡船乗り場

餅ノ木／餅ノ木駐車場

餅ノ木／遊歩道入口

時・入浴料500円・MC 363 821 067*82・☎0826-29-0011。②中国道戸河内IC近く、国道191号と国道186号の間に「グリーンスパつつが」がある。木曜休（祝日の場合は営業）・12～20時・入浴料450円・MC 363 526 861*88・☎0826-32-2880。

問合先／安芸太田町観光協会（一般社団法人地域商社あきおおた）☎0826-28-1800、安芸太田町産業振興課☎0826-28-1973

三段峡・横川口

さんだんきょう・よこごうぐち
広島県安芸太田町
標高588m MAP 056

登山口概要／三段峡（森林浴の森100選）・二段滝の南西側、林道横川線沿い。二段滝や猿飛（さるとび）を経由する三段峡の起点。※現在、横川口～猿飛間の遊歩道は、工事のため通行止。

緯度経度／［34°36′56″］［132°10′32″］

マップコード／ 363 696 431*88

アクセス／中国道戸河内ICから国道191号、大規模林道大朝・鹿野線（舗装・幅員広い）、林道横川線（舗装されているが、すれ違い困難な狭い道）経由で33.5km、約53分。または山陰道（浜田・三隅道路）相生ICから国道186号、県道307号、国道191号、大規模林道大朝・鹿野線（舗装・幅員広い）、林道横川線（舗装されているが、すれ違い困難な狭い道）経由で50.5km、約1時間20分。国道191号の大規模林道大朝・鹿野線入口には、「恐羅漢」の大きな案内看板が立っている。これが目印。また大規模林道大朝・鹿野線の横川口入口には、「三段峡横川口」の道標があるのみ。ここから1.8km、約5分。

駐車場／遊歩道入口すぐ手前路肩に約2台分の駐車スペースがある。取材時は、三段峡の遊歩道工事のため、プレハブ小屋が設置されていたが、工事が終われば、さらに駐車可能台数は数台分増えるものと思われる。

携帯電話／ドコモ3通話可・au圏外・SB圏外。

その他／三段峡案内板、熊出没注意看板。

取材メモ／なお三段峡の新緑は4月下旬～5月中旬、三段峡上流域の紅葉は10月下旬～11月上旬、下流域の紅葉は11月上旬～中旬が見ごろ。ホタルは6月下旬～7月上旬に観賞可能。

立ち寄り湯／①人工温泉だが、深入山の「いこいの村ひろしま」で入浴ができる。無休（月に一度メンテナンス休あり。それ以外に入浴できない場合もある）・11～18時・入浴料500円・MC 363 821

MAP 056

横川口／大規模林道から林道横川線へ

横川口／林道横川線

横川口／路肩の駐車スペース

横川口／工事用プレハブ小屋

横川口／三段峡案内板

067*82・☎0826-29-0011。②中国道戸河内IC近く、国道191号と国道186号の間に「グリーンスパつつが」がある。木曜休（祝日の場合は営業）・12～20時・入浴料450円・MC 363 526 861*88・☎0826-32-2880。
問合先／安芸太田町観光協会（一般社団法人地域商社あきおおた）☎0826-28-1800、安芸太田町産業振興課☎0826-28-1973

三瓶山・西の原登山口（定めの松）

さんべさん・にしのはらとざんぐち（さだめのまつ）
島根県大田市
標高460m MAP 057

登山口概要／三瓶山（日本二百名山・森林浴の森100選）・子三瓶山（こさんべさん）の西側、県道30号沿い。男三瓶山（おさんべさん）や子三瓶山の起点。西の原のシンボル「定めの松」が立つ。
緯度経度／[35°07′48″][132°36′06″]
マップコード／ 430 762 195*27
アクセス／中国道高田ICから県道64、4号、国道433、375号、県道40、30号経由で62.5km、約1時間34分。または山陰道出雲ICから県道337、277、39号、国道184号、県道40、30号経由で36.5km、約55分。ほか松江道雲南吉田ICや吉田掛合ICからのルートも可能。
駐車場／130台以上・82×36mなど2面・舗装・区画なし。※周辺にも駐車可能な広大な空き地がある。
駐車場混雑情報／11月に開催される「さんべ新そば祭り」の時は、混雑する。それ以外に混雑や満車はない。
トイレ／駐車場近くにある。水洗。水道・TPあり。評価☆☆☆。
携帯電話／ドコモ3通話可・au3通話可・SB3通話可。
その他／男三瓶山～女三瓶山間の登山道通行止注意看板、定の松バス停（石見交通バス）、定めの松、定めの松解説板。山の駅さんべ（食堂・カフェ）。
取材メモ／定めの松は、推定樹齢400年のクロマツ巨樹で、市の天然記念物に指定。なお三瓶山の新緑は5月上旬～下旬、紅葉は10月下旬～11月上旬が見ごろ。
立ち寄り湯／①県道を南下して三瓶温泉に行くと公衆浴場の「志学薬師・鶴の湯」がある。無休・12～21時・入浴料300円・MC 430 705 347*27・☎0854-83-2238（三瓶観光タクシー）。②また「国民宿舎さんべ荘」でも可能だが、現在、改修工事中。
問合先／大田市観光振興課☎0854-88-9237、大田市観光

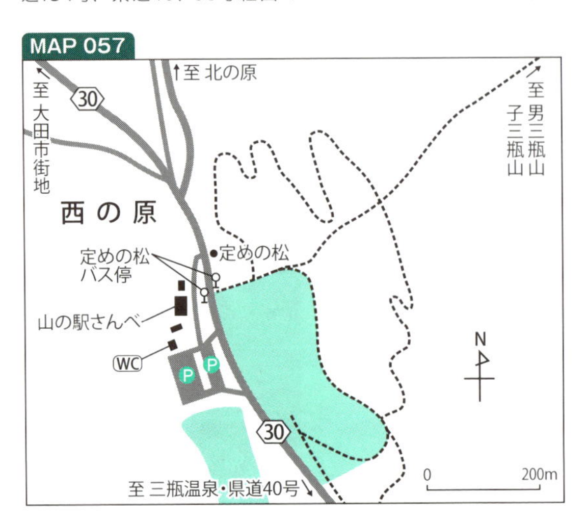

西の原／西の原の駐車場

西の原／駐車場近くのトイレ

西の原／同トイレ内部

西の原／山の駅さんべ

西の原／登山道入口

協会☎0854-88-9950

三瓶山・東の原登山口（さんべ温泉スキー場）

さんべさん・
ひがしのはらとざんぐち
（さんべおんせんすきーじょう）
島根県大田市・飯南町
標高550m MAP 058

登山口概要／三瓶山（日本二百名山・森林浴の森100選）・女三瓶山（めさんべさん）の南東側、三瓶山高原道路から少し入った町道終点。太平山（たいへいざん）を経由する女三瓶山などの起点。

緯度経度／［35°07′43″］［132°38′33″］

マップコード／ 430 767 042*27

アクセス／中国道高田ICから県道64、4号、国道433、375号、県道40、30号、三瓶山高原道路、町道経由で61km、約1時間32分。または山陰道出雲ICから県道337、277、39号、国道184号、県道56号、三瓶山高原道路、町道経由で32km、約48分。ほか松江道雲南吉田ICや吉田掛合ICからのルートも可能。

駐車場／さんべ温泉スキー場に広い駐車場がある。第1駐車場＝116台＋大型・120×50m・舗装・区画あり。ほかに未舗装の第2駐車場もある。

駐車場混雑情報／満車・混雑ともにない。

トイレ／駐車場に隣接。水洗。水道（飲用不可）・TPあり。評価☆☆☆。

携帯電話／ドコモ3通話可・au3通話可・SB3通話可。

ドリンク自販機／三瓶観光リフト乗り場にある。

三瓶観光リフト／※2019年度は、リフト駆動装置の故障のため休業。2020年4月から営業再開の予定。4月1日～11月末日・火曜休（夏休みと祝日の場合は営業）・8時30分～16時50分（上り最終は16時30分）・往復670円、片道460円（2020年は変更の可能性あり）・所要10分・☎0854-83-2020。

その他／駐車場案内板、三瓶山案内板、石見ワイナリー、EV充電設備。

取材メモ／三瓶山の新緑は5月上旬～下旬、紅葉は10月下旬～11月上旬が見ごろ。

立ち寄り湯／①県道を南下して三瓶温泉に行くと公衆浴場の「志学薬師・鶴の湯」がある。無休・12～21時・入浴料300円・MC 430 705 347*27・☎0854-83-2238（三瓶観光タクシー）。②また「国民宿舎さんべ荘」でも可能だが、現在、改修工事中。

問合先／飯南町観光協会☎0854-76-9050、飯南町産業振興課☎0854-76-2214

MAP 058

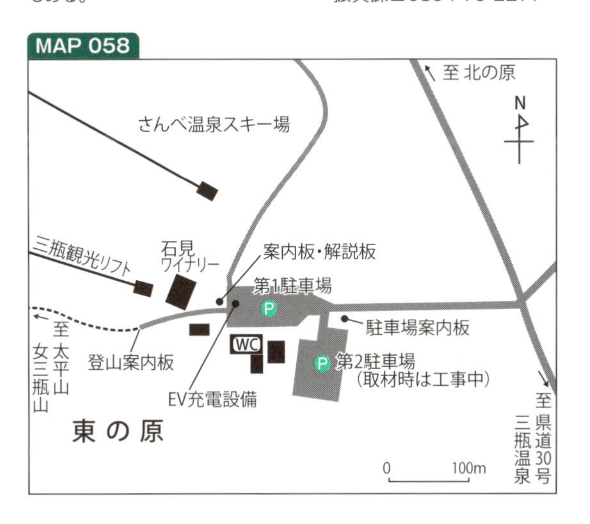

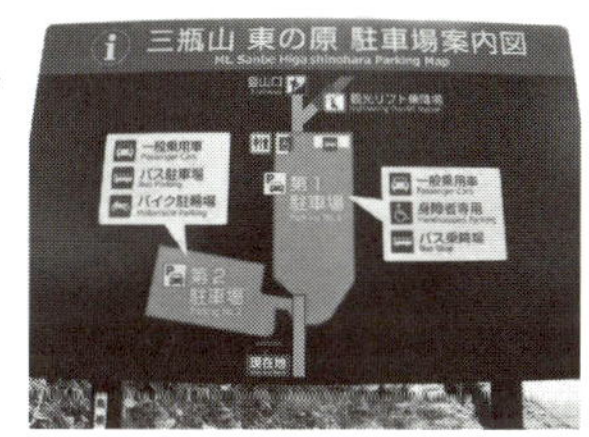

東の原／駐車場案内板

東の原／第１駐車場

東の原／同駐車場のトイレ

東の原／同トイレ内部

東の原／三瓶観光リフト乗り場

三瓶山・姫逃池登山口（北の原）

さんべさん・ひめのがいけ
とざんぐち（きたのはら）
島根県大田市
標高585m MAP 059

登山口概要／三瓶山（日本二百名山・森林浴の森100選）・男三瓶山（おさんべさん）の北側、市道沿い。姫逃池コースを経由する男三瓶山や女三瓶山（めさんべさん）の起点。

緯度経度／［35°09′06″］［132°37′16″］

マップコード／ 430 824 745*27

アクセス／中国道高田ICから県道64、4号、国道433、375号、県道40、30号、市道経由で65.5km、約1時間39分。または山陰道出雲ICから県道337、277、39号、国道184号、県道56号、市道経由で31km、約47分。ほか松江道雲南吉田ICや吉田掛合ICからのルートも可能。

駐車場／三瓶自然館サヒメル裏手に同館の姫逃池駐車場があり、登山者の利用可とのこと。計65台・42×32mなど2面・舗装（西側の駐車場は芝生+ブロック）・区画あり。

駐車場混雑情報／GW、夏休み期間中の週末、お盆休みは満車になるが、時間帯としてはお昼前後。早朝から停められないことはない。ただ、なるべくこの時期は避けてほしいとのことだ。

トイレ／近くの北の原キャンプ場に北の原公衆トイレがある。詳細不明。

携帯電話／ドコモ3通話可・au3～2通話可・SB3～2通話可。

島根県立三瓶自然館サヒメル／三瓶山の自然を展示紹介する施設。プラネタリウムもある。火曜休（祝日の場合は翌日。夏休み期間は開館）・9時30分～17時・入館料400円（企画展期間中は600円、もしくは1000円）・☎0854-86-0500。

その他／北の原フィールドミュージアム案内板、東屋、守れ！ウスイロヒョウモンモドキ看板。

取材メモ／姫逃池駐車場は、2020年春まで工事中。駐車はできるが、可能台数が減る可能性あり。三瓶山の新緑は5月上旬～下旬、紅葉は10月下旬～11月上旬が見ごろ。

立ち寄り湯／①市道や県道を南下して三瓶温泉に行くと公衆浴場の「志学薬師・鶴の湯」がある。無休・12～21時・入浴料300円・MC 430 705 347*27・☎0854-83-2238（三瓶観光タクシー）。②また「国民宿舎さんべ荘」でも可能だが、現在、改修工事中。

問合先／三瓶自然館サヒメル（駐車場に関して）☎0854-86-0500、大田市観光振興課

MAP 059

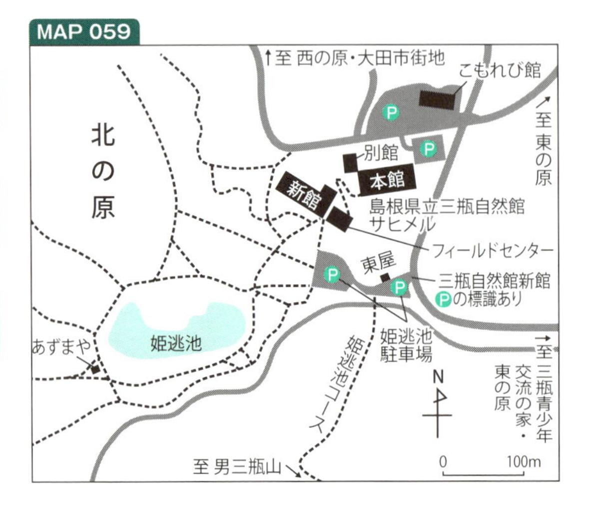

姫逃池／駐車場入口の案内看板

姫逃池／姫逃池駐車場（手前）

姫逃池／姫逃池駐車場（奥）

姫逃池／三瓶自然館サヒメル

姫逃池／男三瓶山山頂

☎0854-88-9237、大田市観光協会☎0854-88-9950

三瓶山・名号登山口(北の原)

さんべさん・みょうごうとざんぐち(きたのはら)
島根県大田市
標高605m MAP 060

登山口概要／三瓶山（日本二百名山・森林浴の森100選）・男三瓶山（おさんべさん）の北側、市道沿い。名号コースを経由する男三瓶山や女三瓶山(めさんべさん）の起点。

緯度経度／ [35°09′05″][132°37′31″]

マップコード／ 430 825 700*27

アクセス／中国道高田ICから県道64、4号、国道433、375号、県道40、30号、市道経由で65km、約1時間38分。または山陰道出雲ICから県道337、277、39号、国道184号、県道56号、市道経由で31km、約47分。ほか松江道雲南吉田ICや吉田掛合ICからのルートも可能。

駐車場／国立三瓶青少年交流の家の駐車場は、登山者の利用可だが、駐車の際は交流の家事務所に立ち寄り、書類に記入すること。事務対応は8時以降。80台・100×24m・舗装・区画あり。

駐車場混雑情報／ GW、お盆休み、紅葉シーズンの休日は混雑し、満車になることもある。

トイレ／交流の家にトイレがあり、登山者の利用可。詳細不明。

携帯電話／ドコモ3通話可・au3通話可・SB3通話可。

取材メモ／三瓶山の新緑は5月上旬～下旬、紅葉は10月下旬～11月上旬が見ごろ。

立ち寄り湯／①市道や県道を南下して三瓶温泉に行くと公衆浴場の「志学薬師・鶴の湯」がある。無休・12～21時・入浴料300円・MC 430 705 347*27・☎0854-83-2238（三瓶観光タクシー）。②また「国民宿舎さんべ荘」でも可能だが、現在、改修工事中。

問合先／国立三瓶青少年交流の家（駐車場利用に関して）☎0854-86-0319、大田市観光振興課☎0854-88-9237、大田市観光協会☎0854-88-9950

三瓶山・女夫松登山口(三瓶温泉駐車場)

さんべさん・めおとまつとざんぐち(さんべおんせんちゅうしゃじょう)
島根県大田市
標高462m MAP 061

登山口概要／三瓶山（日本二百名山・森林浴の森100選）・孫三瓶山の南側（駐車場は南東側)、県道30号沿い。女夫松コースを経由す

MAP 060

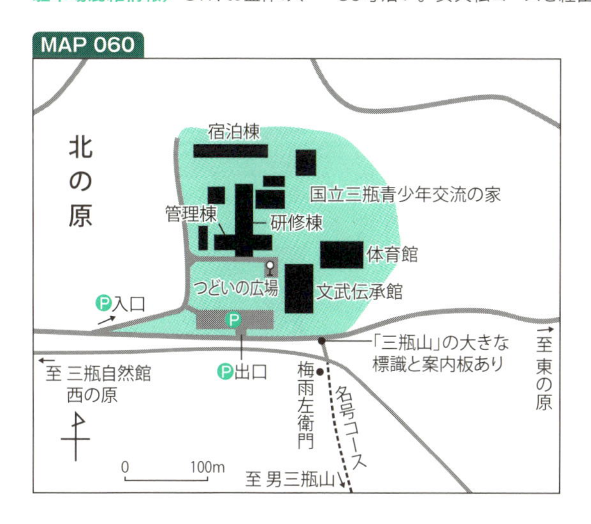

名号／三瓶青少年交流の家駐車場

名号／名号コース登山道入口

女夫松／三瓶温泉駐車場

女夫松／登山道入口に立つ案内看板

女夫松／女夫松コース登山道入口

る孫三瓶山（まごさんべさん）や太平山（たいへいざん）などの起点。
緯度経度／[35°06′57″][132°37′44″]
マップコード／ 430 705 473*27
アクセス／中国道高田ICから県道64、4号、国道433、375号、県道40、30号経由で60km、約1時間30分。または山陰道出雲ICから県道337、277、39号、国道184号、県道56号、三瓶山高原道路、県道30号経由で36.5km、約55分。ほか松江道雲南吉田ICや吉田掛合ICからのルートも可能。
駐車場／女夫松登山口の600m東側に「三瓶温泉駐車場」がある。約50台・58×28m・舗装・区画消えかけ。その間にも駐車帯が2面あるが、登山者の駐車可否は不明。
携帯電話／三瓶温泉駐車場＝ドコモ3通話可・au3通話可・SB3通話可。女夫松登山口＝ドコモ3通話可・au3通話可・SB3通話可。
その他／三瓶温泉駐車場＝テーブル・ベンチ、小屋。女夫松登山口＝女夫松地蔵。
取材メモ／取材時は、男三瓶山〜女三瓶山の登山道は通行止との注意看板が立てられていた。三瓶山の新緑は5月上旬〜下旬、紅葉は10月下旬〜11月上旬が見ごろ。
立ち寄り湯／①市道や県道を南下して三瓶温泉に行くと公衆浴場の「志学薬師・鶴の湯」がある。無休・12〜21時・入浴料300円・MC 430 705 347*27・☎0854-83-2238（三瓶観光タクシー）。②また「国民宿舎さんべ荘」でも可能だが、現在、改修工事中。
問合先／大田市観光振興課☎0854-88-9237、大田市観光協会☎0854-88-9950

十方山・内黒峠

→P52 内黒山・内黒峠

十方山登山口・瀬戸の滝コース登山口

→P223

十方山・二軒小屋駐車場

じっぽうざん・にけんごやちゅうしゃじょう
広島県安芸太田町
標高805m MAP 062

登山口概要／十方山の北側、大規模林道大朝・鹿野線沿い。十方山林道や丸子頭（まるこがしら）を経由する十方山の起点。
緯度経度／[34°35′25″][132°08′47″]
マップコード／ 363 602 416*88
アクセス／中国道戸河内ICから国道191号、大規模林道大朝・鹿野線（舗装）経由で33.5km、約52分。または山陰道（浜田・三隅道路）相生ICから国道186号、県道307号、

女夫松／女夫松地蔵

十方山／二軒小屋駐車場

十方山／同駐車場のトイレ

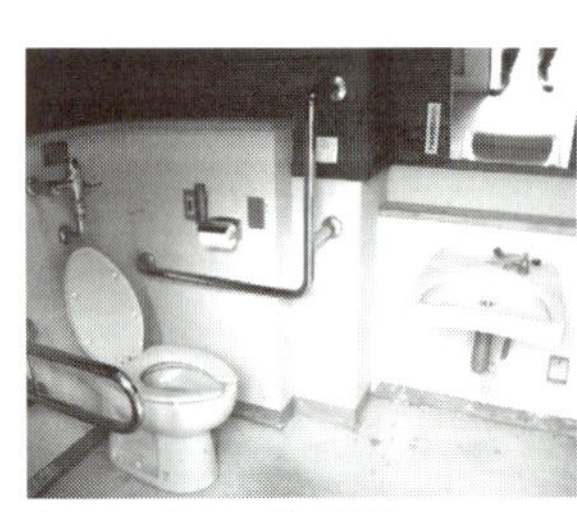
十方山／同トイレ内部

十方山／400m先の駐車帯

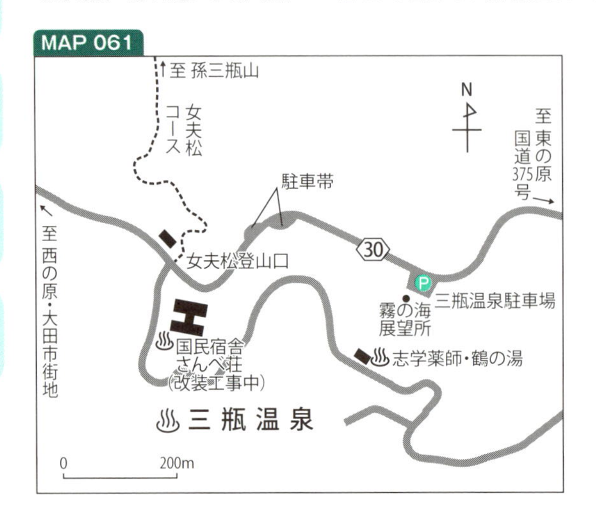

国道191号、大規模林道大朝・鹿野線（舗装）経由で50.5km、約1時間17分。国道191号の大規模林道大朝・鹿野線入口には、「恐羅漢」の大きな案内看板が立っている。ここから11km、約17分。

駐車場／ 100台以上・76×50m、60×20m・舗装・区画なし。さらに十方山林道に400mほど入ったところに3台分の駐車帯もある。

トイレ／駐車場にある。水洗。水道・TPあり。評価☆☆☆〜☆☆。

携帯電話／ドコモ3通話可・au3通話可・SB3通話可。

その他／森林環境整備推進協力金のお願い。

取材メモ／以前は悪路ながらも十方山林道に車で入ることができたが、その後、二軒小屋駐車場から2.5kmほど先に施錠ゲートが設置され、進入不可となっている。十方山の新緑は5月上旬〜下旬、紅葉は10月下旬〜11月上旬が見ごろ。

立ち寄り湯／①人工温泉だが、深入山の「いこいの村ひろしま」で入浴ができる。無休（月に一度メンテナンス休あり。それ以外に入浴できない場合もある）・11〜18時・入浴料500円・MC 363 821 067*82・☎0826-29-0011。②中国道戸河内IC近く、国道191号と国道186号の間に「グリーンスパつつが」がある。木曜休（祝日の場合は営業）・12〜20時・入浴料450円・MC 363 526 861*88・☎0826-32-2880。

問合先／安芸太田町観光協会（一般社団法人地域商社あきおおた）☎0826-28-1800、安芸太田町産業振興課☎0826-28-1973

下蒜山（しもひるぜん）

→P183 蒜山・下蒜山登山口（犬挟峠）
→P184 蒜山・中蒜山登山口（塩釜冷泉）

寂静山（じゃくじょうさん）

→P101 豪円山・豪円山キャンプ場

寂地山・犬戻歩道入口

じゃくちさん・いぬもどしほどういりぐち
山口県岩国市
標高660m

登山口概要／寂地山の南側、林道寂地線沿い。犬戻峡（いぬもどしきょう）の犬戻歩道を経由する寂地山の起点。犬戻歩道の起点。

緯度経度／ [34°26′42″] [132°03′35″]

マップコード／ 696 097 014*88

アクセス／中国道吉和ICから国道186、434号、市道、林道寂地線（舗装）経由で18km、約33分。または中国道六日市ICから国道187号、

MAP 062

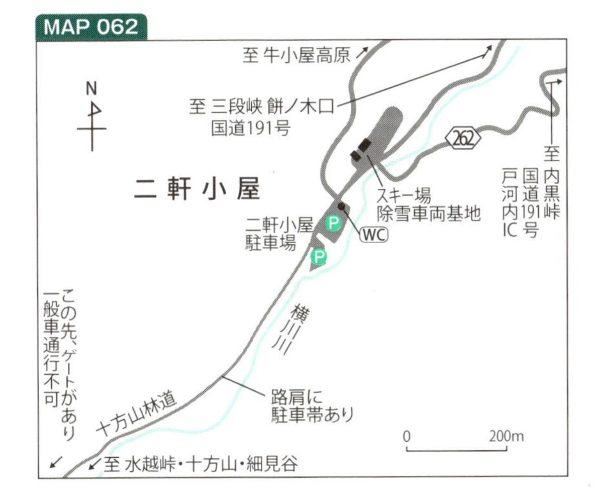

十方山／グリーンスパつつが展望浴場

犬戻／五竜の滝入口のトイレ

犬戻／同トイレ内部

犬戻／林道寂地線

犬戻／歩道入口の駐車スペース

県道16号、国道434号、市道、林道寂地線（舗装）経由で25.5km、約44分。寂地峡入口駐車場から2.3km、約9分。

駐車場／犬戻歩道入口と手前路肩に駐車スペースがある。計4～5台・舗装+草+砂利・区画なし。100m手前左右路肩にも5～6台の駐車スペースがある。

トイレ／手前の寂地峡入口駐車場（次項）にある。水洗。水道･TPあり。評価☆☆☆～☆☆。またその間の五竜の滝入口にもトイレがある。水洗。水道･TPあり。評価☆☆☆。

携帯電話／ドコモ3通話可・au圏外・SB0つながらず。

その他／寂地山犬戻歩道案内板、水源かん養・保健保安林案内板、犬戻峡解説板、東屋。

取材メモ／取材時は、本項登山口先の林道寂地線が通行止になっており、終点の登山口には行けなかった。なお、寂地山のカタクリは4月下旬～5月上旬が見ごろ。寂地峡の紅葉は10月下旬～11月上旬が見ごろ。

立ち寄り湯／①国道186号を北上すると「潮原温泉（うしおばらおんせん）・松かわ」で可能だが、立ち寄り湯不可の日があったり営業時間が変動したりするので、あらかじめ公式サイトで確認のこと。月曜休（祝日の場合は営業）・時間不定・入浴料650円・MC 696 164 661*77・☎0829-77-2224。②その近くの「吉和魅惑の里」に「水神の湯」がある。木曜休・11～21時・入浴料600円・MC 696 133 747*88・☎0829-77-2110。③また中国道吉和IC手前で県道296号に入ると「女鹿平温泉・クヴェーレ吉和」もある。月曜休（祝日の場合は営業）・10～21時・入浴料700円・MC 363 272 349*88・☎0829-77-2277。④一方、六日町ICに戻る場合は、ICそばの「道の駅むいかいち温泉」に「むいかいち温泉ゆ・ら・ら」も。第2水曜休・10～22時・入浴料580円・MC 354 638 885*11・☎0856-77-3001。

問合先／寂地峡野営場管理棟やませみ（寂地峡案内所）☎0827-74-0776、岩国市錦総合支所地域振興課地域振興班☎0827-72-2110

寂地山・寂地峡入口

じゃくちさん・
じゃくちきょういりぐち
山口県岩国市
標高470m MAP 063

登山口概要／寂地山の南側、市道終点。犬戻峡（いぬもどしきょう）や寂地峡を経由する寂地山や右谷山（みぎたにやま）の起点。犬戻峡や寂地峡の起点。五竜の滝（日本の滝百選）入口。

緯度経度／［34°25′40″］［132°03′24″］

マップコード／ 696 007 842*11

アクセス／中国道吉和ICから国道186、434号、市道経由で15.5km、約25分。または中国道六日市ICから国道187号、県道16号、国道434号、市道経由で23km、約36分。付近の国道に「寂地峡」の案内標識あり。

駐車場／寂地峡野営場管理棟やませみ前に駐車場がある。26台・45×20m・舗装・区画あり。南側にも広い駐車場がある。

駐車場混雑情報／GWやお盆休み、カタクリシーズンの土・日曜、祝日は満車になり、路肩に車が並ぶ。カタクリシーズンは、平日でも混雑する。

トイレ／駐車場にある。水洗。水道･TPあり。評価☆☆☆～☆☆。また少し奥の五竜の滝入口にもトイレがある。水洗。水道・TPあり。評価☆☆☆。

携帯電話／ドコモ3通話可・au3通話可・SB3通話可。

その他／寂地峡野営場管理棟やませみ（寂地峡案内所。4月1日～11月末日・期間中無休・8～17時・☎0827-74-0776）、菩提樹（食堂）、寂地山歩道ルート図、寂地峡案内板、錦滝めぐり案内板。

取材メモ／寂地山のカタクリは4月下旬～5月上旬が見ごろ。寂地峡の紅葉は10月下旬～11月上旬が見ごろ。

犬戻／歩道入口にある東屋

犬戻／犬戻歩道入口

寂地峡／駐車場と管理棟やませみ

寂地峡／寂地峡野営場管理棟やませみ

寂地峡／同駐車場のトイレ

立ち寄り湯／①国道186号を北上すると「潮原温泉（うしおばらおんせん）・松かわ」で可能だが、立ち寄り湯不可の日があったり営業時間が変動したりするので、あらかじめ公式サイトで確認のこと。月曜休（祝日の場合は営業）・時間不定・入浴料650円・MC 696 164 661*77・☎0829-77-2224。②その近くの「吉和魅惑の里」に「水神の湯」がある。木曜休・11～21時・入浴料600円・MC 696 133 747*88・☎0829-77-2110。③また中国道吉和IC手前で県道296号に入ると「女鹿平温泉・クヴェーレ吉和」もある。月曜休（祝日の場合は営業）・10～21時・入浴料700円・MC 363 272 349*88・☎0829-77-2277。④一方、六日町ICに戻る場合は、ICそばの「道の駅むいかいち温泉」に「むいかいち温泉ゆ・ら・ら」も。第2水曜休・10～22時・入浴料580円・MC 354 638 885*11・☎0856-77-3001。

問合先／寂地峡野営場管理棟やませみ（寂地峡案内所）☎0827-74-0776、岩国市錦総合支所地域振興課地域振興班☎0827-72-2110

寂地山・林道寂地線終点
→P223

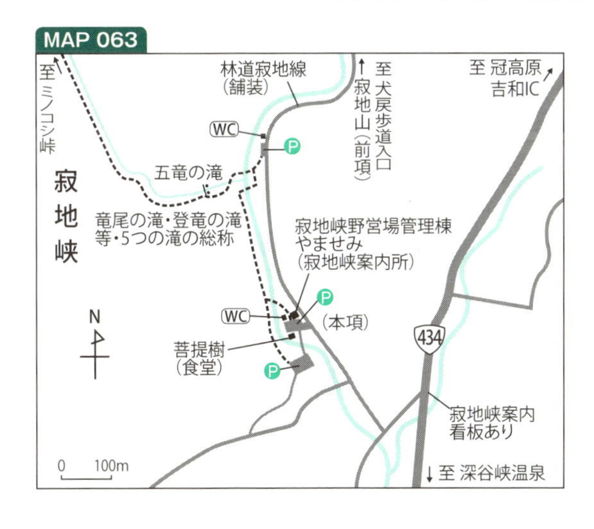

十禅寺山・備前田井駅前広場駐車場

じゅうぜんじやま・びぜんたいえきまえひろばちゅうしゃじょう
岡山県玉野市
標高6m

登山口概要／十禅寺山の南西側、市道沿い。駿河池や西光峰（さいこうほう）を経由する十禅寺山の起点。

緯度経度／[34°30′58″][133°56′37″]

マップコード／ 19 353 496*07

アクセス／瀬戸中央道水島ICから県道62、21、22号、国道30号、県道22号、市道経由で16km、約24分。

駐車場／備前田井駅前に「備前田井駅前広場駐車場」（有料）がある。料金前払い式パーキングチケットシステム。5時間駐車券200円、24時間駐車券500円。入庫後20分以内は無料。車両番号を入力し駐車時間を選択して精算。駐車証明書をダッシュボードの上に置いておけばよい。精算機は一万円と五千円、二千円札は未対応。千円札もしくは硬貨を準備しておくこと。約50台・34×32m・舗装・区画あり。

携帯電話／ドコモ3通話可・au3通話可・SB3通話可。

その他／田井駅バス停（両備バス）。

問合先／玉野市商工観光課観光・

寂地峡／同トイレ内部

寂地峡／クヴェーレ吉和・クアガーデン

寂地峡／「ゆ・ら・ら」の露天風呂

十禅寺／備前田井駅前広場駐車場

十禅寺／同駐車場の料金精算機

港湾振興係☎0863-33-5005、玉野市観光協会☎0863-21-3486

鷲峰山・安蔵森林公園

じゅぼうざん・あぞうしんりんこうえん
鳥取県鳥取市
標高560m

登山口概要／鷲峰山の南側、ふるさと林道安蔵線沿い。安蔵峠を経由する鷲峰山の起点。
緯度経度／［35°24′06″］［134°02′45″］
マップコード／ 345 230 744*45
アクセス／山陰道（鳥取西道路）鳥取西ICから県道49、281号、ふるさと林道安蔵線（舗装）経由で20km、約33分。
安蔵森林公園／キャンプ場やスキー場、レストランなどもある。4月上旬～11月末・期間中は無休・8時30分 ～17時・☎0857-56-0888。
駐車場／安蔵森林公園に駐車場がある。森林公園の開園時間のみ利用可。時間外は施錠されるので下山時間に注意。14台・50×12m・舗装・区画あり。
駐車場混雑情報／満車になることはないが、夏休みは混雑する。
トイレ／駐車場の東側にあり、早朝でも利用可。センサーライト付き。水洗。水道・TPあり。評価☆☆☆。
携帯電話／ドコモ3通話可・au3通話可・SB3通話可。
ドリンク自販機／管理事務所玄関にある（PBも）。
登山届入れ／管理事務所玄関にある。
その他／安蔵地区生活環境保全林案内板、安蔵森林公園利用注意看板。
問合先／安蔵森林公園管理事務所☎0857-56-0888

鷲峰山・河内登山口

じゅぼうざん・かわちとざんぐち
鳥取県鳥取市
標高220m MAP 064

登山口概要／鷲峰山の南西側、県道281号沿い。河内コースを経由する鷲峰山の起点。中国自然歩道の起点。
緯度経度／［35°24′43″］［134°01′24″］
マップコード／ 345 288 033*45
アクセス／米子道湯原ICから国道313、482、179号、県道235、21、281号経由で55km、約1時間23分。
駐車場／県道沿いの河内上條集会所向かいに駐車スペースがある。約8台・38×7m・舗装・区画なし。また対岸の丁字路にも駐車スペースがある。約4台・16×7m・砂＋

安蔵／安蔵森林公園の駐車場

安蔵／森林公園管理事務所

安蔵／駐車場東側のトイレ

安蔵／同トイレ内部

河内／集会所向かいの駐車スペース

石+小石・区画なし。どちらも住民に確認すると「登山者が車を停めてもよい」とのことだった。実際、時々、登山者が駐車しているようだ。
携帯電話／ドコモ3通話可・au3通話可・SB3通話可。
立ち寄り湯／①県道21号を北上すると「温泉館ホットピア鹿野」がある。第1木曜休（祝日の場合は第2木曜）・10～22時・入浴料430円・MC 345 472 304*45・☎0857-84-2698。②三朝温泉の各宿で可能。例えば「もみの木の宿・明治荘」＝15時30分～21時・入浴料500円・MC 345 242 679*45・☎0858-43-0234。
問合先／鳥取市鹿野総合支所地域振興課☎0857-84-2011

白石山登山口

しらいしやまとざんぐち
山口県山口市
標高257m

登山口概要／白石山の北側、市道終点。接待岩などを経由する白石山の起点。
緯度経度／[34°12′19″][131°36′27″]
マップコード／93 748 215*16
アクセス／中国道徳地ICから国道489号、県道26号、市道経由で13km、約23分。または中国道山口ICから国道262号、県道26号、国道376号、県道26号、市道経由で15km、約24分。
駐車場／市道終点に駐車場がある。12台・30×15m・舗装・区画あり。
携帯電話／ドコモ1～0だが通話可・au圏外・SB1～圏外つながらず。
その他／白石山登山案内板。
立ち寄り湯／山口ICに戻る際に少し遠回りして、国道376号から県道196号を北上すると「宮野温泉・山口ふれあい館」がある。月曜休（祝日の場合は翌日）・10時20分～18時（6～8月は～19時）・入浴料100円・MC 93 766 865*10・☎083-923-3351。
問合先／山口市徳地総合支所☎0835-52-1111

白木山・JR白木山駅付近

しらきやま・じぇいあーるしらきやまえきふきん
広島県広島市安佐北区
標高68m MAP 065

登山口概要／白木山の南東側、市道沿い。穴地蔵を経由する白木山や押手山（おしてやま）の起点。
緯度経度／[34°30′04″][132°35′17″]
マップコード／22 595 686*80
アクセス／山陽道広島東ICから県道70、37号、市道経由で9km、約15分。県道37号から白木山橋を

河内／河内上條集会所

河内／対岸丁字路の駐車スペース

白石山／登山口案内標識

白石山／市道終点の駐車場

白木山／市道路肩に寄せれば駐車可

渡り、踏切を横断して左折する。
駐車場／白木山駅付近の市道路肩に寄せれば駐車可。複数の住民に確認すると、登山者が車を停めてもよいとのことだった。付近の市道路肩には、約30台以上駐車可。※登山道入口付近に駐車スペースはない。
駐車場混雑情報／住民に聞くと、金・土・日曜、祝日は、登山者の駐車が多く、路肩に車がずらりと並ぶようだ。取材した2019年7月4日は、薄曇りの木曜だったが、到着した8時半の時点で、すでに約10台の車が停められていた。すべて登山者の車のようだった。
携帯電話／ドコモ3通話可・au3通話可・SB3通話可。
その他／登山道入口＝白木山ハイキングコース案内板。
問合先／広島市安佐北区役所地域起こし推進課☎082-819-3904

白滝山・中山神社

しらたきやま・なかやまじんじゃ
山口県下関市
標高95m

登山口概要／白滝山の南西側、市道沿い。四恩寺跡（しおんじあと）を経由する白滝山の起点。
緯度経度／［34°16′52″］［131°00′37″］
マップコード／ 268 706 315*01
アクセス／中国道美祢ICから国道435号、市道経由で33.5km、約52分。県道から2.3km、約4分。
駐車場／中山神社前に駐車スペースがある。約6台・28×5m・舗装・区画なし。
携帯電話／ドコモ3～2通話可・au3通話可・SB3通話可。
その他／白滝山登山案内板、雑記箱（登山の感想を書くノートが入っている）、中山忠光と中山神社解説板。
立ち寄り湯／国道491号を北上すると、一の俣温泉の各宿で可能。例えば「蛍光の宿 一の俣温泉観光ホテル」＝無休・9～21時・入浴料850円・MC 268 622 721*01・☎083-768-0111。
問合先／下関市豊北総合支所地域政策課☎083-782-0062

白滝山・古堂橋

しらたきやま・ふるどうばし
山口県下関市
標高332m

登山口概要／白滝山の南西側、林道白滝線沿い。白滝を経由する白滝山の起点。
緯度経度／［34°17′42″］［131°01′03″］
マップコード／ 268 767 011*01
アクセス／中国道美祢ICから国道435号、市道、林道白滝線（舗装）経由で36.5km、約1時間。手前の中山神社から2.8km、約8分。
駐車場／古堂橋手前の登山道入口向かいに駐車スペースがある。約4台・20×8m・舗装・区画なし。
携帯電話／ドコモ3通話可・au3通話可・SB3通話可。
その他／みんなの声の箱（倒壊）、お願い看板。
立ち寄り湯／国道491号を北上すると、一の俣温泉の各宿で可能。例えば「蛍光の宿 一の俣温泉観光ホテル」＝無休・9～21時・入浴料850円・MC 268 622 721*01・☎083-768-0111。
問合先／下関市豊北総合支所地域政策課☎083-782-0062

白滝山・龍泉寺入口駐車場

→P223

深入山・東登山口（いこいの村ひろしま）

しんにゅうざん・ひがしとざんぐち（いこいのむらひろしま）
広島県安芸太田町
標高795m MAP 066

登山口概要／深入山の南東側、町道沿い。東登山口コースを経由する深入山の起点。
緯度経度／［34°38′44″］［132°12′58″］
マップコード／ 363 821 067*82
アクセス／中国道戸河内ICから国道191号、町道経由で19km、約

白木山／市道路肩に寄せれば駐車可

白木山／登山道入口

中山／中山神社前の駐車スペース

古堂橋／古堂橋の駐車スペース

古堂橋／登山道入口

30分。

駐車場／いこいの村ひろしま前に駐車場があり、登山者の利用可とのこと。24時間出入り可。60台＋大型・70×35m・舗装・区画あり。

携帯電話／ドコモ3通話可・au3通話可・SB3通話可。

公衆電話／いこいの村ひろしま館内にカード・コイン式公衆電話がある。

ドリンク自販機／いこいの村ひろしま館内にある(PBも)。

その他／いこいの村ひろしま(宿泊・レストラン・売店・入浴。☎0826-29-0011)、公園利用者のみなさんへ、熊出没注意看板。

取材メモ／深入山の新緑は5月上旬〜下旬、紅葉は10月下旬〜11月上旬が見ごろ。

立ち寄り湯／①人工温泉だが、深入山の「いこいの村ひろしま」で入浴ができる。無休（月に一度メンテナンス休あり。それ以外に入浴できない場合もある）・11〜18時・入浴料500円・MC 363 821 067*82・☎0826-29-0011。②中国道戸河内IC近く、国道191号と国道186号の間に「グリーンスパつつが」がある。木曜休（祝日の場合は営業）・12〜20時・入浴料450円・MC 363 526 861*88・☎0826-32-2880。

問合先／安芸太田町観光協会（一般社団法人地域商社あきおおた）☎0826-28-1800、安芸太田町産業振興課☎0826-28-1973

深入山・南登山口（深入山グリーンシャワー）

しんにゅうざん・みなみとざんぐち（しんにゅうさんぐりーんしゃわー）

広島県安芸太田町

標高816m　MAP 066

登山口概要／深入山の南側、町道沿い。草尾根コースを経由する深入山の起点。

緯度経度／[34°38′27″][132°12′35″]

マップコード／ 363 790 464*82

アクセス／中国道戸河内ICから国道191号、町道経由で20km、約30分。

駐車場／90台＋大型・80×30m・舗装・区画あり。

駐車場混雑情報／紅葉シーズンは満車になるが、その場合、多目的広場も駐車場として開放されるので、停められないことはない。それ以外に満車になることはない。

トイレ／多目的広場の向かいにある。水洗。水道・TPあり。評価☆☆☆〜☆☆。

携帯電話／ドコモ3通話可・au3通話可・SB3通話可。

その他／深入山グリーンシャワー管理棟(☎0826-29-0211)、深入山セラピーロード案内板、熊出没

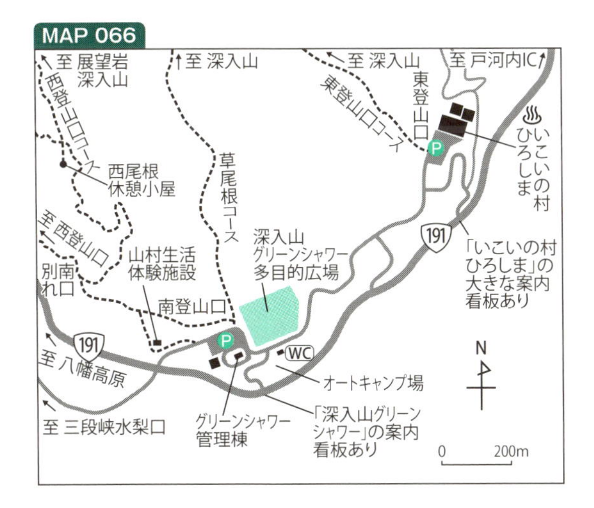

東／いこいの村ひろしまと駐車場

東／同施設の大浴場

南／深入山グリーンシャワー駐車場

南／多目的広場の向かいのトイレ

南／同トイレ内部

注意看板、オートキャンプ場。
取材メモ／深入山の新緑は5月上旬～下旬、紅葉は10月下旬～11月上旬が見ごろ。
立ち寄り湯／①人工温泉だが、深入山の「いこいの村ひろしま」で入浴できる。無休（月に一度メンテナンス休あり。それ以外に入浴できない場合もある）・11～18時・入浴料500円・MC 363 821 067*82・☎0826-29-0011。②中国道戸河内IC近く、国道191号と国道186号の間に「グリーンスパつつが」がある。木曜休（祝日の場合は営業）・12～20時・入浴料450円・MC 363 526 861*88・☎0826-32-2880。
問合先／安芸太田町観光協会（一般社団法人地域商社あきおおた）☎0826-28-1800、安芸太田町産業振興課☎0826-28-1973

周防大島 嘉納山・文珠堂

すおうおおしま かのうざん・もんじゅどう
山口県周防大島町
標高420m

登山口概要／嘉納山の北西側、町道終点。文珠山（もんじゅやま）を経由する嘉納山や源明山（げんめいざん）の起点。
緯度経度／[33°55′41″][132°13′54″]
マップコード／ 115 028 873*52
アクセス／山陽道玖珂ICから県道70、115号、国道437号、大島大橋、国道437号、県道106号、町道（すれ違い困難な狭い舗装道路）経由で29km、約52分。国道から4.5km、約16分。
駐車場／文珠堂前に駐車場がある。約6台・舗装・区画なし。また手前の三差路にも8～10台分の駐車場がある。
トイレ／駐車場にある。非水洗。水道・TPあり。評価☆☆～☆。
携帯電話／ドコモ3～2通話可・au3～2通話可・SB3通話可。
その他／文珠堂、嘉納山・文珠堂解説板、文珠堂解説板、大島町観光案内板。
立ち寄り湯／①大島大橋のたもとにある「周防大島温泉・大観荘」で可能。不定休・11～17時・入浴料500円・MC 115 142 045*5・☎0120-082-074。②国道437号を東進すると、「グリーンステイながうら」の「潮風呂保養館」でも可能。天然温泉ではないが、周防大島に古くから伝わる海水を汲み上げて沸かす「潮風呂」がユニーク。火曜休（祝日の場合は翌日）・10～21時（11～3月は～20時）・入浴料510円・MC 115 178 311*4・☎0820-79-0021。
問合先／周防大島町商工観光課☎0820-79-1003、周防大島町観光協会☎0820-72-2134

浅間山(せんげんさん)
→P44 漁山(いさりやま)・野坂峠

船上山・中坂登山口
→（次項）船上山・東坂登山口の取材メモ欄参照

船上山・東坂登山口

せんじょうせん・ひがしさかとざんぐち
鳥取県琴浦町
標高415m

登山口概要／船上山（新花の百名山）の北東側、県道34号沿い。東坂を経由する船上山や勝田ヶ岳（かつたがせん）、甲ヶ山（かぶとがせん）の起点。
緯度経度／[35°25′57″][133°36′10″]
マップコード／ 252 657 469*31
アクセス／山陰道（東伯中山道路）琴浦船上山ICから町道、県道289、34号経由で14km、約23分。
駐車場／登山道入口の向かいに駐車スペースがある。約10台・58×5m・草・区画なし。
携帯電話／ドコモ3通話可・au3通話可・SB3通話可。
その他／船上山ハイキングコース案内板、国指定史跡・船上山行宮跡解説板。
取材メモ／本項登山口の200m

南／深入山と南登山口

周防／文珠堂前の駐車場とトイレ

周防／文珠堂

船上山／駐車スペース

船上山／登山道入口

西側、県道34号沿いには、中坂登山口があり、約6台分の駐車スペースがある。ただし登山道入口に標識等はないので注意。中坂登山口のマップコード= 252 657 496*31。なお船上山の紅葉は、10月下旬～11月中旬が見ごろ。
立ち寄り湯／中山IC北700mほどの場所に「なかやま温泉・ゆーゆー倶楽部naspal」がある。第2、4月曜休（祝日の場合は翌日）・10～21時・入浴料430円・MC 578 039 325*31・☎0858-49-3330。
問合先／琴浦町商工観光課☎0858-55-7801

洗足山・赤波川渓谷おう穴登山口

せんぞくさん・あかなみがわけいこくおうけつとざんぐち
鳥取県鳥取市
標高216m

登山口概要／洗足山の北東側、県道40号沿い。赤波コースを経由する洗足山など、用瀬（もちがせ）アルプスの起点。
緯度経度／[35°19′27″][134°13′39″]
マップコード／ 390 852 468*46
アクセス／鳥取道用瀬ICから県道49号、国道482号、県道40号経由で7km、約12分。国道から4.2km、約7分。
駐車場／登山道入口に駐車スペースがある。約4台・32×3m・落ち葉・区画なし。路面に枯れ枝や岩があるので注意。
携帯電話／ドコモ圏外・au圏外・SB圏外。
水場／県道を750m南下すると、「鳥取県の名水48選」に選ばれた洗足山の湧水（和多里世箭子の水・わたりせさこのみず）がある。
登山届入れ／登山道入口にある。
その他／用瀬アルプス登山マップ、淵型おう穴解説板、関係者以外の山の雑草・木・山菜採取禁止看板。
問合先／鳥取市用瀬町総合支所地域振興課☎0858-87-2111

船通山・亀石コース登山口

せんつうざん・かめいしこーすとざんぐち
島根県奥出雲町
標高730m

登山口概要／船通山の北東側、船通山林道の終点。亀石コースを経由する船通山の起点。
緯度経度／[35°10′01″][133°11′11″]
マップコード／ 568 277 590*36
アクセス／松江道高野ICから県道39号、国道432、314号、県道107、108号、町道、船通山林道（舗装）経由で49km、約1時間14分。または松江道三刀屋木次ICから国道432、314号、県道107、108号、町道、船通山林道（舗装）経由で23km、約35分。
駐車場／ 10台・40×10m・舗装・区画消えかけ。ほかトイレ前にも5～6台は駐車可能。
駐車場混雑情報／カタクリシーズン中は、平日でも満車になる可能性が高い。
トイレ／駐車場の向かいにある。非水洗。水道（飲用不可）・TPあり。評価☆☆。また手前の、鳥上滝コース登山口に続く舗装林道との三差路にもある。水洗。水道・TPあり。評価☆☆☆。
携帯電話／ドコモ圏外・au圏外・SB圏外。
その他／国有林からのお願い看板、みんなで守ろう郷土の自然看板ほか。
取材メモ／船通山のカタクリは、4月下旬～5月上旬が見ごろ。
立ち寄り湯／①県道108号に出る途中にある斐乃上温泉の「かたくりの里・民宿たなべ」で可能。水曜と木曜休・10時30分～17時・入浴料600円・MC 568 336 524*36・☎0854-52-0930。②またさらに少し下ったところにも「斐乃上温泉・斐乃上荘」がある。無休（1～2月は要確認）・10～20時・入浴料500円・MC 568 336 889*36・☎0854-52-0234。
問合先／奥出雲町観光協会

船上山／中坂登山口の駐車スペース

洗足山／駐車スペースと登山道入口

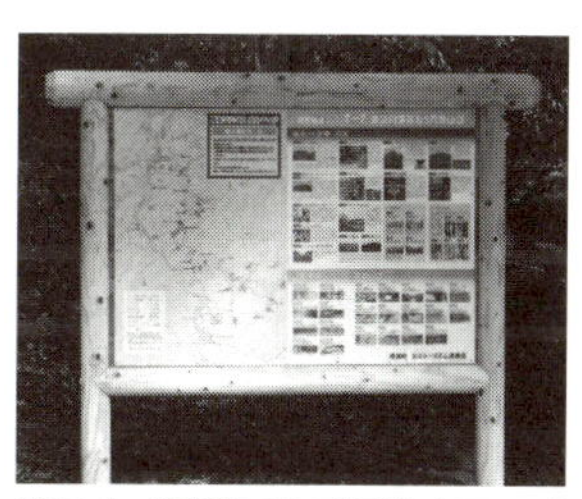
洗足山／用瀬アルプス登山マップ

亀石／登山者用駐車場とトイレ

亀石／同トイレ内部

☎0854-54-2260、奥出雲町商工観光課☎0854-54-2504

船通山・広域基幹林道船通山線

せんつうざん・こういききかんりんどうせんつうざんせん
鳥取県日南町
標高700m

登山口概要／船通山の南側、広域基幹林道船通山線沿い。船通山キャンプ場を経由する船通山遊歩道の起点。
緯度経度／[35°08′41″][133°10′27″]
マップコード／568 186 876*35
アクセス／中国道東城ICから国道314、183号、県道15号、広域基幹林道船通山線（舗装）経由で40km、約1時間3分。または松江道三刀屋木次ICから国道314号、県道15号、広域基幹林道船通山線（舗装）経由で46km、約1時間13分。県道に立つ「船通山遊歩道入口」の標識に従って広域基幹林道船通山線（舗装）に入り、ここから1.8km、約6分。
駐車場／キャンプ場に続く道の入口向かいに駐車場がある。約5台・18×10m・舗装・区画あり。またその70mほど手前にも駐車場がある。2台＋大型・26×18m・舗装・区画あり。
駐車場混雑情報／カタクリシーズンや登山シーズン中の休日は、満車になることもある。
携帯電話／ドコモ3通話可・au圏外・SB圏外。
その他／イチイと神話のふる里散策ゾーン案内板、船通山緑地休養施設案内板、船通山周遊ルート案内板。
取材メモ／船通山のカタクリは、4月下旬～5月上旬が見ごろ。
立ち寄り湯／国道183号で広島県側に南下すると「ひば・道後山高原荘」の日帰り温泉施設「すずらんの湯」で可能。火曜休（祝日の場合は営業）・10時30分～21時・入浴料600円・MC 857 157 653*02・☎0824-84-7070。
問合先／日南町観光協会☎0859-82-1715、日南町企画課☎0859-82-1115

船通山・鳥上滝コース登山口

せんつうざん・とりかみたきこーすとざんぐち
島根県奥出雲町
標高700m

登山口概要／船通山の北側、舗装林道終点。鳥上滝コースを経由する船通山の起点。
緯度経度／[35°10′17″][133°10′22″]
マップコード／568 306 151*35
アクセス／松江道高野ICから県道39号、国道432、314号、県道107、108号、町道、舗装林道経由で49km、約1時間14分。または松江道三刀屋木次ICから国道432、314号、県道107、108号、町道、舗装林道経由で23km、約35分。
駐車場／4～5台・14×12m・舗装・区画なし。隣接して未舗装の広場があり、ここにも10～15台程度駐車可。またすぐ手前左側にも2～3台分の駐車スペースあり。
駐車場混雑情報／カタクリシーズン中は、平日でも満車になる可能性が高い。
トイレ／手前の、亀石コース登山口に続く船通山林道との三差路にある。水洗。水道・TPあり。評価☆☆☆。
携帯電話／ドコモ圏外・au圏外・SB0かなり途切れる。
その他／船通山案内板、みんなで船通山の自然を守りましょう看板、不法投棄監視カメラ。
取材メモ／船通山のカタクリは、4月下旬～5月上旬が見ごろ。
立ち寄り湯／①県道108号に出る途中にある斐乃上温泉の「かたくりの里・民宿たなべ」で可能。水曜と木曜休・10時30分～17時・入浴料600円・MC 568 336 524*36・☎0854-52-0930。②またさらに少し下ったところにも「斐乃上温泉・斐乃上荘」がある。無

広域／県道15号から広域基幹林道へ

広域／キャンプ場入口の駐車場

広域／キャンプ場（船通山遊歩道）入口

鳥上滝／手前三差路のトイレ

鳥上滝／舗装林道終点の駐車場

休（1～2月は要確認）・10～20時・入浴料500円・MC 568 336 889*36・☎0854-52-0234。
問合先／奥出雲町観光協会☎0854-54-2260、奥出雲町商工観光課☎0854-54-2504

仙ノ山・石見銀山公園

せんのやま・いわみぎんざんこうえん
島根県大田市
標高135m MAP 067

登山口概要／仙ノ山の北側、市道沿い。山吹城跡や仙ノ山展望台を経由する仙ノ山の起点。
緯度経度／[35°06′50″][132°26′43″]
マップコード／ 599 113 262*26
アクセス／浜田道瑞穂ICから県道5、327、7号、国道261号、県道40、31号、市道経由で44km、約1時間6分。または山陰道出雲ICから県道337、277号、国道9、375号、県道46、31号、市道経由で41km、約1時間2分。
駐車場／石見銀山公園にある。約30台＋大型・60×55m・舗装・区画あり。
駐車場混雑情報／ GWやお盆休みなど、観光シーズンは満車になることが多い。
トイレ／駐車場の向かい、観光協会建物の奥にある。水洗。水道・TPあり。評価☆☆☆。
携帯電話／ドコモ3通話可・au3通話可・SB3通話可。
ドリンク自販機／観光協会の建物前等にある(PBも)。
その他／大田市観光協会案内所、石見銀山ガイドの会受付所、売店、ベロタクシー待機所、石見銀山遺跡案内板ほか。
立ち寄り湯／県道31号を北上し、国道9号に出る手前の交差点を左折すると「湯迫温泉旅館（ゆざこおんせんりょかん）」で立ち寄り湯可。不定休・9～16時・入浴料400円・MC 599 199 493*26・☎0854-88-2558。
問合先／大田市観光振興課☎0854-88-9237、大田市観光協会☎0854-88-9950

仙ノ山・石見銀山世界遺産センター

せんのやま・いわみぎんざんせかいいさんせんたー
島根県大田市
標高175m MAP 068

登山口概要／仙ノ山の北東側、市道終点。仙ノ山展望台を経由する仙ノ山の起点。
緯度経度／[35°06′20″][132°27′08″]
マップコード／ 599 084 257*26
アクセス／浜田道瑞穂ICから県道

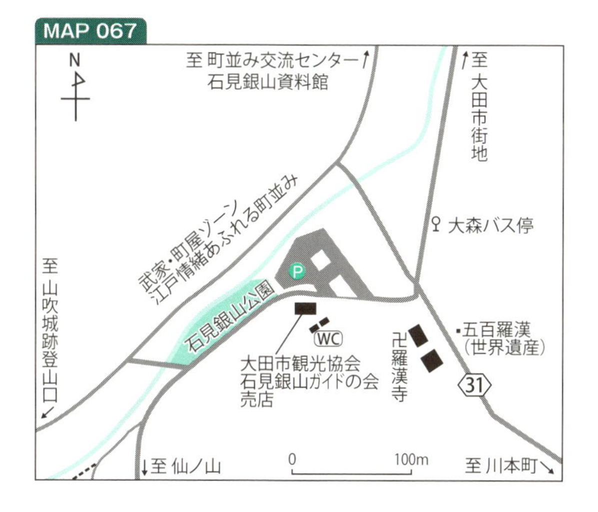

鳥上滝／鳥上滝コース登山道入口

公園／石見銀山公園の駐車場

公園／大田市観光協会案内所

公園／観光協会建物奥のトイレ

センター／第1駐車場

5、327、7号、国道261号、県道40、31号、市道経由で43km、約1時間4分。または山陰道出雲ICから県道337、277号、国道9、375号、県道46、31号、市道経由で42km、約1時間3分。

駐車場／石見銀山世界遺産センター前に広い駐車場があり、登山者の利用可とのこと。第1駐車場＝74台＋大型21台・104×44m・舗装・区画あり。ほかに第2、第3駐車場もある。

駐車場混雑情報／GWとお盆休みは、満車になることがある。満車になるのはお昼頃なので、早めに到着したい。

トイレ／駐車場に隣接。水洗。水道・TPあり。評価☆☆☆。

携帯電話／ドコモ3通話可・au3通話可・SB3通話可。

その他／石見銀山世界遺産センター（最終火曜休・8時30分～17時30分・入館料300円・☎0854-89-0183)、ふれあいの森店(売店)、世界遺産センターバス停（石見交通バス)。

立ち寄り湯／県道31号を北上し、国道9号に出る手前の交差点を左折すると「湯迫温泉旅館（ゆざこおんせんりょかん)」で立ち寄り湯可。不定休・9～16時・入浴料400円・MC 599 199 493*26・☎0854-88-2558。

問合先／石見銀山世界遺産センター（駐車場に関して）☎0854-89-0183、大田市観光協会☎0854-88-9950、大田市観光振興課☎0854-88-9237

仙ノ山・原田駐車場

せんのやま・はらだちゅうしゃじょう
島根県大田市
標高220m

登山口概要／仙ノ山の東側、市道終点。石見銀山の本谷口番所跡や大久保間歩（間歩とは坑道のこと）を経由する仙ノ山の起点。

緯度経度／[35°05′50″][132°26′59″]

マップコード／ 599 054 248*26

アクセス／浜田道瑞穂ICから県道5、327、7号、国道261号、県道40、31号、市道経由で42.5km、約1時間4分。または山陰道出雲ICから県道337、277号、国道9、375号、県道46、31号、市道経由で44km、約1時間6分。

駐車場／計15台＋大型2台・14×10m、16×14mなど3面・舗装・区画あり。

トイレ／駐車場の奥にある。センサーライト付き。水洗。水道・TPあり。評価☆☆☆。

携帯電話／ドコモ2～1通話可・au3通話可・SB3通話可。

その他／本谷地区解説板。

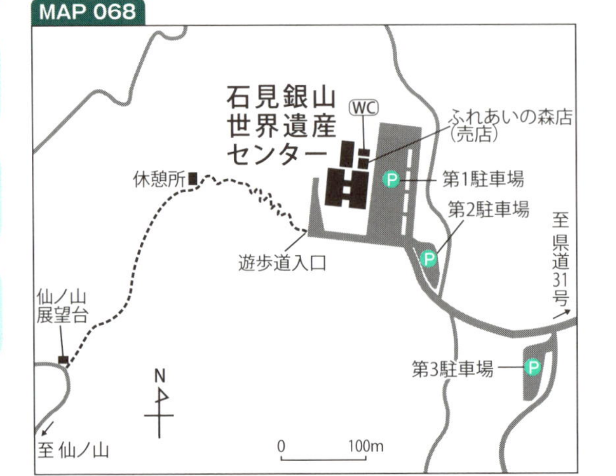

センター／石見銀山世界遺産センター

センター／同駐車場のトイレ

センター／ふれあいの森店

原田／原田駐車場

原田／同駐車場奥のトイレ

立ち寄り湯／県道31号を北上し、国道9号に出る手前の交差点を左折すると「湯迫温泉旅館（ゆざこおんせんりょかん）」で立ち寄り湯可。不定休・9～16時・入浴料400円・MC 599 199 493*26・☎0854-88-2558。
問合先／大田市観光協会☎0854-88-9950、大田市観光振興課☎0854-88-9237

象山・鏡ヶ成登山口（鏡ヶ成湿原入口）

ぞうやま・かがみがなるとざんぐち（かがみがなるしつげんいりぐち）
鳥取県江府町
標高918m MAP 042（P092）

登山口概要／象山の南側、舗装道路沿い。象山や擬宝珠山（ぎぼしやま）の起点。鏡ヶ成湿原自然観察路の起点。
緯度経度／［35°20′41″］［133°35′30″］
マップコード／ 252 326 879*37
アクセス／米子道蒜山ICから国道482号、県道114号、舗装道路経由で14km、約21分。
駐車場／登山道入口の南側に駐車スペースがある。約8台・36×6m・舗装・区画なし。また奥大山レストハウス前にも駐車場がある。24台・54×18m・舗装・区画あり。
トイレ／奥大山レストハウス向かいから少し入ったところにあるようだが、詳細不明。
携帯電話／ドコモ3通話可・au3通話可・SB3通話可。
ドリンク自販機／奥大山レストハウス前にある（PBも）。
その他／登山口周辺＝奥大山レストハウス（営業終了）、鏡ヶ成周辺案内板、鏡ヶ成湿原自然観察路案内板。
立ち寄り湯／すぐ近くの「休暇村奥大山」で可能。温泉ではないが、地下250mからくみ上げた硬度およそ13の超軟水天然水を使ったお風呂で入浴できる。無休（年に何度かメンテナンス休あり）・13～21時・入浴料510円・MC 252 356 123*37・☎0859-75-2300。
問合先／休暇村奥大山（付近の駐車場に関して）☎0859-75-2300、江府町農林産業課☎0859-75-6610、江府町観光協会☎0859-75-6007

曽場ヶ城山・大山林道

→P223

曽場ヶ城山・小倉林道（七ツ池奥）

→P223

MAP 069

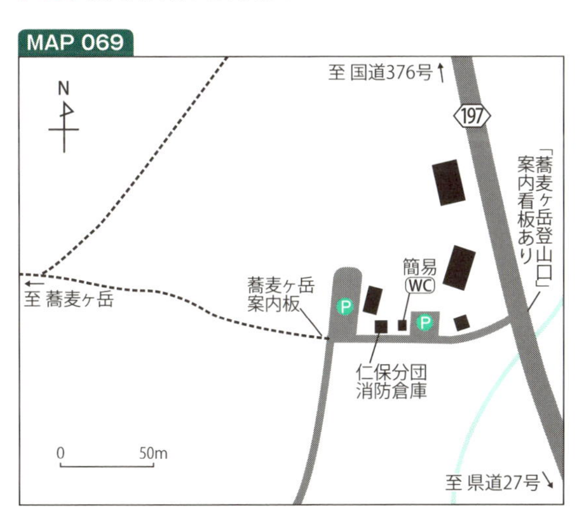

原田／同トイレ内部

象山／南側の駐車スペース

象山／登山道入口

象山／鏡ヶ成湿原

象山／自然観察路案内板

蕎麦ヶ岳登山口

そばがだけとざんぐち
山口県山口市
標高264m MAP 069

登山口概要／蕎麦ヶ岳の東側、市道沿い。蕎麦ヶ岳の起点。
緯度経度／[34°10′03″][131°34′24″]
マップコード／ 93 594 632*16
アクセス／中国道徳地ICから国道489、376号、県道24、27、197号、市道経由で16km、約25分。または中国道山口ICから国道262号、県道27、197号、市道経由で16km、約25分。
駐車場／計約15台・34×12mなど2面・砂＋草・区画なし。
トイレ／消防倉庫手前に簡易トイレが1基ある。TPあり。評価☆☆〜☆。
携帯電話／ドコモ3通話可・au2〜1通話可・SB0かなり途切れる。
その他／蕎麦ヶ岳案内板、寄付金箱。
立ち寄り湯／山口ICに戻る際に少し遠回りして、国道376号から県道196号を北上すると「宮野温泉・山口ふれあい館」がある。月曜休（祝日の場合は翌日）・10時20分〜18時（6〜8月は〜19時）・入浴料100円・MC 93 766 865*10・☎083-923-3351。
問合先／山口市仁保地域交流センター☎083-929-0411

蕎麦／県道197号から市道へ

蕎麦／奥の駐車場

蕎麦／手前の駐車場

蕎麦／簡易トイレ

蕎麦／登山道入口

た

帝釈峡・帝釈第2駐車場（上帝釈）

たいしゃくきょう・
たいしゃくだいにちゅうしゃじょう
（かみたいしゃく）
広島県庄原市
標高408m MAP 070

登山口概要／帝釈峡の北西側（上流側）、市道終点付近。白雲洞（はくうんどう）や雄橋、断魚渓などを経由する帝釈峡遊歩道の起点。
緯度経度／［34°52′07″］［133°12′11″］
マップコード／ 326 399 770*02
アクセス／中国道東城ICから国道182号、県道23号、市道経由で11.5km、約19分。
駐車場／帝釈第2駐車場＝76台・66×36m・舗装・区画あり。手前には帝釈第1駐車場もある。90台・100×50m・舗装・区画あり。
駐車場混雑情報／第2駐車場は、GWと紅葉シーズンの休日に満車になる。第1駐車場は、紅葉シーズンの休日に満車になることがある。
トイレ／第2駐車場に隣接。水洗。水道・TPあり。評価☆☆☆。第1駐車場にもある。
携帯電話／ドコモ3通話可・au3通話可・SB3通話可。
ドリンク自販機／弥生食堂前にある（PBも）。
その他／帝釈峡案内板、弥生食堂、落石注意看板ほか。
取材メモ／帝釈峡の紅葉は、10月下旬～11月中旬が見ごろ。
立ち寄り湯／①温泉ではないが、神龍湖の東側にある「休暇村帝釈峡」で入浴ができる。無休（年に何度かメンテナンス休あり）・14～22時・入浴料420円・MC 326 343 134*02・☎08477-2-3110。②中国道東城IC方面に戻り、国道314号を北上。県道12号に右折すると「リフレッシュハウス東城」がある。水曜休（祝日の場合は翌日）・10～21時・入浴料550円・MC 326 617 090*03・☎08477-2-1288。
問合先／帝釈峡観光協会 ☎0847-86-0611

帝釈峡・トレイルセンターしんりゅう湖

たいしゃくきょう・
とれいるせんたーしんりゅうこ
広島県神石高原町
標高380m MAP 071

登山口概要／神龍湖の西岸、県道

MAP 070

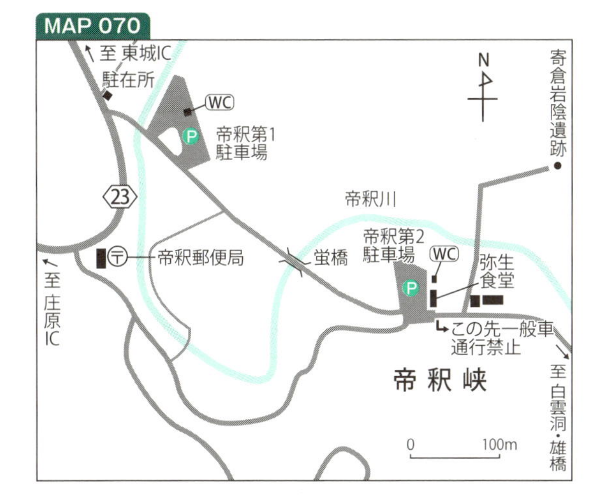

第2／帝釈第2駐車場

第2／同駐車場のトイレ

第2／同トイレ内部

第2／帝釈峡遊歩道の入口

トレイル／トレイルセンターと駐車場

259号沿い。桜橋などを経由する帝釈峡遊歩道の起点。中国自然歩道の起点。

緯度経度／［34°50′38″］［133°13′24″］

マップコード／ 326 312 783*02

アクセス／中国道東城ICから国道182号、県道25、259号経由で8km、約12分。

駐車場／トレイルセンターしんりゅう湖や県道を挟んだ向かいに駐車場がある。計55台・50×36m、36×26m・舗装＋砂利・区画あり。

駐車場混雑情報／ GWと紅葉シーズンの休日は、満車になる。

トイレ／トレイルセンターしんりゅう湖内にある。水洗。水道･TPあり。評価☆☆☆。

携帯電話／ドコモ3通話可・au3通話可・SB3通話可。

公衆電話／駐車場に隣接してカード・コイン式公衆電話ボックスがある。

ドリンク自販機／付近の商店前にある(PBも)。

トレイルセンターしんりゅう湖／ビジターセンターのような展示施設ではなく、休憩室とトイレがあるだけ。8時30分～17時。

その他／神石高原町民俗資料館、帝釈峡ふるさと産品直売所、帝釈峡案内板、落石注意看板、石碑、東屋、商店、食堂。

取材メモ／帝釈峡の紅葉は、10月下旬～11月中旬が見ごろ。

立ち寄り湯／①温泉ではないが、神龍湖の東側にある「休暇村帝釈峡」で入浴ができる。無休（年に何度かメンテナンス休あり）・14～22時・入浴料420円・MC 326 343 134*02・☎08477-2-3110。②中国道東城IC方面に戻り、国道314号を北上。県道12号に右折すると「リフレッシュハウス東城」がある。水曜休（祝日の場合は翌日）・10～21時・入浴料550円・MC 326 617 090*03・☎08477-2-1288。

問合先／帝釈峡観光協会☎0847-86-0611、神石高原町観光協会☎0847-85-2201

帝釈峡・三坂駐車場

たいしゃくきょう・みさかちゅうしゃじょう

広島県庄原市

標高380m **MAP 071**

登山口概要／神龍湖の東岸、県道25号沿い。神龍橋などを経由する帝釈峡遊歩道の起点。中国自然歩道の起点。

緯度経度／［34°50′47″］［133°13′44″］

マップコード／ 326 342 173*02

アクセス／中国道東城ICから国道182号、県道25号経由で7km、約10分。

MAP 071

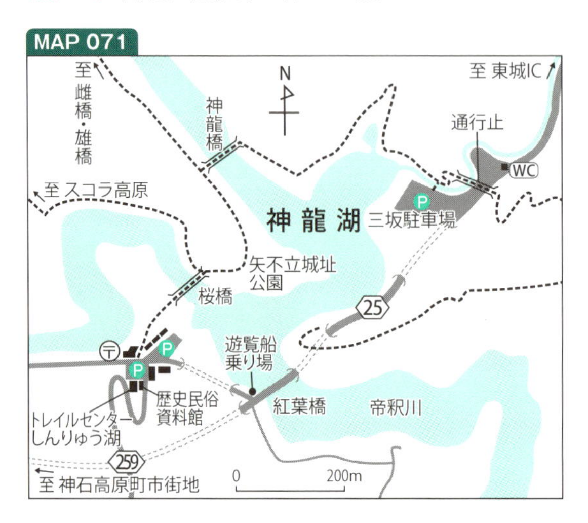

トレイル／向かいの駐車場

トレイル／同センター休憩スペース

トレイル／同センター内のトイレ

三坂／三坂駐車場

三坂／同駐車場のトイレ

駐車場／250台＋大型・200×60m・舗装・区画あり。
駐車場混雑情報／かなり広い駐車場だが、紅葉シーズンの休日は、満車になることがある。
トイレ／駐車場東端にある。水洗。水道・TPあり。評価☆☆☆～☆☆。
携帯電話／ドコモ3通話可・au2通話可・SB3通話可。
公衆電話／駐車場にカード・コイン式公衆電話ボックスがある。
その他／帝釈峡案内板。
取材メモ／帝釈峡の紅葉は、10月下旬～11月中旬が見ごろ。
立ち寄り湯／①温泉ではないが、神龍湖の東側にある「休暇村帝釈峡」で入浴ができる。無休（年に何度かメンテナンス休あり）・14～22時・入浴料420円・MC 326 343 134*02・☎08477-2-3110。②中国道東城IC方面に戻り、国道314号を北上。県道12号に右折すると「リフレッシュハウス東城」がある。水曜休（祝日の場合は翌日）・10～21時・入浴料550円・MC 326 617 090*03・☎08477-2-1288。
問合先／帝釈峡観光協会☎0847-86-0611

大神ヶ嶽登山口（林道三坂八郎線）

だいじんがたけとざんぐち
（りんどうみさかはちろうせん）
島根県益田市
標高950m

登山口概要／大神ヶ嶽の南側、林道三坂八郎線沿い。大神ヶ嶽や赤谷山（あかだにやま）の起点。
緯度経度／［34°30′38″］［132°02′23″］
マップコード／ 696 305 782*88
アクセス／中国道吉和ICから国道186、488号、林道三坂八郎線（舗装）経由で17km、約28分。国道488号から「ここは林道三坂八郎線入口交差点です」と書かれた案内看板に従って左折。ここから6.4km、約12分。
駐車場／登山道入口向かいに駐車スペースがある。約5台・22×10m・草＋小石・区画なし。また登山道入口前の路肩に寄せれば、3台程度は駐車可。
駐車場混雑情報／三坂大明神・山葵天狗社の例祭が開催される6月第1日曜日には、登山口で祭儀が行われる。
トイレ／吉和ICからアクセスする場合は、国道488号との交差点付近に公衆トイレがある。センサーライト付き。水洗。水道・TPあり。評価☆☆☆。
携帯電話／ドコモ圏外・au圏外・SB圏外。
その他／市指定史跡名勝・大神ヶ嶽解説板
取材メモ／大神ヶ嶽は、昔は女人禁制の霊山とされ、修験道の聖地だったという。
立ち寄り湯／①吉和ICに戻る場合は、国道186号沿いの「潮原温泉（うしおばらおんせん）・松かわ」で可能だが、立ち寄り湯不可の日があったり営業時間が変動したりするので、あらかじめ公式サイトで確認のこと。月曜休（祝日の場合は営業）・時間不定・入浴料650円・MC 696 164 661*77・☎0829-77-2224。②その近くの「吉和魅惑の里」に「水神の湯」もある。木曜休・11～21時・入浴料600円・MC 696 133 747*88・☎0829-77-2110。③中国道吉和IC手前で県道296号に入ると「女鹿平温泉・クヴェーレ吉和」もある。月曜休（祝日の場合は営業）・10～21時・入浴料700円・MC 363 272 349*88・☎0829-77-2277。④匹見総合支所近くの国道488号沿いに「匹見峡温泉・やすらぎの湯」があるが、現在休業中。
問合先／益田市匹見総合支所地域振興課☎0856-56-0300、匹見町観光協会☎0856-56-0310

大山・豪円山登山口

→P101 豪円山・豪円山キャンプ場

大山・三鈷峰（さんこほう）

→（次項）大山・大山第1～第5駐車場（博労座）
→（次々頁）大山・南光河原駐車場（大山寺橋）

三坂／同トイレ内部

三坂／帝釈峡遊歩道入口

大神／林道三坂八郎線入口交差点

大神／駐車スペース

大神／登山道入口

大山・大山第1～第5駐車場(博労座)

だいせん・
だいせんだいいち～だいご
ちゅうしゃじょう(ばくろうざ)
鳥取県大山町
標高735～750m
MAP 072

登山口概要／大山(日本百名山・花の百名山・新花の百名山)・弥山(みせん)の北西側、県道24号や30号沿い。夏山登山道を経由する大山・弥山や三鈷峰(さんこほう)の起点。大山・南光河原駐車場(次項)が満車だった場合は、こちらを利用する。

緯度経度／[35°23′40″][133°31′44″]

マップコード／ 252 498 863*37

アクセス／米子道溝口ICから県道45、158、24号経由で9km、約14分。

駐車場／計500台+大型・100×50mなど5面・舗装・区画あり。冬季は有料。※第3駐車場は一般車の利用不可。駐車場に関する問い合わせは大山観光局☎0859-52-2502。

駐車場混雑情報／GWと紅葉シーズン休日は、満車になる。お盆休みは、混雑する程度。

大山ナショナルパークセンター／観光情報の提供や休憩施設。年中無休・8時～18時30分・☎0859-52-2165。

大山自然歴史館／大山の自然と歴史を展示・解説する施設。年中無休・9時～17時(夏休み期間は～18時30分)・☎0859-52-2327。

トイレ／大山第4駐車場奥のトイレ=水洗。水道・TPあり。評価☆☆☆。ナショナルパークセンター1階のトイレ=水洗(温水洗浄便座付き)。水道・TPあり。評価☆☆☆。

携帯電話／ドコモ3通話可・au3通話可・SB3通話可。

ドリンク自販機／ナショナルパークセンター館内などにある(PBも)。

登山届入れ／南光河原駐車場の料金所にある。

その他／観光案内所、大山寺周辺案内板、大山寺地区総合案内板。大山ナショナルパークセンター=コインロッカー。

取材メモ／大山の新緑は5月上旬～下旬、紅葉は10月下旬～11月上旬が見ごろ。

立ち寄り湯／大山寺に続く御幸参道本通りに「豪円湯院(ごうえんゆいん)」がある。不定休・11～20時・入浴料390円・MC 252 499 690*37・☎0859-48-6801。

問合先／大山観光局☎0859-52-2502、大山町観光課☎0859-53-3110

第1／大山第4駐車場

第1／大山ナショナルパークセンター

第1／同センター内のトイレ

第1／大山自然歴史館

第1／第4駐車場奥のトイレ

MAP 072

大山滝入口

→P209 矢筈ヶ山・一向ヶ平キャンプ場

大山・南光河原駐車場（大山寺橋）

だいせん・なんこうがわら
ちゅうしゃじょう（だいせんじばし）
鳥取県大山町
標高774m MAP 072

登山口概要／大山（日本百名山・花の百名山・新花の百名山）・弥山（みせん）の北西側、県道158号の大川寺橋たもと。夏山登山道を経由する大山・弥山や三鈷峰（さんこほう）の起点。
緯度経度／［35°23′28″］［133°31′51″］
マップコード／ 252 499 480*37
アクセス／米子道溝口ICから県道45、158号経由で9km、約14分。
駐車場／約60台・78×18m・舗装・区画あり。冬季は有料。駐車場に関する問い合わせは大山観光局☎0859-52-2502。
駐車場混雑情報／登山シーズン中の休日は、ほぼ満車になる。取材した2019年6月21日は、薄曇りの金曜日だったが、到着した午前11時の時点で、ほぼ満車だった。満車の場合は、大山第1～第5駐車場（前頁）へ。
トイレ／駐車場にある。水洗。水道・TPあり。評価☆☆☆。
携帯電話／ドコモ3通話可・au3通話可・SB3通話可。
登山届入れ／駐車場の料金所にある。
その他／使用済み携帯トイレ回収ボックス、大山頂上を保護する運動解説板、国指定大山鳥獣保護区案内板。
取材メモ／大山の新緑は5月上旬～下旬、紅葉は10月下旬～11月上旬が見ごろ。
立ち寄り湯／大山寺に続く御幸参道本通りに「豪円湯院（ごうえんゆいん）」がある。不定休・11～20時・入浴料390円・MC 252 499 690*37・☎0859-48-6801。
問合先／大山観光局☎0859-52-2502、大山町観光課☎0859-53-3110

鯛ノ巣山登山口

たいのすやまとざんぐち
島根県奥出雲町
標高455m

登山口概要／鯛ノ巣山の北東側、町道沿い。鯛流水や大滝を経由する鯛ノ巣山の起点。
緯度経度／［35°07′43″］［132°55′31″］
マップコード／ 388 456 040*35
アクセス／松江道高野ICから県道39号、国道432号、県道38号、町道経由で20.5km、約32分。または松江道雲南吉田ICから県道38号、町道経由で15km、約23分。県道に「鯛ノ巣山登山口」の案内看板あり。
駐車場／ 15～20台・34×24m・舗装・区画なし。
トイレ／駐車場にある。水洗。水道・TPあり。評価☆☆☆。
携帯電話／ドコモ3通話可・au2だが、つながらず・SB1だが通話可。
その他／鯛ノ巣山登山道案内板。
取材メモ／駐車場から町道を100mほど南下すると、鯛ノ巣山登山道案内板が立ち、ここを入ると登山道入口に導かれる。
立ち寄り湯／①島根県側では、雲南吉田ICを過ぎて国道54号に出たところに「塩ヶ平温泉（しおがひろおんせん）・まめなかセンター」がある。月曜休（祝日の場合は翌日）・12～20時・入浴料300円・MC 543 668 443*27・☎0854-62-0231。②広島県側では、国道432号を南下すると、高野町の県道39号沿いの庄原市高野保健福祉センター裏手に「たかの温泉・神之瀬の湯（かんのせのゆ）」がある。水曜休・10～21時・入浴料350円・MC 388 094 331*35・☎0824-86-2251。
問合先／奥出雲町商工観光課☎0854-54-2504、奥出雲町観光協会☎0854-54-2260

南光／南光河原駐車場

南光／同駐車場のトイレ

南光／同トイレ内部

南光／夏山登山道入口

鯛ノ巣／登山者用駐車場とトイレ

高岳・聖湖（樽床ダム・樽床橋）

たかだけ・ひじりこ
（たるとこだむ・たるとこばし）
広島県北広島町
標高760m

登山口概要／高岳の南東側、林道聖山線沿い。高岳や聖岳の起点。
緯度経度／[34°39′26″][132°09′41″]
マップコード／ 363 844 440*82
アクセス／中国道戸河内ICから国道191号、林道聖山線（舗装。現地に林道名を示す標識なし）経由で29km、約45分。または山陰道（浜田・三隅道路）相生ICから国道186号、県道307号、国道191号、林道聖山線（舗装。現地に林道名を示す標識なし）経由で40km、約1時間2分。国道191号から聖湖に続く道路は2ルートあり、前者は南側入口からアクセスした場合。後者は北側からアクセスした場合を示した。後者も南側から入ってもよいが、3kmほど、北側の方が近い。ただし北側のルート入口には、それを示す標識はないので注意したい。「正直村」や「ロイヤルシティ聖湖畔リゾート」の案内看板が目印。そこから4.5km、約8分。
駐車場／登山道入口付近に駐車スペースが3面ある。計8～9台・舗装・区画なし。
駐車場混雑情報／満車になることはない。
トイレ／樽床ダム手前にあるが、取材時は故障のため施錠されていた。
携帯電話／ドコモ3通話可・au3通話可・SB3通話可。
その他／貯水池内でのキャンプ・遊泳・ボート使用禁止看板。
取材メモ／高岳の新緑は5月上旬～下旬、紅葉は10月下旬～11月上旬が見ごろ。
立ち寄り湯／①人工温泉だが、深入山の「いこいの村ひろしま」で入浴できる。無休（月に一度メンテナンス休あり。それ以外に入浴できない場合もある）・11～18時・入浴料500円・MC 363 821 067*82・☎0826-29-0011。②中国道戸河内IC近く、国道191号と国道186号の間に「グリーンスパつつが」がある。木曜休（祝日の場合は営業）・12～20時・入浴料450円・MC 363 526 861*88・☎0826-32-2880。③一方、島根県側では浜田市街地の手前、金城支所近くに「湯屋温泉リフレパークきんたの里」がある。第3水曜休（祝日の場合は営業）・10～22時・入浴料600円・MC 241 109 142*82・☎050-3033-1039。
問合先／北広島町観光協会芸北支部（北広島町芸北支所）☎0826-35-0888

高岳山・林道桐ヶ峠線

たかだけやま・
りんどうきりがとうげせん
山口県山口市
標高372m MAP 073

登山口概要／高岳山の西側、林道桐ヶ峠線沿い。桐ヶ峠を経由する高岳山の起点。
緯度経度／[34°24′07″][131°45′20″]
マップコード／ 358 825 778*11
アクセス／中国道六日市ICから国道187号、県道3、226号、国道9号、市道、林道桐ヶ峠線（未舗装。路面評価★★★★～★★★）経由で42km、約1時間8分。または中国道徳地ICから国道489、9号、市道、林道桐ヶ峠線（未舗装。路面評価★★★★～★★★）経由で32.5km、約50分。国道に立つ「高岳山登山道入口」の標識に従って市道へ。その先にも「高岳」の案内看板が所々にある。林道入口にある防獣ゲートを開けたら閉めておくこと。その先の三差路は、直進気味に左の道へ（写真参照。ここにも高岳の案内看板あり）。国道から2km、約8分。
駐車場／林道桐ヶ峠線の途中に駐車スペースがある。2～3台・草+石・区画なし。また300m手前左側にも3台分の駐車スペースがある。さらに奥にも駐車スペースがあるかもしれないが、写真の場所には、阿東町教育委員会の名前で「森

聖湖／聖湖（樽床ダム）

聖湖／駐車スペース

聖湖／登山道入口

桐ヶ峠／林道入口の防獣ゲート

桐ヶ峠／林道途中の三差路

林作業車の通行に支障がないように駐車して下さい」との看板が立っていた。
携帯電話／ドコモ3～0通話可・au3通話可・SB2通話可。
立ち寄り湯／①国道9号に出て5km北上すると、「道の駅 願成就温泉」で可能。第3水曜休・9～21時・入浴料510円・MC 513 032 650*11・☎083-957-0118。②一方、中国道六日町IC方面に戻ると、「柿木温泉・はとの湯荘」がある。水曜休・11～20時（季節により変動あり）・入浴料510円・MC 513 044 878*11・☎0856-79-2150。③その先には「木部谷温泉・松乃湯」もある。毎月6、16、26日休・7時30分～19時30分・入浴料450円・MC 513 047 079*11・☎0856-79-2617。④さらに六日町ICそばの「道の駅むいかいち温泉」には、「むいかいち温泉ゆ・ら・ら」も。第2水曜休・10～22時・入浴料580円・MC 354 638 885*11・☎0856-77-3001。
問合先／山口市阿東総合支所地域振興課☎083-956-0117

鷹巣山

→P67 大佐山・八幡洞門北側（農道追矢線）

鷹ノ巣山・県央の森公園

→P223

MAP 073

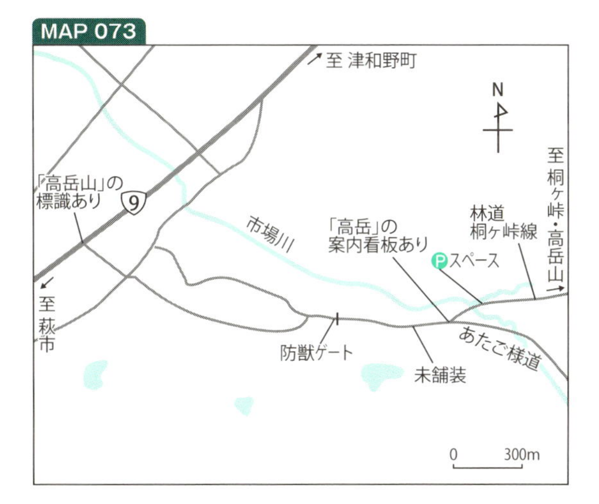

武田山・武田山憩いの森

たけだやま・
たけだやまいこいのもり
広島県広島市安佐南区
標高100m

登山口概要／武田山の南側、市道終点付近。御門跡を経由する武田山や火山（ひやま）の起点。
緯度経度／［34°26′53″］［132°27′05″］
マップコード／ 22 399 344*80
アクセス／山陽道広島ICから国道54号、県道152号、国道183号、市道経由で5.5km、約10分。武田山憩いの森に続くルート入口は、わかりにくいが、まずはイオンモール広島祇園店を左手に見ながら市道を南下。JA広島市祇園支店がある南下安交差点を右折。あとはおおむね道なり。後半はすれ違い困難な狭い道になる。交差点から1km、約3分。
駐車場／武田山憩いの森入口に駐車場がある。11台・32×12m・舗装・区画あり。
トイレ／武田山憩いの森にある。非水洗。水道なし。TPあり。評価☆☆。
携帯電話／ドコモ3通話可・au3通話可・SB3通話可。
その他／武田山憩いの森案内板、東屋。
問合先／広島市安佐南区地域起こ

桐ヶ峠／林道桐ヶ峠線

桐ヶ峠／駐車スペース

武田山／武田山憩いの森駐車場

武田山／武田山憩いの森案内板

武田山／憩いの森のトイレ

し推進課☎082-831-4926

立久恵峡・八光園

たちくえきょう・はっこうえん
島根県出雲市
標高55m MAP 074

登山口概要／立久恵峡の東側（下流側）、国道184号沿い。温泉宿の「出雲の隠れ宿・八光園」がある。立久恵峡遊歩道の起点。
緯度経度／[35°17′38″][132°44′34″]
マップコード／ 258 449 793*21
アクセス／松江道吉田掛合ICから県道38号、国道54号、県道39号、国道184号経由で29km、約44分。
駐車場／八光園の斜め向かいに公共駐車場がある。8～10台・40×10m・舗装・区画なし。
駐車場混雑情報／八光園の宿泊客も利用する上、駐車可能台数が限られるため、満車になったり混雑したりしやすい。
トイレ／駐車場にある。水洗。水道・TPあり。評価☆☆☆。
携帯電話／ドコモ3通話可・au3～2通話可・SB3通話可。
公衆電話／駐車場にカード・コイン式の公衆電話ボックスがある。
ドリンク自販機／駐車場の向かいにある(PBも)。
その他／立久恵峡県立自然公園案内板、立久恵峡バス停(一畑バス)。
取材メモ／立久恵峡は、神戸川の上流に約2kmにわたって続く渓谷。「山陰の耶馬渓」と称され、神亀岩、烏帽子岩、ろうそく岩などの奇岩が見どころ。遊歩道一周徒歩約1時間。国の名勝、および天然記念物。島根県の県立自然公園にも指定。なお紅葉は、10月下旬～11月中旬が見ごろ。
立ち寄り湯／出雲市駅前に「出雲駅前温泉・らんぷの湯」がある。第1水曜休（祝日の場合は翌週水曜休）・10～22時・入浴料700円（土・日曜、祝日は750円）・MC 134 360 779*21・☎0853-20-2626。
問合先／わかあゆの里（立久恵峡の問い合わせ可）☎0853-45-0102、出雲観光協会☎0853-53-2112、出雲市観光課☎0853-21-6588

立久恵峡・わかあゆの里

たちくえきょう・わかあゆのさと
島根県出雲市
標高35m MAP 075

登山口概要／立久恵峡の西側（上流側）、国道184号から市道で下った場所。立久恵峡遊歩道の起点。
緯度経度／[35°17′37″][132°43′47″]
マップコード／ 258 447 776*21

MAP 074

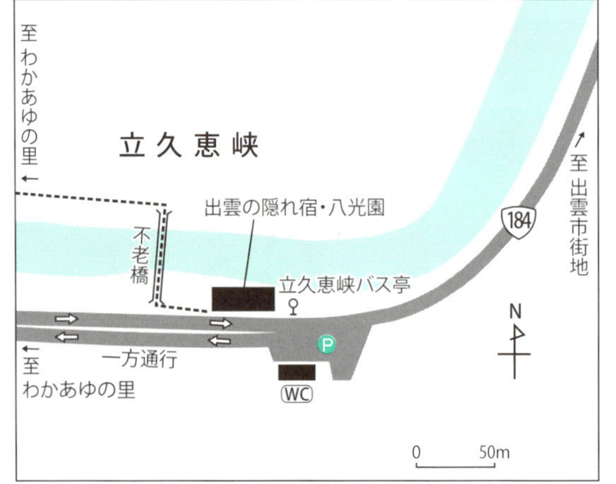

八光園／公共駐車場

八光園／同駐車場のトイレ

八光園／不老橋

わかあゆ／わかあゆの里駐車場

わかあゆ／同駐車場のトイレ

アクセス／松江道吉田掛合ICから県道38号、国道54号、県道39号、国道184号、町道経由で28km、約42分。わかあゆの里付近の国道184号は、上り車線と下り車線が別々の一方通行なので、出雲市街地方面からアクセスする場合は、一旦、通り過ぎてからUターンする必要がある。
わかあゆの里／キャンプ場。水曜休(夏季等は営業)・9～18時・☎0853-45-0102。
駐車場／わかあゆの里公園に広い駐車場があり、ハイカーの利用可とのこと。100台＋大型・64×32m・舗装・区画あり。
駐車場混雑情報／GWやお盆休み、紅葉シーズンの休日は、混雑しやすい。貸し切りやイベントがあると停められないことも。
トイレ／駐車場に隣接。水洗。水道・TPあり。評価☆☆☆。
携帯電話／ドコモ3通話可・au3通話可・SB3通話可。
ドリンク自販機／トイレ前と管理棟にある(PBも)。
その他／シャワー室（トイレ棟に併設)、熊出没注意看板、管理棟。
取材メモ／立久恵峡は、神戸川の上流に約2kmにわたって続く渓谷。「山陰の耶馬渓」と称され、神亀岩、烏帽子岩、ろうそく岩などの奇岩が見どころ。遊歩道一周徒歩約1時間。国の名勝、および天然記念物。島根県の県立自然公園にも指定。なお紅葉は、10月下旬～11月中旬が見ごろ。
立ち寄り湯／出雲市駅前に「出雲駅前温泉・らんぷの湯」がある。第1水曜休（祝日の場合は翌週水曜休）・10～22時・入浴料700円（土・日曜、祝日は750円）・MC 134 360 779*21・☎0853-20-2626。
問合先／わかあゆの里（立久恵峡の問い合わせ可）☎0853-45-0102、出雲観光協会☎0853-53-2112、出雲市観光課☎0853-21-6588

龍ノ口山・龍ノ口グリーンシャワーの森駐車場

たつのくちやま・
たつのくちぐりーんしゃわーのもり
ちゅうしゃじょう
岡山県岡山市中区
標高15m MAP 076

登山口概要／龍ノ口山の西側、市道沿い。南展望広場や龍之口八幡宮などを経由する 龍ノ口山の起点。
緯度経度／[34°42′22″][133°57′27″]
マップコード／275 145 306*01
アクセス／山陽道岡山ICから国道53号、県道96、27、219号、市道経由で10km、約17分。龍ノ口

MAP 075

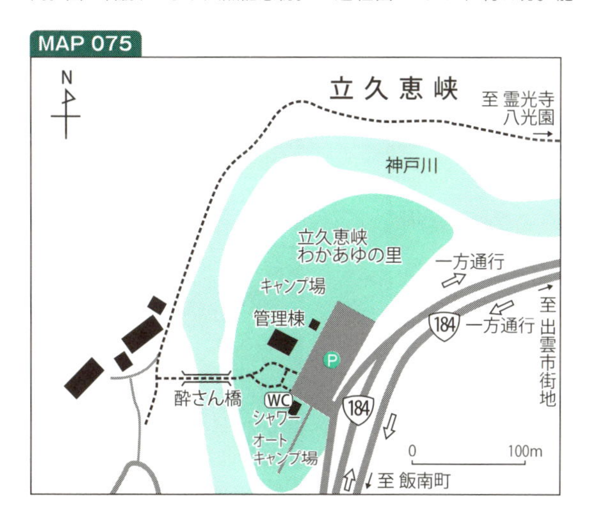

わかあゆ／同トイレ内部

わかあゆ／酔さん橋

わかあゆ／立久恵峡遊歩道

龍ノ口／グリーンシャワーの森駐車場

龍ノ口／同駐車場のトイレ

グリーンシャワーの森駐車場に続く南北にのびる市道は狭い区間あり。MAP076の矢印のようにアクセスするのが無難。

駐車場／グリーンシャワーの森入口に駐車場がある。約50台・90×20～10m・砂+小石・区画なし。

トイレ／駐車場に隣接。非水洗。水道・TPあり。評価☆☆。

携帯電話／ドコモ3通話可・au3通話可・SB3通話可。

その他／龍ノ口グリーンシャワーの森案内板、国有林からのお願い。

立ち寄り湯／県道27号に出て山陽IC方面に向かう途中に「岡山桃太郎温泉」がある。無休・10～22時・入浴料972円・MC 275 208 857*01・☎086-229-3900。

問合先／龍ノ口グリーンシャワーの森を守る会☎086-275-5073、岡山市中区役所総務・地域振興課地域づくり推進室☎086-901-1602

立岩山

→P49 市間山・林業専用道上田吹西平線

立烏帽子山

→P174 比婆山連峰・熊野神社
→P176 比婆山連峰・立烏帽子駐車場

MAP 076

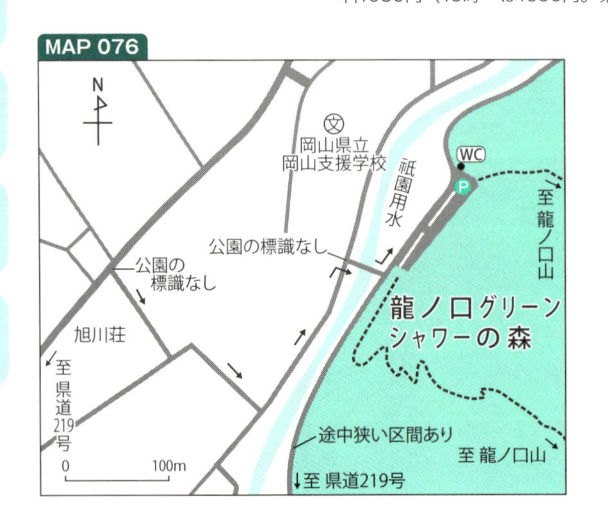

田床山・吉田松陰誕生地付近

たどこやま・よしだしょういんたんじょうちふきん
山口県萩市
標高47m MAP 077

登山口概要／田床山の北西側、市道沿い。田床山の起点。

緯度経度／［34°24′40″］［131°25′27″］

マップコード／ 243 861 846*86

アクセス／小郡萩道路絵堂ICから国道490、191号、県道11号、市道経由で22km、約35分。

駐車場／付近に松陰誕生地駐車場がある。約30台・66×46m・砂利・区画なし。

トイレ／吉田松陰墓所前の市道沿いにある。センサーライト付き。簡易水洗。水道・TPあり。評価☆☆☆。※トイレ前の駐車スペースは、吉田松陰墓所訪問者用・トイレ利用者用と思われるので、登山者の駐車は遠慮したい。

携帯電話／ドコモ3通話可・au3通話可・SB3通話可。

その他／市指定史跡吉田松陰の墓ならびに墓所案内板、吉田松陰先生銅像とその解説板。

立ち寄り湯／県道11号を挟んだ反対側付近に「萩本陣温泉・萩本陣」がある。無休・13～22時・入浴料1030円（15時～は1550円。繁

龍ノ口／同トイレ内部

田床山／松陰誕生地駐車場

田床山／吉田松陰墓所前のトイレ

田床山／同トイレ内部

田床山／吉田松陰先生銅像

忙期は2000円）・MC 243 890 407*56・☎0838-22-5252。
問合先／萩市観光協会☎0838-25-1750、萩市観光課☎0838-25-3139

旅伏山(たぶしさん)
→P46 出雲北山・鰐淵寺第1駐車場
→P46 出雲北山・金山谷駐車場

玉峰山・玉峰山森林公園

たまみねさん・
たまみねさんしんりんこうえん
島根県奥出雲町
標高425m MAP 078

登山口概要／玉峰山の西側、玉峰山連絡道終点。雄滝や雌滝を経由する玉峰山の起点。
緯度経度／[35°12′57″][133°05′38″]
マップコード／ 388 776 467*35
アクセス／松江道高野ICから県道35号、国道432号、玉峰山連絡道（舗装）経由で37km、約57分。または松江道三刀屋木次ICから県道45、25、156号、国道432号、玉峰山連絡道（舗装）経由で26km、約42分。
駐車場／森林公園に駐車場がある。約8台・36×10m・舗装・区画なし。ほかに管理棟前にも広い駐車スペースがある。
トイレ／管理棟にある。センサーライト付き。水洗。水道・TPあり。評価☆☆☆。
携帯電話／ドコモ1～0だが通話可・au3通話可・SB3通話可。
その他／玉峰山森林公園案内板、管理棟、テーブル・ベンチほか。
取材メモ／駐車場の奥から登山道が2本のびているが、すぐに合流する。
立ち寄り湯／国道へ戻る途中で右折すると「亀嵩温泉・玉峰山荘（かめだけおんせん・たまみねさんそう）」がある。無休・10～22時・入浴料600円・MC 388 805 438*35・☎0854-57-0800。
問合先／奥出雲町観光協会☎0854-54-2260、奥出雲町商工観光課☎0854-54-2504、島根県自然環境課☎0852-22-6172、玉峰山荘（森林公園キャンプ場に関して）☎0854-57-0800

ダルガ峰・ちくさ高原キャンプ場

だるがなる・
ちくさこうげんきゃんぷじょう
兵庫県宍粟市
標高907m

登山口概要／ダルガ峰の北東側、県道72号沿い。ダルガ峰や船木山、駒の尾山の起点。ちくさ湿原（ちくさ高原湿性植物園）の起点。
緯度経度／[35°12′50″]

玉峰山／玉峰山森林公園駐車場

玉峰山／玉峰山森林公園管理棟

玉峰山／同管理棟のトイレ内部

玉峰山／登山道入口

キャンプ／ちくさ湿原入口の駐車場

[134°23′37″]（ちくさ高原キャンプ場駐車場）
[35°12′52″][134°23′39″]
（ちくさ湿原入口駐車場）
マップコード／ 304 752 256*13
（ちくさ高原キャンプ場駐車場）
304 752 318*13（ちくさ湿原入口駐車場）
アクセス／鳥取道西粟倉ICから国道373号、村道、県道72号経由で14km、約23分。
駐車場／キャンプ場の駐車場を登山で利用したい場合は、事前に問い合わせのこと。日によって不可の場合がある。約30台・46×26m・砂利＋草地・区画なし。また、ちくさ湿原入口にも駐車場があるが、クリンソウシーズンの湿原散策ではなく登山で利用したい場合は、やはり事前に問い合わせのこと。約100台・112×10m、100×10mなど4面・細砂利＋草・区画なし。
トイレ／キャンプ場に向けて少し上がるとある。水洗。水道・TPあり。評価☆☆☆。
携帯電話／ドコモ3通話可・au3通話可・SB3通話可。
その他／ちくさ湿原案内板、キャンプ場管理棟、周辺案内板、ちくさ高原マップ案内板、熊出没注意看板、東屋、ベンチ。
取材メモ／ちくさ湿原のクリンソウは、5月中旬～6月中旬が見ごろ。
立ち寄り湯／岡山県側に下り、あわくら温泉駅手前で右折。市道を西進すると「湯～とぴあ黄金泉」とその先の「あわくら温泉元湯」で立ち寄り湯ができる。①「湯～とぴあ黄金泉」＝火曜休（祝日の場合は翌日）・11～21時・入浴料700円・MC 390 384 409*13・☎0868-79-2334。②「あわくら温泉元湯」＝水曜休・15～22時・入浴料500円・MC 390 384 305*13・☎0868-79-2129。
問合先／ちくさ高原ネイチャーランド☎0790-76-3555、ちくさえぇとこセンター☎0790-71-0230、しそう森林王国観光協会☎0790-64-0077、宍粟市千種市民局地域振興課地域振興係☎0790-76-2210

ダルガ峰・ちくさ高原ネイチャーランド（ちくさ高原スキー場）

だるがなる・ちくさこうげんねいちゃーらんど（ちくさこうげんすきーじょう）
兵庫県宍粟市
標高905m

登山口概要／ダルガ峰の北東側、県道72号沿い。ダルガ峰や長義山（なぎさん）の起点。
緯度経度／[35°13′08″][134°23′26″]
マップコード／ 304 752 787*13
アクセス／鳥取道西粟倉ICから国

MAP 078

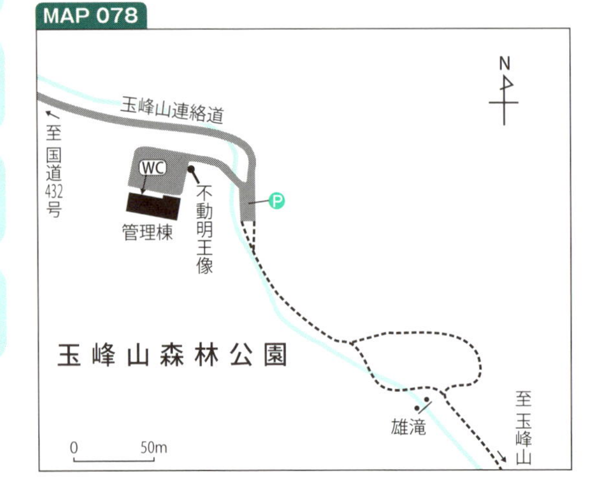

キャンプ／キャンプ場のトイレ

キャンプ／同トイレ内部

キャンプ／ちくさ湿原入口

ランド／ゲレンデ前の駐車スペース

ランド／駐車スペース向かいのトイレ

道373号、村道、県道72号経由で13.5km、約22分。

駐車場／ゲレンデ前の駐車スペースを登山で利用したい場合は、事前に問い合わせのこと。日によって不可の場合がある。約15台・40×22m・砂利・区画なし。

駐車場混雑情報／7～8月の土・日曜、お盆休みに混雑するが、満車になることはない。

トイレ／駐車スペースの向かいにある。センサーライト付き。水洗（温水洗浄便座付き）。水道・TPあり。評価☆☆☆。

携帯電話／ドコモ3通話可・au3通話可・SB3通話可。

取材メモ／ちくさ高原のミズバショウは4月初旬～中旬、サクラは4月下旬～5月上旬、紅葉は9月下旬～10月中旬が見ごろ。

立ち寄り湯／岡山県側に下り、あわくら温泉駅手前で右折。市道を西進すると「湯～とぴあ黄金泉」とその先の「あわくら温泉元湯」で立ち寄り湯ができる。①「湯～とぴあ黄金泉」＝火曜休（祝日の場合は翌日）・11～21時・入浴料700円・MC 390 384 409*13・☎0868-79-2334。②「あわくら温泉元湯」＝水曜休・15～22時・入浴料500円・MC 390 384 305*13・☎0868-79-2129。

問合先／ちくさ高原ネイチャーランド☎0790-76-3555、しそう森林王国観光協会☎0790-64-0077、宍粟市千種市民局地域振興課地域振興係☎0790-76-2210

ちくさ湿原（ちくさ高原湿性植物園）入口

→（前々項）ダルガ峰・ちくさ高原キャンプ場

地倉沼・直地保育園

ちくらぬま・ただちほいくえん
島根県津和野町
標高118m　MAP 079

登山口概要／地倉沼の西側、国道9号沿い。地倉沼や奥山の起点。中国自然歩道の起点。

緯度経度／［34°29′03″］［131°48′16″］

マップコード／ 513 216 654*11

アクセス／中国道六日市ICから国道187号、県道3、226号、国道9号経由で38km、約57分。

駐車場／直地保育園の駐車場は、地倉沼探勝者の利用可だが、児童の安全のためフェンス側に駐車すること。また開園日にあたる平日と土曜は、保育園に立ち寄り、利用する旨、ひとこと声をかけてほしいとのこと。日曜と祝日は休園日だが、門が閉まるわけではないので利用は可能。また団体で利用する場合は事前に連絡して保育園の許可を得ること。15台以上（保育園分も含

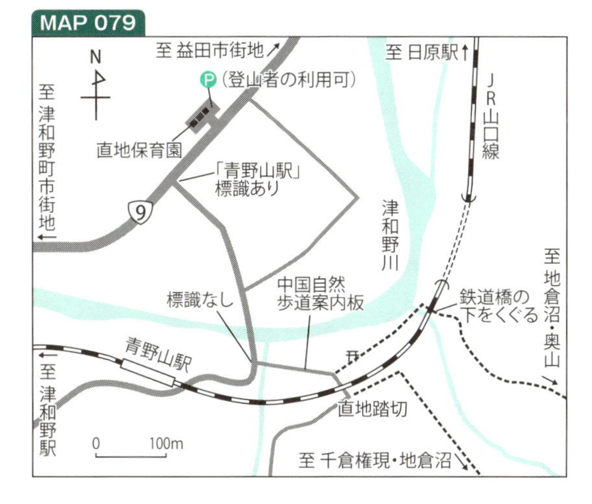

ランド／同トイレ内部

地倉沼／直地保育園駐車場

地倉沼／直地保育園

地倉沼／中国自然歩道案内板

地倉沼／地倉沼

めた数字)・36×18m・舗装+砂・区画なし。※あくまで保育園の駐車場であり、マナーよく利用したい。なお、保育園のトイレは利用不可。
携帯電話/ドコモ3通話可・au3通話可・SB3通話可。
その他/中国自然歩道津和野コース案内板(登山道入口手前)。
取材メモ/青野山県立自然公園に属する地倉沼は、沼の北東側に湿地が広がり、モリアオガエルが生息。一方、マムシが多いので、散策の際は注意が必要だ。
立ち寄り湯/①国道9号を8km南下すると、「道の駅 願成就温泉」で可能。第3水曜休・9～21時・入浴料510円・MC 513 032 650*11・☎083-957-0118。②一方、中国道六日町IC方面に戻ると、「柿木温泉・はとの湯荘」がある。水曜休・11～20時(季節により変動あり)・入浴料510円・MC 513 044 878*11・☎0856-79-2150。③その先には「木部谷温泉・松乃湯」もある。毎月6、16、26日休・7時30分～19時30分・入浴料450円・MC 513 047 079*11・☎0856-79-2617。④さらに六日町ICそばの「道の駅むいかいち温泉」には、「むいかいち温泉ゆ・ら・ら」も。第2水曜休・10～22時・入浴料580円・MC 354 638 885*11・☎0856-77-3001。
問合先/津和野町商工観光課☎0856-72-0652、津和野町観光協会☎0856-72-1771

竹林寺山

→P223 阿部山・岡山天文博物館駐車場
→P42 阿部山・ヤッホー広場

長門峡・道の駅長門峡

ちょうもんきょう・みちのえきちょうもんきょう
山口県山口市
標高213m MAP 080

登山口概要/長門峡(森林浴の森100選)の南東側(上流側)、国道9号沿い。長門峡探勝コースを経由する長門峡の起点。
緯度経度/[34°18′14″][131°34′36″]
マップコード/870 189 074*10
アクセス/中国道山口ICから国道262、9号経由で22km、約33分。または中国道徳地ICから国道489、9号経由で32.5km、約50分。
道の駅長門峡/売店・ふれあい市・レストラン。第2火曜休(8月は第1火曜休、11月は無休)・9時30分～18時(売店)・☎083-955-0777。
駐車場/道の駅長門峡の駐車場は、ハイカーの利用可。60台+大型・60×40m・舗装・区画あり。300m南西側の国道9号沿いにも

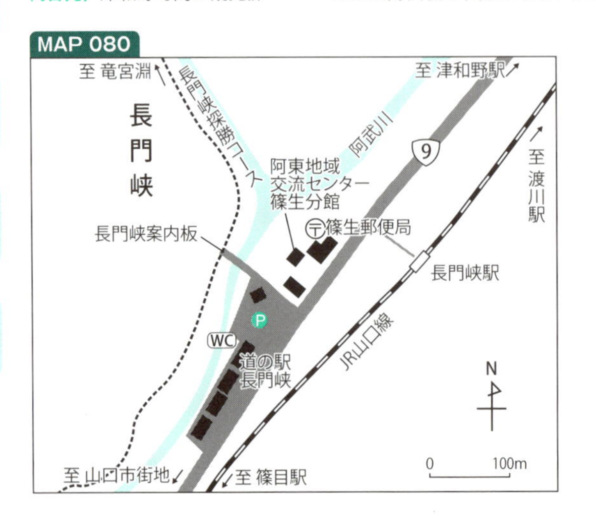

地倉沼/道の駅 願成就温泉の大浴場

長門峡/道の駅長門峡の駐車場

長門峡/道の駅長門峡

長門峡/同施設内のトイレ内部

長門峡/長門峡探勝コース入口

公衆トイレと広い駐車場があり、こちらもハイカーの利用可。
駐車場混雑情報／GWと紅葉シーズンの休日、イベント開催日は、満車になることが多い。特に「長門峡もみじ祭り」が開催される11月3日は、道の駅駐車場の半分が会場となるため、満車になりやすい。
トイレ／道の駅長門峡にある。水洗。水道・TPあり。評価☆☆☆。
携帯電話／ドコモ3通話可・au3通話可・SB3通話可。
公衆電話／道の駅長門峡にカード・コイン式公衆電話ボックスがある。
ドリンク自販機／道の駅長門峡にある(PBも)。
その他／遊歩道注意事項看板、長門峡竜宮淵遊歩道探勝マップ。
取材メモ／道の駅長門峡から下流側の竜宮淵まで徒歩約1時間半。竜宮淵にも広い駐車場とトイレがある(MC 870 277 666*10)。なお長門峡の紅葉は、10月下旬～11月中旬が見ごろ。
立ち寄り湯／①長門峡の下流側に向かうと「長門峡温泉・湯ノ瀬」がある。水曜休・11～16時・入浴料500円・MC 588 052 400*10・☎0838-54-2881。②山口ICに戻る途中、県道196号沿いに「宮野温泉・山口ふれあい館」がある。月曜休（祝日の場合は翌日）・10時20分～18時（6～8月は～19時）・入浴料100円・MC 93 766 865*10・☎083-923-3351。
問合先／道の駅長門峡☎083-955-0777、NPOあとう(あとう観光協会）☎083-956-2526、山口市阿東総合支所☎083-956-0111

津黒高原・山乗渓谷遊歩道入口

つぐろこうげん・やまのりけいこくゆうほどういりぐち
岡山県真庭市
標高535m MAP 081

登山口概要／山乗渓谷の北西側（下流側)、市道終点。山乗渓谷遊歩道や津黒高原遊歩道（津黒遊歩道）の起点。
緯度経度／［35°15′01″］［133°47′14″］
マップコード／ 659 574 593*37
アクセス／米子道湯原ICから国道313、482号、県道65、445号、市道経由で15km、約24分。県道から1km、約2分。途中に「山乗渓谷2.4㎞」の案内看板あり。
駐車場／山乗渓谷遊歩道入口に駐車場がある。13～15台・22×16m・舗装・区画なし。
トイレ／山乗千手観音堂隣にある。簡易水洗。水道・TPあり。評価☆☆。
携帯電話／ドコモ2通話可・au3通話可・SB0つながらず。
水道設備／観音堂前にある。

MAP 081
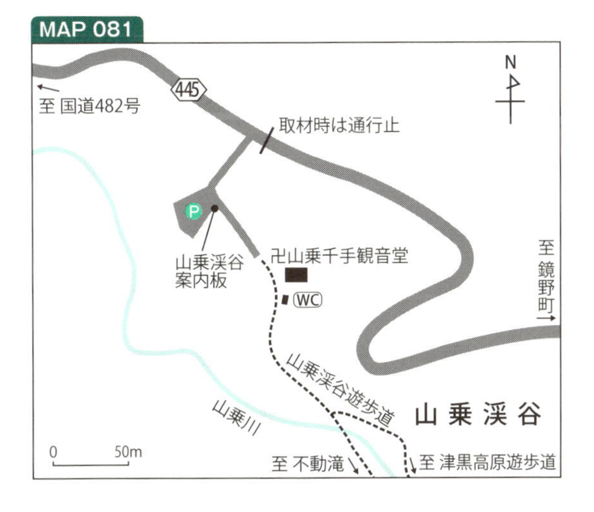

山乗／山乗渓谷の案内看板

山乗／渓谷入口の駐車場

山乗／山乗千手観音堂

山乗／観音堂隣のトイレ

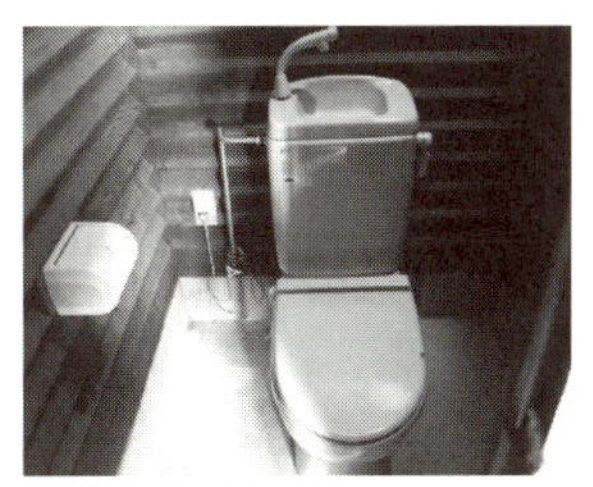
山乗／同トイレ内部

その他／山乗渓谷案内板、山乗千手観音堂。
立ち寄り湯／近くの津黒高原に向かうと「津黒高原温泉・津黒高原荘」がある。無休・14～20時（火曜は16時～。土・日曜。祝日は12時～）入浴料600円・MC 189 050 304*37・☎0867-67-2221。
問合先／真庭市湯原振興局地域振興課☎0867-62-2011、湯原観光情報センター☎0867-62-2526

津黒高原遊歩道入口

つぐろこうげんゆうほどういりぐち
岡山県真庭市
標高673m

登山口概要／山乗渓谷（前項）の北東側、舗装林道沿い。津黒高原遊歩道（津黒遊歩道）の起点。
緯度経度／［35°15′12″］［133°47′41″］
マップコード／ 189 020 020*37
アクセス／米子道湯原ICから国道313、482号、市道、舗装林道経由で17km、約28分。
駐車場／遊歩道入口の60m先左側に駐車スペースがある。約5台・22×3m・小石＋砂＋草・区画なし。また手前の路肩にも5台程度駐車可。
携帯電話／ドコモ3通話可・au3通話可・SB3～2通話可。
水場／ 200m手前の舗装林道沿いに名水「津黒泉水」がある。
その他／津黒遊歩道案内板。
取材メモ／津黒高原遊歩道を下ると、山乗渓谷遊歩道に合流する。
立ち寄り湯／国道482号に出る手前で右折すると「津黒高原温泉・津黒高原荘」がある。無休・14～20時（火曜は16時～。土・日曜。祝日は12時～）入浴料600円・MC 189 050 304*37・☎0867-67-2221。
問合先／真庭市湯原振興局地域振興課☎0867-62-2011、湯原観光情報センター☎0867-62-2526

津黒山・中央登山口

つぐろせん・ちゅうおうとざんぐち
岡山県真庭市
標高760m

登山口概要／津黒山の北西側、基幹林道美作2号線沿い。津黒山の起点。
緯度経度／［35°15′24″］［133°48′17″］
マップコード／ 189 021 386*37
アクセス／米子道湯原ICから国道313、482号、市道、基幹林道美作2号線（舗装）経由で18.5km、約29分。国道から4.5km、約8分。
駐車場／登山道入口の向かいに駐車スペースがある。約8台・22×10m・草＋砂＋小石・区画なし。
携帯電話／ドコモ3通話可・au3通話可・SB3通話可。
水場／ 1.5km手前の基幹林道美作2号線沿いに名水「津黒泉水」がある。
その他／展望台、展望案内板、湯原奥津県立自然公園特別地域注意看板、熊出没注意看板。
立ち寄り湯／国道482号に出る手前で右折すると「津黒高原温泉・津黒高原荘」がある。無休・14～20時（火曜は16時～。土・日曜。祝日は12時～）入浴料600円・MC 189 050 304*37・☎0867-67-2221。
問合先／真庭市湯原振興局地域振興課☎0867-62-2011、湯原観光情報センター☎0867-62-2526

角ヶ仙
旧・越畑キャンプ場

つのがせん
きゅう・こしはたきゃんぷじょう
岡山県鏡野町
標高650m

登山口概要／角ヶ仙の南側、林道美作北線（りんどうみまさかきたせん）沿い。角ヶ仙の起点。
緯度経度／［35°13′44″］［133°59′59″］
マップコード／ 544 225 068*45
アクセス／中国道院庄ICから国道179号、県道392、75号、町

入口／60m先の駐車スペース

入口／津黒高原遊歩道入口

中央／駐車スペースと展望台

中央／登山道入口

角ヶ仙／旧・越畑キャンプ場駐車場

道、林道美作北線（舗装）経由で25km、約42分。町道から1.3km、約6分。

駐車場／旧・越畑キャンプ場に駐車場（広場）がある。20～25台・48×40m・草・区画なし。手前右側にも10台分の駐車スペースがある。

携帯電話／ドコモ圏外・au圏外・SB3通話可。

取材メモ／キャンプ場の施設は残っているが、営業は終了している。

立ち寄り湯／①笠菅峠を越えて奥津温泉に行くと「花美人の里」がある。第2木曜休（祝日の場合は前日）・10～19時（土・日曜、祝日は～20時）・入浴料720円・MC 544 185 170*45・☎0868-52-0788。②また1kmほど南には「大釣温泉」もある。火曜休（祝日の場合は翌日）・10～19時（冬期は～18時）・入浴料540円・MC 544 155 244*45・☎0868-52-0700。

問合先／鏡野町産業観光課商工観光係☎0868-54-2987

鶴尾山・八幡広場駐車場

つるのおやま・
はちまんひろばちゅうしゃじょう
鳥取県若桜町
標高210m MAP 082

登山口概要／鶴尾山（国史跡・若桜鬼ヶ城跡・わかさおにがじょうあと）の北側、若桜駅近くの町道沿い。鶴尾山（若桜鬼ヶ城跡）、三倉富士、弁天山、遠見山などの起点。

緯度経度／［35°20′35″］［134°23′47″］

マップコード／ 709 302 716*46

アクセス／鳥取道河原ICから県道324、32号、国道482、29号、町道経由で21.5km、約34分。

駐車場／ 17台・44×12m・舗装・区画あり。※第2町民体育館前の駐車場には「関係者以外の無断駐車はご遠慮下さい」との看板が立っている。

トイレ／第2町民体育館前にある。水洗。水道・TPあり。評価☆☆☆。

携帯電話／ドコモ3通話可・au3通話可・SB3通話可。

ドリンク自販機／トイレ前にある（PBも）。

その他／八幡広場案内板、東屋、鬼ヶ城跡・三倉富士・弁天山・遠見山・若桜神社周回トレッキングコース案内板。

取材メモ／鶴尾山の若桜鬼ヶ城は、正治2（1200）年頃、駿河国の矢部暉種によって築城された山城。今も本丸、二の丸、三の丸などに石垣が残っている。

立ち寄り湯／国道482号沿いに「若桜ゆはら温泉・ふれあいの湯」がある。月曜休・10～20時（1～2月は～19時）・入浴料400円・MC 709

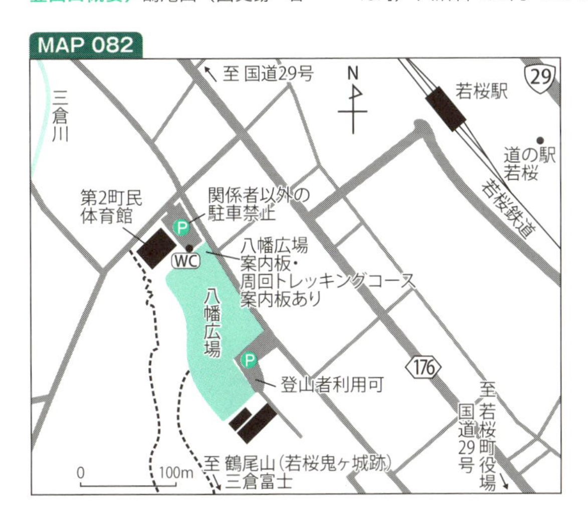

角ヶ仙／花美人の里の露天風呂

鶴尾山／八幡広場の駐車場

鶴尾山／第2町民体育館前のトイレ

鶴尾山／同トイレ内部

鶴尾山／登山道入口

307 584*46・☎0858-82-1177。
問合先／若桜町にぎわい創出課商工観光係☎0858-82-2238、若桜町観光協会☎0858-82-2237、若桜町教育委員会（若桜鬼ヶ城跡に関して）☎0858-82-2213

天銀山登山口

てんぎんざんとざんぐち
岡山県新見市
標高597m

登山口概要／天銀山の北西側、未舗装林道分岐点。天銀山の起点。
緯度経度／［35°04′50″］［133°24′52″］
マップコード／ 418 290 241*03
アクセス／中国道新見ICから国道180号、県道11号、市道、舗装林道、未舗装林道（路面評価★★★）経由で20.5km、約34分。大忠（おおただ）の集落から「天銀山」の案内看板を目印に舗装林道に入る。すぐ先にあるトタン製防獣ゲートは開けたら閉めておくこと。300m先の林道分岐は左に。ここから未舗装になり分岐から200mで駐車スペースがある分岐に着く。集落から500m、約3分（防獣ゲート開閉時間含む）。
駐車場／未舗装林道分岐点に駐車スペースがある。1～2台・砂利。
携帯電話／ドコモ1通話可・au圏外・SB2～0通話可。
取材メモ／駐車スペースに「天銀山→」の案内看板があるが、表示が消えかけだった。
立ち寄り湯／県道11号と316号で高瀬湖畔に行くと「神郷温泉」がある。水曜休（祝日の場合は営業）・11～21時・入浴料620円・MC 418 281 231*03・☎0867-93-5106。
問合先／新見市神郷支局地域振興課産業建設課☎0867-92-6112

天狗石山・来尾峠

てんぐいしやま・きたおとうげ
広島県北広島町／島根県浜田市
標高793m

登山口概要／天狗石山の西側、県道11号沿い。天狗石山の起点。
緯度経度／［34°47′36″］［132°19′22″］
マップコード／ 636 429 721*83
アクセス／中国道戸河内ICから国道191号、県道11号、国道186号、県道11号経由で35.5km、約55分。または浜田道瑞穂ICから県道5、11号経由で13.5km、約22分。
駐車場／峠の広島県側に駐車スペースがある。4～5台・草＋砂利＋石・区画なし。また付近の県道路肩に寄せれば、さらに4台程度駐車可。
携帯電話／ドコモ2通話可・au3通話可・SB3通話可。
取材メモ／来尾峠は、広島県北広島町と島根県浜田市の境にあるが、駐車スペースも登山道入口も広島県側にある。
立ち寄り湯／①国道186号に出た近く「芸北オークガーデン」で可能。第1・3火曜休・10～21時・入浴料600円・MC 636 186 211*82・☎0826-35-1230。②国道186号を加計方面に南下すると、温井ダム（龍姫湖）湖畔の「温井スプリングス」で可能。不定休・12～20時・入浴料550円・MC 363 800 074*88・☎0826-22-1200。
問合先／北広島町観光協会芸北支部（北広島町芸北支所）☎0826-35-0888

天狗石山・ユートピアサイオト駐車場

てんぐいしやま・ゆーとぴあさいおとちゅうしゃじょう
広島県北広島町
標高732m

登山口概要／天狗石山の西側、町道沿い。ホン峠を経由する天狗石山や高杉山（たかすぎやま）の起点。スキー場のユートピアサイオトがある。
緯度経度／［34°47′13″］［132°19′05″］
マップコード／ 636 428 044*83
アクセス／中国道戸河内ICから国道191号、県道11号、国道186号、

天銀山／トタン製防獣ゲート

天銀山／駐車スペース

来尾峠／駐車スペース

来尾峠／登山道入口

サイオト／ユートピアサイオトNo.3PARKING

県道11号、町道経由で35.5km、約54分。または浜田道瑞穂ICから県道5、11号、町道経由で15km、約23分。県道に「ユートピアサイオト」の案内看板がある。
駐車場／ユートピアサイオトに駐車場がある。登山道入口に近いのはNo.3PARKING＝約120台以上・150×50～15m・舗装・区画なし。
携帯電話／ドコモ3通話可・au3通話可・SB3通話可。
立ち寄り湯／①国道186号に出た近く「芸北オークガーデン」で可能。第1・3火曜休・10～21時・入浴料600円・MC 636 186 211*82・☎0826-35-1230。②国道186号を加計方面に南下すると、温井ダム（龍姫湖）湖畔の「温井スプリングス」で可能。不定休・12～20時・入浴料550円・MC 363 800 074*88・☎0826-22-1200。
問合先／北広島町観光協会芸北支部（北広島町芸北支所）☎0826-35-0888

天狗岩・勝間田高校倉見演習林宿舎付近

てんぐいわ・かつまたこうこうくらみえんしゅうりんしゅくしゃふきん
岡山県津山市
標高620m

登山口概要／天狗岩の東側、根知遠藤林道沿い。柳谷林道を経由する天狗岩と三十人ヶ仙（さんじゅうにんがせん）の起点。
緯度経度／［35°16′21″］［134°02′45″］
マップコード／ 544 380 295*26
アクセス／中国道津山ICから国道53号、県道6、75、336号、根知遠藤林道（舗装・幅員広い）経由で31km、約47分。
駐車場／柳谷林道入口に駐車スペースがある。4～5台・砂利・区画なし。また勝間田高校倉見演習林宿舎入口付近の路肩にも駐車スペースがある。15～20台・82×7m・舗装・区画なし。
携帯電話／ドコモ圏外・au圏外・SB圏外。
立ち寄り湯／津山ICに戻る途中の加茂町に「百々温泉（どうどうおんせん）・めぐみ荘」がある。県道に案内標識あり。月曜休（祝日の場合は翌日）・10時～21時30分・入浴料510円・MC 544 021 879*12・☎0868-42-7330。
問合先／津山市加茂支所産業建設課☎0868-32-7034

天狗山・天宮山駐車場

てんぐやま・てんぐうさんちゅうしゃじょう
島根県松江市
標高180m

登山口概要／天狗山（天宮山）の北側、未舗装林道沿い。意宇の源（いうのみなもと）を経由する天狗山の起点。現地には「天宮山」と「天狗山」の案内看板が混在して紛らわしい。現在の国土地理院地図の表記は「天狗山」だが、古くから「天宮山」とも呼ばれていたことが原因のようだ。
緯度経度／［35°21′17″］［133°04′57″］
マップコード／ 163 085 156*38
アクセス／山陰道東出雲ICから県道53号、市道、未舗装林道（路面評価★★★★）経由で12.5km、約21分。県道に立つ「天宮山参道入口」の案内看板に従い市道に入り、以降は「天狗山登山道入口」「天狗山登山口」の案内標識に従う。県道から1.9km、約5分。駐車場には「天宮山駐車場」の看板が立っている。
駐車場／8～10台・34×5m・草・区画なし。
携帯電話／ドコモ1だが通話可・au3通話可・SB3～2通話可。
立ち寄り湯／①県道24号に出て西進すると「海潮温泉（うしおおんせん）・桂荘」がある。火曜休・10時～20時30分・入浴料300円・MC 134 269 650*38・☎0854-43-2414。②国道432号に出て南下すると広瀬町に「広瀬温泉・富田山荘」がある。火曜休（祝日の場合は翌日）・10～20時・入浴料410円・MC 109 066 527*30・

勝間田／柳谷林道入口の駐車スペース

勝間田／路肩の駐車スペース

勝間田／百々温泉・めぐみ荘の大浴場

天狗山／県道に立つ案内看板

天狗山／天宮山駐車場

☎0854-32-2271。
問合先／松江市八雲支所地域振興課☎0852-55-5760

天神嶽・安宿中村谷登山口(八幡神社)

てんじんだけ・あすかなかむらだにとざんぐち(はちまんじんじゃ)
広島県東広島市
標高366m MAP 083

登山口概要／天神嶽の南側、市道終点。天神嶽の起点。
緯度経度／[34°33′52″][132°51′06″]
マップコード／168 537 315*81
アクセス／山陽道西条ICから国道375、486号、市道経由で22.5km、約35分。安宿郵便局の先で「天神嶽登山口」の案内看板に従って左折する。そこから途中、鳥居をくぐって400m。
駐車場／八幡神社西側に登山者用駐車スペースがある。約10台・22×7mなど2面・草・区画なし。
トイレ／八幡神社にある。水洗。水道・TPあり。評価☆☆。
携帯電話／ドコモ3通話可・au3通話可・SB3通話可。
その他／貸し出し杖、八幡神社解説板。
問合先／東広島市安宿地域センター☎082-432-2521

天神嶽・垰田(たおだ)登山口

→P223

天神嶽・天神沖登山口

→P223

天神山(佐伯天神山)・天石門別神社

てんじんやま(さえきてんじんやま)・あまのいわとわけじんじゃ(あめいわとわけじんじゃ)
岡山県和気町
標高35m

登山口概要／天神山の北西側、町道交差点。天神山城址を経由する天神山の起点。
緯度経度／[34°51′02″][134°07′02″]
マップコード／593 044 611*18
アクセス／山陽道和気ICから国道374号、町道経由で10km、約15分。
駐車場／登山道入口の向かい路肩に約4台ほど駐車可。
トイレ／登山道入口のそばにある。詳細不明。
携帯電話／ドコモ3通話可・au3通話可・SB3通話可。
公衆電話／国道374号沿いの神社参道入口にカード・コイン式公衆電話ボックスがある。
その他／岡山県の史跡・天神山城址は、戦国時代に築かれた連郭式

MAP 083

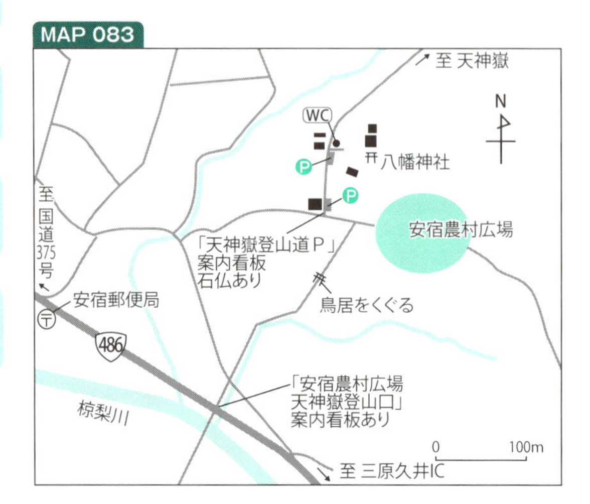

安宿／登山者用駐車スペース

安宿／八幡神社

安宿／同神社のトイレ

佐伯／路肩に駐車可

佐伯／登山道入口

の山城で、現在も土塁や石垣などが残っている。
立ち寄り湯／国道374号を南下して県道414号に進むと「和気鵜飼谷温泉（わけうがいだにおんせん）」がある。無休・9～21時・入浴料700円・MC 151 827 170*18・☎0869-92-9001。
問合先／和気町産業振興課商工観光係☎0869-93-1126、和気町観光協会☎0869-92-4678

天神山登山口

てんじんやまとざんぐち
岡山県高梁市
標高260m

登山口概要／天神山の東側、県道33号沿い。鬼の門を経由する天神山の起点。中国自然歩道の起点。
緯度経度／［34°51′34″］［133°27′00″］
マップコード／ 236 369 669*03
アクセス／中国道新見ICから国道180号、県道33号経由で19km、約29分。「中国自然歩道天神山登山口・駐車場」の案内標識に従って未舗装道路（路面評価★★★）を上がるとすぐ駐車場が2面ある。
駐車場／計10～12台・18×14m、12×12m・草・区画なし。
携帯電話／ドコモ3通話可・au3通話可・SB3通話可。
その他／中国自然歩道案内板、天神山野鳥の森案内板、自然歩道を利用されるみなさんへ看板。
問合先／高梁市産業観光課観光振興係☎0866-21-0217、高梁市成羽地域局☎0866-42-3211

砥石郷山(といしごうやま)・牛小屋高原

→P75 恐羅漢山・牛小屋高原

東郷山・大森八幡神社

とうごうさん（とうごうやま）・おおもりはちまんじんじゃ
広島県広島市佐伯区
標高374m

登山口概要／東郷山の南西側、国道433号沿い。白井の滝を経由する東郷山の起点。
緯度経度／［34°27′03″］［132°17′18″］
マップコード／ 363 109 657*88
アクセス／山陽道廿日市ICから国道2、433号経由で18.5km、約30分。または広島道西風新都ICから市道、県道71、77号、国道433号経由で16.5km、約27分。
駐車場／大森八幡神社参道入口に参拝者用駐車場があり、登山者の利用可とのこと。12～13台・30×20m・舗装・区画なし。その奥の広場も駐車できる。ただし10月第2土曜、もしくは第3土曜に開催される奉納神楽の日、および10月第3日曜に行われる秋祭りの時は利用不可。
トイレ／駐車場にある。水洗。水道あり。TPなし。評価☆☆。
携帯電話／ドコモ3通話可・au3通話可・SB3通話可。
その他／四本杉・東郷山案内板、大森八幡神社解説板、東屋。
立ち寄り湯／国道433号を北上して湯来温泉に向かうと「広島市国民宿舎・湯来ロッジ」で可能。無休・10～21時・入浴料570円・MC 363 194 422*88・☎0829-85-0111。
問合先／広島市佐伯区地域起こし推進課☎082-943-9705

道後山・月見ヶ丘

どうごやま・つきみがおか
広島県庄原市
標高1077m　MAP 084

登山口概要／道後山（日本三百名山・新花の百名山）の西側、比婆道後帝釈国定公園道路道後山線終点。岩樋山（いわひやま）を経由する道後山の起点。
緯度経度／［35°04′04″］［133°12′51″］
マップコード／ 857 221 660*03
アクセス／中国道庄原ICから国道432、183号、県道250号、比婆道後帝釈国定公園道路道後山線（舗装。現地に道路名を示す標識なし）経由で37.5km、約58分。または中国道東城ICから国道314、

天神山／天神山登山口駐車場

東郷山／大森八幡神社の参拝者用駐車場

東郷山／奥の広場

道後山／月見ヶ丘駐車場

道後山／百合ヶ丘のトイレ

183号、県道250号、比婆道後帝釈国定公園道路道後山線（舗装。現地に道路名を示す標識なし）経由で29.5km、約46分。国道から5km、約8分。

駐車場／月見ヶ丘駐車場がある。計50～60台（区画は31台分だが、区画以外のスペースにさらに20～30台は駐車可能）・64×26m・舗装+芝生ブロック・区画あり。

駐車場混雑情報／6月第3日曜の山開きに合わせて「ツツジ祭り」が開催されるが、会場は山麓の道後山高原クロカンパークなので、当日、月見ヶ丘駐車場が満車になることはない。ただ、山開きに合わせて登山する人もいるので、混雑する可能性はある。

トイレ／駐車場にあるが、取材時は使用不可。また手前の百合ヶ丘にも公衆トイレがある。センサーライト付き。水洗。水道（飲用不可）・TPあり。評価☆☆☆。

携帯電話／ドコモ2通話可・au2通話可・SB3通話可。

その他／道後山遊歩道案内板、携帯基地局、キャンプ場。

取材メモ／道後山登山コースは、駐車場の奥から続く道でも行けないことはないが、駐車場入口から斜めに続く道に入る方がよい（MAP084参照）。道後山のレンゲツツジは6月中旬～下旬、新緑は5月上旬～下旬、紅葉は10月下旬～11月上旬が見ごろ。

立ち寄り湯／県道250号を南下すると国道183号を横断した先、「ひば・道後山高原荘」の日帰り温泉施設「すずらんの湯」で可能。火曜休（祝日の場合は営業）・10時30分～21時・入浴料600円・MC 857 157 653*02・☎0824-84-7070。

問合先／庄原市西城支所地域振興室産業建設係☎0824-82-2181、西城町観光協会（庄原市観光協会西城支部）☎0824-82-2727

堂床山(どうとこやま)

→P83 可部冠山・旧街道コース登山口
→P84 可部冠山・龍頭ヶ原園地

十種ヶ峰・神角八幡宮

とくさがみね・こうづのはちまんぐう
山口県山口市
標高490m MAP 085

登山口概要／十種ヶ峰の南西側、市道沿い。ヤマシャクヤクコースや神角コースを経由する十種ヶ峰の起点。

緯度経度／［34°25′32″］［131°41′05″］

マップコード／ 410 022 613*10

アクセス／中国道鹿野ICから国道

MAP 084

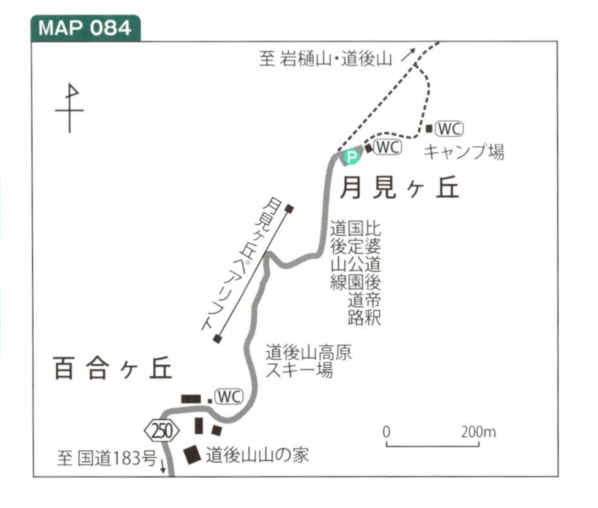

道後山／同トイレ内部

道後山／すずらんの湯

八幡宮／神角八幡宮の駐車場

八幡宮／神角八幡宮

八幡宮／同八幡宮のトイレ

315号、市道経由で32km、約48分。国道に「十種ヶ峰・神角ルート」の案内標識あり。

駐車場／神角八幡宮の駐車場は、登山者の利用可。計54台・36×22m、40×30m・舗装＋砂利・区画あり。

駐車場混雑情報／ヤマシャクヤクシーズンは、平日でも満車になる。

トイレ／神角八幡宮にある。非水洗。水道・TPあり。評価☆☆☆～☆☆。

携帯電話／ドコモ3通話可・au1だが通話可・SB圏外。

その他／十種ヶ峰ヤマシャクヤク観賞登山案内板、十種ヶ峰登山案内板。

取材メモ／十種ヶ峰のヤマシャクヤクは、4月下旬～5月上旬が見ごろ。

立ち寄り湯／①鹿野IC方面に南下すると、途中に「柚木慈生温泉（ゆのきじしょうおんせん）」がある。毎月5日と18日休・10～20時・入浴料500円・MC 358 612 610*88・☎0835-58-0430。②国道9号を北上すると、県境手前に「道の駅 願成就温泉」もある。第3水曜休・9～21時・入浴料510円・MC 513 032 650*11・☎083-957-0118。

問合先／NPOあとう（あとう観光協会）☎083-956-2526、山口市阿東総合支所☎083-956-0111

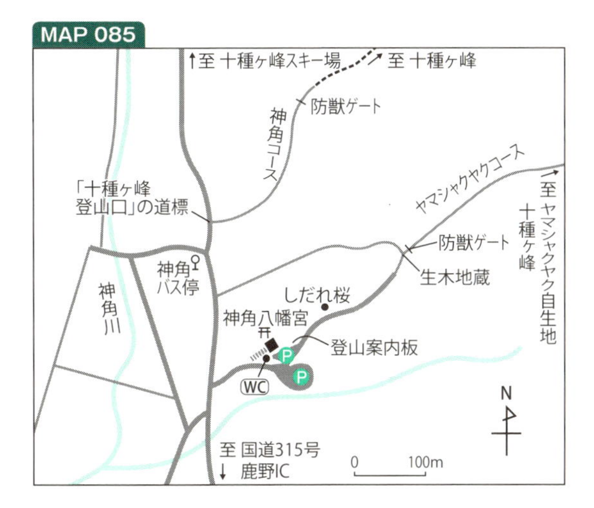

十種ヶ峰・林道谷線

とくさがみね・りんどうたにせん

山口県山口市

標高825m

登山口概要／十種ヶ峰の北西側、林道谷線沿い。正面コースを経由する十種ヶ峰の最短起点。

緯度経度／［34°26′28″］［131°41′19″］

マップコード／ 410 082 507*10

アクセス／中国道鹿野ICから国道315号、県道332号、林道谷線（舗装され幅員は比較的広い。現地に林道名を示す標識なし）経由で32km、約50分。県道終点から2.8km、約6分。

駐車場／登山道入口向かいに駐車スペースがある。約8台・18×18m・舗装＋草・区画なし。

携帯電話／ドコモ3通話可・au3通話可・SB3通話可。

その他／手前の林道沿い＝十種ヶ峰登山道案内板。登山道入口＝十種ヶ峯緑地環境保全地域案内板、携帯電話基地局。

取材メモ／登山道入口には「十種ヶ峰登山道　頂上まで840m」の看板あり。なお手前の林道谷線沿いにも登山道入口があり、向かいに駐車スペースがある。

立ち寄り湯／①鹿野IC方面に南下すると、途中に「柚木慈生温泉（ゆのきじしょうおんせん）」があ

八幡宮／登山案内板

林道／林道谷線

林道／駐車スペース

林道／登山道入口

林道／手前の登山道入口

る。毎月5日と18日休・10～20時・入浴料500円・MC 358 612 610*88・☎0835-58-0430。②国道9号を北上すると、県境手前に「道の駅 願成就温泉」もある。第3水曜休・9～21時・入浴料510円・MC 513 032 650*11・☎083-957-0118。

問合先／NPOあとう（あとう観光協会）☎083-956-2526、山口市阿東総合支所☎083-956-0111

鳥取砂丘・鳥取砂丘ビジターセンター

とっとりさきゅう・
とっとりさきゅうびじたーせんたー
鳥取県鳥取市
標高45m MAP 086

登山口概要／鳥取砂丘の東側、県道319号沿い。鳥取砂丘東コースや鳥取砂丘西コースの起点。

緯度経度／[35°32′39″][134°14′13″]

マップコード／125 733 832*40

アクセス／鳥取道鳥取ICから国道9号、県道265、319号経由で10km、約15分。

駐車場／ビジターセンター前に鳥取砂丘駐車場がある。早朝でも駐車は可能。出る時に料金を払えばよい。有料1回500円。計約300台・240×50m・舗装・区画あり。駐車場に関する問い合わせは、自然公園財団鳥取支部☎0857-23-7652へ。

駐車場混雑情報／GW、お盆休み、秋の行楽シーズンは混雑し、天気がよければ満車になり駐車待ち渋滞が発生することもあるが、回転は比較的早い。

トイレ／駐車場にある。水洗。水道・TPあり。評価☆☆☆。

鳥取砂丘ビジターセンター／鳥取砂丘の魅力を伝える展示施設。砂丘や観光の案内にも対応。無休・9～17時・☎0857-22-0021。

携帯電話／ドコモ3通話可・au3通話可・SB3通話可。

ドリンク自販機／駐車場向かいの砂丘会館などにある（PBも）。

その他／山陰海岸国立公園案内板、鳥取砂丘総合案内板ほか。

取材メモ／鳥取砂丘には、そのほか鳥取砂丘休憩舎やオアシス広場にも駐車場とトイレがあり、前者は鳥取砂丘西コース、後者は鳥取砂丘東コースの起点にできる。

問合先／鳥取砂丘ビジターセンター☎0857-22-0021、鳥取市観光案内所☎0857-22-3318

砂丘／鳥取砂丘駐車場

砂丘／鳥取砂丘ビジターセンター

砂丘／同駐車場のトイレ

砂丘／同トイレ内部

砂丘／鳥取砂丘入口

MAP 086

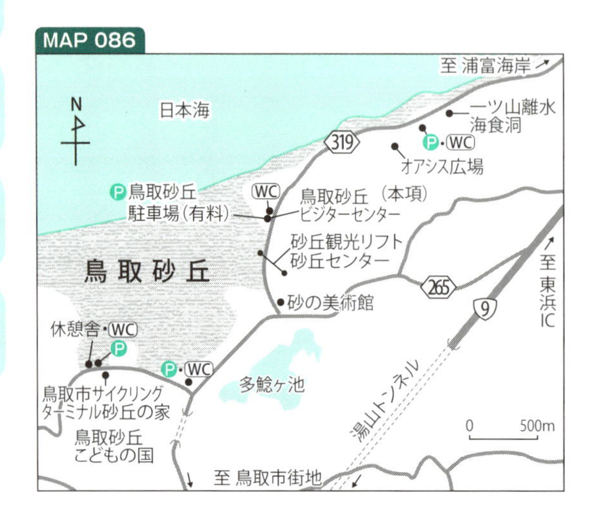

中野冠山・大歳神社

なかのかんむりやま・おおとしじんじゃ
広島県北広島町
標高690m

登山口概要／中野冠山の南東側、県道11号沿い。中野冠山の起点。
緯度経度／[34°46′25″][132°18′26″]
マップコード／636 367 395*83
アクセス／中国道戸河内ICから国道191号、県道11号経由で33km、約50分。または浜田道瑞穂ICから県道5、11号経由で16.5km、約26分。
駐車場／大歳神社にある。約15台・32×18m・細砂利＋砂・区画なし。
トイレ／大歳神社にある。非水洗。水道・TPあり。評価☆☆。
携帯電話／ドコモ3通話可・au3通話可・SB3通話可。
取材メモ／登山道入口は、大歳神社から県道を北に向けて500m歩いたところにある。
立ち寄り湯／①国道186号に出た近く「芸北オークガーデン」で可能。第1・3火曜休・10～21時・入浴料600円・MC 636 186 211*82・☎0826-35-1230。②国道186号を加計方面に南下すると、温井ダム（龍姫湖）湖畔の「温井スプリングス」で可能。不定休・12～20時・入浴料550円・MC 363 800 074*88・☎0826-22-1200。
問合先／北広島町観光協会芸北支部（北広島町芸北支所）☎0826-35-0888

中蒜山(なかひるぜん)

→P182 蒜山・上蒜山登山口駐車場
→P183 蒜山・下蒜山登山口(犬挟峠)
→P184 蒜山・中蒜山登山口(塩釜冷泉)

那岐山・おおはた橋

なぎさん・おおはたばし
鳥取県智頭町
標高608m MAP 087

登山口概要／那岐山の北側、林道大畑谷線と林道因美線の交差点付近。東仙（とうぜん）コースと西仙（せいぜん）コースを経由する那岐山の起点。
緯度経度／[35°11′14″][134°10′27″]
マップコード／390 366 066*12

MAP 087

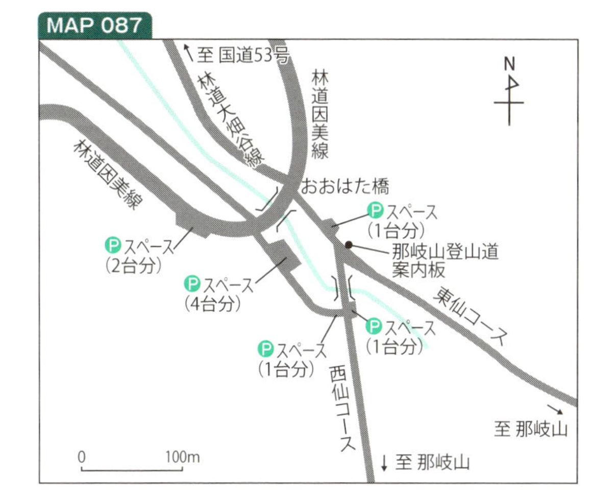

中野／大歳神社の駐車場

中野／同神社のトイレ

中野／登山道入口

おおはた／おおはた橋

おおはた／4台分の駐車スペース

アクセス／鳥取道智頭ICから国道53号、県道295号、町道、林道大畑谷線（舗装）経由で17km、約28分。JR因美線のガードをくぐった先で右折する。途中、「那岐山登山道」の案内標識が所々にあり。県道から4.4km、約9分で、おおはた橋に着く。おおはた橋～登山道入口は未舗装道路（路面評価★★★）。
駐車場／おおはた橋周辺に点々と駐車スペースがある。計約10台・舗装＋落ち葉＋砂＋砂利・区画なし。
携帯電話／ドコモ圏外・au圏外・SB圏外。
その他／ふるさと林道因美線案内板、那岐山登山道案内板。
問合先／智頭町観光協会☎0858-76-1111、智頭町企画課☎0858-75-4112

那岐山・蛇淵の滝入口（第2駐車場）

なぎさん・じゃぶちのたきいりぐち（だいにちゅうしゃじょう）
岡山県奈義町
標高507m **MAP 088**

登山口概要／那岐山（日本三百名山）の南東側、町道沿い。登山道Bコースや登山道Cコースを経由する那岐山の起点（通常は次項・第3駐車場を起点にする方がよい）。蛇淵の滝遊歩道を経由する蛇淵の滝の入口。
緯度経度／[35°09′13″][134°11′37″]
マップコード／ 390 248 046*12
アクセス／中国道津山ICから国道53号、町道経由で19km、約30分。
駐車場／7台・舗装・区画なし。付近に計5～6台分の駐車スペースもある。
トイレ／駐車場に隣接。非水洗。水道あり（飲用不可）。TPなし。評価☆☆。
携帯電話／ドコモ2通話可・au2通話可・SB3通話可。
その他／那岐山麓周遊マップ（登山案内板）、熊出没注意看板、ハチ注意看板、滝神社から下山できません注意看板。
問合先／奈義町産業振興課☎0868-36-4114、奈義町観光案内所☎0868-36-7311

那岐山・第3駐車場

なぎさん・だいさんちゅうしゃじょう
岡山県奈義町
標高612m **MAP 088**

登山口概要／那岐山の南東側、町道沿い（舗装区間の終点）。登山道Bコースや登山道Cコースを経由する那岐山の起点。
緯度経度／[35°09′19″]

おおはた／西仙コース入口と駐車スペース

おおはた／東仙コース入口

蛇淵／第2駐車場とトイレ

蛇淵／蛇淵の滝遊歩道入口

第3／第3駐車場

[134°11′30″]
マップコード／ 390 248 219*12
アクセス／中国道津山ICから国道53号、町道経由で19km、約32分。
駐車場／ 10台・26×5m・舗装・区画あり。駐車場向かい路肩にも3台分のスペースがある。
駐車場混雑情報／取材した2019年6月24日は、曇天の月曜だったが、到着した12時半の時点で半分が埋まっていた。満車の場合は、手前にある第1駐車場（13台分）に置く。
トイレ／近くの第2駐車場（前項）にある。非水洗。水道あり（飲用不可）。TPなし。評価☆☆。
携帯電話／ドコモ3通話可・au3通話可・SB3通話可。
その他／那岐山麓周遊マップ（登山案内板）、熊出没注意看板、ハチ注意看板、滝神社から下山できません注意看板、車上荒らし注意看板。
取材メモ／蛇淵の滝は、落差20mの段瀑。第3駐車場から徒歩約5分。
問合先／奈義町産業振興課☎0868-36-4114、奈義町観光案内所☎0868-36-7311

長義山・ちくさ高原ネイチャーランド

→P146 ダルガ峰・ちくさ高原ネイチャーランド

長義山登山口

なぎさんとざんぐち
兵庫県宍粟市
標高1004m MAP 112（P197）

登山口概要／長義山の東側、県道72号沿い。岡山県との県境上・峰越峠（みねこしとうげ・みそぎとうげ）の南側。長義山の起点。
緯度経度／ [35°13′34″] [134°23′47″]
マップコード／ 304 782 686*13
アクセス／鳥取道西粟倉ICから国道373号、村道、県道72号経由で12.5km、約22分。
駐車場／登山道入口に駐車スペースがある。約6台・42×10m・舗装・区画なし。またその付近の県道路肩にも2面の駐車スペースがある。
携帯電話／ドコモ圏外・au圏外・SB3通話可。
立ち寄り湯／岡山県側に下り、あわくら温泉駅手前で右折。市道を西進すると「湯～とぴあ黄金泉」とその先の「あわくら温泉元湯」で立ち寄り湯ができる。①「湯～とぴあ黄金泉」＝火曜休（祝日の場合は翌日）・11～21時・入浴料700円・MC 390 384 409*13・☎0868-79-2334。②「あわくら温泉元湯」＝水曜休・15～22時・入浴料500円・MC 390 384 305*13・☎0868-79-2129。
問合先／しそう森林王国観光協会☎0790-64-0077、宍粟市千種市民局地域振興課地域振興係☎0790-76-2210

南原峡入口・龍頭ヶ原園地

→P84 可部冠山・龍頭ヶ原園地

人形仙・基幹林道美作北2号線

にんぎょうせん・きかんりんどうみまさかきたにごうせん
岡山県鏡野町
標高746m

登山口概要／人形仙の南東側、基幹林道美作北2号線沿い。一本松を経由する人形仙の起点。
緯度経度／ [35°17′52″] [133°54′26″]
マップコード／ 544 454 305*45
アクセス／中国道院庄ICから国道179号、舗装林道、基幹林道美作北2号線（舗装）経由で31.5km、約50分。上齋原の振興センター前交差点の200m北側の丁字路を左折する。ここには「人形仙」の小さな案内標識がある。
駐車場／登山道入口の前後路肩に駐車スペースがある。計10～13台・14×3mなど3面・草・区画なし。
携帯電話／ドコモ圏外・au圏外・SB圏外。
その他／人形仙母子地蔵解説板、花木・野草・山菜・きのこ等採取入山禁止看板。

第3／蛇淵の滝入口

第3／手前にある第1駐車場

長義山／駐車スペース

人形仙／登山口に続く舗装林道

人形仙／基幹林道美作北2号線路肩の駐車スペース

立ち寄り湯／①国道179号に戻ると、すぐ近くに「クアガーデンこのか」がある。第2水曜休（8月は営業）・11～20時（夏休み期間は～21時）・入浴料600円・MC 544 365 869*45・☎0868-44-2281。②国道を南下して奥津温泉に行くと「花美人の里」がある。第2木曜休（祝日の場合は前日）・10～19時（土・日曜、祝日は～20時）・入浴料720円・MC 544 185 170*45・☎0868-52-0788。③また1kmほど南には「大釣温泉」もある。火曜休（祝日の場合は翌日）・10～19時（冬期は～18時）・入浴料540円・MC 544 155 244*45・☎0868-52-0700。
問合先／鏡野町上齋原振興センター☎0868-44-2111、鏡野町産業観光課商工観光係☎0868-54-2987

猫山・スノーリゾート猫山付近

ねこやま・すのーりぞーとねこやまふきん
広島県庄原市
標高687m

登山口概要／猫山の北側、市道沿い。山上（さんじょう）さん（役行者を祀った祠）を経由する猫山の起点。
緯度経度／［35°02′30″］［133°11′47″］
マップコード／ 857 128 566*02
アクセス／中国道庄原ICから国道432、183号、市道経由で33.5km、約50分。または中国道東城ICから国道314号、大規模林道粟倉木屋原線（2車線）、市道経由で22.5km、約35分。
駐車場／約20台・62×32m・細砂利＋草・区画なし。
携帯電話／ドコモ3通話可・au3通話可・SB3通話可。
取材メモ／駐車場に「猫山登山口」の看板が立っている。
立ち寄り湯／国道183号を横断した先にある「ひば・道後山高原荘」の日帰り温泉施設「すずらんの湯」で可能。火曜休（祝日の場合は営業）・10時30分～21時・入浴料600円・MC 857 157 653*02・☎0824-84-7070。
問合先／庄原市西城支所地域振興室産業建設係☎0824-82-2181、西城町観光協会（庄原市観光協会西城支部）☎0824-82-2727

野田ヶ山（のだがせん）
→P209 矢筈ヶ山・一向ヶ平キャンプ場
→P209 矢筈ヶ山・川床登山口

野呂山・岩海遊歩道入口

のろさん・がんかいゆうほどういりぐち
広島県呉市
標高587m MAP 089

登山口概要／野呂山・膳棚山（ぜんだなやま）の南東側、県道248号（さざなみスカイライン）沿い。岩海遊歩道を経由する野呂山・膳棚山や中の頂上の起点。
緯度経度／［34°15′28″］［132°40′29″］
マップコード／ 102 321 488*86
アクセス／広島呉道路呉ICから市道、国道185号、県道248号（さざなみスカイライン）経由で22.5km、約35分。
駐車場／岩海遊歩道入口に駐車場がある。4～5台・舗装・区画なし。
携帯電話／ドコモ2通話可・au2通話可・SB圏外。
その他／岩海遊歩道周辺案内板、野呂山の岩海解説板、ベンチ。
取材メモ／岩海遊歩道には、マグマが冷えて固まった流紋岩が、風化により破砕され、岩がゴロゴロと重なる「岩海」がある。
立ち寄り湯／呉駅前に「大和温泉物語」がある。無休（メンテナンス休あり）・24時間営業・入浴料1250円・MC 102 247 845*86・☎0823-24-1126。
問合先／野呂山ビジターセンター☎0823-70-5338、川尻町観光協会☎0823-87-3056

人形仙／登山道入口

猫山／登山者用駐車場

猫山／猫山山頂からの眺め

岩海／岩海遊歩道入口の駐車場

岩海／岩海遊歩道入口

野呂山・氷池駐車場（野呂山ビジターセンター）

のろさん・こおりいけちゅうしゃじょう（のろさんびじたーせんたー）
広島県呉市
標高786m MAP 089

登山口概要／野呂山・中の頂上と東の頂上の間、市道沿い。野呂山・膳棚山や中の頂上の起点。中国自然歩道の起点。

緯度経度／［34°15′52″］［132°41′03″］

マップコード／ 102 352 312*86

アクセス／［川尻経由］広島呉道路呉ICから市道、国道185号、県道248号（さざなみスカイライン）経由で26.5km、約42分。［郷原経由］広島呉道路呉ICから市道、国道185、375号、舗装林道経由で24km、約38分。※取材時は、郷原からの舗装林道が通行止だった（開通は、まだ少し先らしい）。

駐車場／140台＋大型・130×42m・舗装・区画あり。西側にも20台分の駐車場がある。

駐車場混雑情報／4月第3日曜（年により変更されることも）に開催される野呂山の山開きの日は、野呂山山頂の駐車場は満車になり、川尻桟橋とJR安芸川尻駅から会場まで無料シャトルバスが運行される。GWや7月の連休も混雑する。年末年始も満車になり、路肩に車が並ぶ。

野呂山ビジターセンター／休憩と案内施設。野呂山に関するパネル展示。売店や研修室もある。無休・9～16時・☎0823-70-5338。

トイレ／野呂山ビジターセンター内にある。水洗。水道・TPあり。評価☆☆☆。また西側の駐車場にもあるが、取材時は閉まっていた。

携帯電話／ドコモ3通話可・au圏外・SB3通話可。

ドリンク自販機／野呂山ビジターセンター内にある（PBも）。

その他／川尻・安浦観光案内板、野呂山案内板、野呂山公園利用者心得、テーブル・ベンチ。

取材メモ／氷池の名前は、明治時代に氷室用の天然氷が切り出されていたことに因む。

立ち寄り湯／呉駅前に「大和温泉物語」がある。無休（メンテナンス休あり）・24時間営業・入浴料1250円・MC 102 247 845*86・☎0823-24-1126。

問合先／野呂山ビジターセンター☎0823-70-5338、川尻町観光協会☎0823-87-3056

野呂山・登山者専用駐車場

のろさん・とざんしゃせんようちゅうしゃじょう
広島県呉市
標高120m

登山口概要／膳棚山（ぜんだなや

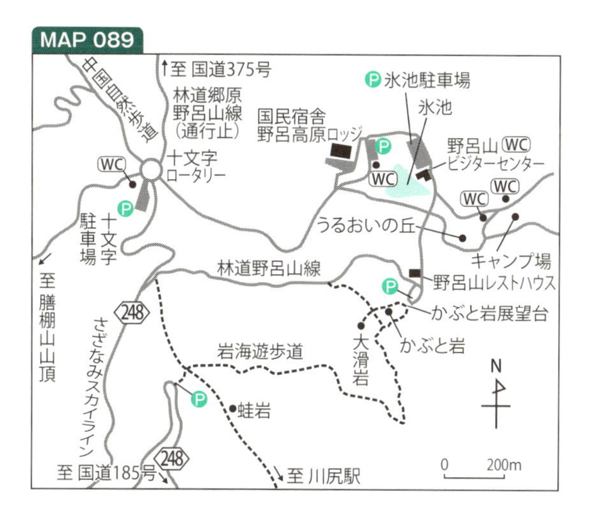

氷池／氷池駐車場

氷池／野呂山ビジターセンター

氷池／同センター内のトイレ

氷池／氷池

登山者／登山者専用駐車場

ま）の南東側、県道248号（さざなみスカイライン）沿い。かぶと岩登山コースを経由する野呂山の起点。中国自然歩道の起点。
緯度経度／［34°14′28″］［132°41′01″］
マップコード／ 102 262 490*86
アクセス／広島呉道路呉ICから市道、国道185号、県道248号（さざなみスカイライン）経由で16.5km、約26分。
駐車場／ 16台・24×20m・細砂利+草・区画あり。
駐車場混雑情報／満車になることはない。
携帯電話／ドコモ3通話可・au3通話可・SB3通話可。
その他／中国自然歩道案内板、保健保安林解説板。
取材メモ／登山道入口は、県道を60mほど引き返して左の道に入る。ここには中国自然歩道案内板と「野呂山登山歩道→」の道標が立っている。
立ち寄り湯／呉駅前に「大和温泉物語」がある。無休（メンテナンス休あり）・24時間営業・入浴料1250円・MC 102 247 845*86・☎0823-24-1126。
問合先／川尻町観光協会☎0823-87-3056

野呂山・野呂山十文字駐車場

のろさん・のろさんじゅうもんじちゅうしゃじょう
広島県呉市
標高741m MAP 089

登山口概要／野呂山・膳棚山（ぜんだなやま）の東側、県道248号（さざなみスカイライン）終点。野呂山・膳棚山や中の頂上の起点。中国自然歩道の起点。
緯度経度／［34°15′48″］［132°40′26″］
マップコード／ 102 351 185*86
アクセス／［川尻経由］広島呉道路呉ICから市道、国道185号、県道248号（さざなみスカイライン）経由で25km、約40分。［郷原経由］広島呉道路呉ICから市道、国道185、375号、舗装林道経由で22.5km、約36分。※取材時は、郷原からの舗装林道が通行止だった（開通までは、まだしばらくかかるらしい）。
駐車場／十文字ロータリーの南側にある。約60台・52×34m・舗装・区画消えかけ。
駐車場混雑情報／4月第3日曜日（年により変更されることも）に開催される野呂山の山開きの日は、野呂山山頂の駐車場は満車になり、川尻桟橋とJR安芸川尻駅から会場まで無料シャトルバスが運行される。GWや7月の連休も混雑する。年末年始も満車になり、路肩に車が並ぶ。
トイレ／駐車場にある。水洗。水道あり。TPなし。評価☆☆☆〜☆☆。
携帯電話／ドコモ3通話可・au1だが通話可・SB圏外。
その他／野呂山案内板。
立ち寄り湯／呉駅前に「大和温泉物語」がある。無休（メンテナンス休あり）・24時間営業・入浴料1250円・MC 102 247 845*86・☎0823-24-1126。
問合先／野呂山ビジターセンター☎0823-70-5338、川尻町観光協会☎0823-87-3056

登山者／中国自然歩道案内板

登山者／登山道入口に続く道

十文字／野呂山十文字駐車場

十文字／同駐車場のトイレ

十文字／同トイレ内部

八塔寺山・八塔寺ふるさと村

はちとうじやま・
はちとうじふるさとむら
岡山県備前市
標高388m MAP 090

登山口概要／八塔寺山の南側、県道426号沿い。八塔寺や皇屋敷（すめらやしき）を経由する八塔寺山の起点。中国自然歩道の起点。
緯度経度／［34°55′04″］［134°15′16″］
マップコード／ 233 285 685*18
アクセス／山陽道和気ICから国道374号、県道96、46、90号、市道、県道426号経由で26km、約40分。または中国道美作ICから県道51号、国道374号、県道414、90号、市道、県道426号経由で30km、約45分。八塔寺ふるさと村に東西からのびている県道426号は、すれ違い困難な狭い道なので避ける方が無難。
駐車場／八塔寺ふるさと村に駐車スペースがある。5～6台・18×18m・砂＋草・区画なし。※民俗資料館前の広場は、バスの転回場につき駐車禁止。
駐車場混雑情報／ GWやお盆休みでも満車になることはない。
トイレ／八塔寺ふるさと村の水車小屋奥にある。簡易水洗。水道・TPあり。評価☆☆☆～☆☆。
携帯電話／ドコモ3通話可・au3通話可・SB3通話可。
その他／八塔寺ふるさと村観光案内板、八塔寺隆盛期想像図、八塔寺案内板、中国自然歩道案内板、テーブル・ベンチ、民俗資料館、八塔寺バス停（備前バス）等。
取材メモ／八塔寺ふるさと村は、茅葺き屋根の農家が点在し、タイムスリップしたかのような感覚が味わえる不思議な場所。映画やテレビドラマのロケ地としても使用される。
立ち寄り湯／①山陽道和気IC近くの県道414号沿いに「和気鵜飼谷温泉（わけうがいだにおんせん）」がある。無休・9～21時・入浴料700円・MC 151 827 170*18・☎0869-92-9001。②一方、中国道美作IC方面では、国道374号沿いに「西の湯温泉」がある。無休・11～20時・入浴料550円・MC 233 391 110*18・☎0868-74-1126。③またその先の湯郷温泉の各宿でも可能。例えば、「湯郷鷺温泉館（ゆごうさぎおんせんかん）」＝第2水曜休（祝日の場合は翌日休。8月は第1水曜。GWなどの繁忙期

MAP 090

八塔寺／ふるさと村の駐車スペース

八塔寺／水車小屋奥のトイレ

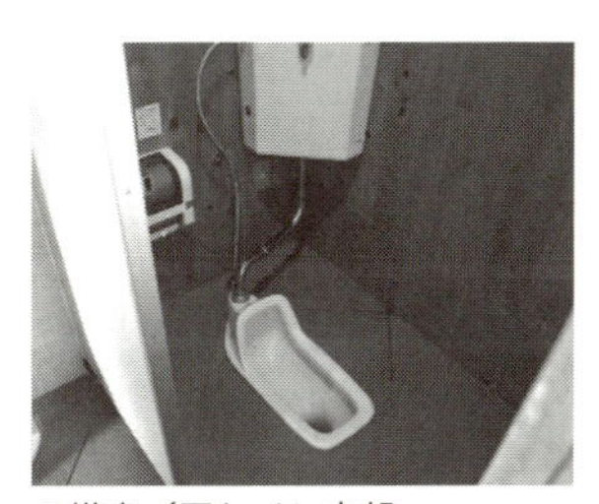
八塔寺／同トイレ内部

八塔寺／八塔寺ふるさと村

八塔寺／民俗資料館

は営業)・8～22時・入浴料600円・MC 233 541 677*12・☎0868-72-0279。④同じ湯郷温泉に「美作市営露天風呂」もある。火曜休（祝日の場合は翌日）・10～21時・入浴料300円・MC 233 540 386*12・☎0868-72-0261。

問合先／備前市吉永総合支所管理課☎0869-84-2513、備前観光協会☎0869-72-1919

花尾山・市の尾構造改善センター

はなおさん・いちのおこうぞうかいぜんせんたー
山口県長門市
標高119m **MAP 091**

登山口概要／花尾山の北側、市道沿い。鈩(たたら)コースや本谷コースを経由する花尾山の起点。

緯度経度／［34°18′17″］［131°13′17″］

マップコード／ 327 506 175*18

アクセス／中国道美祢ICから国道435、316号、県道268号、市道経由で22.5km、約35分。県道から「花尾山登山道入口」の案内看板に従い、市の尾橋を渡って右折すると、市の尾構造改善センターに着く。

駐車場／市の尾構造改善センター前の駐車場には、「花尾山登山者用駐車場」の看板が立てられている。約4台・舗装・区画なし。県道（地図に県道表示はないが、県道280号とされる）終点にも3～4台分の駐車スペースがあるが、そこに続く県道は非常に狭く、ガードレールがない崖もあり、軽自動車以外はやめておく方が無難。取材車両は、左側岩壁に接触しそうになり、右側路肩の余裕を確認すると崖ギリギリ。この先の取材を断念した。時々、軽自動車で進入する登山者もいるようだ。

駐車場混雑情報／付近の住民に聞くと、春と秋の週末は満車になり、センター前の市道路肩に車が並ぶほどだという。

トイレ／市の尾構造改善センター内にあり、登山者の利用可とのこと。水洗（温水洗浄便座付き）。水道・TPあり。評価☆☆☆。

携帯電話／ドコモ3通話可・au3通話可・SB3通話可。

ドリンク自販機／市の尾構造改善センター前にある(PBも)。

その他／案山子十字路＝花尾山登山案内図。

取材メモ／市の尾構造改善センター内に登山者ノート（山の感想等を書くノート）があるほか、花尾山登山案内図も頒布されている。なお花尾山にはナツツバキの群生地があり、7月初旬が見ごろ。ただ一日花なのでタイミングが難しい。紅葉は11月中旬～下旬が見ごろ。

MAP 091

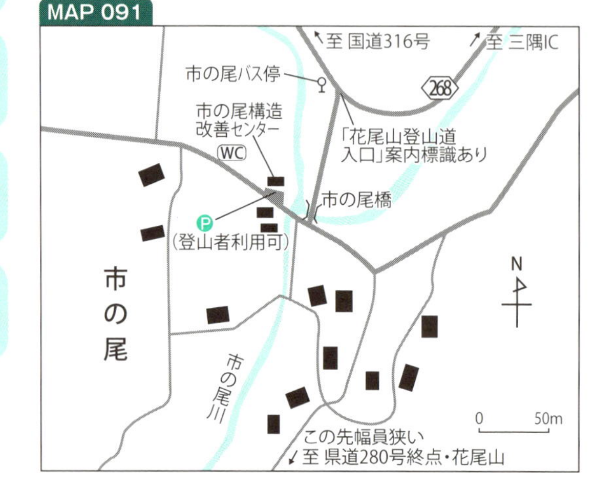

八塔寺／ふるさと村観光案内板

花尾山／構造改善センターと駐車場

花尾山／同センター前の市道。路肩に寄せれば駐車可

花尾山／市の尾構造改善センター

花尾山／同センター内のトイレ

立ち寄り湯／美祢ICに戻る途中、国道316号沿いにある「道の駅おふく」内の「於福温泉」で可能。第2水曜休（1・8月は除く。祝日の場合は翌日）・11～21時（土・日曜、祝日は10時～）・入浴料500円・MC 327 265 128*18・☎0837-56-5005。

問合先／長門市観光課観光振興係☎0837-23-1137

鼻高山（はなたかせん）

→P46 出雲北山・鰐淵寺第1駐車場

花知ヶ仙・遠藤林道三ツ子原線

はなちがせん・えんどうりんどうみつごはらせん

岡山県鏡野町

標高896m

登山口概要／花知ヶ仙の北東側（登山道入口は北側）、遠藤林道三ツ子原線沿い。花知ヶ仙の起点。

緯度経度／［35°16′02″］［133°58′46″］（進入断念地点駐車スペース）［35°15′56″］［133°58′26″］（登山道入口）

マップコード／ 544 342 625*45（進入断念地点駐車スペース）544 342 425*45（登山道入口）

アクセス／中国道院庄ICから国道179、482号、町道、遠藤林道、遠藤林道三ツ子原線経由で39km、約1時間10分。国道482号の1.3km先から未舗装（路面評価★★★。所々★★）となる。やがて三差路が見えてきて、左はコンクリート舗装の遠藤林道なので、右の未舗装の遠藤林道三ツ子原線へ。取材車両は4輪駆動車だが、この先は悪路（路面評価★★。所々★）のため、三差路から1.1km、約7分で進入断念。登山道入口は、徒歩で取材した。進入断念地点から50mくらい悪路が続き、その先は少し安定するが、さらに進むと路面に雨溝が生じ、走行する場合はこれをまたいで回避する必要あり。進入断念地点駐車スペースから登山道入口まで約400m、徒歩8分。

駐車場／遠藤林道三ツ子原線の途中に駐車スペースがある。約2台・砂＋草・区画なし。

携帯電話／断念地点駐車スペース＝ドコモ圏外・au圏外・SB圏外。登山道入口＝ドコモ圏外・au圏外・SB圏外。

取材メモ／登山道入口には「花知ヶ仙・登山道入口」の新しい案内看板が立っている。もし、ここまで車で進入した場合は、登山道入口の先に1～2台の駐車スペースがある。手前にも3台分と2台分の駐車スペースがある。

立ち寄り湯／国道に戻り、8kmほど西進すると「クアガーデンこのか」がある。第2水曜休（8月は営業）・11～20時（夏休み期間は～21時）・入浴料600円・MC 544 365 869*45・☎0868-44-2281。

問合先／鏡野町上齋原振興センター☎0868-44-2111、鏡野町産業観光課商工観光係☎0868-54-2987

花見山・いぶきの里スキー場駐車場

はなみやま・いぶきのさと すきーじょうちゅうしゃじょう

岡山県新見市

標高645m MAP 092

登山口概要／花見山の北東側、国道180号沿い。県境尾根を経由する花見山の起点。

緯度経度／［35°10′11″］［133°24′37″］

マップコード／ 418 589 886*36

アクセス／中国道新見ICから国道180号経由で26km、約40分。

駐車場／いぶきの里スキー場に複数の広い駐車場もあるが、国道沿いのチェーン着脱場や隣接する未舗装の広場が登山道入口に近い。いぶきの里スキー場に電話してみたが、シーズン外のためかつながらず、未舗装の広場の駐車可否は不明。ただ、現地に駐車禁止を示す看板はなかった。約25台・26×22mなど3面・砂＋舗装・区画なし。

携帯電話／ドコモ3通話可・au3通

花知／遠藤林道三ツ子原線

花知／断念地点の駐車スペース

花知／登山道入口

いぶき／未舗装の広場

いぶき／新見千屋温泉・いぶきの里

話可・SB3通話可。
ドリンク自販機／チェーン着脱場にある（PBも）。
立ち寄り湯／本項登山口に隣接して「新見千屋温泉・いぶきの里」がある。無休・10～21時・入浴料800円・MC 418 589 795*36・☎0867-77-2020。
問合先／新見市商工観光課観光振興係☎0867-72-6136、新見市観光協会☎0867-72-1177

花見山・花見スキー場管理道路終点

はなみやま・はなみすきーじょうかんりどうろしゅうてん
鳥取県日南町／岡山県新見市
標高980m

登山口概要／花見山の南東側、花見スキー場管理道路終点付近。花見山の起点。
緯度経度／［35°08′25″］［133°24′33″］
マップコード／ 418 499 402*36
アクセス／中国道新見ICから国道180号、県道111号、花見スキー場管理道路（ほぼ全線舗装。最後の20mだけ未舗装。路面評価★★★★）経由で27.5km、約46分。県道に立つ「花見山スキー場」案内標識に従って、そこから2.5km、約8分。
駐車場／花見スキー場管理道路の舗装区間終点から、さらに少しばかり奥に入ったゲレンデに駐車スペースがある。約15台・42×10m・草・区画なし。
携帯電話／ドコモ3通話可・au2通話可・SB3通話可。
立ち寄り湯／花見山の反対側山麓にある「花見山・いぶきの里スキー場駐車場」（前項）に行けば、隣接して「新見千屋温泉・いぶきの里」がある。無休・10～21時・入浴料800円・MC 418 589 795*36・☎0867-77-2020。
問合先／日南町観光協会☎0859-82-1715、日南町企画課☎0859-82-1115

馬糞ヶ岳・秘密尾集落奥

ばふんがだけ・ひみつおしゅうらくおく
山口県周南市
標高546m

登山口概要／馬糞ヶ岳の南西側、林道大朝鹿野線（りんどうおおあさかのせん）沿い。札ヶ峠（ふだがとうげ）を経由する馬糞ヶ岳の起点。
緯度経度／［34°14′32″］［131°53′09″］
マップコード／ 354 241 617*17
アクセス／秘密尾集落に続く道は、南西側と南側からの2ルートがあり、前者の方が幅員が幾分広く運転はしやすい。前者の場合＝中国道鹿野ICから国道315号、県道9

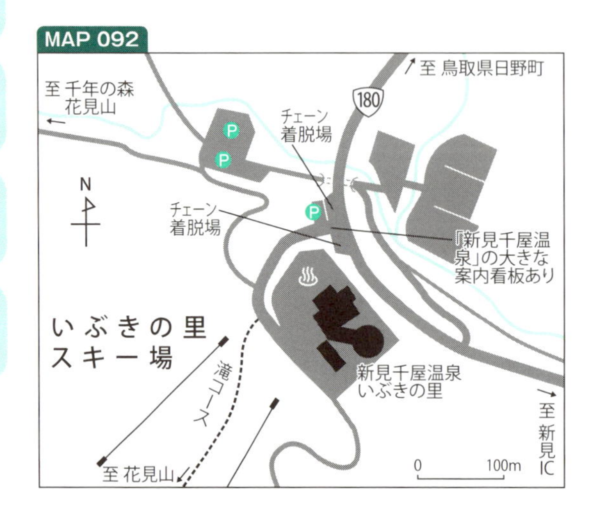

終点／県道111号からスキー場へ

終点／ゲレンデの駐車スペース

秘密尾／市道奥畑秘密尾線

秘密尾／「秘密尾」の住居表示板

秘密尾／林道大朝鹿野線

号、市道坂野秘密尾線（舗装されているが､すれ違い困難な狭い道）、林道大朝鹿野線(前半は2車線。後半も幅員広い。現地に林道名を示す標識なし)経由で13km､約34分。一方、後者の場合は、中国鹿野ICから県道9号、市道奥畑秘密尾線（舗装されているが、すれ違い困難な狭い道）、林道大朝鹿野線（前半は2車線。後半も幅員広い。現地に林道名を示す標識なし）を経由して24.5km、約55分。秘密尾集落から広い林道大朝鹿野線を進むと、左側に「↑馬糞ヶ岳」の案内標識が見えてくる。そこが登山口。

駐車場／登山道入口の林道路肩に駐車可。3～4台・舗装・区画なし。

携帯電話／ドコモ圏外・au1～0だが通話可・SB圏外。

取材メモ／謎めいた地名に心惹かれる「秘密尾」。アクセス道路は狭いが、集落に出ると、いきなり少し荒れ気味の2車線大規模林道になる。現在も集落には3世帯が居住しているが、緑深い山懐に民家が点在する様は、まさに隠れ里そのまま。平家落人伝説も伝わり、集落外れの氷見神社（ひみじんじゃ）は、平安初期の歴史書「三代実録」にも登場する由緒ある神社として知られ、伊勢神宮と同様、20年に一度、遷宮が行われている。しかも難路の先に祀られる奥社は、現在も女人禁制だという。

立ち寄り湯／鹿野IC近くの県道12号沿いに「石船温泉・憩の家」がある。火曜休（祝日の場合は翌日。時期により変更あり）・11～21時・入浴料610円・MC 358 294 472*33・☎0834-68-2542。

問合先／周南市鹿野総合支所鹿野地域政策課地域政策担当
☎0834-68-2331

東鳳翩山・板堂峠登山口(国境の碑)

ひがしほうべんざん・いたどうとうげとざんぐち(こっきょうのひ)
山口県山口市
標高500m

登山口概要／東鳳翩山の北東側、県道62号沿い。ショウゲン山分岐を経由する東鳳翩山の起点。萩往還の起点。

緯度経度／[34°14′00″][131°27′49″]

マップコード／ 93 820 568*45

アクセス／中国道山口ICから国道262、9号、県道62号経由で15.5km、約26分。

駐車場／広い駐車場がある。約25台・40×24m・舗装・区画消えかけ。

携帯電話／ドコモ3通話可・au3通話可・SB圏外。

その他／歴史の道・萩往還解説板、国境の碑。

取材メモ／萩往還は、江戸初期に萩城と三田尻（防府市）を結ぶ参勤交代のための街道として整備された。

立ち寄り湯／湯田温泉に行くと、各宿で可能。例えば、「セントコア山口」＝無休・11～15時＋19～21時（火曜は19～21時）・入浴料700円・MC 93 580 609*15・☎083-922-0811。

問合先／山口市観光交流課
☎083-934-2810

東鳳翩山・錦鶏の滝入口駐車場

ひがしほうべんざん・きんけいのたきいりぐちちゅうしゃじょう
山口県山口市
標高165m

登山口概要／東鳳翩山の南東側、市道沿い。錦鶏の滝を経由する東鳳翩山の起点。萩往還や中国自然歩道の起点。

緯度経度／[34°12′58″][131°27′53″]

マップコード／ 93 761 481*16

アクセス／中国道山口ICから国道262、9号、県道62号、市道経由で11km、約17分。

駐車場／約10台・舗装・区画消えかけ。

携帯電話／ドコモ3通話可・au3通話可・SB3通話可。

その他／歴史の道・萩往還解説板、錦鶏の滝解説板、中国自然歩道案内板。

秘密尾／林道路肩に駐車可

秘密尾／「馬糞ヶ岳」の案内標識

板堂峠／登山口の駐車場

錦鶏／錦鶏の滝入口駐車場

錦鶏／萩往還の石畳道入口

取材メモ／萩往還は、江戸初期に萩城と三田尻（防府市）を結ぶ参勤交代のための街道として整備された。また錦鶏の滝は、落差30mの雄滝と同10mの雌滝からなり、駐車場から徒歩約10分。

立ち寄り湯／湯田温泉に行くと、各宿で可能。例えば、「セントコア山口」＝無休・11～15時+19～21時（火曜は19～21時）・入浴料700円・MC 93 580 609*15・☎083-922-0811。

問合先／山口市観光交流課☎083-934-2810

日晩山・益田市真砂公民館

ひぐらしやま・ますだしまさごこうみんかん
島根県益田市
標高195m MAP 093

登山口概要／日晩山の西側、市道沿い。蛇滝広場や日晩峠を経由する日晩山の起点。日晩峠遊歩道の起点。

緯度経度／[34°38′03″][131°56′19″]

マップコード／277 172 657*14

アクセス／山陰道（浜田・三隅道路）石見三隅ICから国道9号、市道、国道191号、県道54号、市道経由で33km、約50分。

駐車場／真砂公民館に駐車場があり、登山者の利用可とのこと。計約16台・18×14mなど2面・舗装+砂・区画なし。また南側のJAいわみ真砂地域センター裏手にも広い広場があり、こちらも駐車可とのこと。

駐車場混雑情報／春に登山者が車を停めることもあるが、少ないようだ。

携帯電話／ドコモ3通話可・au3通話可・SB3通話可。

公衆電話／公民館前にカード・コイン式公衆電話ボックスがある。

ドリンク自販機／ふれあい広場の角にある(PBも)。

その他／日晩峠遊歩道案内板、火の見櫓。

問合先／益田市真砂公民館（登山に関しての問い合わせも可。担当：大庭様）☎0856-26-0002、益田市観光交流課☎0856-31-0331

聖山・聖湖（樽床ダム）

ひじりやま・ひじりこ（たるとこだむ）
広島県北広島町
標高770m MAP 053（P112）

登山口概要／聖山の北東側、林道聖山線沿い。十文字峠を経由する聖山の起点。

緯度経度／[34°39′06″][132°09′56″]

MAP 093

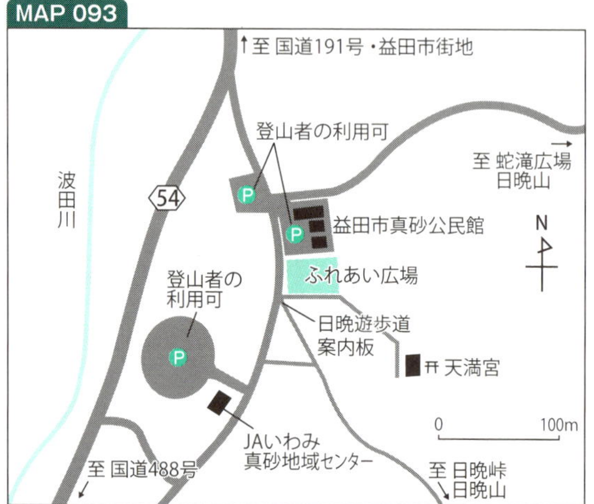

日晩山／真砂公民館の駐車場

日晩山／真砂公民館

日晩山／蛇滝広場経由の登山道に続く路地

聖山／路肩に寄せれば駐車可

聖山／林道中の甲線

マップコード／ 363 815 725*82
アクセス／中国道戸河内ICから国道191号、林道聖山線（舗装。現地に林道名を示す標識なし）経由で27km、約42分。または山陰道（浜田・三隅道路）相生ICから国道186号、県道307号、国道191号、林道聖山線（舗装。現地に林道名を示す標識なし）経由で42km、約1時間2分。国道の聖湖入口には、大きな標識がある。そこから3.5km、約7分。
駐車場／登山道に続く林道中の甲線（りんどうなかのこうせん）入口付近路肩に寄せれば駐車可。計10～12台・90×3mなど2面・舗装＋砂・区画なし。ほかにも樽床ダムまでの間の路肩に駐車スペースはいくつもある。
駐車場混雑情報／満車になることはない。
トイレ／樽床ダム付近にあるが、取材時は故障のため施錠されていた。
携帯電話／ドコモ3通話可・au3通話可・SB3通話可。
取材メモ／聖山の新緑5月上旬～下旬、紅葉は10月下旬～11月上旬が見ごろ。
立ち寄り湯／①人工温泉だが、深入山の「いこいの村ひろしま」で入浴できる。無休（月に一度メンテナンス休あり。それ以外に入浴できない場合もある）・11～18時・入浴料500円・MC 363 821 067*82・☎0826-29-0011。②中国道戸河内IC近く、国道191号と国道186号の間に「グリーンスパつつが」がある。木曜休（祝日の場合は営業）・12～20時・入浴料450円・MC 363 526 861*88・☎0826-32-2880。③一方、島根県側では浜田市街地の手前、金城支所近くに「湯屋温泉リフレパークきんたの里」がある。第3水曜休（祝日の場合は営業）・10～22時・入浴料600円・MC 241 109 142*82・☎050-3033-1039。
問合先／北広島町観光協会芸北支部（北広島町芸北支所）☎0826-35-0888

櫃ヶ山・正面登山口

ひつがせん・しょうめんとざんぐち
岡山県真庭市
標高295m

登山口概要／櫃ヶ山の南東側、国道313号沿い。櫃ヶ山の起点。
緯度経度／［35°09′01″］［133°42′57″］
マップコード／ 387 536 576*04
アクセス／米子道湯原ICから国道313号経由で3km、約5分。
駐車場／「櫃ヶ山登山口」と書かれた大きな案内看板のすぐ北側、小屋と倉庫の前後に櫃ヶ山登山者用駐車場（真庭市による表示あり）が2面ある。4台・草・区画なし。また斜めに上がる道の起点左側、国道路肩にも2台分の駐車スペースがある。
携帯電話／ドコモ3通話可・au3通話可・SB3通話可。
登山届入れ／小屋に登山者記帳箱がある。
その他／登山道案内板、熊出没注意看板、登山者のみなさんへお願い看板。
立ち寄り湯／①1kmほど南下すると、「足温泉館」がある。無休・10～21時・入浴料600円・MC 387 506 675*04・☎0867-62-2966。②さらに1km南下すると「真賀温泉館」もある。火曜休（祝日の場合は営業）・8～21時・入浴料150円・MC 387 506 093*04・☎0867-62-2953。
問合先／真庭市湯原振興局地域振興課☎0867-62-2011、湯原観光情報センター☎0867-62-2526

日名倉山・ベルピール自然公園

ひなくらさん・べるぴーるしぜんこうえん
岡山県美作市／兵庫県佐用町
標高853m

登山口概要／日名倉山の西側、市道終点。日名倉山の起点。
緯度経度／［35°08′57″］［134°24′11″］
マップコード／ 304 513 470*13

聖山／「きんたの里」露天風呂

櫃ヶ山／登山者用駐車場

櫃ヶ山／登山者記帳箱がある小屋

櫃ヶ山／案内看板が立つ登山口

日名倉／ベルピールホール前駐車場

アクセス／鳥取道大原ICから国道429号、市道経由で15.5km、約25分。志引峠（しびきとうげ）手前で、ベルピール自然公園の案内看板に従って右折する。奥海乢（おねみたわ）から続く舗装林道は、距離的には近いが、狭くて急坂でお勧めしない。

ベルピール自然公園／4月初旬～11月末・期間中無休・9～17時(ベルピールホール)・入園無料・☎0868-78-2000。

駐車場／ベルピールホール前の駐車場は、登山者の利用可。24時間出入り可。26台・44×18m・舗装・区画あり。ほかにも駐車場がある。

駐車場混雑情報／満車になることはない。

トイレ／ベルピールホールの裏手にある。水洗。水道・TPあり。評価☆☆☆。

携帯電話／ドコモ3通話可・au3通話可・SB3通話可。

水道設備／トイレ前にある。

その他／ベルピールホール（レストラン。水・木曜休・☎0868-78-2000)、リュバンベールの鐘、日名倉山歩道案内板、熊出没注意看板、日名倉山を利用される皆さんへ、茅の森解説板、ベンチ。

立ち寄り湯／山麓の「愛の村パーク」にある「東粟倉温泉ゆ・ら・り・あ」で可能。水曜休・12～18時・入浴料600円・MC 304 570 689*13・☎0868-78-0202。

問合先／ベルピール自然公園☎0868-78-2000、美作市東粟倉総合支所☎0868-78-3133

比婆山

→P177 比婆山連峰・比婆山古道入口
→P178 比婆山連峰・ひろしま県民の森

比婆山連峰・吾妻山

→（次々項）比婆山連峰・大峠駐車場
→P173 比婆山連峰・休暇村吾妻山ロッジ
→P176 比婆山連峰・県道25号終点

比婆山連峰・池ノ段

→P176 比婆山連峰・立烏帽子駐車場
→P178 比婆山連峰・ひろしま県民の森

比婆山連峰・伊良谷山(いらだにやま)

→（次項）比婆山連峰・牛曳山登山口
→P178 比婆山連峰・ひろしま県民の森

比婆山連峰・牛曳山登山口

ひばやまれんぽう・うしびきやまとざんぐち
広島県庄原市
標高770m

登山口概要／牛曳山の南側、県道256号沿い。牛曳滝を経由する牛曳山や伊良谷山（いらだにやま)、毛無山の起点。

緯度経度／[35°04′03″][133°05′04″]

マップコード／ 388 235 643*35

アクセス／中国道庄原ICから国道432、183、314号、県道256号経由で35.5km、約54分。または松江道三刀屋木次ICから国道314号、県道256号経由で58km、約1時間28分。あるいは中国道東城ICから国道314、183、314号、県道256号経由で35.5km、約54分。松江道高野ICからのルートも可能だが、県道255号の終盤、県道254号に抜けるまでの約4kmの区間は、つづら折りの狭い道なので、あまりお勧めではない。

駐車場／登山道入口の200m手前に駐車スペースがある。20～30台・78×26m・舗装・区画なし。登山道入口向かいの駐車スペースは、なるべく利用しないこと。

携帯電話／ドコモ3通話可・au3通話可・SB圏外。

取材メモ／登山道入口に「←牛曳山」の道標が立っている。なお、比婆山連峰の新緑は5月上旬～下旬、ダイセンキスミレは5月上旬、紅葉は10月下旬～11月上旬が見ごろ。

日名倉／ベルピールホール

日名倉／ホール裏手のトイレ

日名倉／リュバンベールの鐘

牛曳山／200m手前の駐車スペース

牛曳山／登山道入口

立ち寄り湯／温泉ではないが、県民の森の「公園センター」で入浴ができる。無休（団体客利用時に一時的に利用不可となることもある）・11～19時・入浴料500円・☎0824-84-2011。
問合先／ひろしま県民の森公園センター☎0824-84-2011、庄原市西城支所地域振興室産業建設係☎0824-82-2181、西城町観光協会（庄原市観光協会西城支部）☎0824-82-2727

比婆山連峰・烏帽子山

→P178 比婆山連峰・ひろしま県民の森

比婆山連峰・大峠駐車場

ひばやまれんぽう・おおとうげちゅうしゃじょう
島根県奥出雲町
標高55m

登山口概要／吾妻山（日本三百名山）の北東側、県道25号沿い。大膳原（だいぜんばら）を経由する吾妻山や烏帽子山などの起点。中国自然歩道の起点。さらに奥へ入り、県道25号終点まで行くことも可能（P176）。
緯度経度／[35°05′251″][133°02′38″]
マップコード／388 320 407*35
アクセス／松江道高野ICから県道39号、国道432号、県道255号、吾妻池ノ原林道（舗装）、県道25号経由で25km、約40分。または松江道三刀屋木次ICから国道314号、県道25号経由で35km、約53分。すぐ手前の三差路に立つ大きな「吾妻山」の看板が目印。
駐車場／約15台・30×10m・砂＋草・区画なし。県道の600m先左側に第２駐車場もある。約15台・30×30m・砂＋草・区画なし。
駐車場混雑情報／混雑することはない。
トイレ／駐車場にある。非水洗。水道・TPあり。評価☆☆。また、その1.8km東側手前の上連地区、県道25号沿いにも新しい駐車場と公衆トイレがある。水洗（温水洗浄便座付き）。水道・TPあり。評価☆☆☆。
携帯電話／ドコモ3通話可・au3通話可・SB3通話可。
その他／中国自然歩道案内板。
取材メモ／比婆山連峰の新緑は5月上旬～下旬、ダイセンキスミレは5月上旬、紅葉は10月下旬～11月上旬が見ごろ。
立ち寄り湯／①高野IC手前、県道39号沿いの庄原市高野保健福祉センター裏手に「たかの温泉・神之瀬の湯（かんのせのゆ）」がある。水曜休・10～21時・入浴料350円・MC 388 094 331*35・☎0824-86-2251。②国道314号で三刀屋木次ICに戻る途中に「奥出雲湯村温泉・湯乃上館」に共同浴場がある。無休・10～20時・入浴料350円・MC 388 754 669*35・☎0854-48-0513。
問合先／奥出雲町観光協会☎0854-54-2260、奥出雲町商工観光課☎0854-54-2504

比婆山連峰・休暇村吾妻山ロッジ

ひばやまれんぽう・きゅうかむらあづまやまロッジ
広島県庄原市
標高997m　MAP 094

登山口概要／吾妻山（日本三百名山）の南西側、市道沿い。南の原や小彌山（こみせん）を経由する吾妻山などの起点。
緯度経度／[35°03′46″][133°01′34″]
マップコード／388 228 133*35
アクセス／中国道庄原ICから国道432号、県道255号、市道経由で37km、約58分。または松江道高野ICから県道39号、国道432号、県道255号、市道経由で25km、約39分。国道432号から13km、約20分。市道の開通期間は、4月中旬～11月中旬。冬期の除雪は行われない。
駐車場／休暇村吾妻山ロッジ前に駐車場があり、登山者の利用可とのこと。約60台・48×25m・舗装・区画消えかけ。ほかにキャンプ場

大峠／大峠駐車場

大峠／同駐車場のトイレ

大峠／同トイレ内部

休暇村／休暇村吾妻山ロッジ駐車場

休暇村／休暇村吾妻山ロッジ

入口や最上部にも広い駐車場があり、こちらも登山者の利用可。
駐車場混雑情報／休暇村吾妻山ロッジ前の駐車場は、GW、お盆休み、紅葉シーズンの休日は混雑し、満車になることもあるが、キャンプ場の駐車場まで満車になることはない。
休暇村吾妻山ロッジ／4月中旬～11月中旬・期間中無休・☎0824-85-2331。
トイレ／休暇村吾妻山ロッジ内にあり、5時30分～深夜24時の間であれば、登山者の利用可。詳細不明。キャンプ場にもトイレがあるが、キャンプ場利用者がいない時は施錠されることもある。開いていれば登山者の利用可。詳細不明。
携帯電話／ドコモ3通話可・au3通話可・SB3通話可。
公衆電話／休暇村吾妻山ロッジ本館にカード・コイン式公衆電話がある。
ドリンク自販機／休暇村吾妻山ロッジ本館にある(PBも)。
その他／吾妻山地区案内板。
取材メモ／比婆山連峰の新緑は5月上旬～下旬、ダイセンキスミレは5月上旬、紅葉は10月下旬～11月上旬が見ごろ。
立ち寄り湯／①温泉ではないが、「休暇村吾妻山ロッジ」で入浴が可能。4月中旬～11月中旬・期間中無休・13～21時・入浴料400円・☎0824-85-2331。②国道432号を南下し、県道58号へ左折すると「比和温泉施設あけぼの荘」で可能。月曜休（祝日の場合は翌日）・11～21時・入浴料350円・MC 628 254 292*02・☎0824-85-2528。③高野ICの手前、県道39号沿いの庄原市高野保健福祉センター裏手に「たかの温泉・神之瀬の湯(かんのせのゆ)」もある。水曜休・10～21時・入浴料350円・MC 388 094 331*35・☎0824-86-2251。
問合先／休暇村吾妻山ロッジ☎0824-85-2331、庄原市比和支所地域振興室☎0824-85-3003、比和町観光協会☎0824-85-7111

比婆山連峰・熊野神社

ひばやまれんぽう・くまのじんじゃ
広島県庄原市
標高675m　MAP 095

登山口概要／竜王山の南東側、市道沿い。鳥尾の滝（ちょうのおのたき。別名・那智の滝）を経由する竜王山や立烏帽子山などの起点。
緯度経度／［35°01′35″］［133°04′57″］
マップコード／ 388 085 696*02
アクセス／中国道庄原ICから国道432、183号、県道254号、市道経由で28.5km、約44分。ま

MAP 094

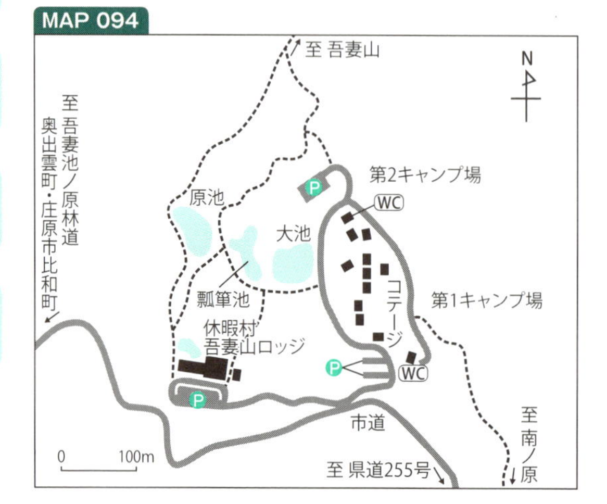

休暇村／第2キャンプ場のトイレ

休暇村／大池

休暇村／比和温泉施設あけぼの荘

熊野／熊野神社の駐車場

熊野／同駐車場奥のトイレ

たは中国道東城ICから国道314、183号、県道254号、市道経由で34km、約51分。松江道高野ICからのルートも可能だが、県道255号の終盤、県道254号に抜けるまでの約4kmの区間は、つづら折りの狭い道なので、あまりお勧めではない。

駐車場／熊野神社参道入口に駐車場があり、登山者の利用可。15〜20台・34×18m・舗装・区画なし。また前後にも広い駐車場が3面ある。計約40台・38×24mなど・舗装・区画なし。

駐車場混雑情報／4月末に開催される「熊野神社春季大祭（おくまのさん）」の日は、満車になり、路上駐車も発生するが、それ以外で満車になることはない。

トイレ／駐車場奥にある。水洗。水道・TPあり。評価☆☆。また熊野神社境内にもある。非水洗。水道なし。TPなし。評価☆☆。

携帯電話／ドコモ圏外・au圏外・SB圏外。

その他／テーブル・ベンチ、いざなみ茶屋（食堂）、いざなみ茶屋バス停（庄原市廃止代替等バス・予約乗合タクシー）、古事記の路案内板、比婆山ルート案内板、比婆山周辺の文化財案内板、熊野神社略記。

熊野神社／参拝自由。

取材メモ／熊野神社の老スギ群は、広島県の天然記念物に指定され、特に石碑が立つスギ（「天狗の休み木」と呼ばれる）の迫力は圧倒的。なお、比婆山連峰の新緑は5月上旬〜下旬、ダイセンキスミレは5月上旬、紅葉は10月下旬〜11月上旬が見ごろ。

立ち寄り湯／①道後山駅と備後落合駅の間、国道314号沿いには「高尾の湯（こうおのゆ）」もある。火曜と金曜休・9〜17時・入浴料500円・MC 326 875 487*02・☎0824-84-2138（篠原旅館）。②高野IC手前、県道39号沿いの庄原市高野保健福祉センター裏手に「たかの温泉・神之瀬の湯（かんのせのゆ）」がある。水曜休・10〜21時・入浴料350円・MC 388 094 331*35・☎0824-86-2251。

問合先／庄原市西城支所地域振興室産業建設係☎0824-82-2181、西城町観光協会（庄原市観光協会西城支部）☎0824-82-2727

比婆山連峰・毛無山

→P172 比婆山連峰・牛曳山登山口
→P178 比婆山連峰・ひろしま県民の森

MAP 095

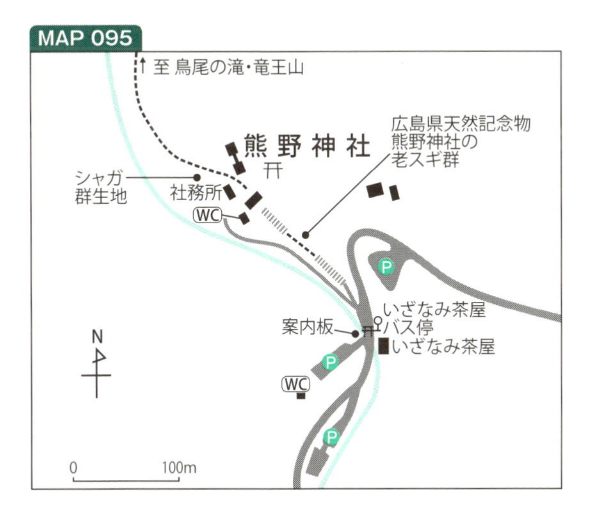

熊野／同トイレ内部

熊野／参道入口に立つ大鳥居

熊野／熊野神社参道と老スギ

熊野／熊野神社

熊野／神之瀬の湯・露天風呂

比婆山連峰・県道25号終点

ひばやまれんぽう・けんどうにじゅうごごうしゅうてん
島根県奥出雲町
標高840m

登山口概要／吾妻山（日本三百名山）の北東側、県道25号終点。大膳原（だいぜんばら）を経由する吾妻山や烏帽子山などの起点。
緯度経度／[35°04′24″][133°02′33″]
マップコード／ 388 260 372*35
アクセス／松江道高野ICから県道39号、国道432号、県道255号、吾妻池ノ原林道（舗装）、県道25号経由で27km、約50分。または松江道三刀屋木次ICから国道314号、県道25号経由で37km、約1時間3分。手前の大峠駐車場（P173）から2.2km、約10分。最後の1kmは、コンクリート舗装の狭い急坂となる。すれ違いは困難。県道25号の開通期間は、4月1日～11月末日。ゲートがあるわけではないので、期間外でも積雪がなければ通行は可能。
駐車場／県道25号終点に駐車スペースがある。計約4台・コンクリート舗装＋落ち葉＋砂・区画なし。またすぐ手前の左右に計8台分の駐車スペースもある。終点付近は狭く、先にほかの車が駐車していれば、車を転回させるのも苦しい。それを考えれば、手前の駐車スペースに置く方が無難かも。
駐車場混雑情報／混雑することはない。
トイレ／手前の大峠駐車場にある。非水洗。水道・TPあり。評価☆☆。また、その1.8km東側の上連地区、県道25号沿いにも新しい駐車場と公衆トイレがある。水洗（温水洗浄便座付き）。水道・TPあり。評価☆☆☆。
携帯電話／ドコモ1だが通話可・au3～2通話可・SB圏外。
その他／神話の国解説板、吾妻山登山コース案内板、みんなで守ろう郷土の自然看板、テーブル・ベンチ。
取材メモ／写真の県道終点から、さらにコンクリート舗装道がしばらく続くが、車の進入は困難。なお、比婆山連峰の新緑は5月上旬～下旬、ダイセンキスミレは5月上旬、紅葉は10月下旬～11月上旬が見ごろ。
立ち寄り湯／①高野IC手前、県道39号沿いの庄原市高野保健福祉センター裏手に「たかの温泉・神之瀬の湯（かんのせのゆ）」がある。水曜休・10～21時・入浴料350円・MC 388 094 331*35・☎0824-86-2251。②国道314号で三刀屋木次ICに戻る途中に「奥出雲湯村温泉・湯乃上館」に共同浴場がある。無休・10～20時・入浴料350円・MC 388 754 669*35・☎0854-48-0513。
問合先／奥出雲町商工観光課☎0854-54-2504、奥出雲町観光協会☎0854-54-2260

比婆山連峰・県民の森

→P178 比婆山連峰・ひろしま県民の森

比婆山連峰・御陵

→（次々項）比婆山連峰・比婆山古道入口
→P178 比婆山連峰・ひろしま県民の森

比婆山連峰・立烏帽子駐車場

ひばやまれんぽう・たてえぼしちゅうしゃじょう
広島県庄原市
標高1185m MAP 096

登山口概要／立烏帽子山の山頂東側直下、比婆道後帝釈国定公園道路竜王山線終点。立烏帽子山や池ノ段、竜王山などの起点。
緯度経度／[35°03′06″][133°04′06″]
マップコード／ 388 173 735*35
アクセス／中国道庄原ICから国道432、183号、県道254号、比婆道後帝釈国定公園道路竜王山線（舗装。現地に道路名を示す標識なし）経由で35km、約54分。または松江道三刀屋木次ICから国道

県道／登山口に続く県道25号

県道／県道25号終点の駐車スペース

県道／すぐ手前の駐車スペース

県道／上連地区駐車場のトイレ

立烏帽子／比婆道後帝釈国定公園道路竜王山線

314号、市道、県道254号、比婆道後帝釈国定公園道路竜王山線（舗装。現地に道路名を示す標識なし）経由で65km、約1時間40分。あるいは中国道東城ICから国道314、183号、県道254号、比婆道後帝釈国定公園道路竜王山線（舗装。現地に道路名を示す標識なし）経由で44km、約1時間8分。松江道高野ICからのルートも可能だが、県道255号の終盤、県道254号に抜けるまでの約4kmの区間は、つづら折りの狭い道なので、あまりお勧めではない。

駐車場／15 ～ 20台・40×20m・砂利+草・区画なし。

駐車場混雑情報／満車になることはない。

トイレ／駐車場にバイオトイレがあるが、取材時は使用不可。代わりに簡易トイレ3基が置かれていた。TPあり。評価☆☆。

携帯電話／ドコモ2 ～ 0通話可・au1 ～ 0かなり途切れる・SB圏外。

その他／休憩舎、熊出没注意張り紙、古事記の路案内板、比婆山ルート案内板。

取材メモ／比婆山連峰の新緑は5月上旬～下旬、ダイセンキスミレは5月上旬、紅葉は10月下旬～ 11月上旬が見ごろ。

立ち寄り湯／①道後山駅と備後落合駅の間、国道314号沿いには「高尾の湯（こうおのゆ）」がある。火曜と金曜休・9 ～ 17時・入浴料500円・MC 326 875 487*02・☎0824-84-2138（篠原旅館）。②高野IC手前、県道39号沿いの庄原市高野保健福祉センター裏手に「たかの温泉・神之瀬の湯（かんのせのゆ）」もある。水曜休・10 ～ 21時・入浴料350円・MC 388 094 331*35・☎0824-86-2251。

問合先／庄原市西城支所地域振興室産業建設係☎0824-82-2181、西城町観光協会（庄原市観光協会西城支部）☎0824-82-2727

比婆山連峰・立烏帽子山

→（前項）比婆山連峰・立烏帽子駐車場
→P174 比婆山連峰・熊野神社

比婆山連峰・比婆山

→（次項）比婆山連峰・比婆山古道入口
→（次々項）比婆山連峰・ひろしま県民の森

比婆山連峰・比婆山古道入口

ひばやまれんぽう・ひばやまこどういりぐち
広島県庄原市
標高820m

登山口概要／比婆山（新花の百名

MAP 096

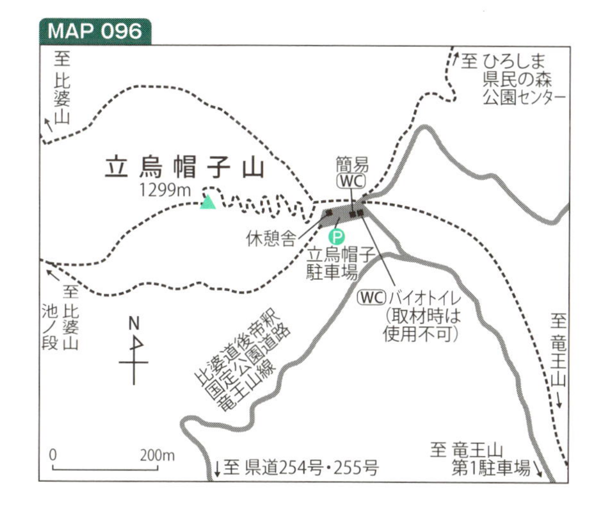

立烏帽子／立烏帽子駐車場

立烏帽子／バイオトイレと簡易トイレ

立烏帽子／古事記の路案内板

古道／路肩の駐車スペース

古道／比婆山古道入口

山）の南西側、市道沿い。比婆山古道を経由する比婆山の起点。
緯度経度／[35°03′25″][133°02′41″]
マップコード／388 200 410*35
アクセス／中国道庄原ICから国道432号、県道255号、市道経由で33.5km、約53分。または松江道高野ICから県道39号、国道432号、県道255号、市道経由で21.5km、約35分。市道の開通期間は、4月中旬～11月中旬。冬期の除雪は行われない。
駐車場／比婆山古道入口向かい路肩に駐車スペースがある。4～5台・38×4m・舗装＋小石＋砂・区画なし。
携帯電話／ドコモ2～1通話可・au3通話可・SB0～圏外（1回目はつながらず。つながってもかなり途切れる）。
その他／比婆山古道解説板。
取材メモ／比婆山は、古事記では日本神話の女神・伊邪那美命（いざなみのみこと）を葬った山として登場する。そのため古くは「美古登山（みことやま）」「御山（みせん）」とも呼ばれ、神聖な山とされてきた。明治9年頃には毎日数千人、時には1万人以上の人が登拝していたという。当時の登拝道のひとつ備後西口からの道を平成23年に復元整備したのが、比婆山古道だ。なお、比婆山連峰の新緑は5月上旬～下旬、ダイセンキスミレは5月上旬、紅葉は10月下旬～11月上旬が見ごろ。
立ち寄り湯／①温泉ではないが、さらに市道を上がったところにある「休暇村吾妻山ロッジ」で入浴が可能。4月中旬～11月中旬・期間中無休・13～21時・入浴料400円・MC 388 228 133*35・☎0824-85-2331。②国道432号を南下し、県道58号へ左折すると「比和温泉施設あけぼの荘」で可能。月曜休（祝日の場合は翌日）・11～21時・入浴料350円・MC 628 254 292*02・☎0824-85-2528。③高野ICの手前、県道39号沿いの庄原市高野保健福祉センター裏手に「たかの温泉・神之瀬の湯（かんのせのゆ）」もある。水曜休・10～21時・入浴料350円・MC 388 094 331*35・☎0824-86-2251。
問合先／庄原市比和支所地域振興室☎0824-85-3003、比和町観光協会☎0824-85-7111

比婆山連峰・ひろしま県民の森

ひばやまれんぽう・ひろしまけんみんのもり
広島県庄原市
標高800m **MAP 097**

登山口概要／比婆山（新花の百名山）の東側、県道256号終点。比婆山や烏帽子山、立烏帽子山、毛無山、伊良谷山（いらだにやま）などの起点。
緯度経度／[35°04′14″][133°04′38″]
マップコード／388 264 077*35
アクセス／中国道庄原ICから国道432、183、314号、県道256号経由で36.5km、約56分。または松江道三刀屋木次ICから国道314号、県道256号経由で59km、約1時間30分。あるいは中国道東城ICから国道314、183、314号、県道256号経由で36.5km、約56分。松江道高野ICからのルートも可能だが、県道255号の終盤、県道254号に抜けるまでの約4kmの区間は、つづら折りの狭い道なので、あまりお勧めではない。
駐車場／計400台・40×18mなど6面以上・舗装ほか・区画消えかけまたはなし。24時間出入り可。
駐車場混雑情報／GWや、5月最終日曜日に行われる比婆山の山開きのほか、イベント開催日は混雑するが、満車になることはない。
ひろしま県民の森公園センター／宿泊・食事・入浴・売店・キャンプ。靴洗いコンプレッサー、コインランドリーなどあり。年中無休・☎0824-84-2011。
トイレ／公園センター内にあり、6時30分～22時の間であれば登山者の利用可。水洗（温水洗浄便座付き）。水道・TPあり。評価☆☆

県民／県民の森の駐車場

県民／公園センター

県民／同センター内のトイレ

県民／比婆山周辺の文化財案内板

県民／ひろしま県民の森

あ
か
さ
た
な
は
ま
や
ら
わ

☆。各キャンプ場にあるトイレも利用可。詳細不明。
携帯電話／ドコモ3通話可・au3通話可・SB3通話可。
公衆電話／公園センター内にカード・コイン式公衆電話がある。
ドリンク自販機／公園センター内にある(PBも)。
登山届入れ／冬期のみ公園センターで受け付け。
その他／比婆山周辺の文化財、県民の森案内板、野鳥の森案内板、テーブル・ベンチほか。
取材メモ／比婆山連峰の新緑は5月上旬～下旬、ダイセンキスミレは5月上旬、紅葉は10月下旬～11月上旬が見ごろ。
立ち寄り湯／温泉ではないが、県民の森の「公園センター」で入浴ができる。無休（団体客利用時に一時的に利用不可となることもある)・11～19時・入浴料500円・☎0824-84-2011。
問合先／ひろしま県民の森公園センター☎0824-84-2011、庄原市西城支所地域振興室産業建設係☎0824-82-2181、西城町観光協会(庄原市観光協会西城支部)☎0824-82-2727

比婆山連峰・竜王山
→P174 比婆山連峰・熊野神社
→P176 比婆山連峰・立烏帽子駐車場
→(次項) 比婆山連峰・竜王山第1駐車場

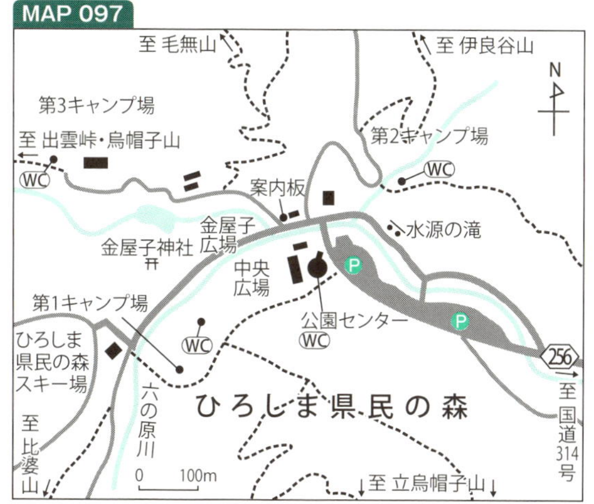

比婆山連峰・竜王山第1駐車場
ひばやまれんぽう・りゅうおうさんだいいちちゅうしゃじょう
広島県庄原市
標高1227m MAP 098

登山口概要／竜王山の山頂南東側直下、比婆道後帝釈国定公園道路竜王山線終点。竜王山の最短起点。
緯度経度／ [35°02′31″] [133°04′34″]
マップコード／ 388 144 583*02
アクセス／中国道庄原ICから国道432、183号、県道254号、比婆道後帝釈国定公園道路竜王山線（現地に道路名を示す標識なし。大半は舗装。手前の駐車スペース以降は未舗装。路面評価★★★★。所々★★★）経由で36km、約58分。または松江道三刀屋木次ICから国道314号、市道、県道254号、比婆道後帝釈国定公園道路竜王山線（現地に道路名を示す標識なし。大半は舗装。手前の駐車スペース以降は未舗装。路面評価★★★★。所々★★★）経由で66km、約1時間45分。あるいは中国道東城ICから国道314、183号、県道254号、比婆道後帝釈国定公園道路竜王山線（現地に道路名を示す

県民／出雲峠

県民／烏帽子山から比婆山望む

竜王山／手前の駐車スペース

竜王山／手前の登山道入口

竜王山／比婆道後帝釈国定公園道路竜王山線

標識なし。大半は舗装。手前の駐車スペース以降は未舗装。路面評価★★★★。所々★★★）経由で45km、約1時間12分。松江道高野ICからのルートも可能だが、県道255号の終盤、県道254号に抜けるまでの約4kmの区間は、つづら折りの狭い道なので、あまりお勧めではない。

駐車場／終点に竜王山第1駐車場がある。約15台・44×18m・土＋草・区画なし。手前の登山道入口にも計8～10台分の駐車スペースが2面あるが、路面の露岩に注意。

駐車場混雑情報／竜王山第1駐車場は、かつて比婆山の山開き会場だったが、県民の森に変更されたため、満車になることはない。

トイレ／手前の立烏帽子駐車場にバイオトイレと簡易トイレが3基ある。バイオトイレ＝取材時は使用不可。簡易トイレ＝TPあり。評価☆☆。

携帯電話／第1駐車場＝ドコモ2～0通話可・au3通話可・SB圏外。手前の駐車スペース＝ドコモ3～1通話可・au2～1通話可・SB圏外。

その他／ベンチ。

取材メモ／比婆山連峰の新緑は5月上旬～下旬、ダイセンキスミレは5月上旬、紅葉は10月下旬～11月上旬が見ごろ。

立ち寄り湯／①道後山駅と備後落合駅の間、国道314号沿いには「高尾の湯（こうおのゆ）」がある。火曜と金曜休・9～17時・入浴料500円・MC 326 875 487*02・☎0824-84-2138（篠原旅館）。②高野IC手前、県道39号沿いの庄原市高野保健福祉センター裏手に「たかの温泉・神之瀬の湯（かんのせのゆ）」もある。水曜休・10～21時・入浴料350円・MC 388 094 331*35・☎0824-86-2251。

問合先／庄原市西城支所地域振興室産業建設係☎0824-82-2181、西城町観光協会（庄原市観光協会西城支部）☎0824-82-2727

火山(ひやま)

→P96 倉橋島　倉橋火山・宇和木峠
→P141 武田山・武田山憩いの森

火山(ひやま) **遊歩道**

→P96 倉橋島　倉橋火山・宇和木峠

氷ノ山・仙谷コース登山口

ひょうのせん・せんだにこーすとざんぐち
鳥取県若桜町
標高815m

登山口概要／氷ノ山（須賀ノ山・すがのせん。日本二百名山・新花の百名山）の西側、町道沿い。仙谷コー

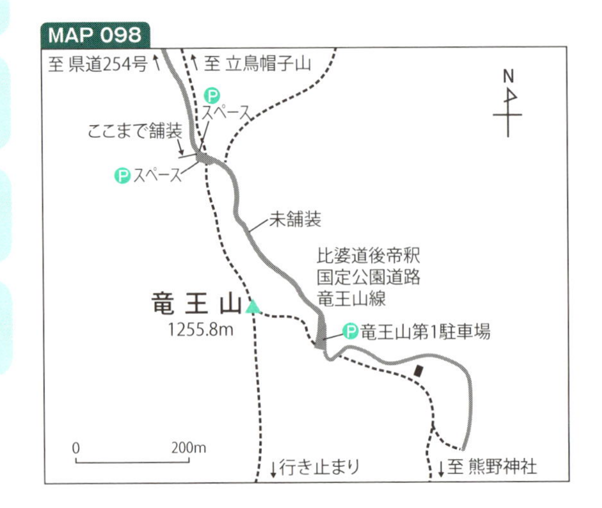

竜王山／竜王山第1駐車場

竜王山／登山道入口

仙谷／200m手前右側の駐車場

仙谷／氷ノ山の野鳥解説板

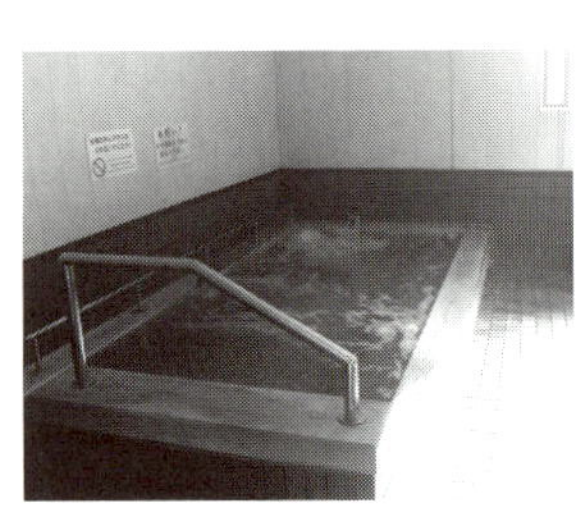
仙谷／ふれあいの湯・浴室

スを経由する氷ノ山の起点。
緯度経度／[35°21′12″][134°29′33″]
マップコード／709 374 012*47
アクセス／鳥取道河原ICから県道324、32号、国道482、29、482号、町道経由で32.5km、約49分。
駐車場／登山道入口の200m手前右側に駐車場がある。約25台・35×25m・砂＋草・区画なし。
トイレ／手前のわかさ氷ノ山スキー場にある。水洗。水道・TPあり。評価☆☆☆〜☆☆。
携帯電話／登山道入口＝ドコモ1だが通話可・au1だが通話可・SB1〜0だが通話可。
その他／氷ノ山登山道総合案内板、氷ノ山の野鳥解説板。
取材メモ／登山道入口には、氷ノ山登山道案内板が立っており、古い野菜出荷所の建物裏に回り込むと、その奥から登山道が続いている。
立ち寄り湯／若桜町市街地に戻る途中の国道482号沿いに「若桜ゆはら温泉・ふれあいの湯」がある。月曜休・10〜20時（1〜2月は〜19時）・入浴料400円・MC 709 307 584*46・☎0858-82-1177。
問合先／若桜町にぎわい創出課商工観光係☎0858-82-2238、若桜町観光協会☎0858-82-2237

氷ノ山・氷ノ山キャンプ場

ひょうのせん・ひょうのせんきゃんぷじょう
鳥取県若桜町
標高925m MAP 099

登山口概要／氷ノ山（須賀ノ山・すがのせん。日本二百名山・新花の百名山）の西側、町道沿い。氷ノ越（ひょうのごえ）コースを経由する氷ノ山の起点。
緯度経度／[35°21′28″][134°29′45″]
マップコード／709 374 504*47
アクセス／鳥取道河原ICから県道324、32号、国道482、29、482号、町道経由で34km、約53分。
駐車場／氷ノ山キャンプ場に駐車場がある。33台・54×28m・舗装・区画あり。
トイレ／駐車場にある。水洗。水道・TPあり。評価☆☆☆。登山道入口向かいにもトイレがあるが、取材時は施錠されていた。またキャンプ場管理棟にもある。
携帯電話／ドコモ3通話可・au3通話可・SB3通話可。
ドリンク自販機／キャンプ場管理棟にある。
登山届入れ／登山道入口にある。
その他／氷ノ山登山道総合案内板、氷ノ山キャンプ場案内板、熊出没注意看板、氷ノ山登山道119番通報プレート（遭難時に現在地

MAP 099

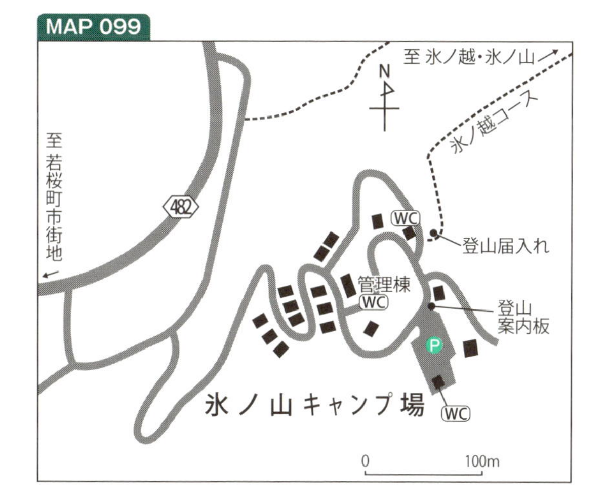

キャンプ／氷ノ山キャンプ場駐車場

キャンプ／同駐車場のトイレ

キャンプ／同トイレ内部

キャンプ／キャンプ場管理棟

キャンプ／登山道入口

を迅速に伝える番号がふられている)。

立ち寄り湯／若桜町市街地に戻る途中の国道482号沿いに「若桜ゆはら温泉・ふれあいの湯」がある。月曜休・10～20時（1～2月は～19時）・入浴料400円・MC 709 307 584*46・☎0858-82-1177。

問合先／若桜町にぎわい創出課商工観光係☎0858-82-2238、若桜町観光協会☎0858-82-2237

氷ノ山・わかさ氷ノ山スキー場

ひょうのせん・わかさひょうのせんすきーじょう
鳥取県若桜町
標高760m MAP 100

登山口概要／氷ノ山（須賀ノ山・すがのせん。日本二百名山・新花の百名山）の西側、町道沿い。パノラマコースと三ノ丸コースを経由する氷ノ山の起点。

緯度経度／［35°21′11″］［134°29′23″］

マップコード／ 709 344 872*47

アクセス／鳥取道河原ICから県道324、32号、国道482、29、482号、町道経由で32km、約48分。

駐車場／わかさ氷ノ山スキー場に駐車場がある。約100台・140×30m・舗装・区画なし。またゲレンデ入口に約8台分の駐車スペースがある。

トイレ／わかさ氷ノ山スキー場の関係者用駐車場にある。水洗。水道・TPあり。評価☆☆☆～☆☆。

携帯電話／ドコモ3通話可・au3通話可・SB3通話可。

その他／氷ノ山登山道総合案内板、わかさ氷ノ山案内板、氷ノ山スキー場バス停（若桜町営バス）。

立ち寄り湯／若桜町市街地に戻る途中の国道482号沿いに「若桜ゆはら温泉・ふれあいの湯」がある。月曜休・10～20時（1～2月は～19時）・入浴料400円・MC 709 307 584*46・☎0858-82-1177。

問合先／若桜町にぎわい創出課商工観光係☎0858-82-2238、若桜町観光協会☎0858-82-2237

蒜山・犬挟峠

→（次々項）蒜山・下蒜山登山口（犬挟峠）

蒜山・上蒜山登山口駐車場

ひるぜん・かみひるぜんとざんぐちちゅうしゃじょう
岡山県真庭市
標高545m MAP 101

登山口概要／上蒜山（日本二百名山）の南西側、市道沿い。槍ヶ峰

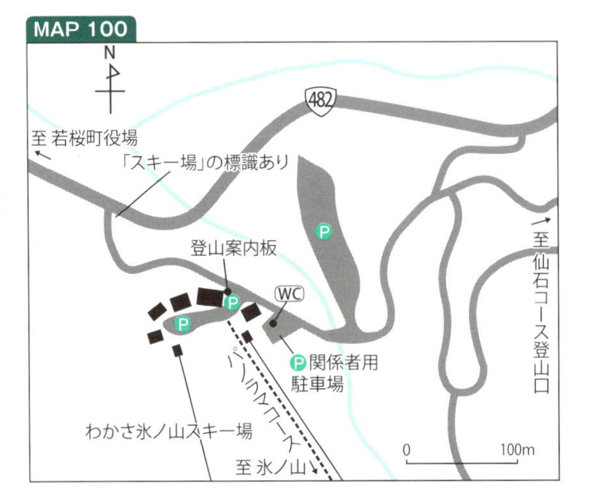

わかさ／ゲレンデ入口の駐車スペース

わかさ／関係者用駐車場のトイレ

わかさ／同トイレ内部

上蒜山／上蒜山登山口駐車場

上蒜山／登山道入口

を経由する上蒜山や中蒜山などの起点。

緯度経度／［35°18′39″］［133°38′19″］

マップコード／ 189 181 838*37

アクセス／米子道蒜山ICから国道482号、県道114、422号、市道経由で5.5km、約9分。県道422号に立つ「上蒜山登山口駐車場」の標識に従って、そこから500m。

駐車場／ 100台以上・138×94m・砂利＋岩＋小石＋草・区画なし。

携帯電話／ドコモ3通話可・au3通話可・SB3通話可。

その他／「登山者の方へ」注意看板、熊出没注意看板。

取材メモ／登山道入口は、MAP101参照。なお蒜山の新緑は5月上旬～下旬、紅葉は10月下旬～11月上旬が見ごろ。

立ち寄り湯／近くの「蒜山ラドン温泉・休暇村蒜山高原」で可能。無休・11～15時＋18時30分～21時・入浴料500円・MC 189 121 781*37・☎0867-66-2501。

問合先／真庭市蒜山振興局地域振興課☎0867-66-2511、蒜山観光協会☎0867-66-3220

蒜山・塩釜冷泉

→（次々項）蒜山・中蒜山登山口

蒜山・下蒜山登山口（犬挟峠）

ひるぜん・しもひるぜんとざんぐち（いぬばさりとうげ）

岡山県真庭市

標高512m MAP 102

登山口概要／下蒜山の東側、市道沿い。雲居平（くもいだいら）を経由する下蒜山や中蒜山などの起点。犬挟湿地（犬挟湿原）がある。

緯度経度／［35°19′06″］［133°43′15″］

マップコード／ 189 221 744*37

アクセス／米子道蒜山ICから国道482号、県道114、422号、市道経由で12km、約18分。

駐車場／登山道入口に駐車スペースがある。約12台・42×14m・砂利＋草＋泥・区画なし。すぐ北側にも駐車スペースがある。5～6台・28×14m・舗装・砂利・区画なし。

トイレ／市道向かいの真庭北部火葬場のトイレが利用可。センサーライト付き。水洗。水道・TPあり。評価☆☆☆。

携帯電話／ドコモ3通話可・au3通話可・SB3通話可。

ドリンク自販機／真庭北部火葬場前にある（PBも）。

その他／蒜山登山道案内板、蒜山登山を楽しんで頂くために看板、お願い看板、熊出没注意看板、東屋、真庭北部火葬場。

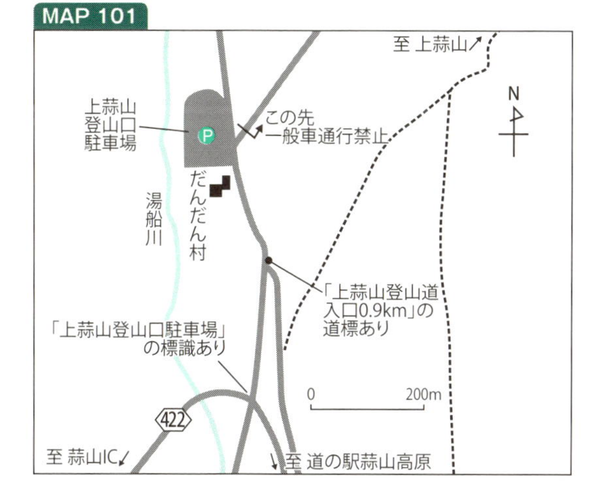

下蒜山／登山道入口の駐車スペースと東屋

下蒜山／北側の駐車スペース

下蒜山／真庭北部火葬場

下蒜山／同施設内のトイレ

下蒜山／登山道入口と犬挟湿地

取材メモ／蒜山の新緑は5月上旬～下旬、紅葉は10月下旬～11月上旬が見ごろ。犬挟峠は、岡山県真庭市と鳥取県倉吉市の境にあるが、登山道入口や駐車スペースは、岡山県側にある。
立ち寄り湯／①山麓の蒜山公園スポーツ公園内に「蒜山やつか温泉・快湯館」がある。水曜休（祝日の場合は翌日）・10～22時・入浴料740円・MC 189 162 310*37・☎0867-66-2155。②蒜山ICに戻る途中の「蒜山ラドン温泉・休暇村蒜山高原」でも可能。無休・11～15時+18時30分～21時・入浴料500円・MC 189 121 781*37・☎0867-66-2501。
問合先／真庭市蒜山振興局地域振興課☎0867-66-2511、蒜山観光協会☎0867-66-3220

蒜山・中蒜山登山口（塩釜冷泉）

ひるぜん・なかひるぜんとざんぐち（しおがまれいせん）
岡山県真庭市
標高510m MAP 103

登山口概要／中蒜山の南側、市道終点。日留（ひる）神社を経由する中蒜山や上蒜山などの起点。日本名水百選「塩釜冷泉」がある。
緯度経度／［35°18′01″］［133°40′49″］
マップコード／ 189 156 598*37
アクセス／米子道蒜山ICから国道482号、県道114、422号、市道経由で10.5km、約16分。県道に「塩釜冷泉」の案内標識あり。ここから700m。
駐車場／塩釜ロッジ（SHIOGAMA RESTRANT）奥に登山者用駐車場がある。100～200台・130×50m・草・区画なし。※手前の舗装区画の駐車場は、塩釜ロッジ（SHIOGAMA RESTRANT）利用者専用。ここに駐車したい場合は、ロッジに申し出ること。
駐車場混雑情報／登山者用駐車場は、かなりの台数を置けるが、GWやお盆休みは、満車になる。秋は混雑する程度だが、連休は満車になる。
トイレ／塩釜冷泉前に公衆トイレがある。トイレ入口は登山道入口の反対側。水洗（温水洗浄便座付き）。水道・TPあり。評価☆☆☆。
携帯電話／ドコモ3通話可・au3通話可・SB3通話可。
水道設備／トイレ前にあるが、登山靴を洗うのは禁止。八百屋横の川で洗える（ブラシあり）。
その他／塩釜冷泉、蒜山登山道案内板、蒜山登山を楽しんで頂くために看板、熊出没注意看板、お願い看板、八百屋、祠、塩釜ロッジ（SHIOGAMA RESTRANT）。
取材メモ／蒜山の新緑は5月上旬

MAP 102

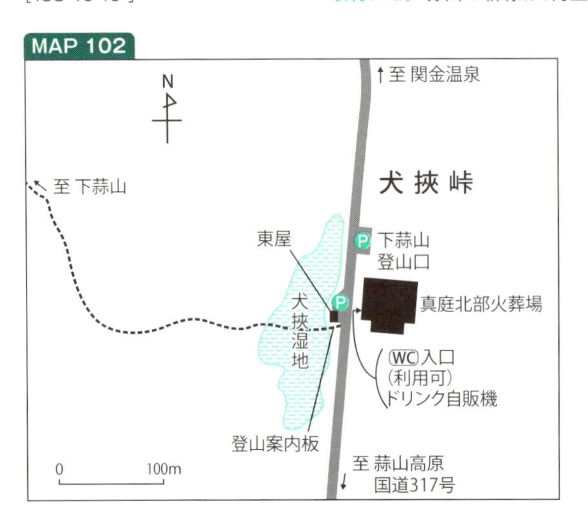

中蒜山／県道422号から市道へ

中蒜山／塩釜ロッジ

中蒜山／登山者用駐車場

中蒜山／登山道入口。塩釜冷泉とトイレ

中蒜山／蒜山登山道案内板

～下旬、紅葉は10月下旬～11月上旬が見ごろ。

立ち寄り湯／①蒜山ICに戻る途中の「蒜山ラドン温泉・休暇村蒜山高原」で可能。無休・11～15時+18時30分～21時・入浴料500円・MC 189 121 781*37・☎0867-66-2501。②県道422号を東進すると、蒜山公園スポーツ公園内に「蒜山やつか温泉・快湯館」もある。水曜休（祝日の場合は翌日）・10～22時・入浴料740円・MC 189 162 310*37・☎0867-66-2155。

問合先／真庭市蒜山振興局地域振興課☎0867-66-2511、蒜山観光協会☎0867-66-3220

広戸仙・声ヶ乢（こえがたわ）

→P223

広見山・林道広見線入口

ひろみやま・りんどうひろみせんいりぐち

島根県益田市

標高626m MAP 104

登山口概要／広見山の南側、国道488号沿い。林道広見線や半四郎山（はんしろうやま）を経由する広見山の起点。

緯度経度／[34°33′45″][132°05′05″]

マップコード／ 696 520 104*88

アクセス／中国道吉和ICから国道186、488号経由で20.5km、約45分。※国道488号は、島根県側で長らく通行止が続いており、匹見側からはアクセス不可。広島県側の吉和からしか行けないが、国道とも思えない、つづら折りの狭い道が続く。本項登山口のすぐ先（匹見側）に通行止看板が立っており、帰路は往路を引き返すことになる。林道三坂八郎線との交差点から10km、約30分。

駐車場／林道広見線入口の80m南西側路肩に駐車帯がある。2～3台・舗装・区画なし。

トイレ／吉和ICからアクセスする場合は、国道186号と488号の交差点付近に公衆トイレがある。センサーライト付き。水洗。水道・TPあり。評価☆☆☆。

携帯電話／ドコモ圏外・au圏外・SB圏外。

取材メモ／林道広見線奥にある広見山の登山道入口手前からハゲノ谷に入ると、その奥に益田市の天然記念物「広見の三本栃」がある。幹周8.8mとされる巨木だが、三本の幹のうちの一本は折れている。

立ち寄り湯／①吉和ICに戻る場合は、国道186号沿いの「潮原温泉（うしおばらおんせん）・松かわ」で可能だが、立ち寄り湯不可の日があったり営業時間が変動したりするので、あらかじめ公式サイトで確認のこと。月曜休（祝日の場合は

MAP 103

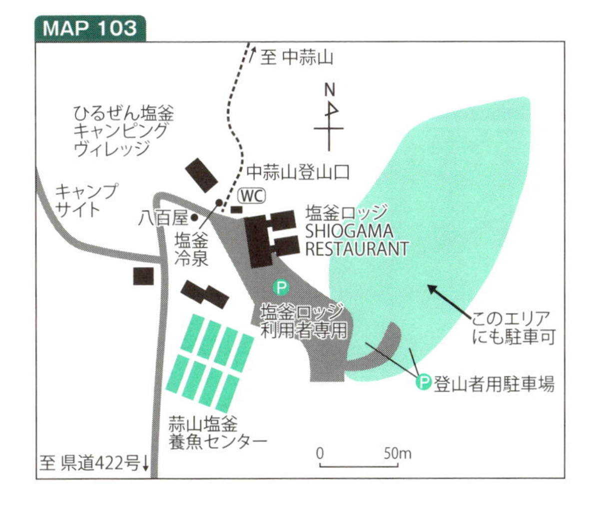

中蒜山／塩釜冷泉

広見山／登山口に続く国道488号

広見山／80m南西側路肩の駐車帯

広見山／「広見の三本栃」案内標識

広見山／林道広見線入口

営業）・時間不定・入浴料650円・MC 696 164 661*77・☎0829-77-2224。②その近くの「吉和魅惑の里」に「水神の湯」もある。木曜休・11～21時・入浴料600円・MC 696 133 747*88・☎0829-77-2110。③中国道吉和IC手前で県道296号に入ると「女鹿平温泉・クヴェーレ吉和」もある。月曜休（祝日の場合は営業）・10～21時・入浴料700円・MC 363 272 349*88・☎0829-77-2277。④一方、国道191号を益田市街地方面に向かうと「美都温泉・湯元館」がある。水曜休（祝日の場合は営業）・8～21時・入浴料500円・MC 520 363 157*82・☎0856-52-2100。⑤匹見総合支所近くの国道488号沿いに「匹見峡温泉・やすらぎの湯」があるが、現在休業中。

問合先／益田市匹見総合支所地域振興課☎0856-56-0300、匹見町観光協会☎0856-56-0310

富栄山登山口

ふえいざんとざんぐち
岡山県鏡野町
標高730m

登山口概要／富栄山の西側、舗装林道終点。ふぐるみ遊歩道を経由する富栄山や大空山（おおぞらやま）の起点。

緯度経度／[35°12′26″][133°48′05″]

マップコード／659 426 434*37

アクセス／米子道久世ICから国道181号、県道327、82、65号、町道、舗装林道経由で22km、約34分。

駐車場／登山道入口手前に駐車場がある。15～20台・38×22m・細砂利＋砂＋草・区画なし。また10m手前にも5台分の駐車スペースがある。さらに700m手前の、のとろ原キャンプ場駐車場も登山者の利用可だが、通常は本項登山口まで車で入る方が便利。

駐車場混雑情報／満車になることはない。

トイレ／のとろ原キャンプ場にあり、登山者の利用可だが、利用できるのはキャンプ場営業期間（7～8月は毎日。5、6、9月は土・日曜、祝日）のみ。タイミングにより早朝は使用できないことがある。バンガロー前のトイレ＝水洗。水道・TPあり。評価☆☆☆。※取材時、キャンプ場の舗装林道沿いにある新しいトイレは施錠されていた。

携帯電話／登山口＝ドコモ圏外・au圏外・SB圏外。のとろ原キャンプ場＝ドコモ3通話可・au圏外・SB3通話可。

その他／富栄山・大空山登山道ルート案内板。

立ち寄り湯／のとろ原キャンプ場の下に「のとろ温泉・天空の湯」

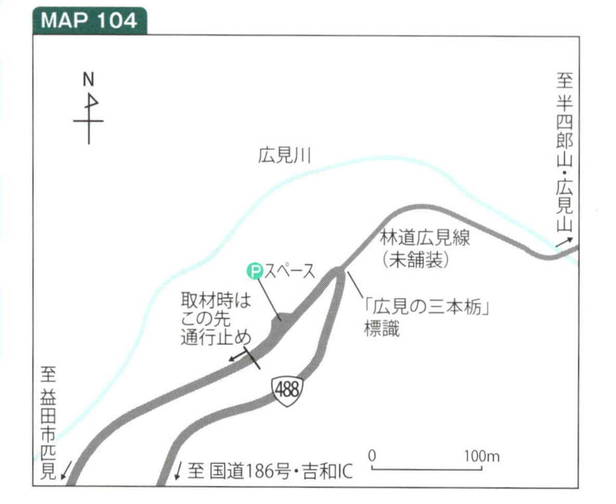

富栄山／登山道入口手前の駐車場

富栄山／登山道入口

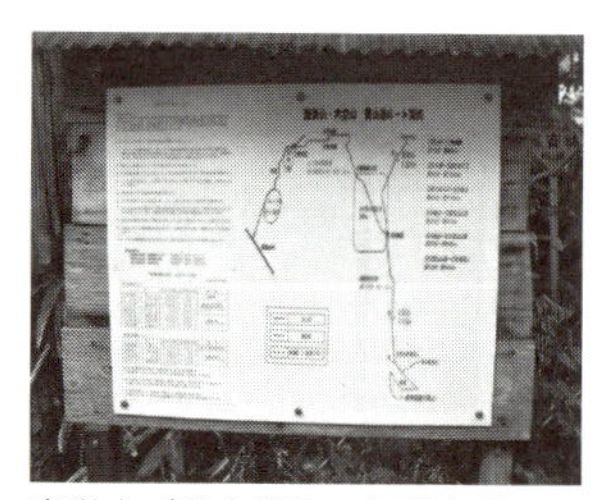
富栄山／登山道ルート案内板

富栄山／のとろ原キャンプ場のトイレ

富栄山／同トイレ内部

がある。月曜休（祝日の場合は翌日）・10～20時（12～3月は11～17時）・入浴料600円・MC 659 395 746*37・☎0867-57-2006。
問合先／鏡野町富振興センター☎0867-57-2111、鏡野町産業観光課商工観光係☎0868-54-2987

福田頭下山口（昇龍の滝入口）

ふくだがしらげざんぐち（しょうりゅうのたきいりぐち）
広島県庄原市
標高790m

登山口概要／福田頭（毛無山）の北西側、市道小峠線沿い。昇龍の滝を経由する福田頭の起点。
緯度経度／［35°01′11″］［133°02′07″］
マップコード／ 388 049 886*02
アクセス／中国道庄原ICから国道432、183、432号、県道58号、市道（2車線の広い道）経由で27.5km、約42分。または松江道高野ICから県道39号、国道432号、県道255号、市道（2車線の広い道）経由で20km、約32分。
駐車場／下山口に駐車スペースがある。約10台・28×18m・砂＋小石+草・区画なし。
携帯電話／ドコモ3通話可・au3通話可・SB2～0通話可。
その他／福田頭登山案内板。
立ち寄り湯／①県道58号に出て西進すると「比和温泉施設あけぼの荘」で可能。月曜休（祝日の場合は翌日）・11～21時・入浴料350円・MC 628 254 292*02・☎0824-85-2528。②高野ICの手前、県道39号沿いの庄原市高野保健福祉センター裏手に「たかの温泉・神之瀬の湯（かんのせのゆ）」もある。水曜休・10～21時・入浴料350円・MC 388 094 331*35・☎0824-86-2251。
問合先／庄原市比和支所地域振興室☎0824-85-3003

下山口／駐車スペース

下山口／福田頭登山案内板

福田頭・福田上集会所

ふくだがしら・ふくだかみしゅうかいじょ
広島県庄原市
標高510m

登山口概要／福田頭（毛無山）の南西側、市道沿い。一ノ滝～三ノ滝や大波峠を経由する福田頭の起点。
緯度経度／［34°59′43″］［133°01′14″］
マップコード／ 628 287 053*02
アクセス／中国道庄原ICから国道432、183、432号、県道58号、市道経由で23.5km、約35分。または松江道高野ICから県道39号、国道432号、県道58号、市道経由で21km、約32分。
駐車場／福田上集会所向かいに駐車場があり、登山者の利用可。4～5台・26×10m・舗装・区画なし。
駐車場混雑情報／満車の場合は、近くの比和総合運動公園駐車場（MC 628 257 751*02）を利用する。
携帯電話／ドコモ3通話可・au3通話可・SB3通話可。
その他／福田頭登山案内板、石碑。
立ち寄り湯／①県道58号に出て西進すると「比和温泉施設あけぼの荘」で可能。月曜休（祝日の場合は翌日）・11～21時・入浴料350円・MC 628 254 292*02・☎0824-85-2528。②高野ICの手前、県道39号沿いの庄原市高野保健福祉センター裏手に「たかの温泉・神之瀬の湯（かんのせのゆ）」もある。水曜休・10～21時・入浴料350円・MC 388 094 331*35・☎0824-86-2251。
問合先／庄原市比和支所地域振興室☎0824-85-3003

集会所／福田上集会所の駐車場

集会所／福田上集会所

福山・清音ふるさとふれあい広場

ふくやま・きよねふるさとふれあいひろば
岡山県総社市
標高44m

登山口概要／福山の北西側、市道

清音／ふれあい広場第1駐車場

終点。幸山コースなど、幸福の小径を経由する福山の起点。
緯度経度／[34°39′15″][133°45′18″]
マップコード／19 840 117*01
アクセス／山陽道倉敷ICから国道429号、県道270号、市道経由で7km、約11分。
駐車場／開園時間の9～21時のみ利用可。第1駐車場＝37台・70×27m・舗装・区画あり。第2駐車場＝50台・80×15m・舗装・区画あり。
トイレ／第1駐車場横にある、ふれあいセンターにある。水洗。水道・TPあり。評価☆☆☆～☆☆。ほか第2駐車場の先にもある。
携帯電話／ドコモ3通話可・au3通話可・SB3通話可。
ドリンク自販機／ふれあいセンターにある（PBも）。
その他／清音ふるさとふれあい広場案内板。
立ち寄り湯／国道429号に出て北上すると「吉備路温泉・国民宿舎サンロード吉備路」で可能。無休・11～21時（水曜は15時～。祝日の水曜は11時～。翌木曜が15時～）・入浴料610円・MC 275 002 024*01・☎0866-90-0550。
問合先／総社市観光プロジェクト課☎0866-92-8277、総社市清音（きよね）出張所☎0866-94-0111

福山・歴史広場

ふくやま・れきしひろば
岡山県総社市
標高78m MAP 105

登山口概要／福山の西側～南西側、県道469号沿い。直登コースや下の横道南コースなど、幸福の小径を経由する福山の起点。
緯度経度／[34°38′34″][133°45′11″]
マップコード／19 780 680*01
アクセス／山陽道倉敷ICから国道429号、県道469号経由で4.5km、約8分。
駐車場／歴史広場に駐車場があるが、入口に案内標識が何もないので注意。19台・40×20m・舗装・区画あり。また直登コース入口向かいの古墳群入口や市道の行き止まり終点にも計6～8台分の駐車スペースがある。
トイレ／直登コース入口に簡易トイレ1基。TPなし。評価☆☆。
携帯電話／ドコモ3通話可・au3通話可・SB3通話可。
その他／三因（みより）・峠古墳群解説板、幸福の小径案内板、福山を歩こう案内板、車上荒らし注意看板。
取材メモ／歴史広場には、峠古墳群の峠1～3号墳（市の史跡）があり、解説板も立っている。また総社市行政サイトから「きよねの里山・

清音／ふれあいセンター

清音／同センター内のトイレ

歴史／歴史広場駐車場

歴史／直登コース入口

歴史／峠古墳群

福山を歩こう」の地図パンフレットをダウンロードできる。
立ち寄り湯／国道429号に出て北上すると「吉備路温泉・国民宿舎サンロード吉備路」で可能。無休・11～21時（水曜は15時～。祝日の水曜は11時～。翌木曜が15時～）・入浴料610円・MC 275 002 024*01・☎0866-90-0550。
問合先／総社市観光プロジェクト課☎0866-92-8277、総社市清音（きよね）出張所☎0866-94-0111

二ヶ城山・蝦蟇ヶ峠

ふたつがじょうざん・がまがとうげ
広島県広島市東区
標高225m MAP 106

登山口概要／二ヶ城山の南西側、市道沿い。二ヶ城山や松笠山の起点。
緯度経度／［34°26′03″］［132°30′40″］
マップコード／ 22 346 649*80
アクセス／山陽道広島東ICから県道70号、市道経由で6km、約13分。県道から1.6km、約6分。蝦蟇ヶ峠に上がる温品側市道は、一部、スピードを落として通過せざるを得ないほど狭い場所もある上にヘアピンカーブもある。口田側はヘアピンカーブはないが、やはり狭いことに変わりない。
駐車場／蝦蟇ヶ峠に駐車場がある。計20～25台・40×6mなど2面・舗装・区画なし。
トイレ／北側の墓地入口にある。センサーライト付き。非水洗。水道なし（井戸の手押しポンプがあり、水は出た）。TPあり。評価☆☆。
携帯電話／ドコモ3通話可・au3通話可・SB3通話可。
その他／上温品北老人運動広場。
取材メモ／平日の朝は、口田から温品への出勤時の抜け道としての利用が多く、意外に交通量があり、逆ルートで峠を目指す場合、すれ違い時にバックを要したり、予想以上に時間をとられる可能性もある。
問合先／広島市東区役所地域起こし推進課☎082-568-7704

筆影山登山口

ふでかげやまとざんぐち
広島県三原市
標高225m

登山口概要／筆影山の山頂西側直下、市道の変則四差路。筆影山や葉田竜王山（はたりゅうおうざん）の起点。
緯度経度／［34°22′35″］［133°04′37″］
マップコード／ 154 744 706*87
アクセス／山陽道本郷ICから県道82、33号、国道2、185号、市道経由で20.5km、約32分。途中に

二ヶ城／蝦蟇ヶ峠の駐車場

二ヶ城／墓地入口のトイレ

二ヶ城／二ヶ城山登山道入口

筆影山／「筆影山・竜王山」案内看板

筆影山／四差路の駐車場とトイレ

MAP 106
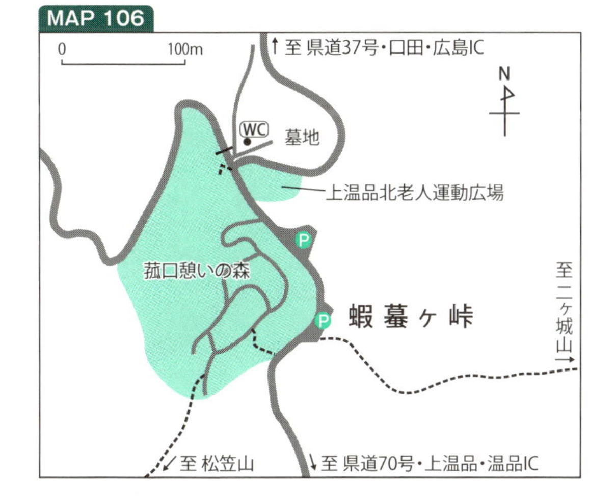

「筆影山・竜王山」の大きな案内看板がある。
駐車場／変則四差路に駐車場がある。3台・舗装・区画あり。
トイレ／駐車場にある。センサーライト付き。水洗。水道・TPあり。評価☆☆☆。
携帯電話／ドコモ3～2通話可・au2通話可・SB3～1通話可。
ドリンク自販機／トイレ前にある(PBも)。
その他／筆影山解説板。
問合先／三原市観光課☎0848-67-6014、三原市観光協会観光案内所☎0848-63-1481

船木山・後山キャンプ場

→P52 後山・後山キャンプ場

古垰山・間地トンネル南口

ふるたわやま・まじとんねるみなみぐち
鳥取県日野町
標高425m

登山口概要／古垰山の南西側、県道35号沿い。古垰山の起点。
緯度経度／[35°15′39″] [133°26′14″]
マップコード／252 007 833*36
アクセス／中国道新見ICから国道180、181号、県道35号経由で42km、約1時間3分。または米子道江府ICから国道181号、県道35号経由で11km、約17分。
駐車場／間地トンネル南口手前に斜めに上がる舗装林道入口の路肩に寄せれば駐車可。また舗装林道に100mほど入った左側路肩に駐車帯もある。舗装林道入口路肩＝3～4台・舗装・区画なし。100m先の駐車帯＝約2台・22×2m・舗装・区画なし。ほかに間地トンネル南口すぐ手前にも駐車スペースがある。
携帯電話／ドコモ2通話可・au圏外・SB2～1通話可。
立ち寄り湯／国道180号を南下して岡山県に入ると「新見千屋温泉・いぶきの里」がある。無休・10～21時・入浴料800円・MC 418 589 795*36・☎0867-77-2020。
問合先／日野町観光協会（日野町企画政策課）☎0859-72-0332

宝仏山・日野町役場

ほうぶつさん・ひのちょうやくば
鳥取県日野町
標高195m

登山口概要／宝仏山の北西側、町道沿い。宝仏山の起点。
緯度経度／[35°14′27″] [133°26′33″]
マップコード／ 418 863 462*36
アクセス／中国道新見ICから国道180、181号、町道経由で40km、約1時間。または米子道江府ICから国道181号、町道経由で9km、約14分。
駐車場／日野町役場前に駐車場があり、登山者の利用可とのこと。40台・50×40m・舗装・区画あり。
駐車場混雑情報／11月に開催される「いきいき日野ふれあい祭り」や「日野町民ミュージカル」の日は、満車になる。イベント日は利用を控えて欲しいとのこと。
トイレ／役場のトイレは、登山者の利用可。利用できるのは、開庁時間の8時30分～17時15分。また向かいのJR根雨駅(ねうえき)前にもある。水洗(温水洗浄便座付き)。水道・TPあり。評価☆☆☆。早朝の場合は、後者を利用。
携帯電話／ドコモ3通話可・au3通話可・SB3通話可。
公衆電話／向かいの根雨駅前にカード・コイン式公衆電話ボックスがある。
取材メモ／日野町役場から町道を430m南下して左に入ると日野町歴史民俗資料館があり、その脇に登山道入口がある。
立ち寄り湯／国道180号を南下して岡山県に入ると「新見千屋温泉・いぶきの里」がある。無休・10～21時・入浴料800円・MC 418 589 795*36・☎0867-77-2020。
問合先／日野町観光協会（日野町企画政策課）☎0859-72-0332

古垰山／路肩に寄せれば駐車可

古垰山／100m先の駐車帯

宝仏山／日野町役場

宝仏山／同役場前の駐車場

宝仏山／JR根雨駅前トイレ内部

星山・西登山口

ほしがせん（ほしやま）・にしとざんぐち
岡山県真庭市
標高665m

登山口概要／星山の南西側、森林基幹道作西2号線沿い。星山の起点。
緯度経度／[35°08′06″][133°40′13″]
マップコード／ 387 470 742*04
アクセス／米子道湯原ICから国道313号、県道201号、市道、森林基幹道作西2号線（舗装）経由で22.5km、約36分。東登山口（次項）の交差点から2km、約5分。
駐車場／登山道入口に駐車場がある。5台・舗装・区画あり。
トイレ／駐車場横に簡易トイレがある。TPあり。評価☆☆。
携帯電話／ドコモ3通話可・au3通話可・SB3通話可。
その他／星山・櫃ヶ山縦走ルートマップ。
取材メモ／取材時は、東登山口がある森林基幹道作西2号線入口に「通行止」看板が出ていたが、西登山口までは通行可だった。
立ち寄り湯／①東側の国道313号沿いに「真賀温泉館」がある。火曜休（祝日の場合は営業）・8～21時・入浴料150円・MC 387 506 093*04・☎0867-62-2953。②さらに1km北上すると「足温泉館」もある。無休・10～21時・入浴料600円・MC 387 506 675*04・☎0867-62-2966。
問合先／真庭市勝山振興局地域振興課☎0867-44-2607、勝山観光協会☎0867-44-2120

星山・東登山口（勝山美しい森ビジターセンター）

ほしがせん（ほしやま）・ひがしとざんぐち（かつやまうつくしいもりびじたーせんたー）
岡山県真庭市
標高612m MAP 107

登山口概要／星山の南東側、市道沿い。星山の起点。
緯度経度／[35°07′49″][133°41′12″]
マップコード／ 387 472 231*04
アクセス／米子道湯原ICから国道313号、県道201号、市道経由で20.5km、約33分。県道から7.5km、約13分。
駐車場／登山道入口付近に駐車場がある。20～25台・52×22m・草+土+小石・区画なし。※ビジターセンター横の駐車場は宿泊者専用につき登山者の利用禁止。
トイレ／駐車場に簡易トイレある。TPあり。評価☆☆。またビジターセンター奥にも簡易トイレがある。TPあり。評価☆☆。

MAP 107

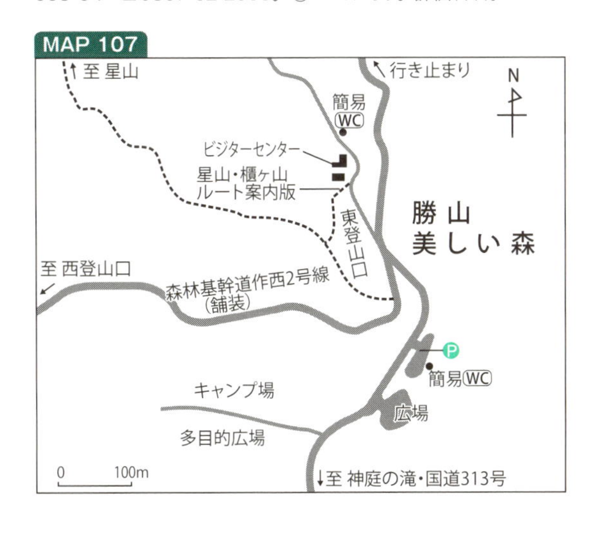

西／森林基幹道作西2号線

西／駐車場とトイレ

西／登山道入口

東／登山口に続く市道

東／勝山美しい森の駐車場

携帯電話／ドコモ2通話可・au圏外・SB圏外。
その他／勝山美しい森ビジターセンター（宿泊施設・管理棟。☎0867-44-5454）、勝山美しい森案内板、パンフレット頒布箱、星山・櫃ヶ山縦走ルートマップ。
立ち寄り湯／①東側の国道313号沿いに「真賀温泉館」がある。火曜休（祝日の場合は営業）・8～21時・入浴料150円・MC 387 506 093*04・☎0867-62-2953。②さらに1km北上すると「足温泉館」がある。無休・10～21時・入浴料600円・MC 387 506 675*04・☎0867-62-2966。
問合先／真庭市勝山振興局地域振興課☎0867-44-2607、勝山観光協会☎0867-44-2120

法華山
→P217 羅漢山・羅漢山青少年旅行村前

本宮高倉山・
牟佐スポーツ広場
→P223

東／同駐車場の簡易トイレ

東／勝山美しい森ビジターセンター

東／同センター前の登山道入口

東／星山・櫃ヶ山縦走路ルートマップ

東／森林基幹道作西2号線の登山道入口

ま

窓ヶ山・憩の森（林道平治線終点）

まどがやま・いこいのもり（りんどうへいじせんしゅうてん）
広島県広島市安佐南区
標高483m（第1駐車場）
標高460m（第2駐車場）
MAP 108

登山口概要／窓ヶ山の東側、林道平治線終点。中央登山道などを経由する窓ヶ山や向山（むかいやま）の最短起点。中国自然歩道の起点。
緯度経度／［34°26′30″］［132°20′43″］（第1駐車場）［34°26′31″］［132°20′51″］（第2駐車場）
マップコード／ 363 086 562*88（第1駐車場）
363 087 570*88（第2駐車場）
アクセス／広島道西風新都ICから市道、県道71号、林道平治線（舗装）経由で6.5km、約15分。県道から1.9km、約7分。
駐車場／林道終点に第1駐車場、手前に第2駐車場がある。第1駐車場＝約7台・砂＋草・区画なし。第2駐車場＝8～10台・28×10m・砂＋草・区画なし。また両駐車場の間にも左右それぞれ2台分の駐車スペースがある。
駐車場混雑情報／取材した2019年7月16日は、海の日3連休明けの平日（火曜）にも関わらず、快晴の天気もあってか、到着した正午過ぎの時点で第1駐車場は、満車だった。一方、第2駐車場は1台だけだった。
トイレ／第1駐車場にある。非水洗。水道なし。TPあり。評価☆☆～☆。
携帯電話／第1駐車場＝ドコモ圏外・au3通話可・SB3通話可。第2駐車場＝ドコモ2～0通話可・au3通話可・SB3通話可。
水場／駐車場から上がったところに水場がある。
その他／第1駐車場＝中国自然歩道案内板、憩の森・窓が山案内板、東屋。第2駐車場＝テーブル・ベンチ。
問合先／広島市安佐南区地域起こし推進課☎082-831-4926

窓ヶ山・魚切登山口

まどがやま・うおきりとざんぐち
広島県広島市佐伯区
標高155m **MAP 109**

登山口概要／窓ヶ山の南東側、市道沿い。窓ヶ山や向山（むかいやま）の起点。

憩の森／手前の第2駐車場

憩の森／林道終点の第1駐車場

憩の森／同駐車場のトイレ

魚切／手前右折すぐの駐車スペース

魚切／車止め手前左側路肩

緯度経度／[34°25′35″][132°20′40″]（運動広場手前の駐車スペース）
マップコード／363 026 709*88（運動広場手前の駐車スペース）
アクセス／山陽道五日市ICから県道71、290、41号、市道経由で10.5km、約16分。
駐車場／広島市上河内（かみこうち）運動広場の300m手前で右折してすぐの路肩に駐車スペースがある。8～10台・38×7m・舗装・区画なし。また市道終点の車止め手前左側路肩にも2台程度は置ける。ここの駐車可否について付近の住民に確認したかったが、住民を見かけず不明。ただし駐車禁止看板等はない。
携帯電話／運動広場手前の駐車スペース＝ドコモ3通話可・au3通話可・SB2通話可。市道終点の車止め手前＝ドコモ2～0通話可・au3通話可・SB1～0だが通話可。
その他／窓ヶ山登山案内板、窓ヶ山の案内。
立ち寄り湯／五日市方面に向けて県道41号を南下すると、美鈴が丘入口付近に「五日市天然温泉ゆらゆら」がある。無休・7時～深夜1時・入浴料700円・MC 103 839 258*88・☎082-929-2226。
問合先／広島市佐伯区地域起こし推進課☎082-943-9705

真名ヶ岳(まながたけ)

→P30 秋吉台・秋吉台エコミュージアム
→P33 秋吉台・長者ヶ森駐車場

丸子頭(まるこがしら)

→P52 内黒山・内黒峠
→P120 十方山・二軒小屋駐車場

右田ヶ岳・勝坂登山口

みぎたがだけ・かつさかとざんぐち
山口県防府市
標高51m MAP 110

登山口概要／右田ヶ岳の南西側、国道262号沿い。勝坂尾根コースを経由する右田ヶ岳の起点。
緯度経度／[34°04′52″][131°33′02″]
マップコード／93 291 310*16
アクセス／山陽道防府東ICから国道2、262号経由で2km、約3分。国道262号は4車線道路で、登山者用駐車場は進行方向反対側にある。また山口県西部や北九州方面からアクセスする場合は、防府西ICで降りる。
駐車場／国道262号と市道との交差点に登山者用駐車場があるが、見落としそうなほど小さい。「右田ヶ岳登山者用P」の表示はあるが国道側からは見えない。3～4台・舗装・区画なし。
駐車場混雑情報／駐車可能台数

魚切／窓ヶ山登山案内板

魚切／窓ヶ山の案内

魚切／車止め

勝坂／登山者用駐車場

勝坂／同駐車場の標識

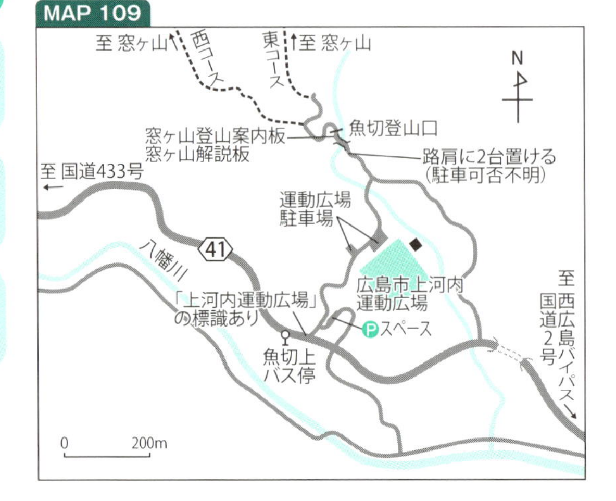

が少ないため、GWや紅葉シーズンの休日は満車になる。
携帯電話／ドコモ3通話可・au3通話可・SB3通話可。
その他／勝坂砲台跡解説板、萩往還解説板。
取材メモ／登山道入口は、駐車場から50mほど北側にある。写真の白い手すり付きの坂道がそれ。登山道を示す標識はない。
立ち寄り湯／①防府駅方面に向かい、さらに県道185号を南下すると「桑の山温泉」がある。毎月1日と15日休・14～22時・入浴料420円・MC 93 143 426*12・☎0835-22-6530。②また防府駅の東3.4kmほどの場所に「江泊温泉・和の湯(やわらぎのゆ)」もある。月1回メンテナンス休・11～24時(日曜・祝日は10時～)・入浴料720円・MC 93 177 415*84・☎0835-23-4126。
問合先／防府市おもてなし観光課 ☎0835-25-4547

右田ヶ岳・塚原登山口

みぎたがだけ・つかはらとざんぐち
山口県防府市
標高16m

登山口概要／右田ヶ岳の南東側、市道沿い。塚原コースや塔之岡(とうのおか)コース等を経由する右田ヶ岳の起点。
緯度経度／[34°04′38″] [131°33′56″]
マップコード／ 93 263 784*16
アクセス／山陽道防府東ICから国道2、262号、市道経由で2.5km、約4分。山口県西部や北九州方面からアクセスする場合は、防府西ICで降りる。
駐車場／塚原登山口の南側に登山者臨時駐車場がある。「月の桂の庭」と書かれた大きな案内看板が目印。約25台・30×20m・砂＋草・区画なし。
駐車場混雑情報／GWや紅葉シーズンの休日は混雑する。
携帯電話／ドコモ3通話可・au3通話可・SB3通話可。
その他／右田ヶ岳登山口案内板。
取材メモ／駐車場から塚原コース入口まで約400m、徒歩約6分。
立ち寄り湯／①防府駅方面に向かい、さらに県道185号を南下すると「桑の山温泉」がある。毎月1日と15日休・14～22時・入浴料420円・MC 93 143 426*12・☎0835-22-6530。②また防府駅の東3.4kmほどの場所に「江泊温泉・和の湯(やわらぎのゆ)」もある。月1回メンテナンス休・11～24時(日曜・祝日は10時～)・入浴料720円・MC 93 177 415*84・☎0835-23-4126。
問合先／防府市おもてなし観光課 ☎0835-25-4547

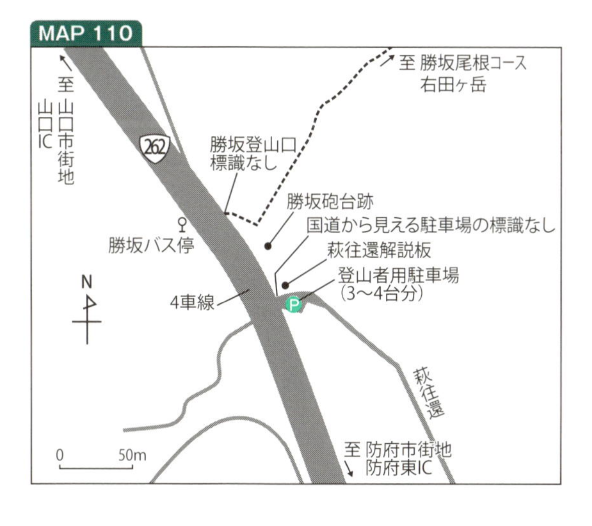

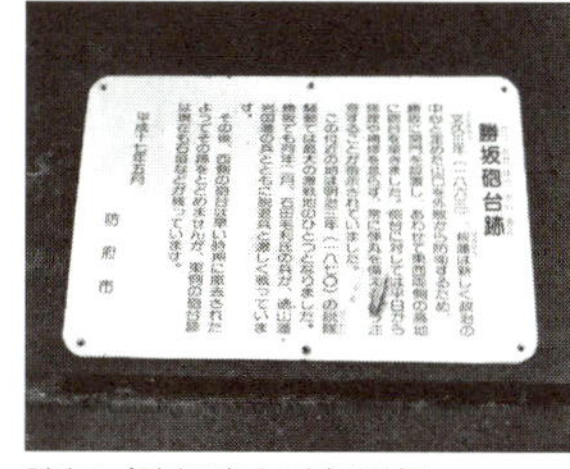

勝坂／勝坂砲台跡解説板

勝坂／登山道入口

塚原／登山者臨時駐車場

塚原／同駐車場の標識

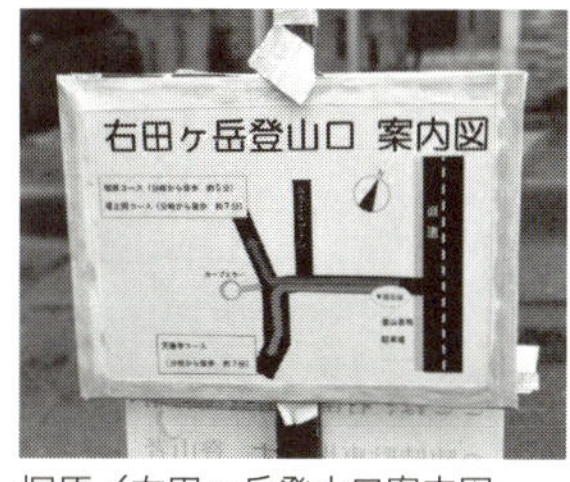

塚原／右田ヶ岳登山口案内図

右田ヶ岳・防府市立右田小学校駐車場

みぎたがだけ・ほうふしりつみぎたしょうがっこうちゅうしゃじょう
山口県防府市
標高16m MAP 111

登山口概要／右田ヶ岳の南東側、市道沿い。石船山や天徳寺（てんとくじ）コースを経由する右田ヶ岳の起点。
緯度経度／[34°04′35″][131°33′43″]
マップコード／93 262 711*16
アクセス／山陽道防府東ICから国道2、262号、市道経由で2km、約3分。山口県西部や北九州方面からアクセスする場合は、防府西ICで降りる。
駐車場／防府市立右田小学校駐車場は、手前の駐車場のみ登山者の利用可とのこと。約20台・56×20m・砂利・区画あり。※奥の駐車場は利用不可。
駐車場混雑情報／GWや紅葉シーズンの休日は混雑する。
携帯電話／ドコモ3通話可・au3通話可・SB3通話可。
その他／右田ヶ岳城跡解説板。
立ち寄り湯／①防府駅方面に向かい、さらに県道185号を南下すると「桑の山温泉」がある。毎月1日と15日休・14～22時・入浴料420円・MC 93 143 426*12・☎0835-22-6530。②また防府駅の東3.4kmほどの場所に「江泊温泉・和の湯（やわらぎのゆ）」もある。月1回メンテナンス休・11～24時（日曜・祝日は10時～）・入浴料720円・MC 93 177 415*84・☎0835-23-4126。
問合先／防府市おもてなし観光課☎0835-25-4547

右谷山

→P122 寂地山・寂地峡入口

三国平・峰越峠

みくにだいら・みねこしとうげ（みそぎとうげ）
兵庫県宍粟市／岡山県西粟倉村
標高1018m MAP 112

登山口概要／三国平の南側、村道から未舗装林道に少し入ったところ。兵庫県との県境上にある。江浪峠（えなみとうげ）を経由する三国平の起点。長義山（なぎさん）の起点。
緯度経度／[35°13′44″][134°23′51″]
マップコード／304 813 060*13
アクセス／鳥取道西粟倉ICから国道373号、村道、未舗装林道（路面評価★★★。水たまりあり）経由で12km、約20分。
駐車場／峰越峠から林道に入ったところに登山道入口と駐車スペー

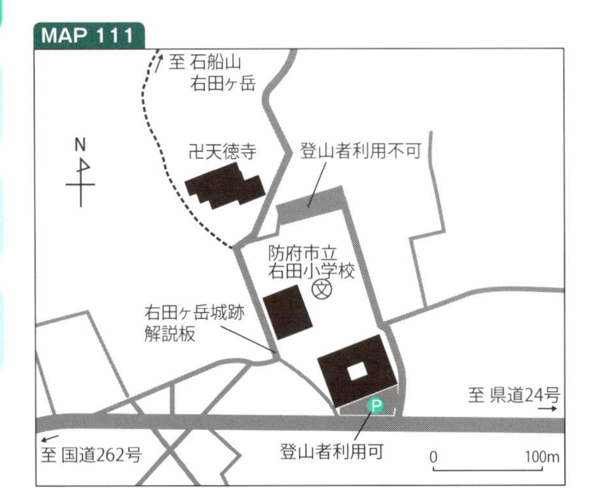

小学校／右田小学校の手前駐車場

小学校／右田ヶ岳城跡解説板

小学校／登山道案内看板

峰越峠／駐車スペース

峰越峠／兵庫県側県道駐車スペース

スがある。約5台・草地＋砂利・区画なし。また峠の岡山県側と兵庫県側にも広い駐車スペースがある。
携帯電話／ドコモ圏外・au圏外・SB圏外。
その他／登山者の皆様へ看板、有害鳥獣駆除期間のため目立つ服装にしましょう看板。
立ち寄り湯／あわくら温泉駅手前で右折して市道を西進すると「湯〜とぴあ黄金泉」とその先の「あわくら温泉元湯」で立ち寄り湯ができる。①「湯〜とぴあ黄金泉」＝火曜休（祝日の場合は翌日）・11〜21時・入浴料700円・MC 390 384 409*13・☎0868-79-2334。②「あわくら温泉元湯」＝水曜休・15〜22時・入浴料500円・MC 390 384 305*13・☎0868-79-2129。
問合先／西粟倉村産業観光課0868-79-2111、しそう森林王国観光協会☎0790-64-0077、宍粟市千種市民局地域振興課地域振興係☎0790-76-2210

三国山・三室林道入口

みくにやま・みむろりんどういりぐち
岡山県新見市
標高693m

登山口概要／三国山の東側、県道109号沿い。三室林道を経由する三国山の起点。※三室林道は、入口から150m先で鍵がかけられたチェーンゲートが設けられ、進入不可だった。
緯度経度／[35°03′35″][133°17′51″]
マップコード／ 418 186 690*03
アクセス／中国道新見ICから国道180、182号、県道8、12、109号経由で24km、約36分。
駐車場／三室林道の入口路肩に寄せれば駐車可。約2台・舗装＋小石＋砂＋落ち葉・区画なし。
携帯電話／ドコモ1だが通話可・au圏外・SB圏外。
取材メモ／三室林道入口には「新郷三国山→」の道標が立っている。林道入口から登山道入口まで1.8km。
立ち寄り湯／県道409号と11号で高瀬湖畔に行くと「神郷温泉」がある。水曜休（祝日の場合は営業）・11〜21時・入浴料620円・MC 418 281 231*03・☎0867-93-5106。
問合先／新見市神郷支局地域振興課☎0867-92-6111

三倉岳・Aコース登山口

みくらだけ・えーこーすとざんぐち
広島県大竹市
標高177m MAP 113

登山口概要／三倉岳の南東側、舗

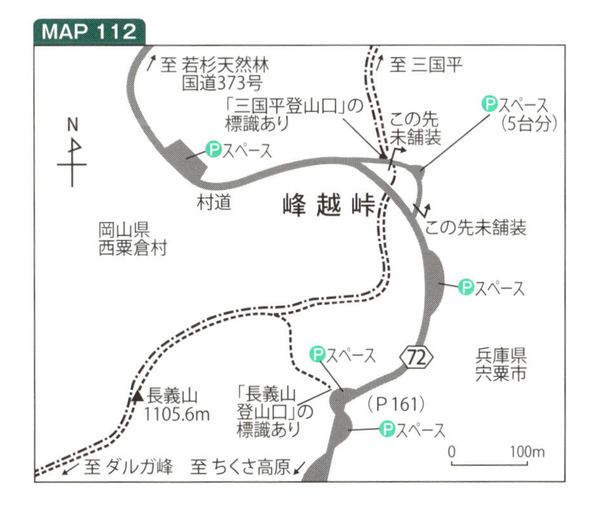

峰越峠／三国平登山道入口

峰越峠／長義山登山道入口

峰越峠／湯〜とぴあ黄金泉

三室／林道入口路肩に寄せれば駐車可

三室／150m先のチェーンゲート

装道路沿い。Aコースを経由する三倉岳や瓦小屋山（かわらごややま）の起点。
緯度経度／［34°18′14″］［132°09′31″］
マップコード／ 103 484 070*85
アクセス／山陽道大竹ICから国道2、186号、県道289号、舗装道路経由で19.5km、約30分。
駐車場／Aコース入口に駐車スペースがある。約3台・18×5m・舗装・区画なし。
トイレ／奥の三倉平駐車場にあるが、2019年から改築工事に入る予定。現在のトイレ＝水洗。水道あり。TPなし。評価☆☆。また三倉岳休憩所に上がる道路沿いには新しいトイレがある。水洗。水道・TPあり。評価☆☆☆。
携帯電話／ドコモ2～1通話可・au3通話可・SB3～2通話可。
その他／三倉岳登山道Aコース案内板、三倉岳県立自然公園登山コース見取図。
取材メモ／夕陽岳と中岳の間のルートは、現在、通行止。三倉岳の紅葉は10月中旬～11月初旬が見ごろ。
問合先／大竹市産業振興課商工振興係☎0827-59-2131、三倉岳県立自然公園協議会（三倉岳休憩所）☎0827–56–0660、大竹観光協会☎0827–52–3105

三倉岳・三倉平駐車場

みくらだけ・
みくらだいらちゅうしゃじょう
広島県大竹市
標高212m MAP 113

登山口概要／三倉岳の南東側、舗装道路沿い。Aコース、Bコースを経由する三倉岳や瓦小屋山（かわらごややま）の起点。通常は、三倉岳休憩所の広場（次項）に置く方が便利。
緯度経度／［34°18′30″］［132°09′33″］
マップコード／ 103 484 552*85
アクセス／山陽道大竹ICから国道2、186号、県道289号、舗装道路経由で20km、約32分。
駐車場／ 66台・104×18m・舗装・区画あり。
駐車場混雑情報／三倉岳の山開き行事である「安全登山祭」が開催される4月第3日曜には、満車になり、臨時駐車場からシャトルバスが運行される。また紅葉シーズンも満車になる。
トイレ／駐車場にあるが、2019年から改築工事に入る予定。現在のトイレ＝水洗。水道あり。TPなし。評価☆☆。また三倉岳休憩所に上がる道路沿いには新しいトイレがある。水洗。水道・TPあり。評価☆☆☆。
携帯電話／ドコモ2～1通話可・

Aコース／駐車スペース

Aコース／登山道入口

三倉平／駐車場の標識

三倉平／三倉平駐車場

休憩所／道路沿いのトイレ

MAP 113

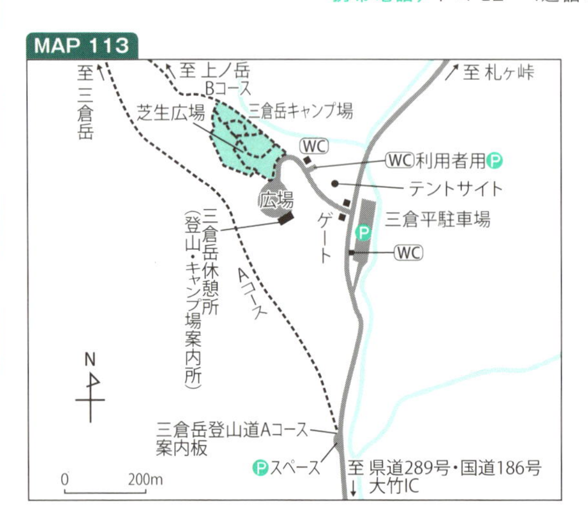

au3通話可・SB3～2通話可。
取材メモ／夕陽岳と中岳の間のルートは、現在、通行止。三倉岳の紅葉は10月中旬～11月初旬が見ごろ。
問合先／大竹市産業振興課商工振興係☎0827-59-2131、三倉岳県立自然公園協議会（三倉岳休憩所）☎0827-56-0660、大竹観光協会☎0827-52-3105

三倉岳・三倉岳休憩所（三倉岳キャンプ場）

みくらだけ・みくらだけきゅうけいしょ（みくらだけきゃんぷじょう）
広島県大竹市
標高252m MAP 113

登山口概要／三倉岳の南東側、舗装道路終点。Aコース、Bコースを経由する三倉岳や瓦小屋山（かわらごややま）の起点。
緯度経度／[34°18′33″][132°09′25″]
マップコード／103 484 634*85
アクセス／山陽道大竹ICから国道2、186号、県道289号、舗装道路経由で20.5km、約32分。
駐車場／三倉岳休憩所前に広場があり、登山者の駐車可だが、利用可能な日と時間は以下の通り。1～2月は月・水・金曜休・10～16時。7～8月は水曜休・9～18時。それ以外の月は水曜休・9～17時。約70台・70×50m・砂・区画なし。休みの日と上記時間外は、手前のゲートで閉鎖される。早立ちしたい場合は、三倉平駐車場（前項）を利用。
駐車場混雑情報／三倉岳の山開き行事である「安全登山祭」が開催される4月第3日曜には満車になり、臨時駐車場からシャトルバスが運行される。また紅葉シーズンも満車になる。
トイレ／手前の道路沿いにある。水洗。水道・TPあり。評価☆☆☆。※広場からキャンプ場に続く道の入口に「トイレ→」の表示があるが、かつてあったキャンプ場のトイレは取り壊されて現在はない。
三倉岳休憩所／登山・キャンプ場の案内所。喫茶あり。水曜休（祝日の場合も休み。1～2月は月・水・金曜休）・☎0827-56-0660。
携帯電話／ドコモ2～0通話可・au3通話可・SB2通話可。
公衆電話／三倉岳休憩所前にカード・コイン式公衆電話がある。
登山届入れ／三倉岳休憩所前にある。
その他／携帯電話について説明板、三倉岳県立自然公園登山コース見取図、入山届けのお願い、キャンプ場案内板。
取材メモ／夕陽岳と中岳の間のルートは、現在、通行止。三倉岳の紅葉は10月中旬～11月初旬が見ごろ。
問合先／大竹市産業振興課商工振興係☎0827-59-2131、三倉岳県立自然公園協議会（三倉岳休憩所）☎0827-56-0660、大竹観光協会☎0827-52-3105

操山・操山公園里山センター

みさおやま・みさおやまこうえんさとやませんたー
岡山県岡山市中区
標高26m MAP 114

登山口概要／操山の北東側、市道終点。明禅寺跡を経由する操山の起点。
緯度経度／[34°39′46″][133°57′43″]
マップコード／19 895 142*07
アクセス／山陽道岡山ICから国道53、180号、県道402号、市道経由で10.5km、約17分。または山陽道山陽ICから県道37、96、81号、国道250号、市道経由で15km、約23分。
駐車場／里山センターに駐車場があるが、利用できるのは里山センター開館日の開館時間のみ。それ以外は施錠される。16台・30×15m・舗装・区画消えかけ。
駐車場混雑情報／里山センターのイベント時、GWと秋の紅葉シーズン休日は満車になり、付近の道路路肩に車が並ぶこともある。
操山公園里山センター／操山の自然について学べる施設。火曜休（祝

休憩所／同トイレ内部

休憩所／三倉岳休憩所前の広場

休憩所／三倉岳休憩所

休憩所／同休憩所内部

休憩所／キャンプ場（Bコース登山道）入口

日の場合は翌日）・8時30分～17時・☎086-270-3308。
トイレ／里山センターの向かいにある。水洗。水道・TPあり。評価☆☆☆。
携帯電話／ドコモ3通話可・au3通話可・SB3通話可。
ドリンク自販機／里山センター内にある(PBも)。
水道設備／里山センター前にある。
その他／操山案内板、里山センター周辺でこんな野鳥が見られるよ看板、操山公園里山センター案内板。
立ち寄り湯／山陽IC近くの県道27号沿いに「岡山桃太郎温泉」がある。無休・10～22時・入浴料972円・MC 275 208 857*01・☎086-229-3900。
問合先／操山公園里山センター☎086-270-3308

三角山・用瀬町総合支所

みすみやま・
もちがせちょうそうごうししょ
鳥取県鳥取市
標高82m

登山口概要／三角山の西側、町道沿い。三角山神社女人堂を経由する三角山の起点。
緯度経度／[35°20′34″][134°12′25″]
マップコード／ 125 010 664*46
アクセス／鳥取道用瀬ICから県道49号、国道53号、町道経由で2.5km、約5分。
駐車場／用瀬町総合支所の駐車場は、登山者の利用可とのこと。約80台・76×22m・舗装・区画あり。
駐車場混雑情報／満車になることはない。
トイレ／用瀬町総合支所内にある。開庁時間内（平日8時30分～17時15分。土・日曜日も警備員にお願いすれば使える）であれば、登山者の利用可。
携帯電話／ドコモ3通話可・au3通話可・SB3通話可。
問合先／鳥取市用瀬町総合支所地域振興課☎0858-87-2111

弥山(みせん)

→P47 出雲北山・神門通り交通広場
→P48 出雲北山・みせん広場駐車場
→P138 大山・大山第1～第5駐車場(博労座)
→P139 大山・南光河原駐車場(大山寺橋)
→P204 宮島　弥山・宮島口～宮島桟橋
→P205 宮島　弥山・宮島ロープウェー紅葉谷駅

操山／里山センター駐車場

操山／操山公園里山センター

操山／同センター向かいのトイレ

三角山／用瀬町総合支所駐車場

三角山／用瀬町総合支所

MAP 114

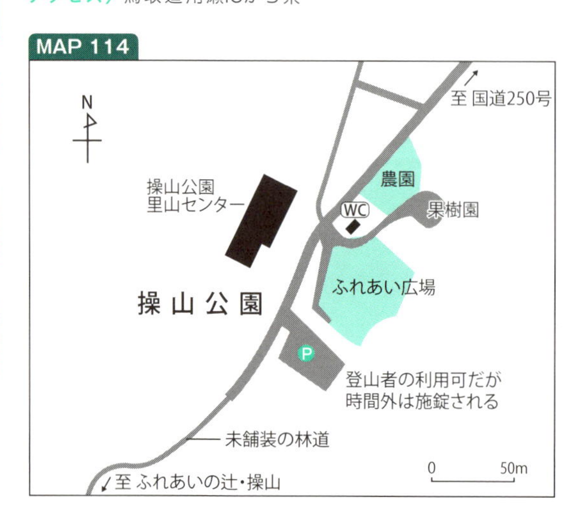

三子山登山口

みつごやまとざんぐち
島根県益田市
標高357m

登山口概要／三子山の南東側、市道沿い。三子山の北峰や中央峰、南峰の起点。

緯度経度／[34°32′29″][131°55′14″]

マップコード／513 440 532*11

アクセス／山陰道（浜田・三隅道路）石見三隅ICから国道9、488号、市道経由で53km、約1時間20分。国道から8km、約13分。

駐車場／登山道入口のすぐ先左側路肩に駐車スペースがある。約3台・36×2m・舗装・区画なし。

携帯電話／ドコモ圏外・au圏外・SB圏外。

取材メモ／登山道入口には「三子山登山口」の標識が立っており、橋を渡って民家の横を通り、登山道に取り付く。

立ち寄り湯／匹見総合支所近くの国道488号沿いに「匹見峡温泉・やすらぎの湯」があるが、現在休業中。

問合先／益田市匹見総合支所地域振興課☎0856-56-0300、匹見町観光協会☎0856-56-0310

三徳山投入堂・三徳山駐車場

みとくさんなげいれどう・みとくさんちゅうしゃじょう
鳥取県三朝町
標高270m MAP 115

登山口概要／三徳山（森林浴の森100選）の北側、県道21号沿い。三佛寺（さんぶつじ）を経由する三徳山投入堂の起点。

緯度経度／[35°24′03″][133°57′31″]

マップコード／345 220 640*45

アクセス／米子道湯原ICから国道313、482、179号、県道235、21号経由で44.5km、約1時間7分。

駐車場／三徳山駐車場がある。約20台・30×25m・舗装・区画なし。ほかにも広い駐車場がある。

駐車場混雑情報／GWやお盆休みは、混雑する。取材した2019年6月22日は、土曜ということもあってか、到着した9時半の時点で、三徳山駐車場は、ほぼ満車で、入口付近の路肩にも車が並んでいた。

トイレ／三徳山駐車場にある。水洗。水道・TPあり。評価☆☆☆～☆☆。

三徳山投入堂／冬期は閉山・8～17時・志納金（入山料）本堂まで400円、投入堂まで800円・三徳山本坊三佛寺☎0858-43-2666。※開山・閉山時期は、積雪・融雪

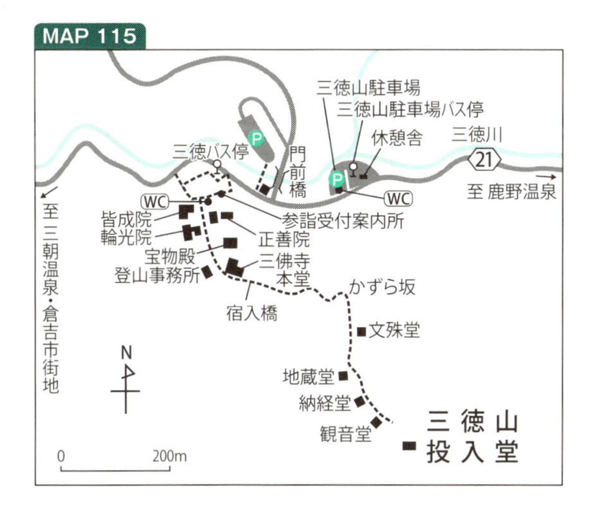

三子山／左側路肩の駐車スペース

三子山／登山道入口

三徳山／三徳山駐車場

三徳山／同駐車場のトイレ

三徳山／同トイレ内部

次第だが、開山式は毎年4月1日に行われる。ただ、近年は融雪が早く、開山式前に入山が認められることもある。2019年は3月20日から入山可だったそうだ。一方、おおよそ12月に入ると閉山となることが多い。なお入山は、小学生以上で2人以上。服装と靴のチェックがあり、許可が下りない場合は有料のわらじに履き替える必要あり。
携帯電話／ドコモ3通話可・au3通話可・SB3通話可。
公衆電話／三徳山駐車場のトイレ前にカード・コイン式公衆電話ボックスがある。
ドリンク自販機／三徳山駐車場の休憩舎内にある(PBも)。
その他／三徳山休憩舎、三徳山案内板、三徳山駐車場バス停、三徳バス停(日ノ丸バス)。
取材メモ／修験道の開祖・役小角(えんのおづぬ　)が断崖に投げ入れたという言い伝えから「投入堂」と呼ばれる。一般人が投入堂まで行くことはできず、近くから望むことしかできない。それでも登山道は非常に険しく、「日本一危険な国宝」とさえいわれ、死亡事故も発生している。三徳山の紅葉は、10月中旬～11月下旬が見ごろ。
立ち寄り湯／三朝温泉の各宿で可能。例えば「もみの木の宿・明治荘」＝15時30分～21時・入浴料500円・MC 345 242 679*45・☎0858-43-0234。
問合先／三徳山本坊三佛寺☎0858-43-2666、三朝町観光交流課☎0858-43-3514、三朝温泉観光協会☎0858-43-0431

皆ヶ山・蒜山高原キャンプ場

みながせん・ひるぜんこうげんきゃんぷじょう
岡山県真庭市
標高587m　MAP 116

登山口概要／皆ヶ山の南側、市道終点。二俣山を経由する皆ヶ山の起点。
緯度経度／［35°18′31″］［133°37′28″］
マップコード／ 189 180 577*37
アクセス／米子道蒜山ICから国道482号、県道114号、市道経由で5.5km、約10分。
駐車場／蒜山高原キャンプ場に駐車場がある。30台・32×28m・舗装＋緑化ブロック・区画あり。
トイレ／駐車場から奥に少し入ったところに2ヶ所ある。どちらもセンサーライト付き。水洗。水道・TPあり。評価☆☆☆。
携帯電話／ドコモ3通話可・au3通話可・SB3通話可。
ドリンク自販機／キャンプセンター前にある(PBも)。
水道設備／炊事棟にある。

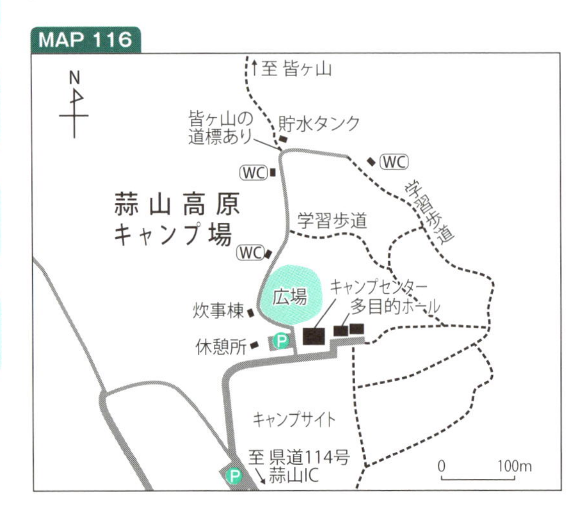

三徳山／三徳山休憩舎

三徳山／参詣受付案内所入口

皆ヶ山／蒜山高原キャンプ場駐車場

皆ヶ山／キャンプセンター

皆ヶ山／駐車場奥のトイレ

その他／駐車場周辺＝キャンプセンター、休憩所、蒜山高原キャンプ場総合案内板。登山道入口＝皆ヶ山解説板、熊出没注意看板。
立ち寄り湯／近くの「蒜山ラドン温泉・休暇村蒜山高原」で可能。無休・11～15時＋18時30分～21時・入浴料500円・MC 189 121 781*37・☎0867-66-2501。
問合先／真庭市蒜山振興局地域振興課☎0867-66-2511、蒜山観光協会☎0867-66-3220

三平山・穴ヶ乢入口

みひらやま・あながたわいりぐち
岡山県真庭市
標高737m

登山口概要／三平山の南東側、林道川上2号線沿い。穴ヶ乢を経由する三平山の起点。
緯度経度／［35°16′09″］［133°34′21″］
マップコード／ 252 054 810*37
アクセス／米子道蒜山ICから国道482号、市道、林道川上2号線（舗装）経由で8.5km、約14分。林道川上2号線の入口に「三平山登山口」の案内標識あり。
駐車場／登山道入口の路肩に駐車スペースがある。8～10台・56×4m・舗装・区画なし。
トイレ／ 1.5km北側にある次項の登山道入口付近にある。簡易水洗。水道・TPあり。評価☆☆。
携帯電話／ドコモ3通話可・au3通話可・SB3通話可。
取材メモ／登山道入口には「穴ヶ乢入口」と書かれた標柱が立っている。
立ち寄り湯／蒜山高原に行くと「蒜山ラドン温泉・休暇村蒜山高原」で可能。無休・11～15時＋18時30分～21・入浴料500円・MC 189 121 781*37・☎0867-66-2501。
問合先／真庭市蒜山振興局地域振興課☎0867-66-2511、蒜山観光協会☎0867-66-3220

三平山・林道川上2号線

みひらやま・りんどうかわかみにごうせん
岡山県真庭市
標高715m MAP 117

登山口概要／三平山の東側、林道川上2号線沿い。三平山の起点。同じ林道川上2号線沿いにある穴ヶ乢入口は、前項参照。
緯度経度／［35°16′44″］［133°34′40″］
マップコード／ 252 114 079*37
アクセス／米子道蒜山ICから国道482号、市道、林道川上2号線（舗装）経由で7km、約10分。林道川上2号線の入口に「三平山登山口」の案内標識あり。
駐車場／登山道入口の北側路肩に

MAP 117

皆ヶ山／同トイレ内部

皆ヶ山／登山道入口

穴ヶ乢／路肩の駐車スペース

穴ヶ乢／登山道入口

林道／北側路肩の駐車スペース

駐車スペースがある。計約15台・40×5mなど2面・砂利・区画なし。
トイレ／登山道入口の30m南側にある。簡易水洗。水道・TPあり。評価☆☆。
携帯電話／ドコモ3通話可・au3通話可・SB3通話可。
その他／三平山周辺広域案内板、東屋。
立ち寄り湯／蒜山高原に行くと「蒜山ラドン温泉・休暇村蒜山高原」で可能。無休・11～15時＋18時30分～21時・入浴料500円・MC 189 121 781*37・☎0867-66-2501。
問合先／真庭市蒜山振興局地域振興課☎0867-66-2511、蒜山観光協会☎0867-66-3220

宮島 弥山・宮島口～宮島桟橋

みやじま みせん・
みやじまぐち～みやじまさんばし
広島県廿日市市
標高3.5m MAP 118・119

登山口概要／宮島口は、弥山の北西側、県道43号終点。周辺に多数ある民間および市営の有料駐車場に車を置き、宮島口桟橋からJR、もしくは松大汽船フェリーに乗り換える。紅葉谷コース、大聖院コース、大元谷コースを経由する弥山の起点。山辺の古径（やまべのこみち）、自然散策道うぐいす歩道の起点。北側斜面の「瀰山原始林（みせんげんしりん）」は、国の天然記念物。
緯度経度／［34°18′41″］［132°19′15″］（宮島口）［34°18′06″］［132°19′21″］（宮島桟橋）
マップコード／ 103 501 894*85（宮島口）
103 473 779*6（宮島桟橋）
アクセス／山陽道廿日市ICから国道2号、県道43号経由で6km、約10分。または山陽道大野ICから県道289号、国道2号、県道43号経由で5km、約8分。
駐車場／宮島口の駐車場＝有料1回800円、もしくは1000円。計約500台・舗装・区画あり。宮島口駅裏手の駐車場＝有料1回500～800円。計約300台・舗装・区画あり。ほとんどは駐車時に係員に先払い。コインパーキングもある。営業時間は8～17時など、駐車場によって異なるが、廿日市市建設部宮島口みなとまちづくり推進課の「宮島口駐車場情報」サイト等、同様の情報サイトで確認できる。
駐車場混雑情報／1、3～5、7～10月の土曜・日曜、祝日は、午前9時半から10時頃には満車になる。GWやお盆休みには、パーク&ライドの活用が推奨され、各臨時駐車場からシャトルバスが運行される。また、上記の時期は宮島口

林道／30m南側のトイレ

林道／登山道入口

桟橋／宮島口の民間有料駐車場①

MAP 118
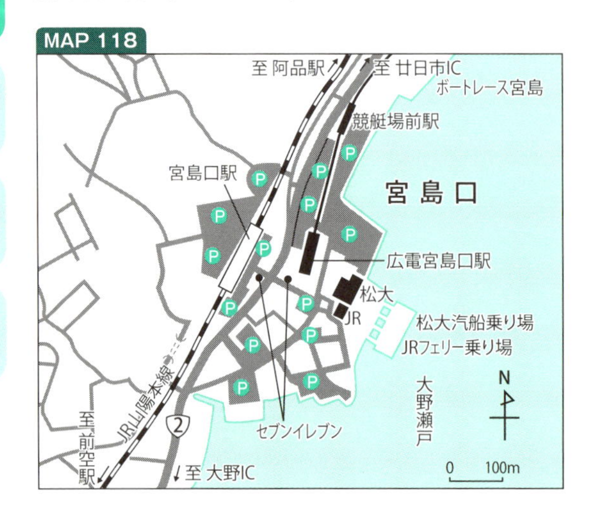

桟橋／宮島口の民間有料駐車場②

桟橋／宮島口フェリー乗り場

周辺の道路では渋滞も発生する。広島県道路企画課のサイトには、宮島口の混雑予想カレンダーが掲載されている。

トイレ／宮島口や宮島桟橋の各フェリーターミナルにある。いずれも水洗。水道・TPあり。評価☆☆☆。また宮島桟橋から弥山の各登山口に向かう途中にも複数ある。

携帯電話／宮島口＝ドコモ3通話可・au3通話可・SB3通話可。宮島桟橋＝ドコモ3通話可・au3通話可・SB3通話可。

公衆電話／宮島桟橋前の広場にカード・コイン式公衆電話ボックスがある。

ドリンク自販機／宮島口と宮島桟橋に複数ある（PBも）

その他／宮島口＝観光案内所、広島電鉄宮島口駅、JR宮島口駅、宮島口バス停、タクシー乗り場、セブンイレブン、食堂、土産物屋、ベンチ等。宮島桟橋＝食堂、土産物屋、カフェ、観光案内板、テーブル・ベンチ、タクシー乗り場、平清盛像。

取材メモ／大正2（1913）年に「瀰山原始林」を訪れたドイツの著名な植物学者アドルフ・エングラー博士は、その植物相を見て感激し「ここに一生住みたい」と激賞したといわれる。なお宮島・紅葉谷の紅葉は11月中旬～11月下旬が見ごろ。

立ち寄り湯／国道2号を7km南下して宮浜温泉に行くと「宮浜べにまんさくの湯」がある。第3火曜休（祝日の場合は翌日）・10～23時・入浴料700円・MC 103 375 177*85・☎0829-50-0808。

問合先／廿日市市観光課観光振興係☎0829-30-9141、廿日市市宮島支所地域づくりグループ☎0829-44-2000、宮島観光協会☎0829-44-2011、JR西日本宮島フェリー☎0829-56-2045、宮島松大汽船☎0829-44-2171

宮島　弥山・宮島ロープウェー紅葉谷駅

みやじま　みせん・みやじまろーぷうぇーもみじだにえき

広島県廿日市市

標高60m　MAP 119

登山口概要／弥山の北西側、紅葉谷公園上部。宮島ロープウェー獅子岩駅を経由する弥山の起点。

緯度経度／［34°17′36″］［132°19′36″］

マップコード／ 103 444 735*85

アクセス／宮島桟橋から紅葉谷駅まで徒歩で約30分。厳島神社裏手から20分間隔で運行される無料送迎バスを利用することも可能。

トイレ／紅葉谷駅にある。水洗（温水洗浄便座付き）。水道・TPあり。評価☆☆☆。ほかに紅葉谷公園や獅子岩駅、弥山山頂展望台にも。

MAP 119

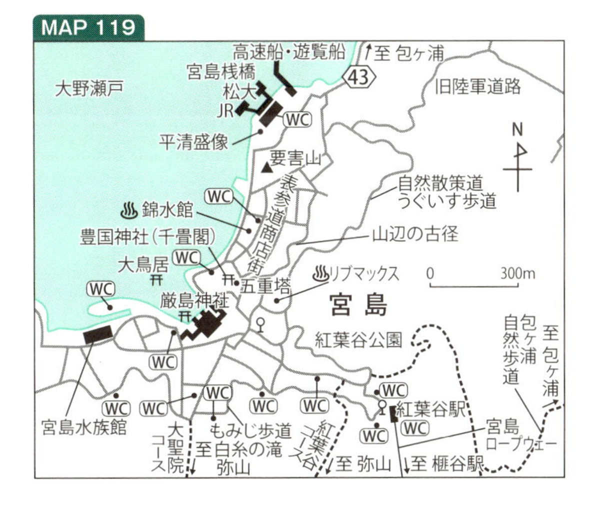

桟橋／同施設内のトイレ

桟橋／宮島桟橋

桟橋／大鳥居付近のトイレ

紅葉谷／紅葉谷駅手前のトイレ

紅葉谷／同トイレ内部

携帯電話／ドコモ3通話可・au3通話可・SB3通話可。
ドリンク自販機／紅葉谷駅と獅子岩駅にある(PBも)。
宮島ロープウェー／無休・9～17時（11月は8～17時。時期により変動）・紅葉谷線1分間隔・所要10分、獅子岩線15分間隔・所要4分・往復1800円、片道1000円・☎0829-44-0316。※ロープウェーは、GWと紅葉シーズン休日が混雑する。
その他／紅葉谷駅＝宮島ロープウェーと弥山案内板、山火事注意看板。獅子岩駅＝売店。
取材メモ／宮島・紅葉谷の紅葉は、11月中旬～11月下旬が見ごろ。
立ち寄り湯／①宮島桟橋に戻る途中にある「錦水園」の「宮島潮湯温泉」で可能。不定休（メンテナンス休あり。GWなどの繁忙期は立ち寄り湯不可のこともある）・11時30分～22時・入浴料1400円・MC 103 473 416*85・☎0829-44-2131。②それよりも少し山手には、「リブマックスリゾート安芸宮島」がある。不定休(営業は平日のみ。繁忙期も不可)・13～19時・入浴料1200円・MC 103 474 395*85・☎0829-40-2882。③ほかに天然温泉ではないが、「国民宿舎みやじま杜の宿」「ホテル宮島別荘」でも立ち寄り湯ができる。
問合先／広島観光開発（株）宮島ロープウエー営業所☎0829-44-0316、廿日市市観光課観光振興係☎0829-30-9141、廿日市市宮島支所地域づくりグループ☎0829-44-2000、宮島観光協会☎0829-44-2011

女亀山登山口

めんがめやまとざんぐち
島根県飯南町
標高595m MAP 120

登山口概要／女亀山の北側、町道三渕線(みぶちせん）沿い。神戸川（かんどがわ）源流碑を経由する女亀山の起点。
緯度経度／［34°57′17″］［132°43′09″］
マップコード／ 430 146 168*84
アクセス／中国道三次ICから国道375、54号、町道（大半は舗装。最後の民家以降600mは未舗装。路面評価★★★★～★★★）経由で30.5km、約50分。または松江道雲南吉田ICから県道38、273号、国道54号、町道(大半は舗装。最後の民家以降600mは未舗装。路面評価★★★★～★★★）経由で36.5km、約1時間。やがて見えてくる右カーブ地点の町道三差路が登山口。直進気味に続く左手の未舗装道路に入ったすぐ先で行き止まりになっており、ここに登山道入口がある。ただ、町道三差路

紅葉谷／宮島ロープウェー紅葉谷駅

紅葉谷／同駅のトイレ

紅葉谷／宮島ロープウェー紅葉谷線

紅葉谷／宮島ロープウェー獅子岩線

紅葉谷／宮島ロープウェー獅子岩駅

に女亀山を示す標識などがないため、注意したい。国道から2.8km、約8分。

駐車場／町道三差路路肩や、登山道入口に少し入った場所に駐車スペースがある。計6～7台・砂利＋落ち葉＋草・区画なし。また200m手前の資材庫付近にも計3台分の駐車スペースがある。

携帯電話／ドコモ圏外・au圏外・SB0だが通話可（若干途切れる）。

その他／島根県自然環境保全地域解説板ほか。

取材メモ／女亀山にはブナ林があり、4月上旬～下旬にはギフチョウが舞う。

立ち寄り湯／①飯南町市街地から国道184号に左折すると「加田の湯（かだのゆ）」がある。第2、第4火曜休・10～20時・入浴料400円・MC 430 478 525*27・☎0854-76-3357。②また近くの琴引フォレストパークスキー場の「琴引ビレッジ山荘」でも人工温泉だが立ち寄り湯が可能。水曜休（繁忙期は営業することもある）・15～21時（土・日曜、祝日は13時～）・入浴料500円・MC 543 182 608*27・☎0854-72-1035。

問合先／飯南町観光協会☎0854-76-9050、飯南町産業振興課☎0854-76-2214

雌山

→P78 雄山・大佐公民館大井野分館

用瀬(もちがせ) アルプス

→P80 海上山・上板井原駐車場（古峠登山口）
→P129 洗足山・赤波川渓谷おう穴登山口
→P200 三角山・用瀬町総合支所

盛太ヶ岳登山口

もったがだけとざんぐち
島根県吉賀町
標高239m

登山口概要／盛太ヶ岳の北東側、町道沿い。盛太ヶ岳の起点。

緯度経度／「34°23′18″」「131°52′50″」

マップコード／ 354 780 208*11

アクセス／中国道六日市ICから国道187号、町道経由で9km、約14分。

駐車場／「盛太ヶ岳」の大きな案内板が立っている場所に駐車スペースがある。2台・草・区画なし。

携帯電話／ドコモ3通話可・au3通話可・SB3通話可。

その他／盛太ヶ岳案内板。

立ち寄り湯／①中国道六日町ICそばの「道の駅むいかいち温泉」内にある「むいかいち温泉ゆ・ら・ら」で可能。第2水曜休・10～22時・入浴料580円・MC 354 638 885*11・☎0856-77-3001。②国道187号を北上すると「木部谷温泉・松乃湯」がある。毎月6、16、26日休・7時30分～19時30分・入浴料450円・MC 513 047 079*11・☎0856-79-2617。③さらに国道を北上すると「柿木温泉・はとの湯荘」もある。水曜休・11～20時（季節により変動あり）・入浴料510円・MC 513 044 878*11・☎0856-79-2150。

問合先／吉賀町企画課☎0856-77-1437

もみのき森林公園

→P107 小室井山・広島県立もみのき森林公園

文珠山・文珠堂

→P128 周防大島 嘉納山・文珠堂

女亀山／登山口に続く町道三渕線

女亀山／三差路の駐車スペース

女亀山／未舗装道路奥の登山道入口

盛太／駐車スペース

盛太／盛太ヶ岳案内板

八重滝入口

やえだきいりぐち
島根県雲南市
標高305m

登山口概要／八重滝（日本の滝百選）の北西側、市道沿い。八重滝遊歩道の起点。
緯度経度／［35°09′21″］［132°48′32″］
マップコード／ 543 547 281*27
アクセス／松江道吉田掛合ICから県道336、38号、国道54号、市道経由で11km、約17分。国道から「八重滝」の標識に従って300m、約1分。
駐車場／約40台・62×26m・舗装・区画消えかけ。
駐車場混雑情報／混雑することはない。
トイレ／駐車場に隣接。水洗。水道・TPあり。評価☆☆☆～☆☆。
携帯電話／ドコモ3～2通話可・au3通話可・SB2～1通話可。
ドリンク自販機／休憩所前にある(PBも)。
その他／休憩所、八重滝案内板、テーブル・ベンチ。
取材メモ／八重滝は、「日本の滝百選」に認定され、猿飛滝、滝尻滝、紅葉滝、河鹿滝、姥滝、姫滝、八塩滝、八汐滝の8つの滝から構成される。駐車場から八汐滝まで徒歩約20分。八重滝の新緑は4月下旬～5月中旬、紅葉は10月中旬～11月中旬が見ごろ。
立ち寄り湯／①国道54号に出て北上すると「塩ヶ平温泉（しおがひらおんせん）・まめなかセンター」がある。月曜休（祝日の場合は翌日）・12～20時・入浴料300円・MC 543 668 443*27・☎0854-62-0231。②さらに国道54号を北上して、三刀屋町深谷地区に向かうと「みとや深谷温泉・ふかたに荘」もある。木曜休(祝日の場合は営業)・10～19時・入浴料300円・MC 134 006 879*27・☎0854-45-5454。③一方、国道54号を南下すると、頓原地区の県道273号沿いに「頓原天然炭酸温泉」もある。木曜休・11～20時・入浴料500円・MC 543 275 312*27・☎0854-72-0880。
問合先／雲南市観光協会☎0854-42-9770、雲南市観光振興課☎0854-40-1054

矢滝城山登山口

やたきじょうざんとざんぐち
島根県大田市
標高400m

登山口概要／矢滝城山の南東側、県道201号の矢滝トンネル東口。矢滝城山の起点。
緯度経度／［35°04′47″］［132°25′20″］
マップコード／ 355 890 179*26
アクセス／山陰道江津ICから国道9号、県道201号経由で27km、約45分。または山陰道大田中央・三瓶山ICから国道9、375号、県道375、46、201号経由で24.5km、約42分。県道31号との交差点から4km、約10分。県道201号は、すれ違い困難な狭い道。
駐車場／4～5台・18×8m・細砂利+草・区画なし。
携帯電話／ドコモ圏外・au圏外・SB1～圏外つながってもすぐ途切れる。
その他／貸し出し杖、矢滝城跡案内板。
取材メモ／矢滝城山山頂には、戦国時代に石見銀山防衛を担った山城跡・矢滝城跡がある。
立ち寄り湯／県道を西進すると温泉津温泉（ゆのつおんせん）に「薬師湯」がある。無休・8～21時(土・日曜、祝日は6時～)・入浴料450円・MC 599 042 157*26・☎0855-65-4894。
問合先／大田市祖式まちづくりセンター☎0854-85-2362、大田市観光振興課☎0854-88-9237、大田市観光協会☎0854-88-9950

八重滝／八重滝入口の駐車場

八重滝／同駐車場のトイレ

八重滝／八汐滝

矢滝城／登山口に続く県道201号

矢滝城／登山口の駐車場

矢筈ヶ山・一向ヶ平キャンプ場

やはずがせん・いっこうがなるきゃんぷじょう
鳥取県琴浦町
標高564m

登山口概要／矢筈ヶ山の東側、町道終点。大休峠（おおやすみとうげ）を経由する矢筈ヶ山や野田ヶ山（のだがせん）などの起点。大山滝（だいせんたき・日本の滝百選）や中国自然歩道の起点。
緯度経度／[35°22′53″][133°36′42″]
マップコード／ 252 478 351*37
アクセス／山陰道（東伯・中山道路）琴浦東ICから県道44号、町道経由で16km、約24分。
一向ヶ平キャンプ場／4月初旬～11月・期間中無休・9～16時・☎0858-57-2100。
駐車場／キャンプ場の駐車場は、登山者の利用可とのこと。約100台・60×48mなど2面・舗装・区画あり。
トイレ／駐車場の向かいにある。水洗。水道・TPあり。評価☆☆☆。
携帯電話／ドコモ3通話可・au3通話可・SB3通話可。
ドリンク自販機／キャンプ場のバーベキューハウスにある（PBも）。
水道設備／キャンプ場の炊事棟にある。
登山届入れ／キャンプ場管理棟前にある。
その他／中国自然歩道案内板、登山注意看板。
取材メモ／大山滝は、落差42mの二段滝で日本の滝百選にも選ばれている。キャンプ場から滝見台まで徒歩約40分。滝壺まではさらに約8分。
立ち寄り湯／①中山IC北700mほどの場所に「なかやま温泉・ゆーゆー倶楽部naspal」がある。第2、4月曜休（祝日の場合は翌日）・10～21時・入浴料430円・MC 578 039 325*31・☎0858-49-3330。②キャンプ場管理棟にシャワーもある。8～17時・10分500円。
問合先／一向ヶ平キャンプ場（キャンプ場や駐車場に関して）☎0858-57-2100、琴浦町商工観光課☎0858-55-7801、琴浦町観光協会☎0858-55-7811

矢筈ヶ山・川床登山口

やはずがせん・かわどことざんぐち
鳥取県大山町
標高685m

登山口概要／矢筈ヶ山の北西側、県道30号沿い。大休峠（おおやすみとうげ）を経由する矢筈ヶ山や野田ヶ山（のだがせん）などの起点。中国自然歩道の起点。
緯度経度／[35°24′00″][133°33′00″]
マップコード／ 252 531 549*37
アクセス／山陰道（米子道路）米子IC・米子道米子ICから県道24、30号経由で16.5km、約26分。
駐車場／登山道入口の向かいに駐車スペースがある。約4台・砂＋石・区画なし。
携帯電話／ドコモ3通話可・au3通話可・SB3通話可。
その他／中国自然歩道案内板、川床～一向平コース案内板。
取材メモ／取材車両は4輪駆動車だが、駐車スペースに車を出し入れする際、凹んだ路面のために車の底部が少し当たった。なお、矢筈ヶ山登山道入口の向かいには、大山寺方面に続く小径ものびている。
立ち寄り湯／大山寺地区に向かうと、御幸参道本通りに「豪円湯院（ごうえんゆいん）」がある。不定休・11～20時・入浴料390円・MC 252 499 690*37・☎0859-48-6801。
問合先／大山観光局☎0859-52-2502、大山町観光課☎0859-53-3110

矢筈ヶ岳登山口

やはずがだけとざんぐち
山口県防府市
標高186m

登山口概要／矢筈ヶ岳の南側、市道終点。敷山城址（しきやまじょうし）や西峰を経由する矢筈ヶ岳の

一向／一向ヶ平キャンプ場の駐車場

一向／キャンプ場管理棟

一向／駐車場向かいのトイレ

川床／駐車スペース

川床／登山道入口

起点。
緯度経度／ [34°04′48″] [131°35′50″]
マップコード／ 93 296 208*16
アクセス／山陽道徳山西ICから国道2号、市道経由で15km、約27分。または山陽道防府西ICから国道2号、市道経由で8km、約16分。
駐車場／市道終点に駐車スペースがある。約3台・舗装・区画なし。
携帯電話／ドコモ3通話可・au2～1通話可・SB3通話可。
その他／貸し出し杖。
立ち寄り湯／①防府駅方面に向かい、さらに県道185号を南下すると「桑の山温泉」がある。毎月1日と15日休・14～22時・入浴料420円・MC 93 143 426*12・☎0835-22-6530。②また防府駅の東3.4kmほどの場所に「江泊温泉・和の湯（やわらぎのゆ）」もある。月1回メンテナンス休・11～24時（日曜・祝日は10時～）・入浴料720円・MC 93 177 415*84・☎0835-23-4126。③少し離れているが、湯野温泉の各宿でも可能。例えば「国民宿舎湯野荘」＝不定休（メンテナンス休あり）・10～20時・入浴料475円・MC 646 621 633*16・☎0834-83-2151。
問合先／防府市おもてなし観光課☎0835-25-4547

矢筈山・JR美作河井駅

やはずやま・じぇいあーるみまさかかわいえき
岡山県津山市
標高332m

登山口概要／矢筈山の北側、市道終点。若宮神社を経由する矢筈山の起点。
緯度経度／ [35°12′20″] [134°06′24″]
マップコード／ 544 148 243*12
アクセス／中国道津山ICから国道53号、県道6号、市道経由で22km、約33分。
駐車場／ JR美作河井駅に駐車スペースがある。10～12台・32×7m・砂利・区画なし。
トイレ／ JR美作河井駅の駅舎外にある。非水洗。水道・TPあり。評価☆☆。
携帯電話／ドコモ3通話可・au3通話可・SB3通話可。
その他／矢筈城跡解説板。
立ち寄り湯／①県道118号を北上すると「あば温泉」がある。水曜休・11～21時・入浴料500円・MC 544 238 831*12・☎0868-46-7111。②津山市加茂町市街地に「百々温泉（どうどうおんせん）・めぐみ荘」もある。月曜休（祝日の場合は翌日）・10時～21時30分・入浴料510円・MC 544 021 879*12・☎0868-42-7330。
問合先／津山市加茂支所産業建設課☎0868-32-7034

矢筈山・千磐神社駐車場

やはずやま・ちいわじんじゃちゅうしゃじょう
岡山県津山市
標高278m

登山口概要／矢筈山の西側、県道6号沿い。成興寺跡を経由する矢筈山の起点。
緯度経度／ [35°11′46″] [134°05′12″]
マップコード／ 544 115 141*12
アクセス／中国道津山ICから国道53号、県道6号経由で19km、約29分。
駐車場／千磐神社に広い駐車場がある。約50台・130×18m・舗装・区画なし。
携帯電話／ドコモ3通話可・au3通話可・SB3通話可。
立ち寄り湯／津山市加茂町市街地に「百々温泉（どうどうおんせん）・めぐみ荘」がある。月曜休（祝日の場合は翌日）・10時～21時30分・入浴料510円・MC 544 021 879*12・☎0868-42-7330。
問合先／津山市加茂支所産業建設課☎0868-32-7034

山形仙・声ヶ乢（こえがたわ）
→P223

矢筈ヶ岳／市道終点の駐車スペース

JR／美作河井駅の駐車スペース

JR／美作河井駅

JR／あば温泉・露天風呂

千磐／千磐神社の駐車場

山乗渓谷

→P149 津黒高原・山乗渓谷遊歩道入口

八幡湿原・芸北 高原の自然館

やわたしつげん・げいほく こうげんのしぜんかん
広島県北広島町
標高804m MAP 121

登山口概要／八幡湿原（霧ヶ谷湿原）の南西側、町道沿い。八幡湿原の水口谷湿原（むなくとだにしつげん）と霧ヶ谷湿原の起点。

緯度経度／［34°42′31″］［132°11′17″］

マップコード／ 520 442 596*82

アクセス／中国道戸河内ICから国道191号、県道307号、町道経由で31.5km、約47分。または山陰道（浜田・三隅道路）相生ICから国道186号、県道307号、町道経由で36km、約54分。

駐車場／高原の自然館向かいに駐車場がある。計約80台・52×26mなど2面・舗装・区画なし。

駐車場混雑情報／取材した2019年7月6日は、晴れ時々曇りの土曜ということもあってか、到着した1時過ぎの時点で東側の駐車場が8割程度埋まっていた。またGWやお盆休み、紅葉シーズンの休日、かりお茶屋で新そばが出る10月下旬～11月上旬の休日は、東側の駐車場が満車になる。ただ西側の駐車場まで満車になることはない。その時期に登山で車を駐車したい人は、なるべく西側の駐車場を利用してほしいとのこと。

トイレ／自然館の斜め向かいにある。水洗。水道・TPあり。評価☆☆☆～☆☆。

芸北 高原の自然館／八幡湿原など、西中国山地の自然に関する展示・解説がある。観察会も実施。4月25日～11月25日・火曜休（祝日の場合は翌日）・10～15時・入館料100円・☎0826-36-2008（冬期休館期間の問い合わせ先：北広島町芸北支所☎0826-35-0111）。

携帯電話／ドコモ3通話可・au3通話可・SB3通話可。

その他／かりお茶屋（冬期休業・火曜休・10～16時・☎0826-36-2727）、山麓庵、八幡高原野菜直売所、臥竜山麓八幡原公園案内板、西中国山地国定公園、八幡高原文化の道案内板。

取材メモ／霧ヶ谷湿原は、もともと湿地だったが、かつて牧場になっていた時期もある。その後、広島県による再生事業が行われて湿原が復活した。湿原内は木道で散策できる。水口谷湿原～霧ヶ谷湿原一巡して所要約1時間。なお霧ヶ谷湿原周辺のコブシは4月下旬～5月上旬、ズミは5月中旬～下旬が見ご

自然館／東側の駐車場

自然館／西側の駐車場

自然館／自然館斜め向かいのトイレ

自然館／同トイレ内部

自然館／高原の自然館・かりお茶屋

MAP 121

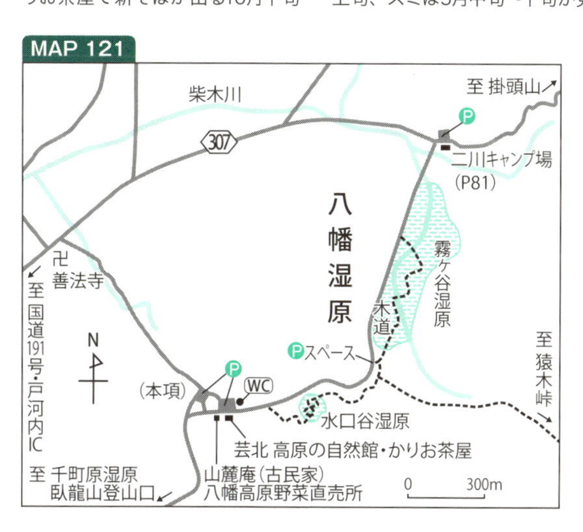

ろ。水口谷湿原の自生カキツバタや八幡高原の植栽カキツバタは5月中旬～6月中旬が見ごろ。

立ち寄り湯／①人工温泉だが、深入山の「いこいの村ひろしま」で入浴できる。無休（月に一度メンテナンス休あり。それ以外に入浴できない場合もある）・11～18時・入浴料500円・MC 363 821 067*82・☎0826-29-0011。②中国道戸河内IC近く、国道191号と国道186号の間に「グリーンスパつつが」がある。木曜休（祝日の場合は営業）・12～20時・入浴料450円・MC 363 526 861*88・☎0826-32-2880。③一方、島根県側では浜田市街地の手前、金城支所近くに「湯屋温泉リフレパークきんたの里」がある。第3水曜休（祝日の場合は営業）・10～22時・入浴料600円・MC 241 109 142*82・☎050-3033-1039。

問合先／芸北 高原の自然館☎0826-36-2008、北広島町観光協会芸北支部（北広島町芸北支所）☎0826-35-0888

八幡湿原・千町原湿原入口

やわたしつげん・せんちょうばらしつげんいりぐち

広島県北広島町

標高806m MAP 122

登山口概要／八幡湿原（千町原湿原）の西側や北側、町道沿い。千町原湿原の入口。

緯度経度／［34°42′15″］［132°11′00″］

マップコード／520 442 099*82

アクセス／中国道戸河内ICから国道191号、県道307号、町道経由で30.5km、約46分。または山陰道（浜田・三隅道路）相生ICから国道186号、県道307号、町道経由で36.5km、約55分。

駐車場／町道沿いに駐車スペースがある。約50台以上・126×20m・草・区画なし。

トイレ／近くの「芸北 高原の自然館」斜め向かいにある。水洗。水道・TPあり。評価☆☆☆～☆☆。

携帯電話／ドコモ3通話可・au3通話可・SB3通話可。

その他／牧野富太郎博士句碑とその解説板、臥竜山麓八幡原公園注意看板。

取材メモ／千町原湿原のサワオグルマは5月中旬～6月上旬、ハンカイソウは6月下旬～7月中旬、クサレダマは7月中旬～8月中旬が見ごろ。

自然館／山麓庵

自然館／水口谷湿原

自然館／霧ヶ谷湿原入口の駐車スペース

自然館／霧ヶ谷湿原

千町原／湿原入口の駐車スペース

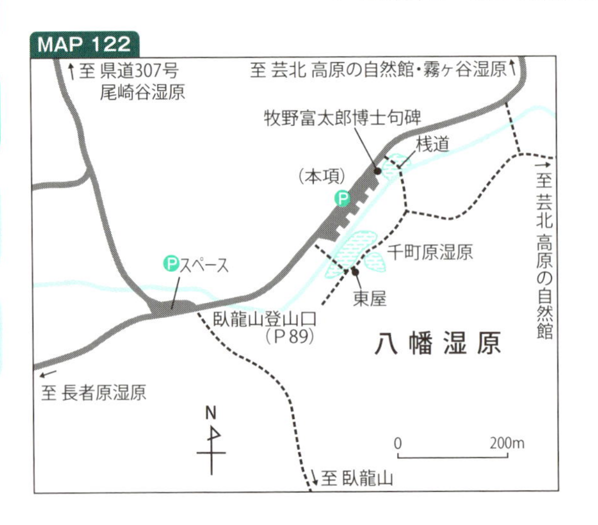

立ち寄り湯／①人工温泉だが、深入山の「いこいの村ひろしま」で入浴できる。無休（月に一度メンテナンス休あり。それ以外に入浴できない場合もある）・11～18時・入浴料500円・MC 363 821 067*82・☎0826-29-0011。②中国道戸河内IC近く、国道191号と国道186号の間に「グリーンスパつつが」がある。木曜休（祝日の場合は営業）・12～20時・入浴料450円・MC 363 526 861*88・☎0826-32-2880。③一方、島根県側では浜田市街地の手前、金城支所近くに「湯屋温泉リフレパークきんたの里」がある。第3水曜休（祝日の場合は営業）・10～22時・入浴料600円・MC 241 109 142*82・☎050-3033-1039。
問合先／芸北 高原の自然館 ☎0826-36-2008、北広島町観光協会芸北支部（北広島町芸北支所）☎0826-35-0888

遙照山（ようしょうざん）
→P223 阿部山・岡山天文博物館駐車場
→P42 阿部山・ヤッホー広場

吉和冠山・潮原温泉奥

よしわかんむりやま・
うしおばらおんせんおく
広島県廿日市市
標高710m（林道終点）
標高628m（高架下）
MAP 123

登山口概要／吉和冠山の東側、未舗装道路終点。クルソン仏岩を経由する吉和冠山の起点。
緯度経度／[34°28′21″] [132°06′16″]（未舗装道路終点）
[34°28′06″] [132°06′48″]（高架下）
マップコード／696 192 295*88（未舗装道路終点）
696 163 747*88（高架下）
アクセス／中国道吉和ICから国道186号、市道経由で4km、約6分で高架下。さらに市道と狭い舗装道路、未舗装道路（すれ違い困難な狭い道。正式にはどちらも林道ではない）を経由して1km、約6分で道路終点。
駐車場／未舗装道路終点に駐車スペースがある。満車になった場合、転回困難。4台・砂＋泥＋草・区画なし。ただ、終盤は路面評価★★★の狭い未舗装道路になるため、手前の中国自動車道高架下左側の駐車スペースを利用する方が無難。高架下右側の区画がある駐車場は、「潮原温泉・松かわ」の駐車場なので、左

千町原／牧野富太郎博士句碑

千町原／同句碑解説板

千町原／千町原湿原

千町原／東屋

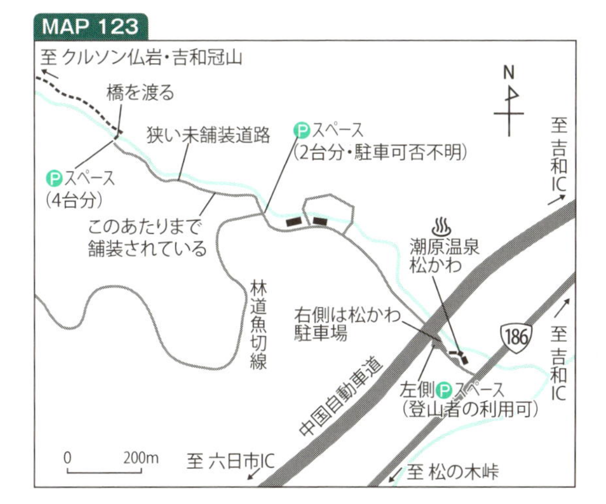

潮原／高架下左側の駐車スペース

側の区画がないスペースを利用すること。約20台・48×12m・舗装・区画なし。松かわに確認すると、登山の帰路に立ち寄り湯を利用する前提であれば、松かわの駐車場に停めても構わないとのこと。ほかに林道魚切線との三差路にも2台分の駐車スペースがあるが、駐車可否は不明。
駐車場混雑情報／取材した2019年7月7日は晴れの日曜だったが、道路終点に到着した8時半の時点で2台の車が停められていた。高架下のスペースの方は、1台もなかった。
トイレ／1km手前（東側）の国道186号沿いに公衆トイレがある。センサーライト付き。水洗。水道・TPあり。評価☆☆☆。
携帯電話／林道終点＝ドコモ0だが通話可・au3通話可・SB2～0かなり途切れて聞こえない。高架下＝ドコモ3通話可・au3通話可・SB3通話可。
取材メモ／高架下に駐車した場合、登山道入口にあたる未舗装道路終点まで徒歩約20分。なお吉和冠山のカタクリは4月下旬～5月上旬が見ごろ。
立ち寄り湯／①「潮原温泉（うしおばらおんせん）・松かわ」で可能だが、立ち寄り湯不可の日があったり営業時間が変動したりするので、あらかじめ公式サイトで確認のこと。月曜休（祝日の場合は営業）・時間不定・入浴料650円・MC 696 164 661*77・☎0829-77-2224。②近くの「吉和魅惑の里」に「水神の湯」がある。木曜休・11～21時・入浴料600円・MC 696 133 747*88・☎0829-77-2110。③中国道吉和IC手前で県道296号に入ると「女鹿平温泉・クヴェーレ吉和」もある。月曜休（祝日の場合は営業）・10～21時・入浴料700円・MC 363 272 349*88・☎0829-77-2277。
問合先／廿日市市吉和支所地域づくりグループ☎0829-77-2112、はつかいち観光協会吉和支部☎0829-77-2404

吉和冠山・松の木峠

よしわかんむりやま・まつのきとうげ
広島県廿日市市／山口県岩国市
標高789m　MAP 124

登山口概要／吉和冠山の南側、国道434号沿い。吉和冠山の起点。
緯度経度／［34°26′10″］［132°04′40″］
マップコード／ 696 039 859*88
アクセス／中国道吉和ICから国道186、434号経由で10km、約15分。または山陽道大竹ICから国道2号、県道42、30号、国道186、434号経由で36km、約54分。
駐車場／駐車場はないので、側道の路肩に寄せて駐車する。これまで利用されてきた「冠高原貸スキー」

潮原／右側は松かわの駐車場

潮原／林道三差路の駐車スペース

潮原／登山口に続く未舗装道路

潮原／同道路終点の駐車スペース

潮原／登山道入口に架かる橋

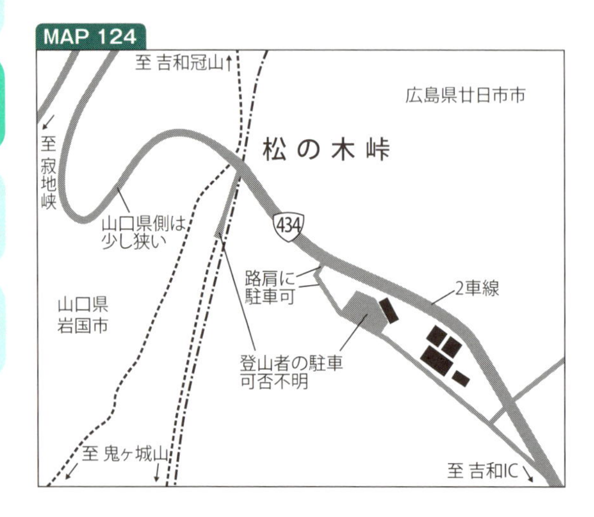

の看板がある建物前の広場について吉和支所に確認すると、登山者の駐車について「いいともダメともいえない」とのことだった。2019年春には車が入れないように、側道側入口に土嚢が置いてあったとの筆者知人からの情報もある。取材時は、側道からは入れる状態で登山者のものと思われる車が数台停められていたが、そういう事情や経緯もあるため、登山者用の駐車場としては紹介できない。私有地でも市有地でもなく、これまで土地所有者から支所へのクレームもないようだが、各自のご判断にお任せしたい。また登山道入口の向かいから未舗装道路に入ったところにも駐車スペースがある。ただ、こちらも登山者の駐車可否は不明。

駐車場混雑情報／混雑したり満車になることはない。

トイレ／吉和ICからアクセスする場合、8km手前の国道488号との交差点付近に公衆トイレがある。センサーライト付き。水洗。水道・TPあり。評価☆☆☆。

携帯電話／ドコモ0だが通話可・au3通話可・SB3通話可。

取材メモ／吉和冠山のカタクリは、4月下旬〜5月上旬が見ごろ。

立ち寄り湯／①国道186号を北上すると「潮原温泉（うしおばらおんせん）・松かわ」で可能だが、立ち寄り湯不可の日があったり営業時間が変動したりするので、あらかじめ公式サイトで確認のこと。月曜休（祝日の場合は営業）・時間不定・入浴料650円・MC 696 164 661*77・☎0829-77-2224。②近くの「吉和魅惑の里」に「水神の湯」がある。木曜休・11〜21時・入浴料600円・MC 696 133 747*88・☎0829-77-2110。③中国道吉和IC手前で県道296号に入ると「女鹿平温泉・クヴェーレ吉和」もある。月曜休（祝日の場合は営業）・10〜21時・入浴料700円・MC 363 272 349*88・☎0829-77-2277。

問合先／廿日市市吉和支所地域づくりグループ☎0829-77-2112、はつかいち観光協会吉和支部☎0829-77-2404

松の木／建物前の広場

松の木／登山道入口

松の木／潮原温泉・松かわ

松の木／クヴェーレ吉和・クアガーデン

松の木／クヴェーレ吉和・露天風呂

羅漢山・らかん高原憩いの広場

らかんざん・
らかんこうげんいこいのひろば
山口県岩国市
標高935m MAP 125

登山口概要／羅漢山の南西側、県道121号終点。羅漢山の最短起点。
緯度経度／[34°21′03″][132°03′51″]
マップコード／354 652 659*11
アクセス／山陽道大竹ICから国道2、186号、県道119、121号経由で47km、約1時間12分。または中国道六日市ICから国道187号、県道16、59、121号経由で25km、約40分。
駐車場／らかん高原憩いの広場に駐車場がある。11台・20×16m・舗装・区画あり。その上にあるレンタルスタジオ前にも駐車スペースがあり、どちらも登山者の利用可。
駐車場混雑情報／満車になることはない。
トイレ／らかん高原憩いの広場にある。水洗。水道・TPあり。評価☆☆☆～☆☆。
携帯電話／ドコモ3通話可・au3通話可・SB3通話可。
ドリンク自販機／インフォメーション施設にある(PBも)。
その他／インフォメーション・レストラン(冬期休業・水曜休)、休憩所、バンガロー、らかん高原憩いの広場案内板。
取材メモ／羅漢山は、山口県岩国市と広島県廿日市市の境にあるが、山頂は山口県側にあり、県境は通っていない。
立ち寄り湯／①広島県側に下り、国道186号を右折すると「道の駅スパ羅漢」がある。第1、3水曜休(祝日の場合は翌日)・10～20時・入浴料650円・MC 354 807 326*51・☎0829-72-2221。②その先には「湯元 小瀬川温泉」もある。水曜と第3木曜休・10時30分～20時・入浴料430円・MC 103 751 614*88・☎0829-72-1311。
問合先／(有)らかん高原(指定管理者)☎0827-74-0010、岩国市本郷支所地域振興班☎0827-75-2311

広場／「憩いの広場」の駐車場

広場／インフォメーション・レストラン施設

広場／広場のトイレ

広場／同トイレ内部

MAP 125

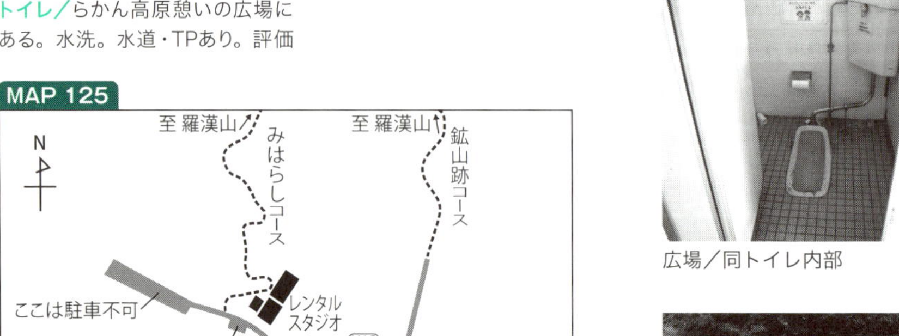

広場／憩いの広場案内板

羅漢山・羅漢山青少年旅行村前

らかんざん・らかんざん
せいしょうねんりょこうむらまえ
山口県岩国市
標高823m MAP 126

登山口概要／羅漢山の南西側、県道121号沿い。小羅漢山を経由する羅漢山の起点。羅漢山湿性植物群落地帯（羅漢山湿地）や中国自然歩道の起点。
緯度経度／［34°21′02″］［132°03′13″］
マップコード／ 354 651 621*11
アクセス／山陽道大竹ICから国道2、186号、県道119、121号経由で45.5km、約1時間10分。または中国道六日市ICから国道187号、県道16、59、121号経由で23.5km、約38分。
駐車場／登山道入口に駐車スペースがある。5～6台・24×5m・草・区画なし。周辺にも駐車スペースがある。
トイレ／らかん高原憩いの広場の駐車場（前項）まで上がると付近にトイレがある。水洗。水道・TPあり。評価☆☆☆～☆☆。
携帯電話／ドコモ1だが通話可・au3通話可・SB3通話可。
その他／自然歩道を利用される皆さんへ、中国自然歩道経路図、羅漢山自然観察ゾーン・羅漢山湿性植物群落地帯解説板。
取材メモ／近くに羅漢山湿性植物群落地帯（羅漢山湿地）があり、バイケイソウやマアザミ、モウセンゴケなどが生育する湿地になっている。なお近くの法華山登山口にも駐車スペースがある。羅漢山は、山口県岩国市と広島県廿日市市の境にあるが、山頂は山口県側にあり、県境は通っていない。
立ち寄り湯／①広島県側に下り、国道186号を右折すると「道の駅スパ羅漢」がある。第1、3水曜休（祝日の場合は翌日）・10～20時・入浴料650円・MC 354 807 326*51・☎0829-72-2221。②その先には「湯元 小瀬川温泉」もある。水曜と第3木曜休・10時30分～20時・入浴料430円・MC 103 751 614*88・☎0829-72-1311。
問合先／(有)らかん高原（指定管理者）☎0827-74-0010

竜王山

→P174 比婆山連峰・熊野神社
→P176 比婆山連峰・立烏帽子駐車場
→P179 比婆山連峰・竜王山第1駐車場

旅行村／登山道入口の駐車スペース

旅行村／羅漢山青少年旅行村

旅行村／登山道入口

旅行村／羅漢山湿性植物群落地帯入口

旅行村／湿性植物群落地帯解説板

MAP 126

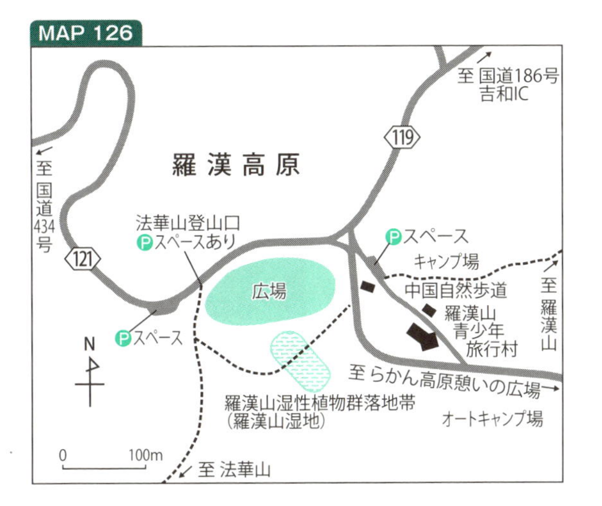

竜王山登山口（尾袋配水場）

りゅうおうざんとざんぐち（おぶくろはいすいじょう）
山口県下関市
標高55m

登山口概要／竜王山の西側、未舗装道路沿い。中宮跡を経由する竜王山の起点。下関市水道局の尾袋配水場が目印。
緯度経度／[34°04′17″][130°54′53″]
マップコード／557 845 152*86
アクセス／中国道下関ICから国道2号、県道34、247、244号経由で12.5km、約20分。
駐車場／尾袋配水場向かいにのびる未舗装道路に入ってすぐの角に駐車スペースがある。2～3台・砂・区画なし。
携帯電話／ドコモ3通話可・au3通話可・SB3通話可。
その他／尾袋配水場。
取材メモ／登山道入口は、尾袋配水場向かって右手にある。
立ち寄り湯／県道を1.3km北上すると「吉見温泉センター」がある。無休・10～21時・入浴料510円・MC 557 875 429*45・☎083-286-5123。
問合先／下関市観光政策課☎083-231-1350

竜王山・深坂溜池駐車場

りゅうおうざん・みさかためいけちゅうしゃじょう
山口県下関市
標高87m

登山口概要／竜王山の南側、市道沿い。深坂溜池コースを経由する竜王山の起点。
緯度経度／[34°02′43″][130°56′33″]
マップコード／557 758 041*07
アクセス／中国道下関ICから国道2号、県道34、247、244号、市道経由で9km、約14分。
駐車場／深坂溜池畔の深坂茶屋前に公共駐車場がある。約35台・76×15m・舗装・区画なし。
トイレ／駐車場にある。詳細不明。
携帯電話／ドコモ3通話可・au圏外・SB3通話可。
ドリンク自販機／深坂茶屋前にある（PBも）。
その他／深坂茶屋（食堂）、竜王山案内板。
問合先／下関市観光政策課☎083-231-1350

竜王山・深坂峠

りゅうおうざん・みさかとうげ
山口県下関市
標高156m

登山口概要／竜王山の南東側、市道沿い。深坂峠コースを経由する竜王山や鋤先山（すきさきやま）の起点。
緯度経度／[34°03′23″][130°56′51″]
マップコード／557 788 359*07
アクセス／中国道下関ICから国道2号、県道34、247、244号、市道経由で10.5km、約18分。
駐車場／峠の南側に駐車場がある。約15台・66×16m・舗装・区画なし。
トイレ／手前の駐車場にある。詳細不明。
携帯電話／ドコモ3～1通話可・au1だが通話可・SB3通話可。
その他／深坂自然の森案内板。
問合先／下関市観光政策課☎083-231-1350

龍護峰（りゅうごほう）
→P31 秋吉台・秋吉台家族旅行村

龍頭峡入口

りゅうずきょういりぐち
広島県安芸太田町
標高348m

登山口概要／龍頭峡・奥の滝の西側（下流側）、町道沿い。龍頭峡の起点。
緯度経度／[34°32′49″][132°15′21″]
マップコード／363 466 210*88
アクセス／中国道戸河内ICから国道186号、町道経由で5km、約8分。

配水場／駐車スペース

配水場／登山道入口

溜池／深坂溜池駐車場

深坂峠／深坂峠南側の駐車場

深坂峠／竜王山登山道入口

国道に「龍頭峡」の標識あり。
駐車場／町道沿いと森林館前にある。町道沿い駐車場＝約12台・32×5mなど2面・舗装・区画なし。森林館前駐車場＝20台・30×14m・舗装・区画あり。
駐車場混雑情報／7月末に開催される「龍頭峡まつり」の日は、駐車場利用不可。筒賀小学校からシャトルバスが運行される。
トイレ／森林館にある。開館時間外でも使用可。水洗（温水洗浄便座付き）。水道・TPあり。評価☆☆☆。ほかに3ヶ所あり、いずれも非水洗のようだ。
携帯電話／ドコモ3通話可・au3通話可・SB3通話可。
公衆電話／森林館前にカード・コイン式公衆電話ボックスがある。
水場／町道沿い駐車場のすぐ先に龍頭峡霊泉がある。
その他／龍頭峡セラピーロード案内板、テーブル・ベンチ、藤棚、龍頭峡霊泉飲用上注意事項・成分分析表。
立ち寄り湯／中国道戸河内IC近く、国道191号と国道186号の間に「グリーンスパつつが」がある。木曜休（祝日の場合は営業）・12～20時・入浴料450円・MC 363 526 861*88・☎0826-32-2880。
問合先／安芸太田町観光協会（一般社団法人地域商社あきおおた）☎0826-28-1800、安芸太田町産業振興課☎0826-28-1973

龍頭山・滝の上駐車場（滝ヶ馬場）

りゅうずやま・たきのうえ
ちゅうしゃじょう（たきがばば）
広島県北広島町
標高680m MAP 127

登山口概要／龍頭山の東側、林道前龍頭線沿い。前龍頭を経由する龍頭山の起点。
緯度経度／[34°39′49″][132°26′20″]
マップコード／322 277 239*80
アクセス／広島道広島北ICから国道191、261号、県道40、316号、林道前龍頭線（舗装）経由で17km、約27分。「龍頭山遊歩道」の案内看板が立つ林道入口から1.4km、約4分。
駐車場／10～12台・30×25m・舗装・区画なし。
トイレ／駐車場の向かいにある。水洗（常時水が流れている）。水道（飲用不可）・TPあり。評価☆☆。
携帯電話／ドコモ3通話可・au3通話可・SB3通話可。
水場／トイレ前にパイプで沢水が引いてある。
その他／龍頭山案内板、熊出没注意看板。
立ち寄り湯／すぐ近くの「道の駅豊平どんぐり村」内の「どんぐり荘（龍頭の湯）」で可能。第3火曜休（1～3月と12月は第1火曜も休）・10～21時（水・木曜は11時～）・入浴料600円・MC 322 218 164*80・☎0826-84-1313。
問合先／北広島町豊平支所地域づくり係☎050-5812-1122

龍頭山・滝見コース登山口

りゅうずやま・
たきみこーすとざんぐち
広島県北広島町
標高437m MAP127

登山口概要／龍頭山の南東側、町道沿い。滝見コースと駒ヶ滝を経由する龍頭山の起点。
緯度経度／[34°39′27″][132°26′44″]
マップコード／322 248 473*80
アクセス／広島道広島北ICから国道191、261号、県道40、316号、町道経由で15km、約23分。
駐車場／県道316号から「龍頭山遊歩道」の案内看板に従って少し入った場所に遊歩道入口駐車場がある。約8台・40×8m・砂+草・区画なし。
携帯電話／ドコモ3通話可・au3通話可・SB3通話可。
その他／龍頭山案内板。
立ち寄り湯／すぐ近くの「道の駅豊平どんぐり村」内の「どんぐり荘（龍頭の湯）」で可能。第3火曜休（1～3月と12月は第1火曜も休）・10～

龍頭峡／町道沿いの駐車場

龍頭峡／森林館

滝の上／滝の上駐車場

滝の上／駐車場向かいのトイレ

滝の上／同トイレ内部

21時（水・木曜は11時～）・入浴料600円・MC 322 218 164*80・☎0826-84-1313。
問合先／北広島町豊平支所地域づくり係☎050-5812-1122

龍頭山・林道前龍頭線終点

りゅうずやま・りんどうまえりゅうずせんしゅうてん
広島県北広島町
標高860m MAP 127

登山口概要／龍頭山の北東側、林道前龍頭線終点。龍頭山の最短起点。
緯度経度／[34°40′03″][132°26′03″]
マップコード／ 322 277 642*83
アクセス／広島道広島北ICから国道191、261号、県道40、316号、林道前龍頭線（舗装）経由で19km、約32分。手前の滝の上駐車場（前々項）から1.8km、約4分。
駐車場／林道終点に頂上駐車場がある。約15台・64×14m・舗装・区画なし。
携帯電話／ドコモ1だが通話可・au2～1通話可・SB3通話可。
その他／龍頭山案内板、熊出没注意看板ほか。
立ち寄り湯／すぐ近くの「道の駅豊平どんぐり村」内の「どんぐり荘（龍頭の湯）」で可能。第3火曜休（1～3月と12月は第1火曜も休）・10～21時（水・木曜は11時～）・入浴料600円・MC 322 218 164*80・☎0826-84-1313。
問合先／北広島町豊平支所地域づくり係☎050-5812-1122

蓮華山・比叡神社（玖珂グラウンド駐車場）

れんげざん・ひえいじんじゃ（くがぐらうんどちゅうしゃじょう）
山口県岩国市
標高88m（比叡神社）・標高64m（玖珂グラウンド駐車場）

登山口概要／蓮華山の南東側、市道沿い。市の迫観音堂（いちのさこかんのんどう）を経由する蓮華山の起点。
緯度経度／[34°06′28″][132°04′43″]（比叡神社）[34°05′49″][132°04′37″]（玖珂グラウンド駐車場）
マップコード／ 115 669 501*17（比叡神社）
115 639 225*17（玖珂グラウンド駐車場）
アクセス／［比叡神社］山陽道玖珂ICから県道70号、国道437、2号、市道経由で4km、約7分。［玖珂グラウンド駐車場］山陽道玖珂ICから県道70、144号、市道経由で2km、約4分。
駐車場／比叡神社石段の30m手

MAP 127

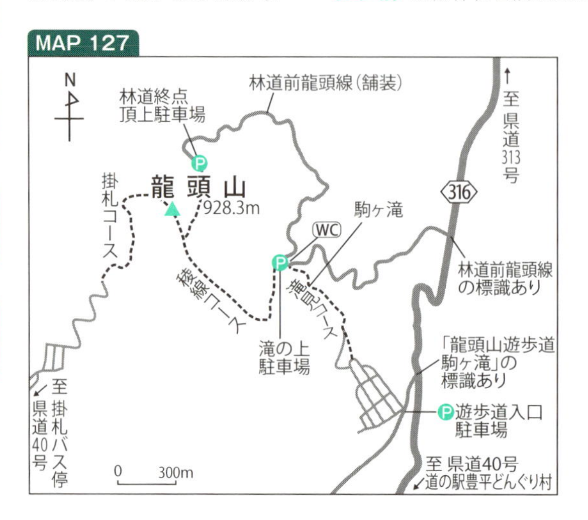

滝見／駐車場に立つ案内板

滝見／遊歩道入口駐車場

終点／林道前龍頭線終点の頂上駐車場

終点／どんぐり荘

蓮華山／比叡神社の駐車場

前左側に同神社の駐車場があるが、利用可否について確認できなかった。各自のご判断にお任せしたい。7～8台・18×16m・砂＋草・区画なし。登山者の駐車利用として市に確認できたのは、手前の玖珂中学校に隣接する玖珂グラウンド・玖珂体育センターの駐車場。ただし土・日曜は、同施設利用者も多いことから団体での利用は控えて欲しいとのこと。62台・70×15mと65×20mのL字型・舗装・区画なし。玖珂グラウンド駐車場から比叡神社まで約1.6km、徒歩約25分。
携帯電話／ドコモ3通話可・au3通話可・SB3通話可。
その他／比叡神社、同神社由緒解説板。
問合先／岩国市玖珂総合支所地域振興課地域振興班☎0827-82-2511

若桜鬼ヶ城跡

→P151 鶴尾山・八幡広場駐車場

若杉天然林（若杉原生林）入口

わかすぎてんねんりん（わかすぎげんせいりん）いりぐち
岡山県西粟倉村
標高915m

登山口概要／若杉天然林（森林浴の森100選）の南側、村道終点。若杉自然研究路を経由する若杉天然林の起点。中国自然歩道の起点。
緯度経度／［35°14′33″］［134°23′17″］
マップコード／ 304 841 656*13
アクセス／鳥取道西粟倉ICから国道373号、村道経由で10.5km、約17分。村道の開通期間は3月下旬～12月下旬。冬期は積雪のため閉鎖。
駐車場／入口に若杉駐車場がある。計約43台＋大型・32×18m、34×22m・舗装・区画あり（手前の駐車場は区画なし）。
駐車場混雑情報／団体の利用があると、一時的に混雑することはあるが、満車になって停められないことはない。万一、満車の場合は村道路肩に寄せれば、ある程度は駐車可。
トイレ／奥の駐車場にある。センサーライト付き。水洗。水道・TPあり。評価☆☆☆。
携帯電話／ドコモ圏外・au圏外・SB圏外。
その他／自然歩道を利用されるみなさんへ、若杉ブナ林の構成解説板、西粟倉村観光案内板、若杉天然林案内板、熊出没注意看板、氷ノ山後山那岐山国定公園案内板、東中国山地緑の回廊解説板、百年の森林へ解説板、テーブル・ベンチ、休憩舎、若杉の自然林解説板。
取材メモ／氷ノ山後山那岐山国定公園に特別保護地区に指定された天然林に自然研究路がのびて、一巡できる。所要約2時間。
立ち寄り湯／あわくら温泉駅手前で右折。市道を西進すると「湯～とぴあ黄金泉」とその先の「あわくら温泉元湯」で立ち寄り湯ができる。①「湯～とぴあ黄金泉」＝火曜休（祝日の場合は翌日）・11～21時・入浴料700円・MC 390 384 409*13・☎0868-79-2334。②「あわくら温泉元湯」＝水曜休・15～22時・入浴料500円・MC 390 384 305*13・☎0868-79-2129。
問合先／西粟倉村産業観光課☎0868-79-2111

若杉山登山口

わかすぎやまとざんぐち
鳥取県三朝町
標高705m

登山口概要／若杉山の南西側、未舗装林道沿い。若杉山の起点。
緯度経度／［35°16′23″］［133°50′02″］
マップコード／ 189 085 341*45
アクセス／米子道湯原ICから国道313、482号、県道116、283号、舗装林道、未舗装林道（路面評価★★★。急坂の急カーブあり）経由で33km、約56分。県道283号の三差路から「若杉山登山口」の案内看板に従って左の道へ。600m

蓮華山／比叡神社参道入口

天然林／若杉駐車場（奥）

天然林／同駐車場のトイレ

天然林／同トイレ内部

天然林／若杉天然林入口に立つ標識

先から未舗装となり、三差路から900m、約8分で駐車場に着く。
駐車場／登山者用駐車場がある。約10台・22×10m・舗装・区画。また舗装区間終点付近にも駐車スペースが何ヶ所かある。
携帯電話／ドコモ圏外・au圏外・SB圏外。
登山届入れ／駐車場奥にある。
立ち寄り湯／湯原ICに戻る途中、津黒高原に立ち寄ると「津黒高原温泉・津黒高原荘」がある。無休・14～20時（火曜は16時～。土・日曜。祝日は12時～）入浴料600円・MC 189 050 304*37・☎0867-67-2221。
問合先／三朝町観光交流課☎0858-43-3514、三朝温泉観光協会☎0858-43-0431

若竹山
→P32 秋吉台・カルスト展望台

和気アルプス
→P101 神ノ上山・和気町役場

和気富士
→P101 神ノ上山・和気町役場

鷲ヶ嶽
→P96 狗留孫山・庄方観音法華寺

天然林／若杉自然研究路

若杉山／途中の案内看板

若杉山／登山口に続く未舗装林道

若杉山／登山者用駐車場

若杉山／登山届入れ

未掲載登山口一覧

掲載候補に挙げていたもののアクセス道路の通行止等の理由で本文に掲載できなかった登山口は以下の通りです。

阿部山（竹林寺山）・岡山天文博物館駐車場
岡山県浅口市・矢掛町
登山者の利用は不可。3km東側にある遙照山（ようしょうざん）総合公園駐車場（MC 111 254 213*06）を利用

絵下山・昭和入口コース登山口
広島県広島市安芸区
アクセス道路が通行止

絵下山・絵下山頂上広場
広島県広島市安芸区
アクセス道路が通行止

江田島　古鷹山・古鷹山森林公園
広島県江田島市
アクセス林道が通行止

掛頭山・土草峠
広島県北広島町
倒木のためアクセス林道が通行止。峠には1台分くらいの駐車スペースがあるようだ

春日山・こしまつ橋
島根県益田市
工事のためアクセス林道が通行止

カンノ木山・県央の森公園
広島県東広島市
アクセス道路が通行止

経小屋山・経小屋林道終点（山頂直下）
広島県廿日市市
アクセス道路が通行止

経小屋山・森林公園経小屋山
広島県廿日市市
アクセス道路が通行止

倉橋島　倉橋火山（ひやま）・火山展望駐車場
広島県呉市
アクセス道路が通行止

呉娑々宇山（ごさそうざん）・水分峡（みくまりきょう）入口
広島県府中町
平成30年7月豪雨のため、アクセス道路が通行止。水分峡森林公園も閉鎖中

駒の尾山・林道ダルガ峰線
岡山県西粟倉村
災害のためアクセス林道が通行止

猿政山・林道猿政線（広島県側）
広島県庄原市
林道猿政線入口に「私有地につき関係者以外の入林禁止」の看板が立っているが、付近の住民に確認すると、登山者が車で進入してもよいとのこと。ただ、林道は悪路の上に最近は登山者も少なく、登山道が荒れているらしい

十方山・瀬戸の滝コース登山口
広島県廿日市市
アクセス県道が落石のため通行止

寂地山・林道寂地線終点
山口県岩国市
アクセス林道が、犬戻歩道入口の先で通行止

白滝山・龍泉寺入口駐車場
広島県三原市
アクセス道路が通行止

曾場ヶ城山（そばがじょうやま）・大山林道
広島県東広島市
アクセス道路が車の進入不可

曾場ヶ城山・小倉林道（七ツ池奥）
広島県東広島市
アクセス道路が車の進入不可

鷹ノ巣山・県央の森公園
広島県東広島市
アクセス道路が通行止

天神嶽・垰田（たおだ）登山口
広島県東広島市
アクセス林道が通行止

天神嶽・天神沖登山口
広島県東広島市
アクセス林道が通行止

広戸仙・声ヶ乢（ひろどせん・こえがたわ）
岡山県津山市
アクセス県道が通行止

本宮高倉山・牟佐スポーツ広場
岡山県岡山市北区
登山者の利用不可

山形仙・声ヶ乢（やまがたせん・こえがたわ）
岡山県津山市
アクセス県道が通行止

調査・編集／全国登山口調査会
全国各地の登山口調査を目的とする。本書の姉妹本として『新版 北海道登山口情報400』（北海道新聞社）、『東北登山口情報 500』（無明舎出版）、『関東周辺登山口情報800 上・下巻』（双峰社）、『信州登山口情報 400』（信濃毎日新聞社）、『新潟県登山口情報 300』（新潟日報事業社）、『東海登山口情報 300』（風媒社）、『関西周辺登山口ガイド上・下』（神戸新聞総合出版センター）、『九州の登山口 401』（西日本新聞社）がある。ほかの地方の登山口調査も順次進行中。
URL = http://tozanguchi.halfmoon.jp/

企画・構成／日野 東
自然や山岳関係を専門とするフォトライター。著書に『信州探検隊』『滝めぐり』『日本湿原紀行』、『信州高原トレッキングガイド　増補改訂版』（以上、信濃毎日新聞社）、『東海トレッキングガイド』（風媒社）、『森林浴の森とうほくガイド』、『東北の巨樹・巨木』（無明舎出版）など多数。
URL = http://naturelog.main.jp/index.html
メールアドレス= way@mx8.ttcn.ne.jp

写真協力：各温泉施設

●装　　幀　スタジオギブ
●本文 DTP　濱先貴之（M － ARTS）
●地図製作　岡本善弘（アルフォンス）

中国5県
登山口 情報322

2019年9月20日　初版第1刷発行

編　著／全国登山口調査会
発行者／西元 俊典
発行所／有限会社 南々社
〒732-0048 広島市東区山根町 27-2
TEL 082-261-8243　FAX 082-261-8647

印刷製本所／株式会社 シナノ パブリッシング プレス

ISBN978-4-86489-101-1